2016

天津调查年鉴

Tianjin Survey Yearbook

国家统计局天津调查总队　天津市统计局　编
NBS Survey Office in Tianjin　Tianjin Municipal Bureau of Statistics

中国统计出版社
China Statistics Press

图书在版编目（CIP）数据

天津调查年鉴. 2016 : 汉英对照 / 国家统计局天津调查总队编. -- 北京 : 中国统计出版社, 2016.9
ISBN 978-7-5037-7814-8

Ⅰ. ①天… Ⅱ. ①国… Ⅲ. ①统计资料－天津市－2016－年鉴－汉、英 Ⅳ. ①C832.21-54

中国版本图书馆 CIP 数据核字(2016)第 145378 号

天津调查年鉴—2016

作　者/国家统计局天津调查总队　天津市统计局
责任编辑/佘竞雄　李　冲
装帧设计/李雪燕
出版发行/中国统计出版社
通信地址/北京市丰台区西三环南路甲 6 号　邮政编码/100073
电　话/邮购（010）63376909　书店（010）68783171
网　址/http://www.zgtjcbs.com/
印　刷/河北鑫宏源印刷包装有限责任公司
经　销/新华书店
开　本/880mm×1230mm　1/16
字　数/580 千字
印　张/15.5　0.5 彩页
版　别/2016 年 9 月第 1 版
版　次/2016 年 9 月第 1 次印刷
定　价/280.00 元　280.00yuan (RMB)

本书附同版本 CD-ROM 一张，光盘内容以书面文字为准。
如有印装差错，由本社发行部调换。

2015 年城镇居民可支配收入构成

2015 年农村居民可支配收入构成

2015 年城镇居民消费支出构成

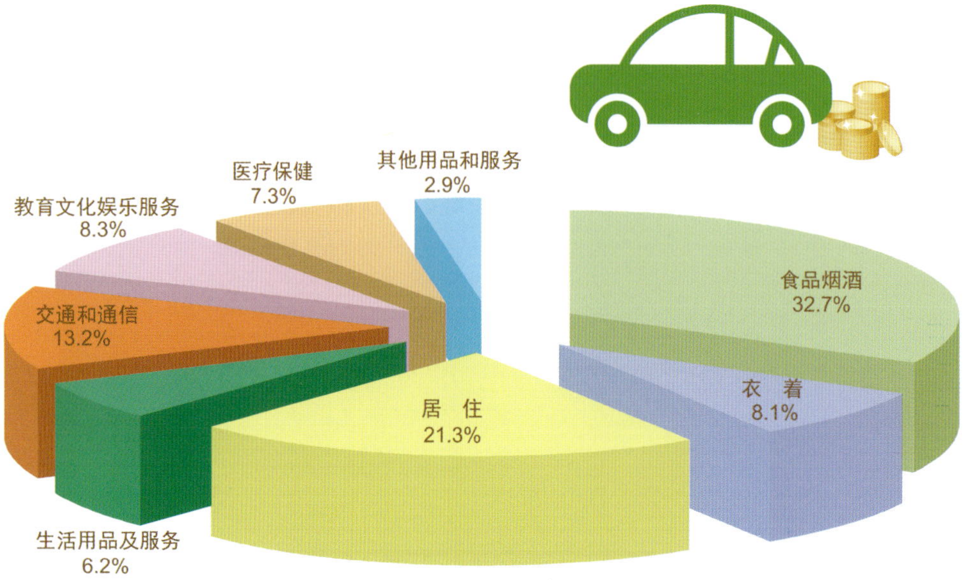

2015 年农村居民消费支出构成

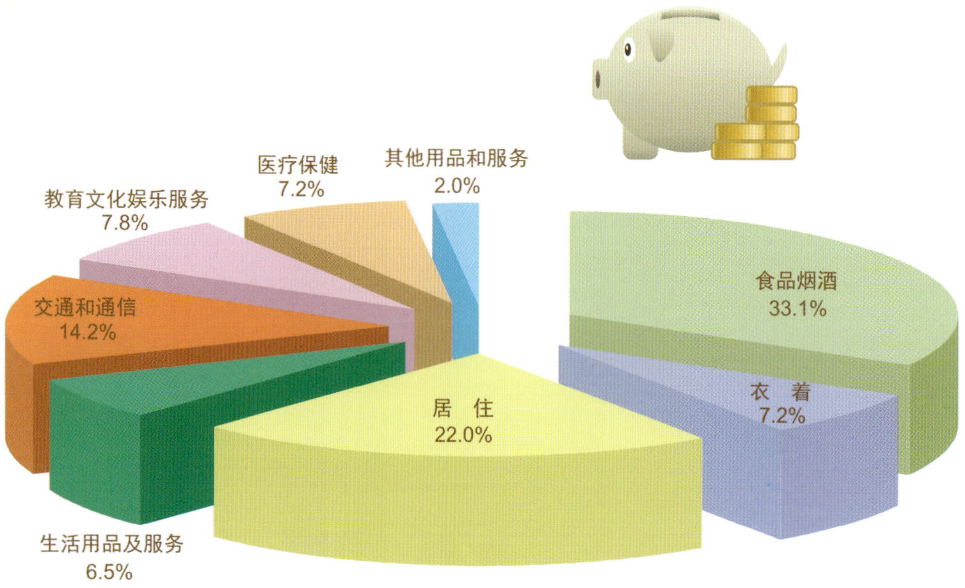

2006-2015 年商品零售价格指数和居民消费价格指数

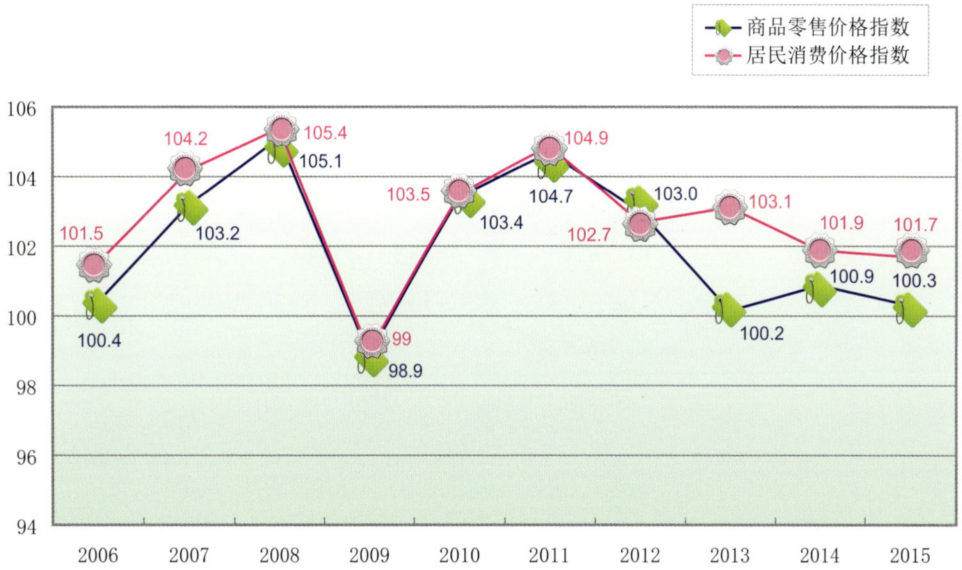

2006-2015 年工业生产者出厂价格指数和购进价格指数

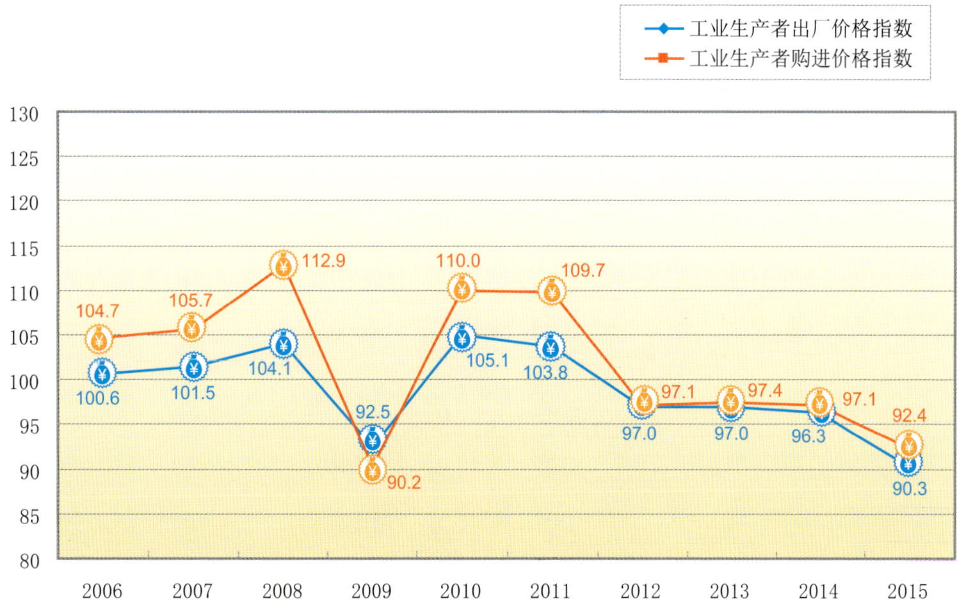

2015年1-12月住宅销售价格指数（新建住宅）

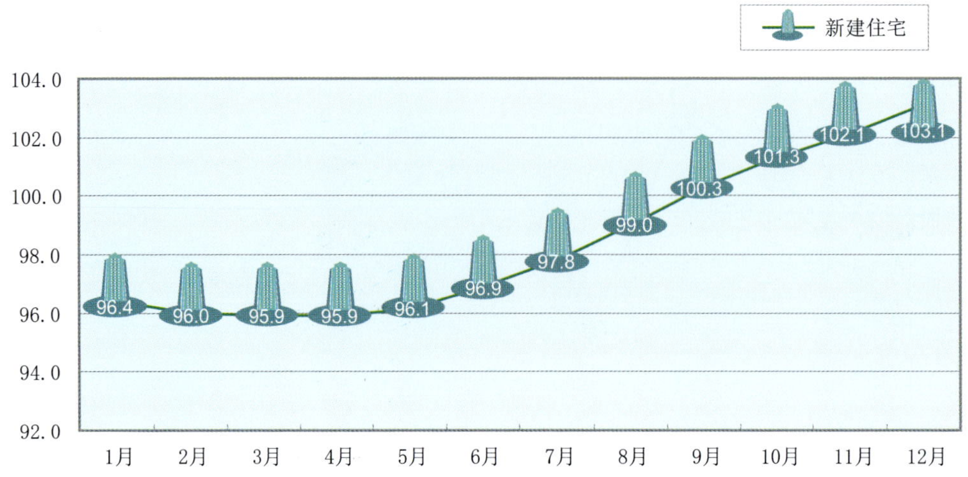

2015年1-12月住宅销售价格指数（二手住宅）

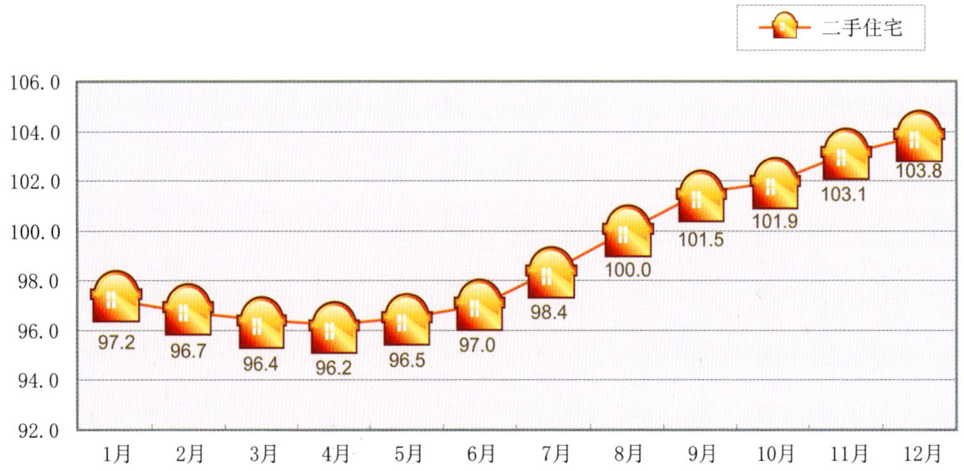

天津的地位
Position of Tianjin in the Country

常住人口	Total Permanent Population	占全国 1.1%
地区生产总值	Gross Domestic Product	占全国 2.4%
# 第二产业	Secondary Industry	占全国 2.8%
第三产业	Tertiary Industry	占全国 2.5%
全社会固定资产投资总额	Total Investment in Fixed Assets	占全国 2.3%
社会消费品零售总额	Total Retail Sales of Consumer Goods	占全国 1.7%
城镇居民人均可支配收入	Per Capita Disposable Income of Urban Households	高于全国 2906 元

天津的经济发展
Economic Development of Tianjin

		2011-2015 年平均增长(%) 2011-2015 Average Annual Growth Rate(%)
地区生产总值	Gross Domestic Product	12.4
# 第一产业	Primary Industry	7.5
第二产业	Secondary Industry	9.7
第三产业	Tertiary Industry	15.3
全社会固定资产投资总额	Total Investment in Fixed Assets	14.9
公共财政收入	Public Finance Revenue	20.1
社会消费品零售总额	Total Retail Sales of Consumer Goods	12.6
城镇居民人均可支配收入	Per Capita Disposable Income of Urban Households	7.0

天津的一天
One Day in Tianjin

地区生产总值	Gross Domestic Product	亿元 (100 million yuan)	45.31
# 第一产业	Primary Industry	亿元 (100 million yuan)	0.57
第二产业	Secondary Industry	亿元 (100 million yuan)	21.11
第三产业	Tertiary Industry	亿元 (100 million yuan)	23.63
全社会固定资产投资总额	Total Investment in Fixed Assets	亿元 (100 million yuan)	35.80
公共财政收入	Public Finance Revenue	亿元 (100 million yuan)	7.31
社会消费品零售总额	Total Retail Sales of Consumer Goods	亿元 (100 million yuan)	14.40
全社会竣工房屋建筑面积	Floor Space of Building Completed	万平方米 (10 000 sq. m)	14.76
商品房销售面积	Floor Space of Commercial Houses Sold	万平方米 (10 000 sq. m)	4.85
外贸进出口总额	Foreign Trade Imp.& Exp. Volume	亿美元 (USD 100 million)	3.13
实际直接利用外资额	Actual Use of FDI in Tianjin	万美元 (USD 100 million)	0.58
港口货物吞吐量	Volume of Freight Handled at Coastal Ports	万吨 (10 000 tons)	148.08
天然原油产量	Output of Crude Petroleum Oil	万吨 (10 000 tons)	9.58
轿车产量	Output of Cars	辆 (unit)	1359
粮食产量	Output of Grain	吨 (ton)	4979
蔬菜产量	Output of Vegetables	吨 (ton)	12097
水果产量	Output of Fruits	吨 (ton)	896
猪肉产量	Output of Pork	吨 (ton)	800
牛羊肉产量	Output of Beef and Mutton	吨 (ton)	137
禽肉产量	Output of Poultry	吨 (ton)	315
禽蛋产量	Output of Poultry Eggs	吨 (ton)	553
牛奶产量	Output of Milk	吨 (ton)	1863
水产品产量	Output of Aquatic Products	吨 (ton)	1099

天津调查年鉴—2016

编辑委员会

Tianjin Survey Yearbook 2016
Editorial Board and Staff

编者说明

一、《天津调查年鉴》是一部反映天津城乡居民生活、居民消费价格、工业生产者价格、房地产价格、固定资产投资价格、农村与农业发展情况的统计资料工具书，创刊于2006年，逐年出版。本书以翔实的抽样调查资料与统计资料向社会各界展现天津经济与民计民生发展状况，成为社会各界了解天津、认识天津和分析研究天津经济和社会发展的权威性的资料工具书。

二、《天津调查年鉴2016》文字资料载有《2015年天津市国民经济与社会发展统计公报》等文字资料。数据资料共分综合篇、人民生活篇、价格及价格指数篇、农业篇四个篇目。为方便读者使用，书的篇目索引标明了全书结构。在书中每篇后注明统计指标解释。

三、本年鉴数据资料所使用的计量单位，除部分面积单位使用亩或万亩外，其他均为国际统一标准计量单位。

四、本年鉴统计图表中，"#"表示其中的主要项，"空格"表示统计指标无数据，"…"表示数据不足本表最小计量单位数。

五、由于与不同年份有关专业的普查结果相衔接，以及国家统计制度变化等原因，年鉴中部分指标的历史年度数据会有变动。读者在使用历史资料时，凡以前的年鉴与本年鉴数据有出入的，均以本年鉴为准。

六、感谢广大读者对《天津调查年鉴》编辑出版工作的支持和帮助，欢迎继续提出宝贵意见，使《天津调查年鉴》的形式和内容更趋完善。

EDITOR’S NOTES

Ⅰ.*Tianjin Survey Yearbook* is a statistics publication, which reflects various aspects of the livelihood of urban and rural Tianjin residents, consumer prices, industrial producer prices, real estate price, fixed-asset investment prices, purchasing managers' index , rural and agricultural development. It was created in 2006 and published annually ever since. Possessing plentiful and detailed Sampling survey and statistical materials to reflect various aspects of Tianjin's economic and the development of people's livelihood, the yearbook has become the most authoritative statistics publication for various circles to get to know Tianjin and to analyze Tianjin's economic and social development.

Ⅱ.Written materials in *Tianjin Survey Yearbook 2016* include Statistica Communique on the 2015 National Economic and Social Development of Tianjin and so on. Data materials include General Survey, People's Living Conditions, Price and Price Indices, Agriculture， and so on. To facilitate and ensure comprehension, the book's structure is marked in the index. And there are explanatory notes attached after each chapter.

Ⅲ.The units of measurement used in this yearbook are internationally standard measurement units except for partial area units which used mu or million mus.

Ⅳ.In the charts of this yearbook: "#" indicates a major breakdown of the total; (blank space) indicates the data is not available; and "…" indicates the figure is not large enough to be measured with the smallest unit in the table.

Ⅴ.Some data in this yearbook is different from former yearbook for the reason of keeping consistent with data of census as well as changes of national statistics system. The data of this yearbook should be considered as authoritative.

Ⅵ.The readers’ support and help during the editing and publishing work of *Tianjin Survey Yearbook* is very much appreciated. And we hope for your valuable suggestions to make the form and content of *Tianjin Survey Yearbook* more perfect.

目　　录
Contents

2015 年天津市国民经济和社会发展统计公报 ······ 1
Statistical Communique on the 2015 National Economic and Social Development of Tianjin
2015 年天津市城镇居民收入情况分析 ······ 7
Analysis on the Income of Tianjin Urban Households in 2015
2015 年天津市城镇居民消费情况分析 ······ 9
Analysis on the Consumption of Tianjin Urban Households in 2015
2015 年天津市农村居民收支情况简析 ······ 11
Analysis of the Income and Expenditure of Tianjin Rural Households in 2015
2015 年天津市居民消费价格情况运行分析 ······ 13
Running Analysis on Consumer Prices of Tianjin in 2015
2015 年天津市工业生产者价格运行分析 ······ 16
Analysis of 2015 Producer Prices for the Industrial Sector of Tianjin
2015 年天津市固定资产投资价格走势分析 ······ 18
Trend Analysis on the 2015 Price for Tianjin Investment in Fixed Assets
2015 年天津市住宅销售价格运行情况 ······ 20
Sales Prices of Tianjin Residential Building in 2015
2015 年天津市农业经济回顾及 2016 年展望 ······ 22
Retrospect of 2015 Tianjin Agricultural Economy and Prospect of 2016
2015 年天津市种植业生产情况分析及 2016 年展望 ······ 24
Analysis of Tianjin Planting Production in 2015 and Outlook in 2016
2015 年天津市畜牧业生产形势综述 ······ 26
Review Tianjin Production Situation of Animal Husbandry in 2015

一、综合
GENERAL SURVEY

1-1 按产业分全市生产总值及增速 ······ 31
Gross Domestic Product and Growth Rate by Industry (2014-2015)
1-2 国民经济和社会发展总量与速度指标 ······ 32
Principal Aggregate Indicators on Nationnal Economic and Social Development and Growth Rates
1-3 按地区分的户数、人口数及人口密度 ······ 38
Households, Population and Population Density by Region (2014-2015)
1-4 按国民经济行业分各类从业人员(2015 年) ······ 39
Persons Employed Grouped by Sector, 2015
1-5 城镇非私营单位从业人员 ······ 40
Number and Composition of Employment Personnel in Urban Non-private Units (2014-2015)
1-6 城镇非私营单位在岗职工 ······ 41
Number and Composition of On-post Staff and Workers in Urban Non-Private Units (2014-2015)

1-7 城镇非私营单位其他从业人员……42
Number of Other Employment Personnel in Urban Non-Private Units (2014-2015)
主要统计指标解释……43
Explanatory Notes on Main Statistical Indicators

二、人民生活

PEOPLE'S LIVING CONDITIONS

2-1 城乡住户基本情况……47
Basic Conditions of Urban and Rural Households (2013-2015)
2-2 城乡居民人均食品消费量……50
Per Capita Consumption of Foods by Urban and Rural Households (2013-2015)
2-3 城乡居民家庭每百户主要耐用消费品拥有量……50
Per 100 Urban and Rural Households Possessions of Durable Consumer Goods (2013-2015)
2-4 城乡居民收入和指数……51
Per Capita Income and Index of Urban and Rural Households (1978-2015)
2-5 城乡居民消费支出和指数……52
Per Capita Consumption Expenditure and Index of Urban and Rural Households (1978-2015)
2-6 城乡居民平均消费率和恩格尔系数……53
The Average Consumption Rate & Engel's Coefficient of Urban and Rural Households (1978-2015)
2-7 城乡居民可支配收入及构成……54
Per Capita Disposable Income and Component of Urban and Rural Households (2013-2015)
2-8 城乡居民消费支出及构成……54
Per Capita Consumption Expenditure and Component of Urban and Rural Households (2013-2015)
2-9 城乡居民消费支出……55
Per Capita Consumption Expenditure of Urban and Rural Households (2013-2015)
2-10 城镇住户基本情况……56
Basic Conditions of Urban Households (2013-2015)
2-11 城镇居民人均食品消费量……59
Per Capita Consumption of Food by Urban Households (2013-2015)
2-12 城镇居民家庭平均每百户主要耐用消费品拥有量……59
Per 100 Urban Households Possessions of Durable Consumer Goods (2011-2015)
2-13 城镇居民可支配收入及构成……60
Per Capita Disposable Income and Component of Urban Households (2011-2015)
2-14 城镇居民消费支出及构成……60
Per Capita Consumption Expenditure and Component of Urban Households (2011-2015)
2-15 城镇居民消费支出……61
Per Capita Consumption Expenditure of Urban Households (2013-2015)
2-16 农村住户基本情况……62
Basic Conditions of Rural Households (2013-2015)
2-17 农村居民人均食品消费量……65
Per Capita Annual Consumption on Food of Rural Households (2013-2015)
2-18 农村居民平均每百户主要耐用消费品拥有量……65
Per 100 Rural Households Possession of Durable Consumer Goods (2011-2015)
2-19 农村居民可支配收入及构成……66
Per Capita Disposable Income and Component of Rural Households (2011-2015)

2-20 农村居民消费支出及构成 ······66
Per Capita Consumption Expenditure and Component of Rural Households (2011-2015)
2-21 农村居民消费支出 ······67
Per Capita Consumption Expenditure of Rural Households (2013-2015)
2-22 全国 31 省市城乡居民可支配收入和增速 ······68
Per Capita Disposable Income and Growth of Urban and Rural Households by 31 Regions (2015)
2-23 全国 31 省市城乡居民消费支出和增速 ······69
Consumption Expenditure and Growth of Urban and Rural Households by 31 Regions -2015
2-24 全国 31 省市城乡居民可支配收入(分季度) ······70
Per Capita Disposable Income of Urban and Rural Households by 31 Regions(by Quarters) (2015)
2-25 全国 31 省市城乡居民可支配收入增速(分季度) ······72
Per Capita Disposable Income Growth of Urban and Rural Households by 31 Regions (by Quarters) (2015)
2-26 全国 31 省市城乡居民消费支出(分季度) ······74
Consumption Expenditure of Urban and Rural Households by 31 Regions(by Quarters) (2015)
2-27 全国 31 省市城乡居民消费支出增速(分季度) ······76
Consumption Expenditure Growth of Urban and Rural Households by 31 Regions (by Quarters) (2015)
2-28 各区县城乡居民人均可支配收入 ······78
Per Capita Disposable Income of Urban and Rural Households by Districts and Counties (2014-2015)
2-29 各区县农村居民人均可支配收入(分季度) ······79
Per Capita Disposable Income of Rural Households by Districts and Counties (by Quarters) (2014-2015)
2-30 各区县城镇居民人均可支配收入(分季度) ······80
Per Capita Disposable Income of Urban Households by Districts(by Quarters) (2014-2015)
主要统计指标解释 ······81
Explanatory Notes on Main Statistical Indicators

三、价格及价格指数
PRICE AND PRICE INDICES

3-1 城市居民消费价格分类指数 ······87
Urban Consumer Price Indices by Category (2011-2015)
3-2 城市商品零售价格分类指数 ······89
Urban Retail Price Indices by Category (2011-2015)
3-3 城市主要商品基本分类价格指数 ······91
Urban Major Commodity Price Indices by Category (2011-2015)
3-4 居民货币购买力指数 ······93
Indices of Monetary Purchasting Power of Residents (1991-2015)
3-5 天津市成品油最高零售价(2015) ······94
The Maximum Retail Price of Refined Oil in Tianjin,2015
3-6 主要食品价格(2015 年 1 月) ······95
Main Food Price
3-7 主要食品价格(2015 年 2 月) ······96
Main Food Price
3-8 主要食品价格(2015 年 3 月) ······97
Main Food Price
3-9 主要食品价格(2015 年 4 月) ······98
Main Food Price
3-10 主要食品价格(2015 年 5 月) ······99
Main Food Price

3-11 主要食品价格(2015 年 6 月)……100
Main Food Price
3-12 主要食品价格(2015 年 7 月)……101
Main Food Price
3-13 主要食品价格(2015 年 8 月)……102
Main Food Price
3-14 主要食品价格(2015 年 9 月)……103
Main Food Price
3-15 主要食品价格(2015 年 10 月)……104
Main Food Price
3-16 主要食品价格(2015 年 11 月)……105
Main Food Price
3-17 主要食品价格(2015 年 12 月)……106
Main Food Price
3-18 工业生产者出厂价格指数……107
Producer Price Indices for Industrial Products (2011-2015)
3-19 按工业部门分工业生产者出厂价格指数……109
Producer Price Indices for Industrial Products by Industrial Sector (2011-2015)
3-20 工业生产者出厂价格月度指数(2015 年 1 月)……110
Monthly Producer Price Indices for Industrial Products
3-21 工业生产者出厂价格月度指数(2015 年 2 月)……111
Monthly Producer Price Indices for Industrial Products
3-22 工业生产者出厂价格月度指数(2015 年 3 月)……112
Monthly Producer Price Indices for Industrial Products
3-23 工业生产者出厂价格月度指数(2015 年 4 月)……113
Monthly Producer Price Indices for Industrial Products
3-24 工业生产者出厂价格月度指数(2015 年 5 月)……114
Monthly Producer Price Indices for Industrial Products
3-25 工业生产者出厂价格月度指数(2015 年 6 月)……115
Monthly Producer Price Indices for Industrial Products
3-26 工业生产者出厂价格月度指数(2015 年 7 月)……116
Monthly Producer Price Indices for Industrial Products
3-27 工业生产者出厂价格月度指数(2015 年 8 月)……117
Monthly Producer Price Indices for Industrial Products
3-28 工业生产者出厂价格月度指数(2015 年 9 月)……118
Monthly Producer Price Indices for Industrial Products
3-29 工业生产者出厂价格月度指数(2015 年 10 月)……119
Monthly Producer Price Indices for Industrial Products
3-30 工业生产者出厂价格月度指数(2015 年 11 月)……120
Monthly Producer Price Indices for Industrial Products
3-31 工业生产者出厂价格月度指数(2015 年 12 月)……121
Monthly Producer Price Indices for Industrial Products
3-32 工业生产者购进价格指数……122
Purchasing Price Indices for Industrial Producers (2011-2015)
3-33 工业生产者购进价格月度指数(2015 年 1 月)……122
Monthly Purchasing Price Indices for Industrial Producers
3-34 工业生产者购进价格月度指数(2015 年 2 月)……123
Monthly Purchasing Price Indices for Industrial Producers

3-35 工业生产者购进价格月度指数(2015 年 3 月) ······ 123
Monthly Purchasing Price Indices for Industrial Producers
3-36 工业生产者购进价格月度指数(2015 年 4 月) ······ 124
Monthly Purchasing Price Indices for Industrial Producers
3-37 工业生产者购进价格月度指数(2015 年 5 月) ······ 124
Monthly Purchasing Price Indices for Industrial Producers
3-38 工业生产者购进价格月度指数(2015 年 6 月) ······ 125
Monthly Purchasing Price Indices for Industrial Producers
3-39 工业生产者购进价格月度指数(2015 年 7 月) ······ 125
Monthly Purchasing Price Indices for Industrial Producers
3-40 工业生产者购进价格月度指数(2015 年 8 月) ······ 126
Monthly Purchasing Price Indices for Industrial Producers
3-41 工业生产者购进价格月度指数(2015 年 9 月) ······ 126
Monthly Purchasing Price Indices for Industrial Producers
3-42 工业生产者购进价格月度指数(2015 年 10 月) ······ 127
Monthly Purchasing Price Indices for Industrial Producers
3-43 工业生产者购进价格月度指数(2015 年 11 月) ······ 127
Monthly Purchasing Price Indices for Industrial Producers
3-44 工业生产者购进价格月度指数(2015 年 12 月) ······ 128
Monthly Purchasing Price Indices for Industrial Producers
3-45 固定资产投资价格指数 ······ 128
Price Indices of Investment in Fixed Assets (2011-2015)
3-46 住宅销售价格指数(2015 年 1-12 月) ······ 129
Housing Price Indices of Residential Buildings
3-47 各省(区、市)工业生产者出厂价格指数 ······ 130
Producer Price Indices for Industrial Products by Region (2011-2015)
3-48 各省(区、市)工业生产者购进价格指数 ······ 131
Purchasing Price Indices for Industrial Producers by Region (2011-2015)
3-49 全国十九城市工业生产者出厂价格指数 ······ 132
Producer Price Indices for Industrial Products in 19 Cities (2011-2015)
3-50 全国十九城市工业生产者购进价格指数 ······ 132
Purchasing Price Indices for Industrial Producers in 19 Cities (2011-2015)
3-51 全国十九城市生产资料价格指数 ······ 133
Producer Price Indices for Means of Producttion in 19 Cities (2011-2015)
3-52 全国十九城市生活资料价格指数 ······ 133
Producer Price Indices for Consumer Goods in 19 Cities (2011-2015)
3-53 70 个大中城市新建住宅销售价格指数(2015 年 1-12 月) ······ 134
Housing Price Indices of Newly Constructed Residential Buildings in 70 Large and Medium-Sized Cities
3-54 70 个大中城市二手住宅销售价格指数(2015 年 1-12 月) ······ 136
Housing Price Indices of Second-Hand Residential Buildings in 70 Large and Medium-Sized Cities
3-55 36 个大中城市居民消费价格指数 ······ 138
Consumer Price Indices for 36 Major Large and Medium-sized Cities (2011-2015)
3-56 36 个大中城市商品零售价格指数 ······ 139
Retail Price Indices for 36 Major Large and Medium-sized Cities (2011-2015)
3-57 36 个大中城市居民消费价格分类指数(环比)(2015 年 1 月) ······ 140
Consumer Price Indices by Category for 36 Major Large and Medium-sized Cities
3-58 36 个大中城市居民消费价格分类指数(环比)(2015 年 2 月) ······ 142
Consumer Price Indices by Category for 36 Major Large and Medium-sized Cities

3-59 36个大中城市居民消费价格分类指数(环比)(2015年3月) ……144
Consumer Price Indices by Category for 36 Major Large and Medium-sized Cities
3-60 36个大中城市居民消费价格分类指数(环比)(2015年4月) ……146
Consumer Price Indices by Category for 36 Major Large and Medium-sized Cities
3-61 36个大中城市居民消费价格分类指数(环比)(2015年5月) ……148
Consumer Price Indices by Category for 36 Major Large and Medium-sized Cities
3-62 36个大中城市居民消费价格分类指数(环比)(2015年6月) ……150
Consumer Price Indices by Category for 36 Major Large and Medium-sized Cities
3-63 36个大中城市居民消费价格分类指数(环比)(2015年7月) ……152
Consumer Price Indices by Category for 36 Major Large and Medium-sized Cities
3-64 36个大中城市居民消费价格分类指数(环比)(2015年8月) ……154
Consumer Price Indices by Category for 36 Major Large and Medium-sized Cities
3-65 36个大中城市居民消费价格分类指数(环比)(2015年9月) ……156
Consumer Price Indices by Category for 36 Major Large and Medium-sized Cities
3-66 36个大中城市居民消费价格分类指数(环比)(2015年10月) ……158
Consumer Price Indices by Category for 36 Major Large and Medium-sized Cities
3-67 36个大中城市居民消费价格分类指数(环比)(2015年11月) ……160
Consumer Price Indices by Category for 36 Major Large and Medium-sized Cities
3-68 36个大中城市居民消费价格分类指数(环比)(2015年12月) ……162
Consumer Price Indices by Category for 36 Major Large and Medium-sized Cities
3-69 36个大中城市居民消费价格分类指数(同比)(2015年1月) ……164
Consumer Price Indices by Category for 36 Major Large and Medium-sized Cities
3-70 36个大中城市居民消费价格分类指数(同比)(2015年2月) ……166
Consumer Price Indices by Category for 36 Major Large and Medium-sized Cities
3-71 36个大中城市居民消费价格分类指数(同比)(2015年3月) ……168
Consumer Price Indices by Category for 36 Major Large and Medium-sized Cities
3-72 36个大中城市居民消费价格分类指数(同比)(2015年4月) ……170
Consumer Price Indices by Category for 36 Major Large and Medium-sized Cities
3-73 36个大中城市居民消费价格分类指数(同比)(2015年5月) ……172
Consumer Price Indices by Category for 36 Major Large and Medium-sized Cities
3-74 36个大中城市居民消费价格分类指数(同比)(2015年6月) ……174
Consumer Price Indices by Category for 36 Major Large and Medium-sized Cities
3-75 36个大中城市居民消费价格分类指数(同比)(2015年7月) ……176
Consumer Price Indices by Category for 36 Major Large and Medium-sized Cities
3-76 36个大中城市居民消费价格分类指数(同比)(2015年8月) ……178
Consumer Price Indices by Category for 36 Major Large and Medium-sized Cities
3-77 36个大中城市居民消费价格分类指数(同比)(2015年9月) ……180
Consumer Price Indices by Category for 36 Major Large and Medium-sized Cities
3-78 36个大中城市居民消费价格分类指数(同比)(2015年10月) ……182
Consumer Price Indices by Category for 36 Major Large and Medium-sized Cities
3-79 36个大中城市居民消费价格分类指数(同比)(2015年11月) ……184
Consumer Price Indices by Category for 36 Major Large and Medium-sized Cities
3-80 36个大中城市居民消费价格分类指数(同比)(2015年12月) ……186
Consumer Price Indices by Category for 36 Major Large and Medium-sized Cities
3-81 36个大中城市居民消费价格分类指数(累计比)(2015年1月) ……188
Consumer Price Indices by Category for 36 Major Large and Medium-sized Cities
3-82 36个大中城市居民消费价格分类指数(累计比)(2015年1-2月) ……190
Consumer Price Indices by Category for 36 Major Large and Medium-sized Cities

3-83 36 个大中城市居民消费价格分类指数(累计比)(2015 年 1-3 月)……192
Consumer Price Indices by Category for 36 Major Large and Medium-sized Cities
3-84 36 个大中城市居民消费价格分类指数(累计比)(2015 年 1-4 月)……194
Consumer Price Indices by Category for 36 Major Large and Medium-sized Cities
3-85 36 个大中城市居民消费价格分类指数(累计比)(2015 年 1-5 月)……196
Consumer Price Indices by Category for 36 Major Large and Medium-sized Cities
3-86 36 个大中城市居民消费价格分类指数(累计比)(2015 年 1-6 月)……198
Consumer Price Indices by Category for 36 Major Large and Medium-sized Cities
3-87 36 个大中城市居民消费价格分类指数(累计比)(2015 年 1-7 月)……200
Consumer Price Indices by Category for 36 Major Large and Medium-sized Cities
3-88 36 个大中城市居民消费价格分类指数(累计比)(2015 年 1-8 月)……202
Consumer Price Indices by Category for 36 Major Large and Medium-sized Cities
3-89 36 个大中城市居民消费价格分类指数(累计比)(2015 年 1-9 月)……204
Consumer Price Indices by Category for 36 Major Large and Medium-sized Cities
3-90 36 个大中城市居民消费价格分类指数(累计比)(2015 年 1-10 月)……206
Consumer Price Indices by Category for 36 Major Large and Medium-sized Cities
3-91 36 个大中城市居民消费价格分类指数(累计比)(2015 年 1-11 月)……208
Consumer Price Indices by Category for 36 Major Large and Medium-sized Cities
3-92 36 个大中城市居民消费价格分类指数(累计比)(2015 年 1-12 月)……210
Consumer Price Indices by Category for 36 Major Large and Medium-sized Cities
主要统计指标解释……212
Explanatory Notes on Main Statistical Indicators

四、农 业
AGRICULTURAL

4-1 农村平均每天创造的价值……217
Average Daily Value Created by Rural (2011-2015)
4-2 农村社会经济主要指标……218
Major Indicators of Agricultural Society and Economy (2011-2015)
4-3 农林牧渔业总产值和增加值发展速度及构成……219
Growth Rate and Composition of Gross Output Value & Added Value of Farming, Forestry, Animal Husbandry and Fishery (2014-2015)
4-4 当年价格农林牧渔业总产值……220
Gross Output Value of Farming, Forestry, Animal Husbandry and Fishery Calculated on Productive Price (2011-2015)
4-5 当年价格农林牧渔业中间消耗……222
Middle Expend of Farming, Forestry, Animal Husbandry and Fishery (2011-2015)
4-6 农作物播种面积……223
Sown Area of Farm Crops (2011-2015)
4-7 农作物种植结构……224
Planting Structure of Farm Crops (2011-2015)
4-8 农作物总产量……225
Yield of Farm Crops (2011-2015)
4-9 林业和果品生产情况……226
Forestry and Fruits Production (2011-2015)
4-10 畜牧业生产情况……227
Production of Animal Husbandry (2011-2015)

4-11 渔业生产情况……228
Production of Fishery (2011-2015)
4-12 大型水库基本情况(2015 年)……229
Large Reservoirs of Tianjin, 2015
4-13 中型水库基本情况(2015 年)……229
Medium Reservoirs of Tianjin, 2015
4-14 水资源情况……230
Water Resources (2002-2015)
4-15 用水情况(2015 年)……230
Water Used, 2015
4-16 农垦集团主要经济指标……231
Major Economic Indicators of Farms Agribusiness Group (2011-2015)
主要统计指标解释……232
Explanatory Notes on Main Statistical Indicators

2015年天津市国民经济和社会发展统计公报

天津市统计局

国家统计局天津调查总队

2016 年 3 月 1 日

2015 年是“十二五”规划的收官之年，也是全面深化改革、加快建设美丽天津的关键之年。面对错综复杂的国内外环境，全市上下认真落实市委、市政府决策部署，坚持稳中求进、改革创新，主动适应经济发展新常态，抢抓五大战略机遇，积极应对各种挑战，经济社会平稳较快发展，实现“十二五”规划圆满收官。

一、综合

初步核算，全年全市生产总值（GDP）16538.19 亿元，按可比价格计算，比上年增长 9.3%。分三次产业看，第一产业增加值 210.51 亿元，增长 2.5%；第二产业增加值 7723.60 亿元，增长 9.2%；第三产业增加值 8604.08 亿元，增长 9.6%。三次产业结构为 1.3:46.7:52.0，服务业增加值比重首次超过 50%。

财政收入稳定增长。全年一般公共预算收入 2666.99 亿元，增长 11.6%。其中，税收收入 1577.94 亿元，增长 6.1%，占一般公共预算收入的 59.2%。从税源看，服务业税收 1039.28 亿元，占全市税收的 65.9%。从税种看，增值税 252.02 亿元，下降 0.3%；营业税 501.41 亿元，增长 4.8%；企业所得税 259.89 亿元，增长 10.7%。

民生支出增长较快。全年一般公共预算支出 3231.35 亿元，增长 12.0%。其中，城乡社区支出 927.79 亿元，增长 12.6%；教育支出 507.51 亿元，增长 12.5%；社会保障和就业支出 314.79 亿元，增长 21.3%；医疗卫生支出 195.04 亿元，增长 20.9%；住房保障支出 46.82 亿元，增长 2 倍。

民营经济活力增强。全年新登记各类市场主体 14.32 万户，其中民营市场主体 14.02 万户，占 97.9%；新登记企业 7.59 万家，其中民营企业 7.06 万家，占 93.1%。民营经济增加值 7781.42 亿元，增长 13.5%，占全市生产总值的 47.1%；民营工业增加值增长 21.7%，快于规模以上工业 12.4 个百分点，比重达到 45.0%；民营商品销售额增长 20.7%，快于限额以上销售额 13 个百分点，比重达到 42.8%；民间投资增长 12.5%，快于全社会投资 0.4 个百分点，比重达到 58.1%。

实体投资稳健支撑。全年全社会固定资产投资 13065.86 亿元，增长 12.1%。其中，城镇投资 12352.23 亿元，增长 12.4%；农村投资 713.64 亿元，增长 6.9%。在城镇投资中，第一产业投资 94.91 亿元，增长 25.7%；第二产业投资 5093.47 亿元，增长 5.1%；第三产业投资 7163.85 亿元，增长 18.1%，比重达到 58.0%。实体投资 7846.45 亿元，增长 10.6%，占城镇投资的 63.5%；其中，战略性新兴产业投资 365.25 亿元，增长 15.3%，主要投向新能源、新材料、新一代信息技术、高端装备制造等领域，分别增长 25.5%、48.1%、1.1 倍和 1.6 倍。

消费价格涨幅回落。全年居民消费价格上涨 1.7%，涨幅比上年回落 0.2 个百分点。其中，服务项目价格上涨 3.4%，拉动消费价格总水平上涨 1.1 个百分点，贡献率达到 67.3%。八大类商品和服务价格“六升二降”（见表 1）。工业生产者出厂价格下降 9.7%，工业生产者购进价格下降 7.6%。

二、农业

现代都市型农业平稳发展。全年农业总产值467.44亿元，增长2.6%。其中，种植业产值240.74亿元，增长4.2%；林业产值7.74亿元，增长8.7%；畜牧业产值130.23亿元，增长0.5%；渔业产值77.65亿元，增长1.6%；农林牧渔服务业产值11.08亿元，增长2.3%。新增农民专业合作社2182家，总数达到8876家。

主要农副产品产量保持稳定。全年粮食总产量181.75万吨，增长3.3%；禽蛋产量20.20万吨，增长4.0%；牛奶产量68万吨，下降1.3%；蔬菜产量441.54万吨，放心菜基地面积42.6万亩。

三、工业和建筑业

工业实现平稳增长。全年工业增加值6981.27亿元，增长9.2%；其中，规模以上工业增加值增长9.3%。规模以上工业总产值28016.75亿元，增长0.3%。

工业结构调整优化。全年高技术产业（制造业）增加值占规模以上工业的13.8%，比上年提高1.5个百分点。装备制造业增加值占规模以上工业的36.2%，比上年提高3.2个百分点；其中，航空航天、汽车制造、电气机械等行业分别增长25.2%、13.2%和11.1%。消费品制造业增加值占规模以上工业的19.2%，比上年提高2.6个百分点；其中，文娱用品、家具制造等行业分别增长18.3%和15.0%。主要产品产量有升有降，天然原油、新能源汽车、平板显示器、光电子器件等产量分别增长13.7%、5.8倍、27.6%和13.4%，水泥、平板玻璃、生铁、粗钢等产量分别下降23.7%、4.4%、10.5%和9.5%。

企业效益总体平稳。全年规模以上工业企业利税总额3251.95亿元，增长2.5%。其中，利润总额2002.85亿元，下降2.2%；税金总额1249.10亿元，增长11.0%。在39个工业行业大类中，有37个行业盈利，其中28个行业利润增长。

建筑业发展稳中向好。全年建筑业增加值742.33亿元，增长8.5%。建筑业总产值4488.90亿元，增长8.9%；其中，在外省完成产值1650.40亿元，增长12.8%，比重达到36.8%，比上年提高1.3个百分点。房屋建筑施工面积15644.62万平方米，增长10.5%；竣工面积3547.24万平方米，增长9.8%。截至年末，全市总承包和专业承包建筑业中具有特级、一级和二级资质企业689家，比上年末增加21家。

四、批发零售和住宿餐饮

全年批发和零售业增加值2075.14亿元，增长6.1%；住宿和餐饮业增加值245.19亿元，增长5.3%。

市场销售增势平稳。全年批发和零售业商品销售额42624.66亿元，增长8.7%；其中，金属材料、石油及制品、煤炭及制品、化工材料及制品四大类生产资料商品销售额合计21724.67亿元，增长6.0%，占限额以上销售额的70.0%。全市亿元以上批发市场62家，交易额2154亿元。社会消费品零售总额5245.69亿元，增长10.7%；其中，批发和零售业网上零售额244.03亿元，增长95.2%，占限额以上社会消费品零售总额的8.9%。

大众餐饮消费活跃。全年住宿和餐饮业营业额748.78亿元，增长12.1%。其中，限额以下住宿和餐饮业营业额603.15亿元，增长15.4%，高于全市平均增幅3.3个百分点，比重达到80.6%；限额以上住宿和餐饮业营业额145.63亿元，与上年持平。

五、交通、邮电和旅游

全年交通运输、仓储和邮政业增加值764.68亿元，增长7.7%。

交通运输稳步发展。全年货运量53179.15万吨，其中，公路33724万吨，增长8.3%；铁路8376.92万吨，下降5.6%；水运9910.19万吨。货物周转量2319.77亿吨公里，其中，公路379.82亿吨公里，增长8.8%；铁路225.79亿吨公里，下降15.0%；水运1707.70亿吨公里。客运量1.98亿人次，增长0.9%；旅客周转量

445.62 亿人公里，增长 8.6%。港口货物吞吐量 5.41 亿吨，增长 0.1%；集装箱吞吐量 1411.10 万标准箱，增长 0.4%。天津国际邮轮母港首次实现全年运营，接待到港邮轮 97 艘次。机场旅客吞吐量 1431.43 万人次，增长 18.6%；货邮吞吐量 21.73 万吨，下降 6.9%。

城市客运量平稳增长。全年城市客运量（不包括出租）18.56 亿人次，增长 2.6%。其中，公交客运量 15.70 亿人次，增长 4.0%；地铁客运量 2.56 亿人次，增长 2.2%。新辟公交线路 50 条，优化调整 30 条，运营线路总计 707 条；新增、更新公交运营车辆 2435 辆，总数达到 11619 辆；运营出租车 31940 辆。

汽车拥有量总体稳定。截至年末，全市民用汽车拥有量 283.05 万辆，其中私人汽车 234.75 万辆；民用轿车拥有量 183.56 万辆，其中私人轿车 165.51 万辆，分别增长 1.0%和 1.1%。当年新注册民用汽车 23.14 万辆，其中私人汽车 17.99 万辆；新注册民用轿车 12.24 万辆，其中私人轿车 10.50 万辆。

邮电业务快速增长。全年邮电业务总量 321.58 亿元，增长 32.0%。其中，电信业务总量 261.53 亿元，增长 26.0%；邮政业务总量 60.05 亿元，增长 66.4%。全年快递业务量 2.56 亿件，增长 1.1 倍。年末移动电话用户 1405.82 万户，增长 4.0%；短信业务总量 47.43 亿条，下降 22.5%。年末互联网宽带接入用户 288.69 万户，光纤接入用户 211.65 万户。

旅游市场持续升温。全年接待入境旅游人数 326.01 万人次，增长 10.1%；其中，外国人 300.54 万人次，增长 10.3%。入境旅游外汇收入 32.98 亿美元，增长 10.2%。接待外省市游客人数增长 11.2%，国内旅游收入增长 12.3%。全市 36.05 万人次出国出境旅游，增长 12.0%；出国出境旅游人均支出 19223 元，增长 2.7%。年末全市共有星级宾馆 97 家；旅行社 427 家，其中有出境资质的 44 家；A 级及以上景区 112 个。

六、金融

全年金融业增加值 1588.12 亿元，增长 11.7%。

存贷款余额两位数增长。截至年末，全市金融机构（含外资）本外币各项存款余额 28149.37 亿元，增长 11.9%；全年新增存款 2969.13 亿元，其中，新增非金融企业存款 1349.92 亿元，新增住户存款 404.02 亿元。各项贷款余额 25994.68 亿元，增长 11.8%；全年新增贷款 2664.92 亿元，其中，新增非金融企业及机关团体贷款 2108.35 亿元，新增住户贷款 512.19 亿元。

金融改革创新继续深化。出台金融改革创新三年行动计划，融资租赁、商业保理等新型业态集聚发展，融资业务规模继续位居全国前列，新增上市和新三板挂牌企业 52 家，金城银行、渤海人寿保险等金融机构投入运营。天津股权交易所成交量 28065.59 万股，成交金额 7.31 亿元；天津铁合金交易所成交量 115.68 万吨，成交金额 61.90 亿元；天津渤海商品交易所成交量 27696.80 万吨，成交金额 15296.53 亿元。

证券市场交易活跃。截至年末，全市境内上市股票 42 只；证券帐户开户 378.44 万户，增长 25.9%。全年各类证券交易额 67040.06 亿元，增长 1.6 倍。其中，股票交易额 51148.59 亿元，增长 2.3 倍；债券交易额 13098.11 亿元，增长 42.8 倍；基金交易额 2764.93 亿元，增长 3.1 倍。期货市场成交量 10843.17 万手，增长 37.1%；成交额 13.56 万亿元，增长 63.5%。

保险市场增势良好。全年原保险保费收入 398.34 亿元，增长 25.4%。其中，人身险收入 278.06 亿元，增长 33.1%；财产险收入 120.28 亿元，增长 10.5%。赔付支出 139.53 亿元，增长 33.7%。其中，人身险赔付 73.07 亿元，增长 64.3%；财产险赔付 66.46 亿元，增长 10.9%。

七、对外经济

外贸出口同比下降。全年外贸进出口总额 1143.47 亿美元，下降 14.6%。其中，进口 631.64 亿美元，下降 22.3%；出口 511.83 亿美元，下降 2.7%。按贸易方式分，一般贸易出口 220.52 亿美元，下降 3.8%；加工贸易出口 246.66 亿美元，下降 4.9%。按产品类别分，机电产品出口 360.36 亿美元，占全市出口的 70.4%；高新技术产品出口 197.09 亿美元，占全市出口的 38.5%。按出口市场分，对欧盟出口 74.20 亿美元，增长 4.3%；对美国出口 71.90 亿美元，下降 18.6%；对韩国出口 38.53 亿美元，下降 19.8%；对日本出口 33.71

亿美元，下降 10.0%；对“一带一路”沿线国家出口保持快速增长，其中，对东盟出口 101.32 亿美元，增长 28.0%。

招商引资成效明显。全年新批外商投资企业 1035 家，合同外资额 313.57 亿美元，增长 37.4%；实际直接利用外资 211.34 亿美元，增长 12.0%。其中，制造业实际直接利用外资 110.19 亿美元，增长 32.3%；服务业实际直接利用外资 99.64 亿美元，下降 3.2%。截至年末，在津投资的国家和地区达到 134 个，在津投资的世界 500 强企业达到 163 家。全年实际利用内资 4049.28 亿元，增长 12.5%。

“走出去”步伐加快。全年新设境外企业机构 197 家，中方投资额 74.61 亿美元，增长 1.6 倍。对外承包工程新签合同额 31.08 亿美元，完成营业额 47.63 亿美元，增长 18.1%。截至年末，对外承包工程和劳务合作在外人员达到 1.42 万人。

对口支援扎实推进。全年投入财政资金 7.8 亿元，重点实施富民安居工程、就业增收、教育卫生、产业扶持等项目 191 个，用于对口支援新疆和田地区、西藏昌都地区、青海黄南藏族自治州、重庆万州区，对口援助丹江口库区上游地区，津甘东西扶贫协作。

八、中国（天津）自由贸易试验区建设

中国（天津）自由贸易试验区挂牌运营，123 项制度创新举措落地实施，推出跨境电商试点、贸易单一窗口、平行汽车进口、保税展示交易等创新举措，政策效应初步释放。率先实施“一照一码”登记制度改革，全年区内新增市场主体 1.41 万户，注册资本（金）3890.57 亿元。

投资贸易便利化水平提高。全年区内新设外商投资企业 627 家，实际直接利用外资 47.20 亿美元，占全市的 22.3%；新设境外企业机构 61 家，中方投资额 56.33 亿美元，占全市的 75.5%。推出服务京津冀协同发展八项举措，实施京津冀海关区域通关一体化改革，大幅提高口岸通关、通检效率。

九、京津冀协同发展

交通一体化先行一步。津保铁路投入运营，与京广、京沪、津秦和京津城际四条高铁无缝对接，天津成为全国高铁枢纽。京津城际延伸线建成通车，实现北京南站到滨海新区于家堡站一小时内通达。在京冀地区设立的无水港达到 10 个，天津口岸进出口总额中，京冀货物比重达到 32.6%。京秦高速公路天津段建成，京津冀公交“一卡通”投入试运营。

产业协作取得新进展。积极承接北京非首都功能，主动向河北延伸产业链条，签订生物医药、先进装备制造、新能源汽车等重点合作项目，未来科技城京津合作示范区、冀津循环经济产业示范区等建设加快。全年引进京冀项目 857 个，到位资金 1739.29 亿元，占全市实际利用内资的 43.0%，比上年提高 1.5 个百分点。

生态环境联防联控稳步推进。正式签署《京津冀区域环保率先突破合作框架协议》，明确以大气、水、土壤污染防治为重点，联防联控，共同改善区域生态环境治理。深化京津冀及周边地区大气污染防治协作，与河北合作加大引滦水源保护力度，积极参与京津风沙源治理、三北防护林建设等生态保护工程。

十、城市建设和房地产

基础设施建设提速推进。全年基础设施投资 2634.23 亿元，增长 20.0%。天津港 10 万吨级大沽沙航道完工，南疆中部散货堆场等加紧施工，内陆无水港达到 25 个。天津机场航空物流园区启动建设，新增、恢复和加密航班航线 102 条，异地候机厅达到 20 座。轨道交通建设加快，5 条地铁线同步建设，6 号线部分路段实现试运行。京津塘高速公路北部新区高架工程、京台高速天津段正式通车，全市高速公路 ETC 覆盖率达到 94%。截至年末，全市公路里程 16549 公里，比上年末增加 439 公里，其中高速公路 1130 公里。

公用事业服务功能提升。全年全社会用电量 800.60 亿千瓦时，增长 0.8%；其中，城乡居民生活用电量 87.29 亿千瓦时，增长 11.8%。新增供热面积 985.25 万平方米。自来水供水总量 8.14 亿立方米。新建标准化菜市场 20 个，总数达到 325 个。

房地产市场平稳运行。全年房地产业增加值 605.42 亿元，增长 6.1%。房地产开发投资 1871.55 亿元，增长 10.1%。商品房销售面积 1771.07 万平方米，增长 9.8%；销售额 1790.01 亿元，增长 20.4%。存量房交易升温，全年交易面积 1289.6 万平方米，增长 61.7%；交易额 1290.4 亿元，增长 78.6%。

十一、教育和科学技术

教育事业全面发展。截至年末，全市共有普通高校 55 所，中等职业教育学校 108 所，普通中学 509 所，小学 849 所。全年招收研究生 1.80 万人，在学研究生 5.30 万人，毕业生 1.63 万人。普通高校本专科招生 14.50 万人，在校生 51.29 万人，毕业生 13.21 万人。中等职业教育招生 4.72 万人，在校生 11.91 万人，毕业生 3.75 万人。普通中学招生 13.21 万人，在校生 42.70 万人，毕业生 14.23 万人。小学招生 11.09 万人，在校生 60.21 万人，毕业生 8.03 万人。成人高校招生 3.13 万人，在校生 6.89 万人，毕业生 3.32 万人。特殊教育学校 20 所，在校生 3279 人。幼儿园在园幼儿 25.25 万人。

科技创新成果丰硕。全市 15 项科技成果获得国家科学技术奖，其中，技术发明奖 3 项，科技进步奖 12 项，涉及装备制造、生物医药、环境保护等多个领域。全年完成市级科技成果 2610 项，其中，基础理论成果 191 项，应用技术成果 2387 项，软科学成果 32 项；属于国际领先水平 77 项，达到国际先进水平 385 项。全年签订技术合同 12590 项，合同成交额 539.18 亿元，增长 29.0%；技术交易额 418.35 亿元，增长 49.9%。

自主创新能力提升。天津国家自主创新示范区发展规划纲要出台，“一区二十一园”建设稳步推进，在滨海新区设立“双创特区”，全市众创空间达到 106 个。全社会研发经费支出占生产总值比重达到 3%。全年新增科技型中小企业 1.38 万家，累计达到 7.33 万家；其中，新增小巨人企业 510 家，累计达到 3453 家。截至年末，全市共有国家级高新技术企业 2309 家，市级高新技术企业 860 家。全年受理专利申请 8 万件，其中发明专利 2.85 万件，分别增长 26.1%和 21.9%；专利授权 3.73 万件，其中发明专利 4624 件，分别增长 41.7%和 41.0%；年末有效专利 10.38 万件，其中发明专利 1.85 万件，分别增长 24.1%和 25.5%。年末全市共有国家重点实验室 12 个，国家部委级重点实验室 49 个，国家级工程（技术）研究中心 36 个，国家级企业技术中心 45 个。

科技人才加速集聚。截至年末，引进国家“千人计划”人才 113 人，国家优秀创新群体和团队达到 42 个，在津两院院士 37 名，国家“973 计划”项目首席科学家 37 名。

十二、文化、卫生和体育

文化惠民取得成效。截至年末，全市共有艺术表演团体 66 个，文化馆 19 个，博物馆 22 个，公共图书馆 31 个，街乡镇综合文化站 241 个。全年发行 6 万张“天津文化惠民卡”，更多市民走进剧场，享受高水平、低票价的惠民演出。全年摄制电影故事片 18 部，64 家院线影院放映电影 73.43 万场次，观影人数 2108 万人次，票房收入 6.8 亿元，增长 48%。全市共有广播节目 10 套，市级电视节目 16 套。全年出版图书 5257.71 万册，期刊 3163.98 万册，报纸 6.57 亿份。

卫生资源不断增加。截至年末，全市共有各类卫生机构 5222 个，比上年末增加 232 个；其中，医院、卫生院 546 个，社区卫生服务中心 115 个，卫生防疫防治机构 24 个，妇幼保健机构 21 个，村卫生室 2437 个。卫生机构床位 6.37 万张，比上年末增加 0.27 万张；其中，医院、卫生院 5.97 万张，社区卫生服务中心 2806 张。卫生技术人员 9.07 万人，比上年末增加 0.59 万人；其中，执业（助理）医师 3.59 万人，注册护士 3.38 万人。全年无偿献血 17.4 万人次。

体育事业蓬勃发展。全年天津体育健儿在国内外比赛中共获得59枚金牌，其中，国际比赛21枚，国内比赛38枚。成功举办2015年亚洲女排锦标赛等10余项国内外赛事。新建、更新体育健身园500多个，创建“绿色健身站”300个。

十三、人口和就业

外来人口拉动全市人口规模扩大。截至年末，全市常住人口1546.95万人，比上年末增加30.14万人；其中，外来人口500.35万人，增加24.17万人，占常住人口增量的80.2%。常住人口中，城镇人口1278.40万人，城镇化率为82.64%；65岁及以上人口148.66万人，占9.6%。常住人口出生率5.84‰，死亡率5.61‰，自然增长率0.23‰。年末全市户籍人口1026.91万人，其中，城镇人口766.21万人，乡村人口260.70万人。

就业形势保持稳定。全年新增就业48.85万人，城镇登记失业率为3.5%。截至年末，全市就业人口总量896.80万人，三次产业就业结构为7.4:35.6:57.0，第三产业就业比重比上年末提高3.6个百分点。

十四、人民生活和社会保障

居民收支稳步增长。全年城镇常住居民人均可支配收入34101元，增长8.2%；农村常住居民人均可支配收入18482元，增长8.6%。城镇常住居民人均消费性支出26230元，增长8.0%；农村常住居民人均消费性支出14739元，增长7.3%。全市月最低工资标准由上年的1680元调整至1850元，城市居民最低生活保障标准由每人每月640元调整至705元，农村居民最低生活保障标准由每人每月440元调整至540元。

民心工程全面完成。全年提升改造散片旧楼区846个，30万居民直接受益；开工建设保障性住房3万套，建成7.5万套，新增发放租房补贴1万户；示范小城镇开工农民安置住宅503万平方米，竣工502万平方米；加快养老机构建设，新增养老床位8369张。

社会保险参保人数增加。截至年末，全市参加医疗保险人数1054.11万人，比上年末增加30.49万人；其中，城镇职工基本医疗保险参保人数522万人，城乡居民医疗保险参保人数532.11万人。全市参加基本养老保险人数686.28万人，比上年末增加29万人；其中，城镇职工基本养老保险参保人数565.18万人，城乡居民养老保险参保人数121.10万人。全市参加城镇职工工伤保险人数385.61万人，比上年末增加40.43万人。全市参加城镇职工失业保险人数295.32万人，比上年末增加7.75万人。

十五、环境保护

生态环境继续改善。严格落实控煤、控尘、控车、控工业污染、控新建项目“五控”治理措施，关停陈塘庄热电厂，基本完成主力电厂燃煤机组清洁化改造，634台锅炉完成煤改燃。全年环境空气达标天数220天，比上年增加45天；$PM_{2.5}$浓度均值70微克/立方米，下降15.7%。饮用水源地水质达标率保持100%。道路交通噪声平均声级54.2分贝，中心城区区域环境噪声平均声级67.7分贝。年末全市共有环境监测站17个，国家生态区1个，自然保护区8个，自然保护区面积9.06万公顷。城市人均公园面积9.83平方米。成功举办第三届中国绿化博览会。

注：1. 本公报中数据均为初步统计数。
2. 全市生产总值、各产业增加值绝对数按现价计算，增长速度按不变价计算。
3. 邮电业务总量按2010年不变价计算。
4. 中等职业教育包括中等专业学校、成人中等教育、职业中学和技工学校。

2015年天津市城镇居民收入情况分析

一、城镇居民收入平稳增长

2015 年天津市城镇常住居民人均可支配收入为 34101 元，比上年增长 8.2%，扣除价格因素实际涨幅为 6.4%，城镇居民收入增长平稳，但增幅较上年有所放缓。

（一）多方因素促进居民增收

1.政策推动，工薪收入稳增

2015 年天津市出台了《关于 2015 年深化收入分配制度改革和增加群众收入工作的工作方案》，从多个层面提高各群体居民增收。按照国务院统一部署进行了机关事业单位养老制度改革，部分区县机关事业单位人员增加津补贴标准，机关单位发放了绩效管理考核奖励、提高社区工作人员待遇等措施推动了城镇居民增收。全年人均工资性收入 21060 元，增长 12.0%。

2.鼓励创业，经营净收入略增

国家出台鼓励小微企业发展政策，使得小微企业盈利提高；企业注册门槛的降低和大规模创业宣传带动的深入，提升了群众自主创业的积极性；近郊经济发展，带动人口增加，批零、交通和服务业等行业得到较快发展；郊县休闲旅游业的发展，也带动相关住宿、餐饮、交通等行业经营收入增加。但同时，受宏观经济环境影响，致使部分行业效益不佳，也影响了部分家庭经营户收益。全年人均经营净收入 2458 元，微增 0.6%。

3.楼市回暖，财产性收入小幅增长

随着住房限购政策放开、降息以及公积金贷款上限提高，房地产市场持续升温，带动了房屋出租价格上涨。同时，随着各条地铁线路的投入使用，地铁沿线和市区周边的房租都有所提高。全年人均财产性收入 3400 元，增长 5.3%，其中，出租房屋收入增长 10.7%。

4.重视养老，转移性收入继续提高

2015 年，政府提高了离退休人员养老待遇、老年人生活补助和城乡居民养老补助标准；提高了最低生活保障标准。社会保障体系的进一步完善，使城镇居民来自转移的收入不断增加。全年人均转移净收入 7183 元，增长 2.1%。其中，养老金收入增长 6.7%。

（二）居民收入增幅放缓

从“十二五”时期天津市城镇居民收入走势看，随着经济发展步入新常态，经济结构调整，城镇居民增速也进入新阶段。经济增速(GDP) 由 2011 年的 16.4%回落到 2015 年的 9.3%；同期城镇居民收入增速也由 10.8%回落到 8.2%。

二、促进城镇居民增收的几点建议

（一）加快“调结构”步伐，促进经济发展

经济发展是居民增收的基础。天津目前的整体经济状况仍然面临诸多挑战，高污染、高消耗产业的停工，部分产能过剩企业面临破产，给天津经济发展带来极大压力。进一步协调天津一、二、三产比重，调整天津产业结构，支持创新型小微企业发展，提升产品高技术含量附加值，是天津经济发展、居民收入提高的必由之路。

（二）做好转岗培训，多渠道促进就业

天津属于经济结构改革“阵痛期”，高耗能、高污染行业的关停，会有为数较多的工人面临下岗再就业问题。对下岗人员进行有针对性培训，加强推荐上岗力度，架起企业和求职者之间的桥梁，对再就业者提供相关法律咨询和帮助。同时，对于积极响应政策，主动安置下岗员工的企业，给予一定鼓励。从劳动力供求双方同时着手，多渠道促进居民就业。

（三）缩小收入差距，制定政策“提低、稳中、限高”

缩小收入差距得从初次分配入手，通过贯彻实施最低工资标准以及推进工资集体协商等方式，使工资分配逐步向基层倾斜、向一线倾斜。对低工资行业特别是劳动密集型中小型企业，可以适当加大税费减免力度，将减免额用于增加企业员工工资。同时，政府制定相关政策，使劳动者收入朝“提低、稳中、限高”的方向发展。

（四）完善社会保障，提升“扶贫救困”水平

继续完善养老保障等制度，提高退休人员工资水平。对于属于“困难帮扶”家庭在提高社会救济标准的同时，要有针对性的进行“精准帮扶”，这就要求对各“困难帮扶”家庭的资质进行进一步审核分类。对于有条件、有希望脱离“困难帮扶”的家庭，提供相应的帮助，并做好思想工作。

2015年天津市城镇居民消费情况分析

据国家统计局天津调查总队抽样调查资料显示，2015年，天津市城镇常住居民人均消费支出26230元，比上年增长8.0%。近几年，随着居民生活水平的提升，以及信息传播方式和速度的整体升级，居民消费观念逐渐发生改变，以发展享受型消费占比逐年提高和基础性消费品质提升为特点，城镇居民消费结构日趋优化。吃、穿、用基础消费占比46.5%，消费额增长7.1%；教育文化娱乐和其他用品、服务消费分别增长13.4%和19.3%；受“京津冀一体化”和公共交通发展的影响，交通通信消费增长6.9%；保健意识的增强，使得居民医疗保健消费增长9.7%；房屋装修和居住条件改善使得居住消费增长6.5%。整体而言，消费“八大类”都有了不同程度的增长。

一、城镇居民消费呈现三大特点

（一）吃、穿、用整体消费占比继续回落

2015年城镇居民吃、穿、用消费支出12186元，增长7.1%，占消费支出46.5%，比上年降低0.4个百分点。其中：

1.关注食品品质，食品消费稳步提升

2015年人均食品烟酒消费支出8448元，增长6.4%。其中，在外饮食消费增长11.3%。调查显示，家庭“小灶”购买食材的品质、品种和价格比往年都有所提高；家庭聚会时，不少居民则会选择去餐厅享受“大厨”的手艺。随着收入的提高，人们对于精致生活的追求也从“食”上体现出来。

2.网络消费引领，衣着消费略有上涨

2015年人均衣着消费2144元，增长4.6%。随着成衣行业的发展以及“互联网+销售”模式的迅速兴盛，在大众成衣零售价格回落的同时，极大的刺激了居民对于衣着鞋帽购买的热情。调查显示，居民衣着实体店购买和网络购买都有所增加，特别是随着“70后”“80后”“90后”逐渐成长，给自己打扮的“个性、漂亮”，给父母买几件“舒服、合体”的衣服尽孝心已经成为新时代年轻人表达感情、展示自我的方式之一。

3.提升生活品质，生活用品消费激增

2015年人均生活用品及服务消费支出1594元，增长14.9%。房屋重装修直接推动了居民家具及室内装饰品和家用电器消费的增加，增幅均达三成。调查显示，由于科技水平不断提高和电商推广，一些家庭选择家用器具开始逐渐向高科技含量产品倾斜，扫地机器人、空气净化器等等颇具“科技”“现代”含量的产品逐渐走进寻常百姓的生活。

（二）住、行消费需求平稳

2015年城镇居民人均居住、交通通信支出9070元，增长6.7%，占消费支出34.6%。其中：

1.房屋装修装饰带动居住消费

2015年人均居住支出5667元，增长6.5%。房价的持续高位使非刚需的居民暂缓了购房步伐而转为修缮和重装修现住房，加之住房条件的改善，推动了住房维修和管理费用支出，比上年增长23.5%。

2.“一体化”和公共交通发展带动交通通信消费

2015年人均交通通信消费支出3403元，增长6.9%。随着天津航空、铁路、轻轨等交通运输能力不断提升，加之旅游业发展和居民生活水平的整体提高，居民出游热情有了明显增强，而“京津冀”一体化以及一小时交通圈的形成，紧密的将三地联系在一起，使三地居民之间的交流更加频繁，居民交通费及交通

工具用燃料等消费增长 14.7%；而在智能手机的普及以及网络提速降费的双重作用下，居民开通手机网络热情也得到一定程度提升，通信服务消费增长 2.5%。

（三）发展享受型消费占比整体上升

2015 年城镇居民人均教育文化娱乐、医疗保健及其他用品和服务支出 4974 元，增长 12.9%，占消费支出 19.0%，比上年提高 0.9 个百分点。其中：

1.发展享受，教育文娱消费明显提升

2015 年人均教育文化娱乐消费支出 2283 元，增长 13.4%。其中，人均教育支出增长 16.4%；人均文化娱乐支出增长 11.1%。随着生活水平的不断提高以及居民整体文化素质的提升，越来越多的津城民众意识到"学习"的重要性，也更加愿意在教育上为自己为孩子进行投资，学习多方面的文化知识的同时也学习生活艺术的各类技巧。与此同时，满足基本生活需要之后的精神生活享受，也成为津城居民的追求之一，越来越多的人走出家门，参加亲友聚会、参观艺术展览、欣赏电影音乐会等活动，使津城居民的生活幸福度也逐渐提升。

2.关注健康，带动医疗保健服务消费

2015 年人均医疗保健消费支出 1888 元，增长 9.7%，其中人均医疗器具及药品消费增长 6.9%，人均医疗服务增长 11.3%。

3.幸福生活，其他消费服务大幅提升

2015 年人均其他用品和服务消费支出 803 元，增长 19.3%。其中，其他用品消费增长 16.4%；其他服务消费增长 24.5%。随着生活水平的提升，居民购买金饰以及相关奢侈品的热情较往年有所提高。

二、提升居民消费的几点建议

（一）继续提高居民收入，增强居民消费能力

扩大居民消费的关键是提高居民消费能力，消费能力的增加取决于居民收入的多少，调整完善收入分配制度，努力提高低收入者收入，继续扩大中等收入群体，真正使居民有钱花、敢消费。

（二）稳定物价，加大市场监管力度

物价上涨会降低居民实际收入水平。建议进一步规范市场运作，加强价格监督检查，尤其是对于居民生活必需品价格监管，在不断提升居民收入的同时，以稳定物价来促进居民消费欲望和能力。

（三）完善巩固"民心工程"，改善居民消费预期

天津市"民心工程"实施以来，在改善居民生活环境、提高居民生活水平等方面取得了良好的成效。推进就业、教育、医疗、住房等"民心工程"落实，着力构建社会保障安全网，在解决居民后顾之忧的同时，改善居民消费预期，提高居民消费动力。

2015 年天津市农村居民收支情况简析

一、农村居民收支总体情况

2015 年，天津市农村居民收入增长总体稳定，农村常住居民人均可支配收入 18482 元，比上年增长 8.6%，低 2.2 个百分点。人均消费支出 14739 元，比上年增长 7.3%。

二、农村居民收入变动特点

2015 年，天津市经济缓中趋稳，农村从业人员就业稳定，为居民增收提供支撑。此外，各项惠农措施也是助推收入增长的重要因素。

（一）经济发展拉动工资收入增长

2015 年天津市通过大力发展工业园区和加快美丽乡村建设，吸纳和带动农民就业，农村劳动力转移就业保持良好态势。同时，受最低工资标准上调、企业工资增长指导线提高等政策性因素带动，以及劳动者素质提高、熟练工人紧缺等市场性因素作用，劳动力薪酬水平继续提高。全年人均工资性收入 11032 元，增长 11.0%，拉动可支配收入 6.4 个百分点，占可支配收入的比重近六成，工资性收入继续成为拉动农民增收的最主要动力。

（二）农产品价格偏低、成本增加，经营收入增长乏力

调查数据显示，2015 年人均家庭经营净收入 4949 元，增长 3.3%。其中，人均一产净收入 2068 元，下降 7.2%；人均二产净收入 841 元，下降 5.9%；人均三产净收入 2041 元，增长 22.2%。

2015 年天津市积极营造创新创业良好生态环境，激发社会创造活力，推进大众创业、万众创新。随着各项工作的不断深入，相关政策措施的逐步落实，全市创新创业氛围日益浓厚，居民经营投资活动频繁，小微企业发展迅速，为城乡居民经营性收入稳步增长奠定了基础。

从不利因素看，一是玉米、禽蛋、羊肉等农产品价格下降，农民丰产未丰收，农村居民家庭经营一产收入呈负增长；二是人工成本不断上涨，阻碍了家庭经营二产收益；三是受整体经济环境影响，部分二三产业经营户效益下降。

（三）投资渠道狭窄，财产性收入增长遇瓶颈

农村居民财产性收入主要来源于房租收入、集体分红、转让土地承包权收入和利息收入。2015 年，由于集体分红收入增长乏力，农村出租房空置率增加拖累房租收入下降等因素，对农民收入增长产生一定的影响，加之存款利率不断下调、股市大幅动荡、P2P 等金融创新风险加大，均影响了居民财产性收入的稳定增长，仅靠转让土地承包权收入增长很难扭转财产性收入下滑的趋势，农村居民亟需拓宽投资渠道，寻求财产性收入新的增长点。全年人均财产净收入 775 元，下降 3.0%。

（四）社保标准继续提高、惠农措施覆盖面广，转移净收入增长较快

2015 年政府继续提高全市机关企事业单位离退休人员养老待遇、农村最低生活保障标准，调整城乡老年人的生活补助费，出台推广先进民用炉具（无烟煤炉具）补贴政策、实行村民合作医疗二次报销制度。各项支农惠农政策措施直接拉动了农村居民转移净收入的增长。全年人均转移净收入 1726 元，增长 16.4%。其中，人均养老金收入 1142 元，增长 14.3%；人均政策性生活补贴 294 元，增长 3.4 倍。

三、农村居民消费亮点

2015年天津市农村常住居民人均消费支出14739元，增加1000元，增长7.3%。八大类消费中，除居民购买金银首饰的理性回归导致其他用品和服务支出下降以外，其余七类消费支出均实现不同幅度上涨。

（一）生活用品及服务、教育文化娱乐、医疗保健支出增幅位列前三

近年来，农村居民的生活水平较快提升，消费结构逐步由生存型向发展型和享受型消费迈进，助推了相应消费支出的快速增长。在耐用品需求方面，居民家庭对节能、环保类家电的需求上升，带动人均耐用消费品需求大幅提高，全年人均生活用品及服务支出954元，增长7.1%；随着农村居民重教意识日益浓厚，教育文化娱乐消费增势不减，全年人均文化娱乐支出1145元，增长10.0%；医疗药品市场逐步规范，加之居民保健防病意识日益增强，带动了医疗保健消费支出快速增长，全年人均医疗保健支出1060元，增长8.2%。

（二）在外饮食成农村居民消费亮点

随着收入水平的逐年提高和消费观念的转变，农村居民消费层次全面升级，传统家庭聚会式的餐饮方式已经难以满足富裕起来的农民追求就餐品味、档次和享受的需求，越来越多的农民选择在外操办家宴、喜宴、团圆宴等。2015年全市农村居民在外饮食人均消费567元，增长6.8%，占食品消费支出的比重提高0.7个百分点。

（三）互联网消费保持快速增长态势

随着物流体系逐步向农村地域建设延伸以及农村居民消费观念的转变革新，网购迅速融入百姓生活，"互联网+"正席卷着一切改变着大家的生活方式和消费习惯，网购消费支出呈井喷式发展。数据显示，2015年人均通过互联网购买的商品或服务支出52元，增长33.5%。网购类别主要集中在食品、服装、手机、个人护理用品、家庭日用品等，其中在服装鞋帽方面的消费支出最多、增长最快。

四、促进居民增收和消费的几点建议

（一）努力扩大就业，继续完善低收入群体保障体系

随着经济增速放缓，天津市居民收入增长也呈现出增速放缓、结构调整的新特征。2015年，农村居民人均工资性收入虽保持较快增长，但增长后劲已显不足。加之近两年市场薪资补涨已使劳动成本上升，工资性收入增长可能遭遇企业经营压力增加的瓶颈，增资政策的效果也容易打折扣。

现阶段，在稳步提高各项收入标准的同时，应重点关注就业，通过扩大就业提高农村居民收入。积极开展技能培训、搭建就业平台，同时建议关注就业人口众多的中小企业的生存与发展问题，通过简政放权和税费政策调整进一步为企业减负，促进企业增员、增效、增薪资。加大对低收入群体的帮扶力度，使发展改革成果全民共享。

（二）加快供给侧改革，满足消费需求

当前，天津市农村居民对文化、娱乐、养老、健康等消费有较大的潜在需求，同时，对医疗、住房等满足基本生活需要的消费也仍有较大缺口。建议积极扶持养老、健康、休闲度假等消费业态，在财税金融等配套措施上积极跟进，培育多层次的服务性消费市场。同时，大力推进供给侧改革，进一步完善消费环境，抓住消费热点，不断提升消费档次，形成以支带收，以收增支的良性循环。

（三）完善农产品收储制度，保障农民增收

农产品价格变化直接关系着农村居民增收。2015年，受全球农产品价格低迷的影响，玉米等部分农产品收购和销售价格均有一定的回落，影响了农民收入的增长。因此，政府应根据农产品价格的变化，积极做好粮食和畜产品的收购储备工作，特别是针对天津市产量较高的农产品，建立并完善应急预案，防止因价格剧烈波动造成农民减收和亏损，保护农民的生产积极性。

2015年天津市居民消费价格情况运行分析

2015年是“十二五”规划的收官之年，在新常态下加快推进结构调整和转型升级，经济发展稳中向好，市场物价运行平稳。2015年，天津市居民消费价格同比上涨1.7%，涨幅较2014年全年（上涨1.9%）收窄0.2个百分点。其中食品价格上涨1.7%，非食品价格上涨1.6%；工业品价格持平，服务项目价格上涨3.4%。在1.7%的涨幅中，滞后因素约为0.8个百分点，新涨价因素约为0.9个百分点。

一、总体运行情况

2015年居民消费价格上涨1.7%，创六年最低（2010-2014年分别为3.5%、4.9%、2.7%、3.1%和1.9%），其中一季度上涨1.2%，二季度上涨1.9%，三季度上涨2.2%，四季度上涨1.4%。

（一）与全国和部分省市对比

天津市价格走势与全国基本相同，2015年居民消费价格同比指数为101.7，比全国高0.3个百分点，与36大中城市平均指数相同。在全国31个省（区、市）价格指数排位中，天津市排在第9位，较去年前移12位。其它直辖市的位次分别为：上海第2位、北京第5位、重庆第22位。

2015年京津冀三地居民消费价格分别比上年上涨1.8%、1.7%和0.9%。从消费品和服务项目两大领域看，三地消费品价格涨幅较为接近，京津服务项目价格涨幅明显高于河北。2015年三地消费品价格分别比上年上涨0.3%、0.8%和1.2%，北京涨幅最低。其中，由于地域接近，蔬菜、瓜果产地较为一致，三地食品类价格涨幅差别不大，分别为1.6%、1.7%和0.8%。京津冀服务项目价格分别上涨4.2%、3.4%和0.6%，由于北京和天津都市特征较为显著，人工成本相对较高，服务项目价格也显著高于河北。

（二）环比指数季节性回落

从环比情况看，2月份受春节因素影响，价格上涨1.6%，为年内最高涨幅，其余月份涨跌幅均在1%以内，总体较为平稳。环比上涨和下降的月份各占一半。1月和2月受节日因素，价格显著上涨；二季度是季节性价格回落；三季度受猪肉和鲜菜价格推高。

（三）价格总水平波动上升，总体平稳

从同比来看，除元月份由于春节不同月致使涨幅较低外，其余5个月同比涨幅均在2%以内小幅波动。由于鲜菜和猪肉价格高位运行，7月份上涨2.4%，8月份扩大至2.5%成为年内高点。四季度同比涨幅明显回落，涨幅均低于2.0%。

（四）八大类商品和服务价格

2015年八大类商品和服务价格呈“六涨二降”。其中娱乐教育文化用品及服务类上涨4.2%，衣着类上涨3.0%，居住类上涨2.6%，烟酒类上涨1.9%，食品类上涨1.7%，家庭设备用品及维修服务类上涨1.0%；交通和通信类下降2.6%、医疗保健和个人用品类下降0.2%。从构成居民消费价格指数的262个基本分类看，有156个较上年同期上涨，占59.5%。

二、价格变动的主要特点

（一）食品价格涨幅较低

2015年食品类价格上涨1.7%，涨幅比上年回落1.3个百分点，影响居民消费价格总水平上涨0.56个百分点，对总水平的拉升作用减弱。构成食品类的16个中类项目有11类呈上涨态势，多数食品价格保持稳定，其中，蛋、羊肉、鲜瓜果、油脂、牛奶价格分别下降9.2%、2.9%、1.9%、1.9%和1.5%，共影响居民消费价格总水平下降0.16个百分点。猪肉、鲜菜、在外用膳食品价格分别上涨10.0%、7.6%和1.4%，共影响居民消费价格总水平上涨0.53个百分点。

1.粮食价格稳步上涨，油脂价格持续低迷。受种植成本、流通成本增加等因素影响，粮食价格稳步上涨，同比上涨1.8%。其中，大米上涨1.4%，面粉上涨2.2%，粮食制品上涨1.1%，其他粮食上涨4.7%。由于国际国内油料作物连年丰产，原料价格较低，而市场需求不振，对价格支撑力不足，油脂价格持续低迷，同比下降1.9%。

2.猪肉价格持续上涨，牛羊肉价格稳中有落。牛羊肉价格近两年来首次下降，降幅分别为0.9%和2.9%，特别是羊肉价格，随着近几年羊肉产量逐年提高，市场供应持续改善，2015年供大于求，价格有所下降。从近10年猪肉价格变动周期看，2015年处于第3个周期。本轮周期中，猪肉价格在底部徘徊较长时间，3月份猪肉价格出现恢复性上涨，9月份涨幅达到年内最高的20.9%，之后随着生猪产能趋稳，涨幅略为收窄，全年共上涨10.0%，价格涨幅显著低于以往周期的峰值。

3.鲜蛋价格明显回落。由于前期禽蛋效益较好，养殖户补栏积极性高，市场供应充足，鲜蛋价格回落明显。自4月份开始价格连续出现负增长，全年价格下降10.2%。

4.鲜菜价格波动上扬，鲜果价格低位运行。随着种植、运输成本的提高和消费的增加，鲜菜价格持续上扬，除一季度同比下降外，其余9个月均同比上涨，最高涨幅为8月份的34.3%，全年平均上涨7.6%。鲜瓜果由于产量增加，价格回落，全年平均下降1.9%。

（二）工业消费品价格基本稳定

近几年，工业消费品价格一直处于上涨态势，2015年受上游生产者价格指数（PPI）持续负增长影响，各类工业品价格涨跌并存，总体与上年持平。其中上涨较多的中类有：床上用品涨8.9%、中成药上涨4.8%、烟草上涨3.5%、服装上涨3.1%、鞋袜帽上涨2.9%等，共影响居民消费价格总水平上涨0.36个百分点。受国际市场原油、黄金价格持续下行影响，天津市汽油、柴油价格连续16个月同比下降，全年分别下降17.3%和17.9%；首饰价格同比持续下降，全年下降12.0%，共影响居民消费价格总水平下降0.25个百分点。

（三）服务项目价格稳步上涨

2015年服务项目价格上涨3.4%，涨幅比上年提高1.2个百分点。其中，高等教育上涨22.0%，健身活动、洗车、家庭服务、理发美容个人服务等价格长期上涨，全年分别上涨4.2%、3.8%、3.3%、1.4%，这五类服务价格共影响居民消费价格总水平上涨0.52个百分点。住房租金价格上涨7.2%，影响居民消费价格总水平上涨0.09个百分点。

二、影响居民消费价格变动的主要因素

（一）主要食品价格涨跌影响价格总水平波动

受居民消费结构影响，居民消费价格总水平与食品价格高度正相关，而食品中猪肉、鲜菜等主要食品的价格走势直接影响了价格总水平的波动。如，1月份，猪肉价格下降3.4%，鲜菜价格下降10.5%，均处于全年最低点，居民消费价格涨幅为0.7%，也是全年的最低。8月份，猪肉、鲜菜分别上涨19.7%和34.3%，涨幅成为全年次高值和最高值，居民消费价格涨幅达到全年最高点，为2.5%。2015年猪肉价格上涨10.0%，鲜菜价格上涨7.6%，二者共同拉动居民消费价格总指数上涨0.39个百分点，影响程度达23.6%。

（二）服务项目价格上拉总指数

从58个服务项目价格看，价格上涨的有20个，比例达到34.5%。近些年来，农民工外出务工收入水平继续增长，劳动力成本的上升在某种程度上推动了服务行业收费价格的逐步攀升。全年服务项目价格上涨拉动居民消费价格总水平上升1.12个百分点。

2015 年全国有 28 个省市宣布上调月最低工资标准，其中天津市最低工资标准从 1680 元/月调整至 1850 元/月，涨幅为 10.1%，每小时 9.7 元调整为 10.6 元，连续 6 年上调。人工成本不断攀升推动天津市服务项目价格指数明显高于价格总指数（2015 年为 103.4%，比 CPI 高 1.7 个百分点）。

（三）大宗商品价格低位震荡

2015 年以来，全球经济复苏缓慢，外部需求仍显不足，国际市场大宗商品价格低位震荡，能源、金属、农产品等大宗商品价格直接或间接拉低天津市物价。作为大宗商品市场风向标的原油期货数度跌穿每桶 40 美元，创 2009 年 2 月份以来最低，2015 年，油价经历了 19 次调整，7 次上涨 12 次下降，因此汽柴油价格降幅较大；黄金价格低位调整，天津市首饰价格持续下行；玉米、大豆、豆粕等粮食价格显著下降，国内原料、饲料价格低于上年，在一定程度上拉低油脂、肉类价格水平。

（四）政策性调价影响价格变动

自 2015 年 5 月 10 日起，国家将卷烟批发环节价税税率由 5%提高至 11%，税率提高了 6 个百分点。受卷烟批发环节价格税率上调的影响，2015 年烟草价格同比上涨 3.5%。受 6 月份国家开放药品市场价格的影响，药品市场价格涨跌各现，但总体呈现出价格上涨的态势。在服务项目 3.4%的涨幅中，最主要的因素是 2014 年政府调整的高等教育学费和公有住房房租价格等，这两类对全年价格水平的贡献超过三成。

（五）新涨价因素明显减弱

经测算，在 2015 年 1.7%的居民消费价格同比涨幅中，上年翘尾因素约为 0.8 个百分点，新涨价因素约为 0.9 个百分点，是历年新低（2010 年 1.7%，2011 年 2.7%，2010 年 1.0%，2013 年 2.5%，2014 年 1.0%）。

2015年天津市工业生产者价格运行分析

一、2015年天津市工业生产者价格运行情况

（一）工业生产者价格同比指数保持在低位运行

2015年，天津市工业生产者出厂、购进价格均保持低位运行。出厂价格全年下降9.7%，降幅较三季度缩小0.1个百分点，较2014年扩大6.0个百分点。工业生产者购进价格全年下降7.6%，降幅较三季度扩大0.2个百分点，较2014年扩大4.7个百分点。从近两年月度数据看，2014年下半年出厂价格降幅持续扩大，2015年各月出厂价格指数降幅均大于9%，其中8月份降幅最大为10.7%。

（二）行业大类下降面超过七成，最大降幅超45%

2015年，天津市29个工业行业产品同比价格下降，下降面为74.4%，比2014年扩大15.4%。2位数以上降幅的行业有8个，分别为石油和天然气开采业，黑色金属矿采选业，石油加工、炼焦和核燃料加工业，废弃资源综合利用业，煤炭开采和洗选业，黑色金属冶炼和压延加工业，有色金属冶炼和压延加工业，化学原料和化学制品制造业，共同影响总指数下行8.1个百分点。其中，石油和天然气开采业全年同比下降46.1%，降幅最大；黑色金属冶炼和压延加工业价格全年同比下降16.6%，对总指数下拉作用最大，影响总指数下行3.0个百分点。可见，天津市工业生产者价格波动仍然以重工业、生产资料类行业产品价格为主导。

（三）九大类原材料购进价格全部呈下降态势

2015年，九大类原材料购进价格同比均呈下降态势。分类来看，燃料动力类、黑色金属材料类价格同比分别下降18.3%和13.7%，呈两位数降幅，共同影响全市原材料购进价格下降约4.9个百分点，对总指数下行的贡献率为64.2%，是影响全市原材料购进价格下降的主要因素。

（四）天津市工业生产者价格指数处于全国中下游

据国家统计局反馈数据资料显示：2015年，全国工业生产者出厂价格同比指数为94.8，天津市为90.3，低于全国4.5个百分点，在31个省、区、直辖市排位中，天津市居第25位；全国购进价格同比指数为93.9，天津市为92.4，低于全国1.5个百分点，在30个省、区、直辖市（不含西藏）排位中，天津市居第22位。

二、影响天津市工业生产者价格持续低位运行的主要原因

（一）国际大宗商品价格输入型传导影响

随着全球经济一体化的深入，国际大宗商品价格波动对国内市场的输入性传导作用越发明显。国际原油、铁矿石等国际大宗商品价格持续下行，2015年原油-杜里现货价格下跌45.4%，普式铁矿石价格指数下跌37.1%。原油价格的波动直接影响了成品油等石油加工、炼焦产品的价格，间接影响了有机化工原料、塑料、合成橡胶、化纤和化学原料等行业的价格，2015年原油及下游行业拉动天津市工业生产者出厂价格指数下降4.5个百分点；铁矿石价格影响炼铁、炼钢、钢压延加工产品价格，进而扩展到金属制品业、机械和设备修理业以及废弃资源利用业等行业价格，2015年这些行业拉动天津市工业生产者出厂价格指数下降3.4个百分点。

（二）制造业和房地产投资增长放缓

制造业投资受产能过剩影响，持续低位徘徊，2015年天津市实体经济投资8560.1亿元，同比增长10.3%，增速较2014年和2015年一季度、二季度、三季度分别回落8.6、1.3、5.3、1.8个百分点，呈下行趋势；房地产投资受市场销售压力影响，增长乏力，2015年天津市房地产开发投资1871.6亿元，增长10.1%，低于

全社会投资增速2个百分点。投资增速的回落，必然影响与投资相关度较高的钢铁、水泥等工业品的需求，而这些行业又存在一定程度的产能过剩，进而造成相关工业产品价格下降。2015年天津市钢筋价格累计下跌26.5%，水泥价格累计下跌5.2%。

（三）国际需求疲软，出口形势不乐观

2015年世界经济增速放缓，复苏之路崎岖艰辛，部分经济体面临通缩压力，国际贸易负增长，金融市场波动剧烈，地缘政治及部分地区政局动荡等影响全球物价水平增速下行。加上天津市劳动力成本上升、出口结构转型等多种因素影响，外贸出口增幅逐月回落，全年下降2.7%。

三、2016年天津市工业生产者价格走势预测

（一）抑制PPI上涨的因素

一方面，国内经济发展已进入三期叠加新常态，供需矛盾短时间内难以有效改善，供需矛盾近期依然存在。

另一方面，国际原油等大宗商品价格由于当前美俄中东持续博弈、地缘政治风险不确定性等因素影响，大幅上涨的可能性较小。全球经济增长动力不足将影响出口，从而抑制PPI上涨。

（二）拉动2016年PPI企稳的因素

首先，我国正在着力加强供给侧结构性改革，去产能、去库存、去杠杆、降成本、补短板将有助于我国工业结构性供求矛盾的缓解，促进工业产品价格趋稳。其次，资源产品价格改革的稳步推进将缓解相关产品价格下行压力。第三、随着高速公路、高速铁路等基建项目投资增加，各领域需求逐步回暖，中上游生产资料价格将有所回升。第四，本年度基数价格水平较低，有利于2016年指数企稳。

总的来看，预计2016年天津市PPI指数或将缓慢回升，降幅逐步收窄。

2015年天津市固定资产投资价格走势分析

一、固定资产投资价格总体走低，各季同比指数由升转降

据国家统计局天津调查总队资料显示：2015年天津市固定资产投资价格同比下降0.1%。从各季度情况看，一至四季度天津市固定资产投资价格指数分别为100.4、100.0、99.8、99.3。一季度继续保持上涨态势，二季度与上年同期持平，从三季度开始天津市固定资产投资价格指数由升转降，四季度降幅继续加大。

二、三大类投资价格指数“两降一升”

在构成固定资产投资价格总指数的三大类指数中，建筑、安装工程价格指数和设备、工器具购置价格指数均有不同程度的下降，其他费用价格指数小幅上升。

调查资料显示：2015年天津市建筑安装、装饰工程价格指数同比下降0.4%。其中，人工费价格指数同比上涨5.4%，材料费下降1.9%，机械使用费上涨0.2%；设备、工器具购置价格指数同比下降0.7%；其他费用价格指数同比上涨1.2%。

（一）建筑材料价格持续走低，拉动建安工程价格趋降

2015年天津市建筑安装、装饰工程价格指数为99.6，同比下降0.4%，与上年的100.5相比涨跌幅相差0.9个百分点，一至四季度的价格均呈逐季走低趋势，指数分别为100.3、99.8、99.6和98.8。

1.建筑材料价格持续走低

2015年以来，受国际国内市场需求弱化、投资增长拉动作用减缓、以及钢材等主要产品产能过剩影响，钢材、水泥等材料费全年价格在上年下降的基础上继续走低。与上年同期相比，天津市建筑工程中材料费价格下降1.9%，与2014年同期下降1.3%相比，跌幅扩大了0.6个百分点。从四个季度走势看，降幅呈逐季加大趋势，一季度材料费价格同比下降1.3%，二至四季度则分别下降1.6%、1.8%和2.9%。

2.人工费价格涨幅回落

2015年人工费价格同比上涨5.4%，涨幅比上年回落1.3个百分点。其中：工程管理人员人工费价格平均上涨4.4%、工程技术人员人工费价格上涨4.9%；普通工人人工费价格上涨5.6%，涨幅分别比上年回落1.8、1.7和1.3个百分点。

3.机械费价格微幅上涨

2015年机械费价格同比上涨0.2%，涨幅比上年同期回落1.6个百分点。在各类机械费用中，船舶机械和加工机械价格分别上涨1.6%和1.2%；土石方及筑路机械、其他机械和混凝土及砂浆机械价格均上涨0.6%；起重机械上涨0.1%；运输机械、打桩机械和泵类机械价格分别下降0.3%、0.5%和0.6%。

（二）设备工器具购置价格持续低位运行

2015年天津市设备工器具购置价格下降0.7%，与上年的下降幅度一致。一至四季度天津市设备工器具购置价格下降幅度分别为0.4%、0.5%、1.1%和1.0%。

（三）其他费用价格有所上升

2015年其他费用价格上涨1.2%，主要受土地取得费、前期工程费和施工工作费价格上涨的拉动。在其他费用的四大类中，土地取得费上涨2.3%；前期工程费和施工工作费均上涨1.3%；建设单位其他费用与去年持平。

三、影响固定资产投资价格走低的主要原因

一是固定资产投资增速有所放缓。固定资产投资价格指数的走势受国际国内经济形势、国家宏观政策和固定资产投资规模以及房地产政策等因素的影响较大。数据显示，2015 年，天津市固定资产投资和房地产开发投资同比分别增长 12.1%和 10.1%，增速分别比 2014 回落 3.0 和 3.7 个百分点。投资增速明显回落，拉动固定资产投资价格指数上行的动力不足。

二是钢材、水泥等主要建材价格持续走低。钢材、水泥等主要建筑材料是固定资产投资及房地产建设项目的主要原材料，其价格的变动对固定资产投资价格走势的影响较大。2015 年以来，国内钢材、水泥行业产能过剩、市场需求减少造成价格持续走低的态势仍在继续。调查数据显示，2015 年，材料费中钢材价格下降 5.8%，水泥价格下降 0.5%，钢材、水泥价格的持续走低成为影响天津市固定资产投资价格下降的主要原因。

三是政策性因素影响。2015 年以来，中国人民银行先后五次下调金融机构人民币贷款基准利率，以降低社会融资成本。调查结果显示，企业建设期应付利息减少带动投资价格中其他费用价格涨幅回落。2015 年，其他费用价格上涨 0.5%，涨幅比上年同期回落 0.4 个百分点。

四、2016 年价格形势展望

2016 年是“十三五”开局之年，也是全面贯彻党的十八大精神、进入全面建成小康社会的决胜阶段。随着京津冀协同发展、城市建设等一批重大项目全面展开，投资需求将进一步释放，对固定资产投资价格将起到有力支撑。但受我国经济目前仍处于“三期叠加”阶段的影响，不确定因素也使固定资产投资价格面临较大下行压力。从目前形势看，受煤炭、钢铁等产品产能过剩等因素的影响，未来一段时期大宗商品价格仍缺乏上涨基础，国内原材料价格仍难以出现明显反弹；房地产市场库存仍然较高，去库存化压力较大，因而房地产投资形势不容乐观。受各方因素影响，预计 2016 年天津市固定资产投资价格不会有很大的涨跌幅度，整体运行呈平稳走势。

2015年天津市住宅销售价格运行情况

据国家统计局天津调查总队调查资料显示：2015 年，在宏观调控措施影响和市场调节作用下，天津市新建商品住宅、二手住宅同比价格指数在 2015 年 9 月开始由下降转为上涨。

一、2015 年天津市住宅销售价格走势特点

（一）新建商品住宅销售价格指数由降转升

从各月环比价格变动情况来看，2015 年 3 月份结束了 2014 年 6 月份以来连续九个月的环比下降，转为环比上涨，指数为 100.2。这一上涨态势一直延续到 12 月份，其中涨幅最高出现在 12 月份，达到了 100.9，其他月份在 100.1-100.5 之间波动。

从各月同比价格变动情况看，1 至 4 月份降幅呈现逐月扩大走势，3 月份、4 月份达到了本年度同比价格指数的最低点 95.3，从 5 月份开始到 8 月份，降幅逐步收窄至 98.8，到了 9 月份，则结束了自 2014 年 9 月份以来连续 12 个月同比指数在 100.0 以下运行的态势，由下降区间转为上涨区间，从 9 月份的 100.3，涨幅逐步扩大到 12 月份的 103.4。从 3、4 月份的指数最低点 95.3 到 12 月份的指数最高点 103.4，累计涨幅达 8.1 个百分点。

（二）二手住宅同比价格指数与新建商品住宅价格走势趋同

从环比价格变动情况看，前两个月天津市二手住宅销售价格延续自 2014 年 7 月份以来的环比指数下降趋势，均为 99.7，3 月份则结束了连续 8 个月的环比下降，转为环比上涨，指数为 100.1，从 4 月份到 12 月份在 100.2-100.6 之间波动，波动幅度较新建商品住宅略大。

从各月同比价格变动情况看，与新建商品住宅价格走势基本一致，1 至 4 月份天津市二手住宅销售价格同比价格降幅呈现持续扩大趋势。5 月份开始降幅开始收窄，由 4 月份的 96.2 收窄至 7 月份的 98.4。8 月份则结束了自 2014 年 10 月份以来连续 10 个月同比指数在 100.0 以下运行的态势，为 100.0，从 9 月份开始到 12 月份同比价格指数持续走高，直至 12 月份达到了 103.8。从 4 月份的指数最低点 96.2 到 12 月份的指数最高点 103.8，累计涨幅达 7.6 个百分点。

二、重点城市住宅销售价格指数比较

天津市住宅销售价格环比指数在七十个大中城市中处于前列。

（一）新建商品住宅销售价格比较

从北京、天津、上海、重庆、广州和深圳六个重点城市看，12 月份新建商品住宅销售价格环比价格全线上涨，其中深圳以 103.2 的环比指数位居全国七十个大中城市第一位，上海居第二位，天津、广州、北京、重庆分居第七、九、十一、十六位。

同比来看，七十个大中城市中，深圳、上海、北京、广州分居第一、二、三、四位。天津排在第十位，重庆排在第三十位。

（二）二手住宅销售价格比较

12 月份，六城市二手住宅价格环比价格全线上涨，其中深圳以 3.3%的涨幅位居全国七十个大中城市之首，北京、广州分列二、三位。上海排名第五位，天津市位居第十三位，重庆位列第二十七位。

同比来看，12 月份深圳第一位，北京次之，广州、深圳并列第三位，天津市以 103.8 的指数位居第七

位。重庆价格同比指数位列第二十八位。

三、天津市全年房地产市场主要变化及其对价格的影响

2015 年以来，在党中央、国务院一系列房地产调控政策的影响下，购房者信心提振，购房需求逐步释放，天津市房地产市场逐渐升温。伴随着市场的好转，新建住宅价格同比指数由降转升并逐月攀高。

2015 年，央行五次降息降准。作为对利率颇为敏感的房地产行业而言，降息能够直接降低信贷成本。对购房者来说，直接带来的好处是按揭贷款成本降低。

2015 年一系列与房地产行业相关政策的落地实施，对天津市房地产市场产生了相当程度的利好，宽松的房地产市场政策在二季度效果开始显现，新建商品住宅成交量从 3 月份起呈现出逐月增加态势，整体市场活跃度好于 2014 年。

四、对 2016 年天津市房地产市场价格走势的初步判断

总体来看，2015 年，天津房地产市场出现了“量升价涨”趋势。随着 2015 年以来各项货币政策及房地产市场调控政策新措施的陆续出台和贯彻实施，政策效力将继续发酵，2016 年仍将对天津市房地产市场有一定的稳增长效果。预计 2016 年天津市住宅销售价格指数仍会保持上行态势。

2015 年天津市农业经济回顾及 2016 年展望

2015 年，天津农业经济在市委、市政府的正确领导和各农口部门、涉农区县的共同努力下，积极克服粮食、牛羊等畜产品价格持续下行等不利因素影响，努力调结构、转方式、促发展，全年农业经济保持了稳中有增的良好态势。据统计，天津市农林牧渔业总产值达到 467.44 亿元，同比增长（按可比价计算，下同）2.6%；农林牧渔业增加值 210.51 亿元，同比增长 2.5%。

一、2015 年农业经济运行特点

（一）种植业是推动农业经济增长的主力，对农业经济增长贡献达八成以上

据统计，2015 年天津市种植业产值为 238.02 亿元，同比增长 4.2%；种植业增加值为 116.10 亿元，同比增长 3.8%。对农业经济增长的贡献率为 82.9%，拉动农业经济增长 2.07 个百分点。其中，经济作物中蔬菜及园艺、瓜果种植和中药材种植是种植业产值增长的有力支撑，粮食和棉花作物在价格下行影响下效益降低、产值下降。

1.蔬菜、食用菌及园艺作物产值同比增长 13.1%

2015 年，天津市蔬菜、食用菌及花卉盆景园艺产品产值达 150.91 亿元，同比增长 13.1%。蔬菜、食用菌在政策鼓励下，种植面积达到 129.13 万亩，产量达到 441.54 万吨，产值达 133.47 亿元，占种植业比重为 59.7%，比上年增长 13.8 个百分点；近年来天津市花卉、盆景种植规模不断扩大，2015 年花卉种植面积达到 3.82 万亩，同比增长 15.6%，盆景园艺观赏植物产量达到 5600 余万盆，同比增长 8.6%，花卉、盆景园艺产值达 8.9 亿元，占种植业比重为 3.7%，比上年增长 1.3 个百分点。

2.水果及各种果用瓜类丰收，产值同比增长 6.8%

2015 年，受政策支持，天津市水果种植面积和产量双增加，全市年末果园面积达到 50.02 万亩，同比增长 1.2%；园林水果产量 32.71 万吨，同比增长 4.4%。果用瓜产量 29.98 万吨。产值达到 37.58 亿元，同比增长 6.8%。

3.中药材种植异军突起，产值迅速增长

2015 年，天津市努力调整种植结构，增加经济作物种植。由于中草药材种植效益较好、发展迅速，中草药材播种面积达到 2.42 万亩，比上年增加 3.5 倍以上，虽然收益总量不大但发展较快，产值同比增长 1.2 倍。

4.以玉米为代表的粮食和棉花价格的下降，使粮棉及其他作物产值同比下降 12.2%

2015 年，玉米、小麦、水稻三大主要粮食作物全年播种面积为 508.97 万亩，产量为 178.52 万吨。其中玉米播种面积为 322.12 万亩、小麦为 163.78 万亩、水稻为 23.07 万亩，分别占粮食作物比重为 61.3%、31.2%和 4.4%；全年玉米产量为 107.34 万吨、小麦为 59.83 万吨、水稻为 11.35 万吨，分别占全年粮食产量的比重为 59.1%、32.9%和 6.2%。玉米种植面积、产量占比较大。三大粮食作物产值 41.09 亿元，其中玉米、小麦、水稻产值分别占 51.2%、36.7%、12.1%，玉米产值占一半以上。2015 年全国范围内的玉米价格下跌对天津市粮食产值影响较大。

2015 年，天津市棉花种植面积继续大幅减少。天津市棉花种植面积仅 28.26 万亩，同比减少 37.5%；棉花产量仅 2.56 万吨，同比均减少 33.1%。受经济下行、需求量减少影响，棉花价格也出现大幅度下跌。据调查，棉花平均价格（生产者价格）为 5.47 元/公斤，同比下降 10.8%。棉花种植效益大幅降低，产值仅为

4.20 亿元，仅占种植业产值的 1.8%，比上年同期缩小了 9.8 个百分点。

玉米种植效益的下降和棉花种植量的调减及其价格走低，使粮棉及其他作物产值同比下降 12.2%。

（二）林业成为农业经济新增长点

2015 年，天津市继续推进“美丽乡村”建设，不断改善城乡生态环境建设郊野公园、政策鼓励增加林果种植面积，林业成为农业经济新的增长点。林业产值为 7.74 亿元，同比增长 8.7%；增加值为 4.61 亿元，同比增长 8.8%。对农业经济增长的贡献率达到 3.3%，比上年同期提高 1.8 个百分点，拉动农业经济增长 0.08 个百分点。

（三）畜牧业拉动农业经济增长作用减弱

2015 年，天津市畜牧业在生猪出栏减少及牛、羊和牛奶价格下行的影响下，效益增长缓慢，产值为 130.23 亿元，同比增长 0.5%；增加值为 49.96 亿元，同比增长 0.4%。对农业经济增长的贡献率为 3.6%，拉动农业经济增长 0.09 个百分点。

近两年来生猪价格持续低迷，养殖户亏损严重，饲养量大幅减少。尽管自 2015 年 4 月份，生猪价格开始回升，但价格对生产的传导具有滞后性，加之生猪饲养需要半年左右的时间，生猪出栏量仍低于上年同期。2015 年天津市共出栏生猪 378.00 万头，同比减少 2.2%。产值 56.4 亿元，同比下降 2.2%。虽然牛、羊出栏量同比增加 1.0%和 2.2%，但受价格下降效益降低影响，产值增长缓慢。牛、羊及奶产品产值为 44.38 亿元，同比增长 1.7%。由于禽蛋产量同比增长 4.0%，拉动家禽和禽蛋产值达到 29.04 亿元，同比增长 3.0%。

（四）受水产品产量下降影响，渔业对农业经济增长的推动力不足

2015 年，受经济下滑、需求量减少及环境保护淡水养殖水面减少等因素影响，天津市水产品产量减少，总产量为 40.12 万吨，同比减少 1.7%。其中海水产品产量 7.59 万吨，同比减少 1.4%；淡水产品产量 32.53 万吨，同比减少 1.7%。渔业产值为 80.37 亿元，同比增长 1.2%；增加值为 38.15 亿元，同比增长 1.3%。对农业经济增长的贡献率为 9.4%，拉动农业经济增长 0.24 个百分点。渔业增加值在农业经济中的比重为 18.1%，与上年同期相比缩小了 0.6 个百分点。

二、2016 年农业经济展望

（一）种植业内部结构力度将加大

2016 年，天津市将继续实行“一减三增”（减粮，增菜、增林果、增水产品）政策，再加上 2015 年玉米价格下降明显，预计种植业内部结构调整将会加大力度，粮食比重有望下降。从目前秋冬播情况看，天津市冬小麦播种面积为 145.28 万亩，同比减少 0.8%。

随着种植业内部结构的调整，蔬菜、水果、花卉等高效益产品产量将有所增加，有望带动天津市种植业产值增长。

（二）畜牧业供需有望达到平稳

随着生猪价格逐步上升，生猪产能也将逐渐恢复。不过经历达一年多的低迷，养殖户对补栏也比较谨慎，生猪出栏量大幅增长的概率不大，生猪供需将持续偏紧，在供给紧张的情况下，生猪价下行空间不大。综合来看，2016 年生猪价格可能全年在高位波动。牛、禽、蛋、奶由于价格下降，养殖效益降低，饲养量有可能逐步缩减，价格下降趋势有望减缓。羊目前养殖量仍然较小，价格仍面临下行压力。

（三）水产品产量有望扭转下降趋势

随着天津市相关部门对于水产品生产提质增效各项措施的实施，2016 年，天津市水产品产量有望扭转下降趋势，产值较快增长。

2015年天津市种植业生产情况分析及2016年展望

2015年，天津市农业基础设施建设不断完善、政府支持力度不断加强、农业科技水平持续提高，种植业生产顺利克服干旱气候影响，实现了稳定发展。全年农作物种植面积为703.54万亩，比2014年减少15.0万亩，减幅为2.1%。其中，粮食作物种植面积所占比重为74.6%，比上年提高2.4个百分点；经济作物所占比重为25.4%，比上年下降2.4个百分点。

一、2015年天津市种植业生产的主要特点

（一）粮食产量小幅增长，三大主要粮食作物基本稳定

受种粮补贴政策刺激和棉花种植效益下降影响，天津市种植结构进一步向粮食作物倾斜，棉改粮面积继续增加。

虽然2015年天津市再次受到夏秋干旱天气影响，但是经过广大农口干部群众的共同努力，粮食产量仍实现了小幅增长。全年粮食生产实现总面积和总产量双增长。天津市粮食种植面积525.06万亩，比上年增加6.33万亩，增幅为1.2%。粮食总产量181.75万吨，比上年增加5.8万吨，增幅为3.3%。

分季节看，夏粮再获丰收。得益于冬春季良好的气象条件，降水及时土壤墒情较好，以及市级高产创建和“一喷三防”项目的实施，在夏粮面积小幅减少情况下，总产实现增长。据统计，天津市夏粮种植面积163.77万亩，比上年减少2.21万亩，减幅为1.3%；总产为59.83万吨，比上年增加1.21万吨，增长2.1%。

秋粮播种面积明显增加。由于天津市结合良种补贴政策推广优质品种，推广测土配方、节水省肥等实用技术和继续加大农田水利设施建设，做好春播、三夏抗旱生产管理工作，实现了面积、产量双增长。2015年天津市秋收粮食播种面积为361.28万亩，比上年增加8.54万亩，增长2.4%；总产量为121.92万吨，比上年增加4.59万吨，增长3.9%。

分品种看，玉米、小麦、水稻三大主要粮食作物全年播种面积为508.97万亩，占全市粮食作物播种面积的比重为96.9%，比上年增加1.5个百分点；产量为178.52万吨，占比为98.2%，比上年增加0.4个百分点。其中玉米播种面积为322.12万亩、小麦为163.78万亩、水稻为23.07万亩，分别占粮食作物比重为61.3%、31.2%和4.4%；全年玉米产量为107.34万吨、小麦为59.83万吨、水稻为11.35万吨，分别占全年粮食产量的比重为59.1%、32.9%和6.2%。

（二）经济作物品种结构调整，油料、棉花种植继续减少

2015年，天津市经济作物种植面积178.48万亩，比上年减少21.32万亩，减幅为10.7%。天津市种植的棉花、油料、蔬菜、瓜果、中草药材和青饲料等其他6类经济作物中，受棉花补贴政策调整和棉花价格下降、种植成本上升等因素影响，棉花、油料作物种植面积连续3年调减，在前两年调减的基础上2015年已降至28.26万亩和1.97万亩，比上年分别下降37.5%和22.0%，直接影响经济作物减幅8.8个百分点，产量相应下降33.0%和19.1%。

蔬菜种植面积为129.13万亩，并于2015年首次出现下降趋势，与上年相比降幅为4.5%，影响经济作物减幅3个百分点，产量相应下降4.1%。据调查，天津市蔬菜面积产量减少的主要原因是油菜、辣椒、茄子、黄瓜等复种指数高、亩产高的传统蔬菜品种大量改种蔬菜新品种，播种面积减幅均超过了15%，造成了我市蔬菜播种面积、产量的减少。

瓜果类、中草药材和青饲料等其他作物种植面积增加。2015年瓜果类种植面积9.21万亩，比上年增加

0.4%，产量29.98万吨，比上年下降4.5%，主要是受2015年夏季干旱影响，西瓜产量下降所致；随着天津市农业科技创新的快速发展，不断有新的农作物品种落户我市并迅速得到推广，2015年，蓟县、武清等区县中草药材种植发展迅速，中草药材播种面积达到2.42万亩，比上年增加3.5倍以上；青饲料等其他作物种植面积7.49万亩，比上年增加6.2%。

（三）农作物品种更加丰富

近年来，花卉、盆景等改善居室环境的植物受到广大市民青睐，种植规模不断扩大，2015年天津市花卉种植面积达到3.82万亩，同比增长15.6%，盆栽观赏植物产量达到5600余万盆，同比增长8.6%。

二、促进天津市种植业发展的两方面因素

（一）惠农政策落实到位，充分调动农民的生产积极性

2015年，天津市继续实施各项惠农政策，大力支持种植业生产。一是继续落实粮食直补和农资综合直补政策。粮食直补仍按30元/亩，农资综合补贴按53元/亩，良种补贴继续在小麦、玉米水稻、棉花作物上实现全覆盖，小麦、玉米每亩分别补贴10元，水稻、棉花分别每亩补贴15元。二是继续落实小麦“一喷三防”技术补助。三是实施棉花补贴。为稳定棉花生产，天津市出台了棉花种植补贴政策，对天津市棉花种植基本农户每亩补贴156元。四是农机购置补贴有序推进。2015年落实中央财政和市财政补贴资金，新增各类农业机械8237台套，使4326个农户和生产合作组织从中受益。

（二）农业机械化水平明显提升

由于农机购置补贴到位，农业机械化水平得到明显提升。2015年天津市小麦机收率接近100%，夏玉米机播率达到99%，水稻机插率超过86%。

三、2016年天津市种植业生产趋势展望

（一）主要粮食作物将保持平稳

2016年天津市继续鼓励农民种植经济作物，但是由于受农村劳动力不足、资金有限和粮食补贴政策的影响，农民改种经济作物的意愿并不强烈，天津市粮食作物种植面积将保持平稳。据调查，2015年冬小麦播种面积与上年实际播种面积相比仅下降0.7%，2016年农户春夏播种植意向调查结果显示，粮食作物种植面积预计将比上年增加1.0%。其中，水稻种植面积比上年增长1.2%；春小麦种植面积比上年增加1.7%；虽然去年玉米收购价格较低，但因管理简单、投入成本相对较低，预计全年玉米种植面积仍将比上年增长1.0%。

（二）蔬菜种植发展方式转变

随着天津市设施农业建设的逐渐提档升级，随着2015年天津市建设的13个蔬菜生产基地、60个设施农业示范区已基本完成，天津市蔬菜种植的发展方式将出现较大转变。一是种植结构的转变。随着生活水平的提高，人们对“菜篮子”蔬菜品种的多样性需求也越来越高，各种高附加值的新品种将不断涌现。二是种植模式的转变。天津市蔬菜种植正逐渐从一家一户的分散经营模式逐渐向生产基地、示范区等集约化模式转变。

（三）棉花种植面积减幅将有所缩小，油料面积保持稳定

2016年，新疆棉花目标价格改革试点工作将继续推进，同时2015年棉花出售价格再次下跌，天津市棉花生产形势依然严峻，但由于天津市棉花种植补贴政策的落实，棉花种植面积大幅下滑趋势有望得到缓解。

天津市油料作物主要是花生和少量芝麻，多用于农户家庭食用，随着农户生活方式逐渐转变，购买食用油情况更加普遍，油料作物种植面积可能进一步减少。

2015年天津市畜牧业生产形势综述

2015 年，在国家经济发展新常态背景下，天津市畜牧业结构有所调整，生猪、家禽出栏量和牛奶产量同比减少，牛、羊出栏量和禽蛋产量同比增加。价格方面，除了生猪价格同比上涨外，其他畜牧业产品价格全部下降。天津市畜牧业产值达到 130.23 亿元，同比增长 0.5%；畜牧业增加值达到 49.96 亿元，同比增长 0.4%。

一、2015 年畜牧业生产主要特点

（一）生猪价格回升，出栏量减少

2015 年，天津市生猪价格在经历了长达近一年半的低迷后，终于在 4 月份开始逐渐上升。据农产品生产者价格调查资料显示：2015 年各季度生猪平均价格分别为 12.03 元/公斤、13.75 元/公斤、17.63 元/公斤和 16.26 元/公斤，除 1 季度同比下降 0.5%外，2、3、4 季度同比分别上涨 6.6%、18.7%和 18.9%。全年生猪平均价格为 14.92 元/公斤，同比上涨 11.5%。生猪价格的上涨使养殖户效益明显提高，养殖户出栏一头生猪平均盈利超过 300 元。生猪养殖扭亏为盈。

生猪价格的回升主要是因为之前经历了较长时期的价格低迷，生猪存栏量已经大幅下降，生猪供大于求的局面得到改善。从出栏情况看，2015 年天津市共出栏生猪 378.00 万头，同比减少 2.2%。

不过，生猪价格的回升还是促进了生猪养殖的恢复。从存栏情况看，2015 年末，天津市生猪存栏量为 196.94 万头，虽然同比仍减少 1.4%，但减幅已经分别比 1、2 季度缩小 4.7 和 5.5 个百分点，生猪养殖正在逐步恢复。

（二）牛、羊出栏量和禽蛋产量增加，但价格回落

由于牛、羊肉价格在前几年持续上涨，在效益推动下，牛、羊饲养量有所增加，到 2015 年，天津市共出栏牛 19.62 万头，同比增长 1.0%，出栏羊 68.58 万只，同比增长 2.2%。不过随着出栏量增加，2015 年，活牛、活羊价格开始下滑，全年活牛平均价格为 23.07 元/公斤，同比下降 5.9%，活羊平均价格为 17.09 元/公斤，同比下降 21.9%。养殖户出栏一头牛平均尚能盈利 1500 左右，但羊已经处于亏损状况，出栏一只羊平均亏损 150 元左右。

2015 年，天津市禽蛋产量 20.20 万吨，同比增长 4.0%。禽蛋价格有所波动，1 季度平均价格为 9.54 元/公斤，2 季度下滑到 8.68 元/公斤，3 季度由于天气炎热禽蛋产量下降，价格上涨到 11.46 元/公斤，4 季度又下滑到 9.21 元/公斤。全年平均价格 9.72 元/公斤，同比下降 7.7%。禽蛋产能比较充足，养殖户盈利有限。

（三）牛奶和家禽产出量、价格双双下降

2015 年，受进口低价奶影响，天津市牛奶价格继续下滑，全年平均价格为 3.51 元/公斤，同比下降 8.4%。由于效益降低，奶牛饲养量有所减少，天津市牛奶产量为 68.00 万吨，同比下降 1.3%。家禽由于受经济下滑需求量减少影响，全年平均价格仅 7.51 元/公斤，同比下降 8.2%。家禽出栏量为 8019.32 万只，同比下降 1.4%。

（四）饲料及原料价格持续下降

2015 年，天津市畜牧用主要饲料玉米和豆粕价格整体低于上年。农产品生产者价格调查资料显示，玉米价格 2 季度小幅上涨后，3、4 季度继续持续下跌，全年玉米平均价格为 1.96 元/公斤，同比下降 14.0%。豆粕价格上半年震荡下滑，下半年相对平稳，全年平均价格为 2.93 元/公斤，同比下降 22.2%。蛋鸡料、肉鸡料、育肥猪料平均价格分别为 2.59 元/公斤、3.38 元/公斤和 2.76 元/公斤，同比分别下降 10.9%、5.8%、

11.7%。饲料及原料价格的下降使生猪养殖收益进一步扩大，同时也缓解了除生猪外的其他畜牧业产品因为价格走低给养殖户收益带来的压力。

二、2016 年畜牧业生产走势预测

（一）生猪生产有望向好

从 2015 年末生猪存栏情况看，尽管生猪存栏量仍低于上年同期，但减幅已经比 1、2 季度缩小。生猪养殖在逐步恢复。不过，年末能繁母猪存栏 23.59 万头，同比仍减少 5.6%。由于天津市仔猪主要依靠自繁（自繁仔猪占九成左右），能繁母猪的下降，使生猪养殖恢复到上年同期水平仍需一段时间，生猪价格可能继续上涨。

（二）肉禽和奶牛存栏规模减小，价格下行压力有望减小

2015 年，由于肉禽、牛奶价格持续走低，受效益下降影响，肉禽和奶牛饲养量较上年减少。年末肉禽存栏 1462.86 万只，同比减少 8.4%；奶牛存栏 14.91 万头，同比减少 5.1%。预计 2016 年，肉禽和牛奶价格下降速度有望减缓。

（三）肉牛、肉羊和禽蛋供给充足，价格仍面临下行压力

从 2015 年末存栏情况看，肉牛存栏 14.37 万头，同比增长 0.8%；肉羊存栏 47.96 万只，同比增长 2.6%；蛋鸡存栏 1330.29 万只，同比增长 3.1%。由于供给相对充足，再加上市场消费下降、牛肉进口增加，以及天津市为提升肉羊养殖能力新建规模养殖场。预计 2016 年，天津市肉牛、肉羊及禽蛋供给仍然比较充足，价格仍面临下行压力。

一、综　合

Chapter 1

GENERAL SURVEY

1-1 按产业分全市生产总值及增速

Gross Domestic Product and Growth Rate by Industry (2014-2015)

单位：亿元 (100 million yuan)

项　目	Item	2014	2015	2015比2014年增长(%) Increase Rate in 2015 over 2014(%)
全市生产总值	**Gross Domestic Product**	**15726.93**	**16538.19**	**9.3**
农、林、牧、渔业	Farming, Forestry, Animal Husbandry and Fishery	210.53	210.51	2.5
工　业	Industry	7079.1	6982.66	9.2
建筑业	Construction	686.98	740.31	8.5
批发和零售业	Wholesale and Retail Trade	1950.71	2070.04	6.2
交通运输、仓储和邮政业	Transportation, Storage and Post Services	720.72	729.09	7.3
住宿和餐饮业	Accommodation and Catering Services	230.28	248.01	5.3
信息传输、软件和信息技术服务业	Information Transmitting, Software and Information Technology Services	220.49	268.23	17.2
金融业	Finance Intermediation	1422.28	1603.23	11.8
房地产业	Real Estate	550.86	618.25	6.8
租赁和商务服务业	Leasing and Business Services	632.29	735.95	13.7
科学研究、技术服务业	Scientific Research, Technical Services	620.26	714.56	13.1
水利、环境和公共设施管理业	Management for Water Conservancy, Environment and Public Facilities	155.11	174.98	10
居民服务、修理和其他服务业	Resident Services, Repair and Other Services	380.85	443.22	12.1
教　育	Education	312.68	342.3	7.5
卫生和社会工作	Health Care and Social Work	159.31	183.98	11.1
文化、体育和娱乐业	Culture, Sports and Recreational Services	86	98.11	8.1
公共管理、社会保障和社会组织	Public Management, Social Security and Social Organizations	317.48	374.76	16.9
按三次产业分	**Grouped by Industry**			
第一产业	Primary Industry	199.9	208.82	2.5
第二产业	Secondary Industry	7731.85	7704.22	9.2
第三产业	Tertiary Industry	7795.18	8625.15	9.6

1-2 国民经济和社会发展总量与速度指标

指　　标	Item	总量指标 Aggregate Data	
		1978	2000
人口与就业	**Population and Employment**		
人　口(万人)	**Population(10 000 persons)**		
年末常住人口	Year-end Resident Permanent	724.27	1001.14
#城镇人口	Urban		724.83
年末户籍人口	Year-end Registered Population	724.27	912.00
#非农业人口	Non-agricultural Population	358.45	532.51
就　业(万人)	**Employment(10 000 persons)**		
社会从业人员	Number of Employment Personnel	366.70	486.89
#城镇非私营单位从业人员	Employment Personnel in Urban Non-Private Units	217.40	201.75
城镇登记失业人数	Registrated Unemployment in Urban Areas		10.50
宏观经济	**Macro Economy**		
国民经济核算	**National Accounting**		
全市生产总值(亿元)	Gross Domestic Product(100 million yuan)	82.65	1701.88
第一产业	Primary Industry	5.03	73.69
第二产业	Secondary Industry	57.53	863.83
第三产业	Tertiary Industry	20.09	764.36
人均生产总值(元)	Per Capita GDP (yuan)		
(按常住人口计算)	(Calculated by Resident Population)	1133	17353
固定资产投资	**Investment in Fixed Assets**		
全社会固定资产投资总额(亿元)	Total Investment in Fixed Assets(100 million yuan)	20.30	608.80
#地　方	Local Govemment	10.03	463.83
城镇房地产开发	Real Estate Development		133.93
全社会房屋竣工面积(万平方米)	Floor Space of Buildings Completed (10 000 sq.m)		1459.36
消　费(亿元)	**Consumption(100 million yuan)**		
社会消费品零售总额	Total Retail Sales of Consumer Goods	25.20	736.63
对外贸易(亿美元)	**Foreign Trade(USD 100 million)**		
货物进出口总额	Total Value of Imports and Exports	9.88	171.57
出口额	Exports	8.65	86.29
进口额	Imports	1.24	85.28
实际利用外资额(亿美元)	**Actually Utilization of Foreign Capital(USD 100 million)**		
外商直接投资	Foreign Direct Investments		25.60
财　政(亿元)	**Government Finance(100 million yuan)**		
一般公共预算收入	General Public Budget Revenue	39.25	133.61
一般公共预算支出	General Public Budget Expenditure	14.51	187.05
物价总指数(上年=100)	**Price Indices(preceding year=100)**		
居民消费价格指数	Consumer Price Index	100.0	99.6
商品零售价格指数	Retail Price Index	100.0	98.6
能源生产与消费(万吨标准煤)	**Production and Consumption of Energy(10 000 tons of SCE)**		
能源生产总量	Total Energy Production		1201.94
能源消费总量	Total Energy Consumption		2553.60

注：1.本表价值指标除邮电业务总量按不变价格计算外，其余均按当年价格计算。邮电业务总量2000年及以前按1990年不变价格计算，2001-2010年按2000年不变价格计算，2011年起按2010年不变价格计算。表15-10和15-11同。2.本表速度指标中，国内生产总值及三次产业增加值、农林牧渔业总产值、工业总产值、公共财政收支、邮电业务总量和城市居民收入指标均按可比价格计算。固定资产投资平均增长速度按累计法计算。以下各表同。3.农村居民人均可支配收入2011年以前为农村居民人均纯收入。

Principal Aggregate Indicators on Nationnal Economic and Social Development and Growth Rates

			指数(%)(2015为以下各年) Index (%) (2015 as Percentage of the Following Years)				平均增长速度(%) Average Annual Growth Rate (%)		
2010	2014	2015	1978	2000	2010	2014	1979-2015	2001-2015	2011-2015
1299.29	1516.81	1546.95	213.6	154.5	119.1	102.0	2.1	2.9	3.6
1033.59	1248.04	1278.40	359.9	176.4	123.7	102.4	3.5	3.9	4.3
984.85	1016.66	1026.90	141.8	112.6	104.3	101.0	0.9	0.8	0.8
604.42	645.05	615.87	171.8	115.7	101.9	95.5	1.5	1.0	0.4
486.89	877.21	896.80	244.6	184.2	184.2	102.2	2.4	4.2	13.0
205.65	295.51	294.78	135.6	146.1	143.3	99.8	0.8	2.6	7.5
16.10	22.52	25.08		238.9	155.8	111.4		6.0	9.3
9224.46	15726.93	16538.19	5291.1	729.5	179.2	109.3	11.3	14.2	12.4
145.58	201.53	208.82	697.8	176.9	116.9	102.5	5.4	3.9	3.2
4840.23	7766.08	7704.22	6032.6	895.2	184.2	109.2	11.7	15.7	13.0
4238.65	7759.32	8625.15	5903.8	609.0	176.1	109.6	11.7	12.8	12.0
72994	105231	107995	2532.4	470.6	148.9	107.2	9.1	10.9	8.3
6511.42	11654.09	13065.18	64360.5	2146.1	200.7	112.1	19.1	23.9	15.5
5762.13	10911.83	12272.36	122356.5	2645.9	213.0	112.5	21.3	25.8	17.4
866.64	1699.65	1871.55		1397.4	216.0	110.1		20.1	18.4
3380.87	5299.93	5388.00		369.2	159.4	101.7		9.1	9.8
2902.55	4738.65	5257.28	20862.2	713.7	181.1	110.9	15.5	14.0	12.6
822.01	1339.12	1143.47	11573.6	666.5	139.1	85.4	13.7	13.5	6.8
375.17	525.97	511.83	5917.1	593.2	136.4	97.3	11.7	12.6	6.4
446.84	813.16	631.64	50938.7	740.7	141.4	77.7	18.3	14.3	7.2
108.49	188.67	211.34		825.5	194.8	112.0		15.1	14.3
1068.81	2390.35	2667.11	11476.1	1996.2	249.5	111.6	13.7	22.1	20.1
1376.84	2884.70	3232.35	27159.2	1728.1	234.8	112.1	16.4	20.9	18.6
103.5	101.9	101.7	622.4	139.0	115.1	101.7	5.1	2.2	2.9
103.4	100.9	100.3	399.4	116.4	111.0	100.3	3.8	1.0	2.1
5236.12	4726.73	5338.18		444.13	101.95	112.9		10.5	0.4
5860.20	7955.00	8078.04		316.34	137.85	101.5		8.0	6.6

Note:a) Figures in value terms in this table are at current prices, except that on the business value of post and telecommunication services which is at 1990 constant prices before 2000 and at 2000 constant prices from 2000 to 2010.Since 2011, it was calculated at 2010 constant prices. Same as table 15-10 and 15-11.b)The indices and growth rates of the follow indicators are calculated at constant prices: Gross Domestic Product and value-added of the three strata of industry,Gross Output Value of Agriculture,Forestry,Animal Husbandry and Fishery,Gross Output Value of Industry,Public Finale Revenue and penditure,business Value of Post and Telecommunication Services,Per Capita Income of Urban and Rural Residents.The average annual growth rate of total investment in fixed assets is calculated at the accumulate method.Same as following next.c)Before 2011, Per Capita Annual Disposable Income of Rural Residents refers to per capita annual net income of rural households.

1-2 续表 1

指 标	Item	总量指标 Aggregate Data 1978	2000
产 业	**Industry**		
农 业(亿元)	**Agriculture(100 million yuan)**		
农林牧渔业总产值	Gross Output Value of Agriculture, Forestry, Animal Husbandry and Fishery	6.72	156.30
工 业(亿元)	**Industry(100 million yuan)**		
工业总产值	Gross Output Value of Industry	157.90	3080.74
轻工业	Light Industry	81.47	1263.10
重工业	Heavy Industry	76.43	1817.64
建筑业(亿元)	**Construction(100 million yuan)**		
建筑业总产值	Gross Output Value	8.78	238.10
交通运输、邮政业和信息传输	**Transportation,Postal and Information Transmission**		
港口货物吞吐量(万吨)	Volume of Freight Handled at Coastal Ports (10 000 tons)	1131	9582
集装箱吞吐量(万TEU)	Handled Containers (10 000TEU)	1	171
邮电业务总量(亿元)	Business Value of Post and Telecommunication Services (100 million yuan)	0.27	75.37
移动电话年末用户(万户)	Number of Mobile Telephone Subscribers at Year-end (10 000 subscribers)		122.80
固定电话年末用户(万户)	Number of Fixed Telephone Subscribers at Year-end (10 000 subscribers)	8.36	247.06
旅游业	**Tourism**		
入境旅游过夜游客(万人次)	Number of Tourists(Overnight Visitors)(10 000 person-times)		15.97
国际旅游外汇收入(万美元)	Foreign Exchange Earnings from International Tourism (USD 10 000)		23176
金融业(亿元)	**Financial Intermediation(100 million yuan)**		
中资金融机构人民币存款年末余额	RMB Deposits Balance of Chinese Financial Institutions year-end	33.24	2281.55
中资金融机构人民币贷款年末余额	RMB Loans Balance of Chinese Financial Institutions year-end	80.14	1863.60
股票筹资额	Raised Capital of Listed Companies		32.79
保险公司保费金额	Insurance Premium of Insurance Companies		31.47
保险公司赔款及给付金额	Indemnity Expenditure and Payment of Insurance Companies		7.20
教育、科技、文化	**Education, Science and Technology and Culture**		
教 育	**Education**		
在校学生数(万人)	Students Enrollment(10 000 persons)	162.30	162.22
专任教师数(万人)	Full-time Teachers(10 000 persons)	9.25	11.07
科 技(亿元)	**Science and Technology**		
研究与试验发展经费支出	Expenditures on Research and Development(100 million yuan)		24.69
文 化	**Culture**		
图书出版总印数(万册)	Number of Books Published(10 000 copies)	7367	5881
电视节目制作时间(万小时)	Time for TV Programs Production(10 000 hours)		
人民生活	**People's Living Conditions**		
婚姻家庭	**Marriages and Divorces, Family Size**		
城镇居民平均每户家庭人口(人)	Average Household Size in Urban Areas(person)		3.08
农村居民平均每户常住人口(人)	Average Household Size in Rural Areas(person)	5.80	3.69
结婚登记总数(对)	Registered Number of Marriages(couples)	63599	61416
离婚数(对)	Number of Divorces(couples)	1481	13338

continued

			指数(%)(2015为以下各年) Index (%) (2015 as Percentage of the Following Years)				平均增长速度(%) Average Annual Growth Rate (%)		
2010	2014	2015	1978	2000	2010	2014	1979-2015	2001-2015	2011-2015
317.33	441.71	467.44	1062.1	185.0	117.9	102.6	6.6	4.2	3.3
17107.19	29686.33	30014.89	21041.2	1262.2	179.7	100.3	15.6	18.4	12.4
2800.45	6200.66	6814.00	12516.4	816.4	240.9	110.4	13.9	15.0	19.2
14306.74	23485.67	23200.89	28245.0	1577.7	168.6	98.2	16.5	20.2	11.0
2,424.49	4123.49	4488.90	51126.4	1885.3	185.1	108.9	18.4	21.6	13.1
41325	54002	54051	4779.0	564.1	130.8	100.1	11.0	12.2	5.5
1008	1406	1411	141100.0	825.1	140.0	100.4	21.7	15.1	7.0
435.16	244.82	321.81	215511.2	427.0	74.0	131.4	23.1	10.2	-5.9
1089.56	1351.79	1405.80		1144.8	129.0	104.0		17.6	5.2
366.83	360.62	343.77	4112.1	139.1	93.7	95.3	10.6	2.2	-1.3
59.89	76.63	78.53		491.7	131.1	102.5		11.2	5.6
141951	299210	329811		1423.1	232.3	110.2		19.4	18.4
15912.21	23484.54	26754.31	80488.3	1172.6	168.1	112.2	19.8	17.8	11.0
12864.75	21189.30	24104.91	30078.5	1293.5	187.4	113.6	16.7	18.6	13.4
361.66	386.72	393.62		1200.4	108.8	101.8		18.0	1.7
214.01	317.75	398.34		1265.8	186.1	125.4		18.4	13.2
54.19	104.39	139.53		1937.9	257.5	133.7		21.8	20.8
152.94	162.28	165.51	102.0	102.0	108.2	102.0	0.1	0.1	1.6
11.56	12.03	12.17	131.6	109.9	105.3	101.2	0.7	0.6	1.0
229.56	464.69	510.18		2066.3	222.2	109.8		22.4	17.3
3774	4560	5520	74.9	93.9	146.3	121.1	-0.8	-0.4	7.9
2.2	2.9	3.3			150.0	113.8			8.4
2.86	2.80	2.78		90.3	97.2	99.3		-0.7	-0.6
3.35	3.32	3.25	56.0	88.1	97.0	97.9	-1.6	-0.8	-0.6
86799	99394	101238	159.2	164.8	116.6	101.9	1.3	3.4	3.1
28132	43342	51446	3473.7	385.7	182.9	118.7	10.1	9.4	12.8

1-2 续表 2

指 标	Item	总量指标 Aggregate Data 1978	2000
居 住(平方米)	**Housing(sq.m)**		
城市人均住宅建筑面积	Per Capita Floor Space of Urban Residential Buildings	4.3	13.90
农村人均住房面积	Per Capita Floor Space of Rural Residents	9.0	23.60
生 活	**Living**		
城市居民人均可支配收入(元)	Per Capita Annual Disposable Income of Urban Residents(yuan)	388	8141
农村居民人均可支配收入(元)	Per Capita Annual Disposable Income of Rural Residents(yuan)	153	4370
中资金融机构人民币储蓄存款余额(亿元)	RMB Deposit Balance of Saving Deposits of Chinese Financial Institutions(100 million yuan)	4.02	1172.40
社会保险(亿元)	**Social Insurance(100 million yuan)**		
社会保险基金收入	Revenue of Social Insurance Fund		
社会保险基金支出	Expenses of Social Insurance Fund		
卫 生	**Health Care**		
医院、卫生院(个)	Number of Hospitals(unit)	310	488
执业(助理)医师(万人)	Number of Licensed (Assistant) Doctors(10 000 persons)	1.58	3.00
医院、卫生院床位数 (万张)	Number of Beds of Hospitals(10 000 units)	1.73	3.88
城市市政建设	**Municipal Works**		
自来水供水总量(亿吨)	Annual Supply of Tap Water(100 million tons)	2.16	6.11
天然气销售量(亿立方米)	Volume of Natural Gas Supply(100 million cu.m)	2.05	2.35
供热面积(万平米)	Heating Area(10 000 sq.m)		3260
年末实有铺装道路长度(公里)	Length of Paved Roads at Year-end(km)	764	3602
排水管道长度(公里)	Length of Sewer Pipelines(km)	1051	7032
年末公共交通车辆运营数(辆)	Number of Public Vehicles in Operation at Year-end(unit)	1205	5358
城市绿地面积(平方公里)	Areas of Green Land (sq.km)		17.70
环 境	**Environment**		
废水中化学需氧量排放量(万吨)	COD Discharge of Waste Water(10 000 tons)		
废气中二氧化硫排放量(万吨)	Sulphur Dioxide Emission of Waste Gas(10 000 tons)		

continued

			指数(%)(2015为以下各年) Index (%) (2015 as Percentage of the Following Years)				平均增长速度(%) Average Annual Growth Rate (%)		
2010	2014	2015	1978	2000	2010	2014	1979-2015	2001-2015	2011-2015
31.30	21.82	20.67							
28.80									
24293	31506	34101	8788.9	418.9	140.4	108.2	12.9	10.0	7.0
11801	17014	18482				108.6			
5525.28	7863.57	8721.52	216953.2	743.9	157.8	110.9	23.1	14.3	9.6
	800.15	882.00				110.2			
	728.02	816.03				112.1			
438	631	661	213.2	135.5	150.9	104.8	2.1	2.0	8.6
2.85	3.33	3.59	227.2	119.7	126.0	107.8	2.2	1.2	4.7
4.41	5.95	6.25	361.3	161.1	141.7	105.0	3.5	3.2	7.2
7.72	8.12	8.53	394.9	139.6	110.5	105.0	3.8	2.2	2.0
15.80	29.45	29.74	1450.7	1265.5	188.2	101.0	7.5	18.4	13.5
24034	34240	37678		1155.8	156.8	110.0		17.7	9.4
5439	7275	7636	999.5	212.0	140.4	105.0	6.4	5.1	7.0
15140	18748	19543	1859.5	277.9	129.1	104.2	8.2	7.1	5.2
7928	11164	11619	964.2	216.9	146.6	104.1	6.3	5.3	7.9
77.01	77.72	86.76		490.2	112.7	111.6		11.2	2.4
13.20	21.43	20.91			158.4	97.6			9.6
23.52	20.92	18.59			79.0	88.9			-4.6

1-3 按地区分的户数、人口数及人口密度
Households, Population and Population Density by Region (2014-2015)

地区	Region	年末户数(万户) Year-end Households (10000 households)		年末人口数(万人) Year-end Population (10000 persons)		年平均人口(万人) Average Annual Population (10000 persons)	人口密度(人/平方公里) Population Density (person/sq.km)
		2014	2015	2014	2015	2015	2015
全市常住人口	**Total Permanent Population**	**470.51**	**1546.95**	**1516.81**	**1546.95**	**1531.88**	**1315**
全市户籍人口	**Total Registered Population**	**362.63**	**370.58**	**1016.66**	**1026.90**	**1021.78**	**873**
市辖区	**Districts under City Administration**	**335.72**	**343.26**	**931.20**	**941.24**	**936.22**	**1630**
#市内六区	Six Urban Districts	148.61	150.95	398.22	399.61	398.92	22568
和平区	Heping District	13.99	14.32	41.08	41.57	41.33	41570
河东区	Hedong District	29.23	29.74	74.65	75.08	74.87	18945
河西区	Hexi District	28.98	29.44	81.88	82.14	82.01	21610
南开区	Nankai District	31.36	31.99	86.14	86.23	86.19	22368
河北区	Hebei District	24.31	24.60	62.65	62.93	62.79	21246
红桥区	Hongqiao District	20.74	20.86	51.82	51.66	51.74	24299
东丽区	Dongli District	13.94	14.37	36.06	36.72	36.39	767
西青区	Xiqing District	13.79	14.26	38.16	38.85	38.51	686
津南区	Jinnan District	15.20	15.62	42.91	43.62	43.27	1125
北辰区	Beichen District	14.99	15.55	38.69	39.37	39.03	832
武清区	Wuqing District	28.20	28.65	88.70	90.08	89.39	572
宝坻区	Baodi District	22.25	22.47	69.43	70.11	69.77	465
滨海新区	Binhai New Area	44.03	45.96	120.61	123.92	122.27	555
宁河区	Ninghe District	13.94	14.20	39.51	39.73	39.62	307
静海区	Jinghai District	20.77	21.23	58.91	59.23	59.07	401
市辖县	**Counties under City Administration**	**26.91**	**27.32**	**85.46**	**85.66**	**85.56**	**539**
蓟　县	Jixian County	26.91	27.32	85.46	85.66	85.56	539

1-4 按国民经济行业分各类从业人员(2015年)

Persons Employed Grouped by Sector, 2015

单位：万人 (10000 persons)

		社会从业人员 Persons Employed	城镇非私营单位从业人员 Persons Employed In Urban non-private Units	在岗职工人数 On-post Staff and Workers	其他从业人员 Other Persons Employed
总　计	**Total**	**896.80**	**294.78**	**278.22**	**16.56**
按三次产业分	**Grouped by Three Industries**				
第一产业	Primary Industry	66.17	0.53	0.49	0.04
第二产业	Secondary Industry	320.16	151.34	146.28	5.06
第三产业	Tertiary Industry	510.47	142.91	131.45	11.46
按国民经济行业分	**Grouped by Sector**				
农、林、牧、渔业	Farming, Forestry, Animal Husbandry and Fishery	66.17	0.53	0.49	0.04
采矿业	Minerals Mining	10.17	6.50	6.40	0.10
制造业	Manufacturing	221.83	110.78	109.09	1.69
电力、热力、燃气及水生产和供应业	Production and Supply of Electricity, Heat, Gas and Water	7.07	4.52	4.35	0.17
建筑业	Construction	81.09	29.54	26.43	3.11
批发和零售业	Wholesale and Retail Trade	143.76	17.85	17.27	0.58
交通运输、仓储和邮政业	Transportation, Storage and Post Services	50.03	15.01	14.68	0.33
住宿和餐饮业	Accommodation and Catering Services	38.85	5.18	4.25	0.93
信息传输、软件和信息技术服务业	Information Transmitting, Software and Information Technology Services	14.88	4.35	4.33	0.02
金融业	Finance Intermediation	18.76	12.13	8.68	3.45
房地产业	Real Estate	24.10	7.34	6.93	0.41
租赁和商务服务业	Leasing and Business Services	43.40	8.20	7.74	0.46
科学研究和技术服务业	Scientific Research and Technical Services	37.03	11.32	10.37	0.95
水利、环境和公共设施管理业	Management for Water Conservancy, Environment and Public Facilities	7.69	4.13	3.35	0.78
居民服务、修理和其他服务业	Resident Services, Repair and Other Services	53.02	10.99	10.38	0.61
教　育	Education	31.93	17.97	16.99	0.98
卫生和社会工作	Health Care and Social Work	17.58	9.71	9.04	0.67
文化、体育和娱乐业	Culture, Sports and Recreational Services	6.27	2.21	2.06	0.15
公共管理、社会保障和社会组织	Public Management, Social Security and Social Organizations	23.17	16.52	15.39	1.13

1-5 城镇非私营单位从业人员

Number and Composition of Employment Personnel in Urban Non-private Units (2014-2015)

单位：万人 (10000 persons)

项 目	Item	2014	2015	2015比2014年增长(%) Increase Rate in 2015 over 2014(%)
总 计	**Total**	**295.51**	**294.78**	**-0.2**
按登记注册类型分	**Grouped by Registration Status**			
国有单位	State-owned Units	75.14	72.36	-3.7
集体单位	Collective-owned Units	7.62	6.49	-14.8
其他单位	Others	212.75	215.93	1.5
#外商及港澳台商投资单位	Units with Funds from Foreign Countries, Hong Kong, Macao & Taiwan	84.54	80.83	-4.4
股份有限公司	Share Holding Corporations Ltd.	25.79	26.91	4.3
按国民经济行业分	**Grouped by Sector**			
农、林、牧、渔业	Farming, Forestry, Animal Husbandry and Fishery	0.50	0.53	6.0
采矿业	Minerals Mining	6.64	6.50	-2.1
制造业	Manufacturing	119.00	110.78	-6.9
电力、热力、燃气及水生产和供应业	Production and Supply of Electricity, Heat, Gas and Water	4.46	4.52	1.3
建筑业	Construction	31.27	29.54	-5.5
批发和零售业	Wholesale and Retail Trade	17.27	17.85	3.4
交通运输、仓储和邮政业	Transportation, Storage and Post Services	14.34	15.01	4.7
住宿和餐饮业	Accommodation and Catering Services	5.96	5.18	-13.1
信息传输、软件和信息技术服务业	Information Transmitting, Software and Information Technology Services	3.85	4.35	13.0
金融业	Finance Intermediation	8.91	12.13	36.1
房地产业	Real Estate	6.67	7.34	10.0
租赁和商务服务业	Leasing and Business Services	6.66	8.20	23.1
科学研究和技术服务业	Scientific Research and Technical Services	10.69	11.32	5.9
水利、环境和公共设施管理业	Management for Water Conservancy, Environment and Public Facilities	4.07	4.13	1.5
居民服务、修理和其他服务业	Resident Services, Repair and Other Services	11.04	10.99	-0.5
教 育	Education	17.37	17.97	3.5
卫生和社会工作	Health Care and Social Work	9.28	9.71	4.6
文化、体育和娱乐业	Culture, Sports and Recreational Services	2.08	2.21	6.3
公共管理、社会保障和社会组织	Public Management, Social Security and Social Organizations	15.45	16.52	6.9
按企业、事业、机关分	**Grouped by Enterprise, Institution and Government Agency**			
#企 业	Enterprises	245.32	243.13	-0.9
中 央	Central	32.71	34.03	4.0
地 方	Local	212.61	209.10	-1.7
#国 有	State-owned	17.73	15.60	-12.0
事 业	Institutions	35.27	35.91	1.8
中 央	Central	2.06	2.08	1.0
地 方	Local	33.21	33.83	1.9
机 关	Government Agencies	13.98	14.36	2.7
中 央	Central	1.21	1.21	
地 方	Local	12.77	13.15	3.0

1-6 城镇非私营单位在岗职工

Number and Composition of On-post Staff and Workers in Urban Non-Private Units (2014-2015)

单位：万人 (10000 persons)

项　目	Item	2014	2015	2015比2014年增长(%) Increase Rate in 2015 over 2014(%)
总　计	**Total**	**279.09**	**278.22**	**-0.3**
按登记注册类型分	**Grouped by Registration Status**			
国有单位	State-owned Units	70.90	67.71	-4.5
集体单位	Collective-owned Units	6.95	6.03	-13.2
其他单位	Others	201.24	204.48	1.6
#外商及港澳台商投资单位	Units with Funds from Foreign Countries, Hong Kong, Macao & Taiwan	82.27	79.15	-3.8
股份有限公司	Share Holding Corporations Ltd.	22.43	22.98	2.5
按国民经济行业分	**Grouped by Sector**			
农、林、牧、渔业	Farming, Forestry, Animal Husbandry and Fishery	0.46	0.49	6.5
采矿业	Minerals Mining	6.52	6.40	-1.8
制造业	Manufacturing	116.78	109.09	-6.6
电力、热力、燃气及水生产和供应业	Production and Supply of Electricity, Heat, Gas and Water	4.31	4.35	0.9
建筑业	Construction	27.90	26.43	-5.3
批发和零售业	Wholesale and Retail Trade	16.66	17.27	3.7
交通运输、仓储和邮政业	Transportation, Storage and Post Services	13.96	14.68	5.2
住宿和餐饮业	Accommodation and Catering Services	4.59	4.25	-7.4
信息传输、软件和信息技术服务业	Information Transmitting, Software and Information Technology Services	3.82	4.33	13.4
金融业	Finance Intermediation	6.17	8.68	40.7
房地产业	Real Estate	6.22	6.93	11.4
租赁和商务服务业	Leasing and Business Services	6.20	7.74	24.8
科学研究和技术服务业	Scientific Research and Technical Services	9.82	10.37	5.6
水利、环境和公共设施管理业	Management for Water Conservancy, Environment and Public Facilities	3.35	3.35	
居民服务、修理和其他服务业	Resident Services, Repair and Other Services	10.85	10.38	-4.3
教　育	Education	16.47	16.99	3.2
卫生和社会工作	Health Care and Social Work	8.66	9.04	4.4
文化、体育和娱乐业	Culture, Sports and Recreational Services	1.95	2.06	5.6
公共管理、社会保障和社会组织	Public Management, Social Security and Social Organizations	14.40	15.39	6.9

1-7 城镇非私营单位其他从业人员
Number of Other Employment Personnel in Urban Non-Private Units (2014-2015)

单位：万人 (10000 persons)

项 目	Item	2014	2015	2015比2014年增长(%) Increase Rate in 2015 over 2014(%)
总 计	**Total**	**16.42**	**16.56**	**0.9**
按登记注册类型分	**Grouped by Registration Status**			
国有单位	State-owned Units	4.24	4.65	9.7
集体单位	Collective-owned Units	0.66	0.46	-30.3
其他单位	Others	11.52	11.45	-0.6
#外商及港澳台商投资单位	Units with Funds from Foreign Countries, Hong Kong, Macao & Taiwan	2.27	1.69	-25.6
股份有限公司	Share Holding Corporations Ltd.	3.37	3.93	16.6
按国民经济行业分	**Grouped by Sector**			
农、林、牧、渔业	Farming, Forestry, Animal Husbandry and Fishery	0.04	0.04	
采矿业	Minerals Mining	0.12	0.10	-16.7
制造业	Manufacturing	2.22	1.69	-23.9
电力、热力、燃气及水生产和供应业	Production and Supply of Electricity, Heat, Gas and Water	0.15	0.17	13.3
建筑业	Construction	3.37	3.11	-7.7
批发和零售业	Wholesale and Retail Trade	0.61	0.57	-6.6
交通运输、仓储和邮政业	Transportation, Storage and Post Services	0.38	0.33	-13.2
住宿和餐饮业	Accommodation and Catering Services	1.37	0.93	-32.1
信息传输、软件和信息技术服务业	Information Transmitting, Software and Information Technology Services	0.03	0.03	
金融业	Finance Intermediation	2.74	3.46	26.3
房地产业	Real Estate	0.45	0.41	-8.9
租赁和商务服务业	Leasing and Business Services	0.46	0.46	
科学研究和技术服务业	Scientific Research and Technical Services	0.87	0.94	8.0
水利、环境和公共设施管理业	Management for Water Conservancy, Environment and Public Facilities	0.72	0.78	8.3
居民服务、修理和其他服务业	Resident Services, Repair and Other Services	0.19	0.60	215.8
教 育	Education	0.90	0.98	8.9
卫生和社会工作	Health Care and Social Work	0.62	0.68	9.7
文化、体育和娱乐业	Culture, Sports and Recreational Services	0.13	0.15	15.4
公共管理、社会保障和社会组织	Public Management, Social Security and Social Organizations	1.05	1.13	7.6

主要统计指标解释

生产总值(原国内生产总值) 指按市场价格计算的一个国家（或地区）所有常住单位在一定时期内生产活动的最终成果。

从价值形态看，它是所有常驻单位在一定时期内所生产的全部货物和服务价值超过同期投入的全部非固定资产货物和服务价值的差额，即所有常驻单位的增加值之和；从收入形态看，它是所有常驻单位在一定时期内所创造并分配给常驻单位和非常驻单位的初次分配收入之和；从产品形态看，它是最终使用的货物和服务减去进口货物和服务。在实际核算中，其三种表现形态体现为三种计算方法，即生产法、收入法和支出法。三种方法分别从不同的方面反映生产总值及其构成。根据国务院和国家统计局有关我国 GDP 核算和数据发布制度的规定，天津市国内生产总值自 2004 年起更名为“天津市生产总值”简称“天津市 GDP”。

常住人口 指实际经常居住在某地区一定时间（指半年以上)的人口。按人口普查和抽样调查规定，主要包括: 1. 除离开本地半年以上（不包括在国外工作或学习的人）的全部常住本地的户籍人口；2.户口在外地，但在本地居住半年以上者，或离开户口地半年以上而调查时在本地居住的人口；3.调查时居住在本地，但在任何地方都没有登记常住户口，如手持户口迁移证、出生证、退伍证、劳改劳教释放证等尚未办理常住户口的人，即所谓“口袋户口”的人。

户籍人口 指公民依照《中华人民共和国户口登记条例》，已在其经常居住地的公安户籍管理机关登记了常住户口的人。这类人口不管其是否外出，也不管外出时间长短，只要在某地注册有常住户口，则为该地区的户籍人口。

社会从业人员 是指在劳动年龄内，有劳动能力，参加社会劳动取得劳动报酬或经营收入的人员。具体指城镇单位从业人员，乡镇企业从业人员，乡村农林牧渔劳动者，私营、个体雇员，私营、个体雇主以及其他从业人员。从空间范围上讲社会从业人员既包括城镇中的从业人员，又包括乡村中的从业人员。

城镇单位从业人员 是指在各级国家机关、政党机关、社会团体、事业单位以及城镇范围内的各类企业中工作，并取得劳动报酬的全部人员。包括在岗职工和其他从业人员，但不包括不在岗职工。

在岗职工 是指调查时期（时点）在单位工作并领取工资的职工。具体是指那些与本单位签有劳动合同或在本单位在册，并在本单位从事有报酬的劳动人员，在岗职工还包括单位派出学习、工作及病伤产假（六个月内）且仍在单位支付劳动报酬的人员。

单位其他从业人员 劳动统计规定不作在岗职工统计，但实际参加各单位生产或工作并取得劳动报酬的人员。包括再就业的离退休人员、民办教师、在各单位工作的港、澳、台、外籍人员、聘用的外单位不在岗人员、聘用的失业人员、聘用和使用的外来人员、聘用的其他人员以及在本单位从事第二职业的外单位人员，但不包括在单位中工作并领取报酬的在校学生。

Explanatory Notes on Main Statistical Indicators

Gross Domestic Product refers to the final products at market prices produced by all resident units in a country (or a region) during a certain period of time.

From the aspect of value added form, GDP refers to the total value of all products and services produced by all resident units during a certain period of time minus total value of inputs of non-fixed-assets products and services or the summation of the value added of all resident units; the form of products refers to all final goods and services minus imports of goods and services. In the practice of national accounting, it is calculated by three approaches, i.e. product approach, income approach and expenditure approach, respectively, to reflect Gross Product and its composition of different aspects. According to the regulations of GDP national accounting as Tianjin Gross Product Value, for short Tianjin GDP.

Permanent Resident Population refers to the total number of people alive at a given area within a period (over half a year). According to the regulation of population census and sample survey, permanent resident population include (a) registered population in this area except those who have left this area over half a year (exclude those going abroad to work or study). (b) population with residence registered in other area, but having actually resided in this area over half a year or having left place of residence registration over half a year and resided in this area during the period of population survey.(c) population with residence registration in this enumeration area not yet settled, i.e. residence card on hand, migration certificate, birth certificate, demobilized soldier card, release certificate, etc.

Registered Population refers to the population with registered in accordance with the regulation of the People's Republic of China on the Management of Registration Residence in public security organs in this area. No matter he is out or not, how long the time is, which is often expressed in.

Social Employment Personnel refer to the persons aged 16 and over who are engaged in social labor and receive remuneration payment or earn business income, including employment personnel worked in units in urban areas, employment personnel worked in township enterprises, rural labor engaged in farming, forestry, animal husbandry and fishery, employees in private enterprises and individual economy, employers of private enterprises and individual economy and other employment personnel. Social employment personnel not only include those in urban areas, also include those in rural areas.

Persons Employed in Urban Units refer to all the persons working in government agencies of various levels, political and party organizations, social organizations, enterprises and institutions, and receiving remuneration payment. They include on-post staff and workers and other employment personnel in various units, but exclude staff and workers who have left their working units.

On-post Staff and Workers refer to staff and workers who work in and receive wages from their working units during a survey period. They include the persons who have signed working contracts with units or registered in units, also include those receive wages fromunits but are temporarily absent fromwork for reasons of study, work or on sick, injury or maternal leave no more than six months.

Other Persons Employed in Various Units refer to the numbers receiving wages or other forms of payment, include re-employed retirees, teachers in schools run by the local people, foreigners and Chinese compatriots from Hong Kong, Macao, and Taiwan working in various units, employees of other units working temporarily at current posts, unemployment personnel, non-locals, and employees holding the second job of other units, exclude students enrolled in universities and colleges who work at the units and receive wages.

二、人民生活

Chapter 2
PEOPLE'S LIVING CONDITIONS

2-1 城乡住户基本情况
Basic Conditions of Urban and Rural Households (2013-2015)

项目	Item	单位	Unit	2013	2014	2015
一、调查样本户数	**Number of Households Surveyed**	**户**	**household**	**3917**	**3916**	**3929**
1.城镇住户	Urban	户	household	2927	2931	2943
2.农村住户	Rural	户	household	990	985	986
二、调查样本户结构	**Structure of Household**					
1.城镇住户	Urban	%		74.7	74.8	74.9
2.农村住户	Rural	%		25.3	25.2	25.1
三、住户基本情况	**Basic Conditions of Households**					
户均常住成员	Average Number of Permanent Residents Per Household	人/户	person/household	2.93	2.93	2.90
户均就业成员	Average Number of Employees Per Household	人/户	person/household	1.64	1.62	1.55
平均每户就业人口比重	Average Employment Proportion Per Household	%		56.0	55.3	53.7
平均每一就业者负担人口	Average Number of Dependents Per Employee	人	person	1.79	1.81	1.86
四、住户常住成员户口登记地	**Registered Location of Permanent Residents**					
1.本村(居委会)	Home Village or Residents' Committee	%		78.7	78.8	80.3
2.村外乡(镇、街道)内	Outside Home Village	%		7.0	6.9	6.2
3.乡外县(区)内	Outside Home Township Residential District	%		3.8	4.1	4.2
4.县外市内	Outside Home County (District)	%		5.5	5.6	5.8
5.市外省内	Outside Home Municipality	%				
6.省外	Outside Home Province	%		5.0	4.6	3.5
7.其他(如户口待定)	Others	%				
五、住户6周岁及以上成员受教育程度	**Education Level of Residents Above 6-Year-Old**					
1.未上过学	Non-Educated	%		2.3	2.0	1.8
2.小学	Primary School	%		15.8	15.8	15.4
3.初中	Junior Middle School	%		38.1	37.6	37.2
4.高中	Senior Middle School	%		24.0	23.7	24.1
5.大学专科	Junior College	%		11.4	11.5	12.1
6.大学本科	Undergraduate College	%		7.9	8.8	8.7
7.研究生	Graduate	%		0.5	0.6	0.7
六、住户从业人员参加养老保险情况	**Pension Insurance**					
1.新型农村社会养老保险	The New Rural Community Pension Insurance	%		1.2	0.9	1.2
2.城镇职工基本养老保险	Urban Employee Pension Insurance	%		55.1	54.8	53.8
3.城乡居民基本养老保险	Urban-Rural Residents Basic Pension Insurance	%		17.0	18.6	21.6
4.商业养老保险	Business Pension Insurance	%		0.6	0.6	0.7
5.其他养老保险	Others	%				
6.没有参加任何养老保险	No Pension Insurance	%		26.1	25.1	22.7
七、住户从业人员参加医疗保险情况	**Medical Care Insurance**					
1.新型农村合作医疗	The New Rural Cooperative Medical Care Insurance	%		0.6	0.9	1.4
2.城镇职工基本医疗保险	Urban Employee Basic Medical Care Insurance	%		44.6	44.1	50.8
3.城乡居民基本医疗保险	Urban-Rural Residents Basic Medical Care Insurance	%		49.7	51.5	45.0
4.公费医疗	Socialized Medical Care	%				
5.商业医疗保险	Business Medical Care Insurance	%		1.1	1.2	0.8
6.其他医疗保险	Others	%				
7.没有参加任何医疗保险	No Medical Care Insurance	%		4.0	2.3	2.0
八、住户从业人员行业分布	**Industry Distribution**					
1.第一产业	Primary Industry	%		8.3	7.9	6.6
2.第二产业	Secondary Industry	%		36.8	36.7	37.0
3.第三产业	Tertiary Industry	%		54.9	55.4	56.4

2-1 续表 1 continued

项 目	Item	单位 Unit	2013	2014	2015
九、住户从业人员职业分布	**Profession Distribution**				
1.国家机关、党群组织、企业、事业单位负责人	Directors of Government Agency, CPC or Mass Organizations, Enterprises and Institutions	%	2.5	2.1	1.7
2.专业技术人员	Professional Staff	%	15.2	15.9	17.3
3.办事人员和有关人员	Clerks	%	19.0	18.8	20.1
4.商业、服务业人员	Commercial and Service Personel	%	23.3	23.8	24.1
5.农、林、牧、渔、水利业生产人员	Primary Industry and Irrigation Workers	%	9.5	8.9	7.1
6.生产、运输设备操作人员及有关人员	Equipment Operators	%	30.4	30.4	29.5
7.军人	Soldiers	%	0.1	0.1	0.2
8.不便分类的其他从业人员	Others	%			
十、住户从业人员就业分布	**Employment Distribution**				
1.雇主	Employers	%	1.1	0.9	0.2
2.公职人员	Public Servants	%	1.9	1.6	1.5
3.事业单位人员	Institutions Staff	%	5.6	5.4	4.5
4.国有企业雇员	State-Owned Enterprise Employees	%	10.7	11.8	13.5
5.其他雇员	Other Employees	%	61.4	63.1	65.0
6.农业自营	Agricultrual Managers	%	8.6	7.6	6.1
7.非农自营	Secendary and Teriary Industry Managers	%	10.7	9.6	9.2
十一、住户成员健康状况	**Health Condition**				
1.健康	Healthy	%	86.1	87.1	87.6
2.基本健康	General Healthy	%	11.1	10.3	9.8
3.不健康，但生活能自理	Unhealthy but Independent	%	2.5	2.3	2.2
4.生活不能自理	Dependent	%	0.3	0.3	0.4
十二、常住居民收入与支出	**Income and Expenditure**				
全体居民人均可支配收入	Per-Capita Disposable Income	元/人	26359	28832	31291
全体居民人均消费性支出	Per-Capita Consumption Expenditure	元/人	20419	22343	24162
平均消费倾向	Average Propensity to Consume	%	77.5	77.5	77.2
十三、住户现住房居住空间样式	**Housing Style**				
1.单栋楼房	Single Building	%	1.1	0.5	0.6
2.单栋平房	Single Bungalow	%	26.0	26.5	26.0
3.四居室及以上单元房	Apartment with 4 Bedrooms or More	%	0.2	0.2	0.2
4.三居室单元房	Apartment with 3 Bedrooms	%	7.9	8.4	8.6
5.二居室单元房	Apartment with 2 Bedrooms	%	39.9	42.3	44.5
6.一居室单元房	Apartment with 1 Bedrooms	%	16.6	15.0	13.9
7.筒子楼或连片平房	Tube-Shaped Apartment or Cottage	%	8.2	7.0	5.4
8.其他	Others	%	0.1	0.1	0.8
十四、住户现住房房屋来源	**Source Of House**				
1.租赁公房	Rent Public House	%	16.6	15.7	13.3
2.租赁私房	Rent Private House	%	3.9	3.6	2.7
3.自建住房	Self-Help House	%	28.0	28.1	27.2
4.购买商品房	Purchased Commercial House	%	26.4	28.3	30.0
5.购买房改住房	Purchased Public House	%	10.8	10.5	12.9
6.购买保障性住房	Purchased Social House	%	1.7	1.1	1.8
7.拆迁安置房	Resettlement House	%	5.5	7.2	8.0
8.其他	Others	%	7.1	5.5	4.1
十五、住户主要饮用水来源情况	**Source Of Drinking Water**				
1.经过净化处理的自来水	Tap Water	%	91.2	90.2	95.7
2.受保护的井水和泉水	Protected Wells and Springs	%	7.7	8.8	3.4
3.不受保护的井水和泉水	Unprotected Wells and Springs	%			

2-1 续表 2 continued

项 目	Item	单 位 Unit	2013	2014	2015
4.江河湖泊水	River and Lake Water	%			
5.收集雨水	Collected Rain Water	%			
6.桶装水	Bottled Water	%	1.1	1.0	0.9
7.其他水源	Others	%			
十六、住户主要取暖用能源状况	**Fuel for Heating**				
1.柴草	Firewoods	%			
2.煤炭	Coal	%	30.4	28.6	28.3
3.罐装液化石油气	Canned Liquefied Petroleum Gas	%			
4.管道液化石油气	Pipeline Liquefied Petroleum Gas	%			
5.管道煤气	Pipeline Coal Gas	%			
6.管道天然气	Pipeline Natural Gas	%			
7.电	Electricity	%	1.1	1.9	0.8
8.燃料用油	Fuel Oil	%			
9.沼气	Methane	%			
10.其他	Others	%			
11.集中供暖	Central Heating	%	68.5	69.5	70.9
十七、住户主要炊用能源状况	**Fuel for Cooking**				
1.柴草	Firewoods	%	2.0	1.5	1.4
2.煤炭	Coal	%	1.7	1.7	2.4
3.罐装液化石油气	Canned Liquefied Petroleum Gas	%	26.7	26.0	25.3
4.管道液化石油气	Pipeline Liquefied Petroleum Gas	%			
5.管道煤气	Pipeline Coal Gas	%			
6.管道天然气	Pipeline Natural Gas	%	64.0	64.8	65.5
7.电	Electricity	%	1.7	2.1	2.1
8.燃料用油	Fuel Oil	%			
9.沼气	Methane	%			
10.其他	Others	%			
11.无炊用行为	No Cooking Behavior	%	3.9	3.9	3.3
十八、住户厕所类型	**Toilet Type**				
1.水冲式卫生厕所	Sanitary Water Flush Toilet	%	81.1	81.7	82.5
2.水冲式非卫生厕所	Non-Sanitary Water Flush Toilet	%			
3.卫生旱厕	Sanitary Dry Toilet	%	4.5	5.6	5.3
4.普通旱厕	Common Dry Toilet	%	8.5	8.7	7.8
5.无厕所	No Toilet	%	5.9	4.0	4.4
十九、住户洗澡设施情况	**Bath Facilities**				
1.统一供热水	Unified Supply of Hot Water	%	8.2	7.6	6.2
2.家庭自装热水器	Water Heater Installed by Household	%	80.6	85.2	87.9
3.其他	Others	%	3.3	1.5	1.9
4.无洗澡设施	No Bath Facilities	%	7.9	5.7	4.0

注：根据国家统计局统一工作部署，自2012年4季度城镇住户调查和农村住户调查实施了一体化改革。改革后的农村住户调查，样本地域范围由涉农区县城乡结合区、镇中心区、乡村缩小到只包括乡村，城乡结合区和镇中心区均纳入城镇；同时，调整了部分指标口径和计算方法。年鉴中指标均以新口径为准，且2013年及以后数据均为新口径，2012年及以前均为老口径，以下所有表中数据口径均同。

Notes: According to the arrangement of NBS, urban and rural household surveys have implemented integrated reform since the fourth quarter of 2012. After the reform, the geographic area of the rural household survey has shrunk from urban-rural fringe zone and town center and villages of all the districts and counties to only villages. Urban-rural fringe zone and town center have been brought into urban area. Meanwhile, the reform has adjusted some statistical caliber and its calculations.In this yearbook, all the data of 2013 and later are in new scope. However, the data of 2012 or former are in old scope. Similarly hereinafter.

2-2 城乡居民人均食品消费量
Per Capita Consumption of Foods by Urban and Rural Households (2013-2015)

单位：公斤 (kg)

项目	Item	2013	2014	2015
粮食	Grain	117.9	116.6	119.6
#谷物	Cereal	110.1	108.0	110.5
薯类	Tuber	2.0	2.5	2.7
豆类	Beans and the Products	5.8	6.2	6.4
食用油	Oil and Fats	12.1	12.1	12.1
蔬菜及菜制品	Vegetables and Edible Fungi	112.7	114.3	115.1
#鲜菜	Fresh Vegetables	109.8	111.3	111.9
肉及制品	Meat and Meat Products	23.7	24.0	25.2
#猪肉	Pork	14.8	15.3	15.8
牛羊肉	Beef and Mutton	4.6	4.8	5.6
家禽及制品	Poultry and Poultry Products	4.4	4.8	4.9
水产及制品	Aquatic Products	15.4	16.3	16.6
蛋类及蛋制品	Eggs and Related Products	16.9	16.8	16.8
#鲜蛋	Eggs	16.1	15.9	16.0
奶和奶制品	Milk and Dairy Products	18.1	18.2	18.0
干鲜瓜果类	Dried and Fresh Melons and Fruits	63.5	69.3	72.7
#鲜瓜果	Fresh Melons and Fruits	57.9	63.1	66.3
糖果糕点类	Confectionery	8.1	8.2	8.3
白酒	Wine	3.3	3.5	3.6

2-3 城乡居民家庭每百户主要耐用消费品拥有量
Per 100 Urban and Rural Households Possessions of Durable Consumer Goods (2013-2015)

项目	Item	单位	unit	2013	2014	2015
摩托车	Motorcycle	辆	unit	13.2	14.2	12.6
助力车	Electric Bicycle	辆	unit	43.0	46.1	43.5
家用汽车	Automobile	辆	unit	28.8	30.1	36.5
洗衣机	Washing Machine	台	set	98.6	99.1	99.8
电冰箱(柜)	Refrigerator	台	set	99.6	102.4	101.6
彩色电视机	Color Television Set	台	set	113.9	116.6	117.4
家用电脑	Micro-Computer	台	set	61.2	66.6	68.1
摄像机	Vidicon	台	set	8.3	9.1	10.4
照相机	Camera	架	set	35.0	36.4	31.1
微波炉	Microwave Oven	台	set	68.7	70.7	69.4
空调器	Air Conditioner	台	set	115.7	125.9	124.3
热水器	Water Heater	台	set	91.1	93.2	91.8
固定电话	Telephone	部	set	53.3	60.7	55.5
移动电话	Mobile Telephone	部	set	208.2	214.3	217.6

2-4 城乡居民收入和指数

Per Capita Income and Index of Urban and Rural Households (1978-2015)

年 度 Year	城镇居民人均可支配收入 Per Capita Disposable Income of Urban Households			农村居民人均可支配收入 Per Capita Disposable Income of Rural Households		
	绝对数(元) Value (yuan)	指数(上年=100) Index (last year=100)	指数(1978=100) Index (year 1978=100)	绝对数(元) Value (yuan)	指数(上年=100) Index (last year=100)	指数(1978=100) Index (year 1978=100)
1978	388		100.0	153		100.0
1979	425	109.5	109.5	179	117.0	117.0
1980	527	123.9	135.7	278	155.3	181.7
1981	540	102.4	138.9	297	106.8	194.1
1982	577	106.9	148.5	326	109.8	213.1
1983	604	104.8	155.6	412	126.4	269.3
1984	728	120.5	187.5	504	122.3	329.4
1985	876	120.2	225.4	564	111.9	368.6
1986	1070	122.2	275.5	635	112.6	415.0
1987	1187	111.0	305.8	749	118.0	489.5
1988	1330	112.0	342.5	891	119.0	582.4
1989	1478	111.1	380.5	1020	114.5	666.7
1990	1639	110.9	422.0	1069	104.8	698.7
1991	1845	112.6	475.1	1169	109.4	764.1
1992	2238	121.3	576.3	1410	120.6	921.6
1993	2769	123.7	712.9	1593	113.0	1041.2
1994	3982	143.8	1025.2	1956	122.8	1278.4
1995	4930	123.8	1269.2	2531	129.4	1654.2
1996	5967	121.1	1537.0	3142	124.1	2053.6
1997	6609	110.7	1701.4	3548	112.9	2319.0
1998	7111	107.6	1830.7	3890	109.6	2542.5
1999	7650	107.6	1969.9	4055	104.2	2650.3
2000	8141	106.4	2095.9	4370	107.8	2856.2
2001	8959	110.1	2307.6	4825	110.4	3153.6
2002	9338	111.6	2575.3	5315	110.2	3473.9
2003	10313	110.4	2843.2	5861	110.3	3830.7
2004	11467	111.2	3161.6	6525	111.3	4264.7
2005	12639	110.2	3484.1	7202	110.4	4707.2
2006	14283	113.0	3937.0	7942	110.3	5190.8
2007	16357	114.5	4507.9	8752	110.2	5720.3
2008	19423	118.7	5350.8	9670	110.5	6320.3
2009	21402	110.2	5896.6	10675	110.4	6977.1
2010	24293	113.5	6692.7	11801	110.5	7713.1
2011	26920	110.8	7415.5	11891	115.5	8908.6
2012	29626	110.0	8157.0	13571	114.1	10164.7
2013	28980	110.2	8989.0	15353	113.5	11536.9
2014	31506	108.7	9771.1	17014	110.8	12782.9
2015	34101	108.2	10572.3	18482	108.6	13882.3

注：①农村居民自2011年开始为可支配收入，以前为纯收入。
②因调查范围变化，城镇居民家庭可支配收入在2013年之前全部为城市居民收入。
③2013年及以后为一体化住户调查新口径数据。

Notes: ①Income of rural households is net income before 2011,and then disaposable income.
②It is disposable income of households living in metropolitan area since the change of survey area.
③Data of 2013 and later are integrated household survey data in new scope.

2-5 城乡居民消费支出和指数

Per Capita Consumption Expenditure and Index of Urban and Rural Households (1978-2015)

年度 Year	城镇居民人均消费支出 Per Capita Disposable Income of Urban Households			农村居民人均消费支出 Per Capita Disposable Income of Rural Households		
	绝对数(元) Value (yuan)	指数(上年=100) Index (last year=100)	指数(1978=100) Index (year 1978=100)	绝对数(元) Value (yuan)	指数(上年=100) Index (last year=100)	指数(1978=100) Index (year 1978=100)
1978	345		100.0	132		100.0
1979	385	111.7	111.7	135	102.3	102.3
1980	475	123.2	137.6	208	154.1	157.6
1981	486	102.4	140.9	249	119.7	188.6
1982	497	102.2	144.0	267	107.2	202.3
1983	521	104.9	151.0	366	137.1	277.3
1984	600	115.1	173.9	372	101.6	281.8
1985	771	128.5	223.5	426	114.5	322.7
1986	949	123.2	275.2	480	112.7	363.6
1987	1071	112.9	310.6	539	112.3	408.3
1988	1279	119.4	370.8	714	132.5	540.9
1989	1291	101.0	374.4	781	109.4	591.7
1990	1440	111.6	417.7	733	93.9	555.3
1991	1586	110.1	459.8	796	108.6	603.0
1992	1907	120.3	553.0	923	116.0	699.2
1993	2322	121.8	673.3	1010	109.4	765.2
1994	3301	142.2	957.3	1274	126.1	965.2
1995	4064	123.1	1178.4	1711	134.3	1296.2
1996	4680	115.1	1356.9	2101	122.8	1591.7
1997	5204	111.2	1509.0	2110	100.4	1598.5
1998	5471	105.1	1586.4	2260	107.1	1712.1
1999	5852	107.0	1696.7	2334	103.3	1768.2
2000	6121	104.6	1774.8	2393	102.5	1812.9
2001	6987	114.2	2026.0	2618	109.4	1983.3
2002	7192	102.9	2085.4	2778	106.1	2104.5
2003	7868	109.4	2281.2	3015	108.5	2284.1
2004	8802	111.9	2552.3	3297	109.4	2497.7
2005	9653	109.7	2799.0	3590	108.9	2719.7
2006	10548	109.3	3058.5	3829	106.7	2900.8
2007	12029	114.0	3487.8	4118	107.5	3119.7
2008	13422	111.6	3891.9	4593	111.5	3479.5
2009	14801	110.3	4291.7	4926	107.3	3731.8
2010	16562	111.9	4802.2	5606	113.8	4247.0
2011	18424	111.2	5342.2	6725	120.0	5094.7
2012	20024	108.7	5806.1	8337	124.0	6315.9
2013	22306	109.1	6467.8	12491	121.8	9462.9
2014	24290	108.9	7043.0	13739	110.0	10408.3
2015	26230	108.0	7606.5	14739	107.3	11168.1

2-6 城乡居民平均消费率和恩格尔系数
The Average Consumption Rate & Engel's Coefficient of Urban and Rural Households (1978-2015)

年 度 Year	城镇居民 Urban Households		农村居民 Rural Households	
	平均消费率 Average Consumption Rate	恩格尔系数 Engel's Coefficient	平均消费率 Average Consumption Rate	恩格尔系数 Engel's Coefficient
1978	88.9	58.1	86.3	59.8
1979	90.6	57.0	75.4	64.4
1980	90.1	54.9	74.8	56.7
1981	90.0	55.8	83.8	50.6
1982	86.1	58.5	81.9	50.6
1983	86.2	61.2	88.8	44.8
1984	82.4	60.9	73.8	49.2
1985	88.0	54.4	75.5	47.4
1986	88.7	54.5	75.6	49.0
1987	90.2	54.0	72.0	49.9
1988	96.2	52.1	80.1	46.1
1989	87.4	58.6	76.6	47.8
1990	87.9	57.9	68.6	54.0
1991	85.9	58.6	68.1	52.4
1992	85.2	57.6	65.5	51.0
1993	83.9	54.6	63.4	50.6
1994	82.9	52.1	65.1	56.3
1995	82.4	52.1	67.6	57.3
1996	78.4	51.3	66.9	52.3
1997	78.7	46.7	59.5	51.1
1998	76.9	43.6	58.1	47.1
1999	76.5	42.0	57.6	44.3
2000	75.2	40.1	54.8	42.6
2001	78.0	37.0	54.3	40.5
2002	77.0	36.2	52.3	38.2
2003	76.3	37.7	51.4	38.3
2004	76.8	37.2	50.5	38.5
2005	76.4	36.7	49.8	38.3
2006	73.9	34.9	48.2	38.0
2007	73.5	35.3	47.1	38.9
2008	69.1	37.3	47.5	39.9
2009	69.2	36.5	46.1	39.5
2010	68.2	35.9	47.5	39.0
2011	68.4	36.2	56.6	37.9
2012	67.6	36.7	61.4	36.2
2013	77.0	32.1	81.4	33.1
2014	77.1	32.7	80.8	33.8
2015	76.9	32.2	79.8	33.1

2-7 城乡居民可支配收入及构成

Per Capita Disposable Income and Component of Urban and Rural Households (2013-2015)

项目	Item	2013	2014	2015
人均可支配收入(元)	**Per Capita Disposable Income (yuan)**	**26359**	**28832**	**31291**
工资性收入	Income of Wages and Salaries	15567	17162	19256
经营净收入	Net Business Income	2682	2876	2906
财产净收入	Net Income from Property	2445	2782	2928
转移净收入	Net Income from Transfer	5665	6012	6201
#养老金或离退休金	Pensions and Retirement Pay	5911	6592	7083
人均可支配收入构成(%)	**Component of Per Capita Disposable Income (%)**	**100**	**100**	**100**
工资性收入	Income of Wages and Salaries	59.1	59.5	61.5
经营净收入	Net Business Income	10.2	10.0	9.3
财产净收入	Net Income from Property	9.3	9.6	9.4
转移净收入	Net Income from Transfer	21.4	20.9	19.8
#养老金或离退休金	Pensions and Retirement Pay	22.4	22.9	22.6

2-8 城乡居民消费支出及构成

Per Capita Consumption Expenditure and Component of Urban and Rural Households (2013-2015)

项目	Item	2013	2014	2015
消费支出(元)	**Per Capita Consumption Expenditure(yuan)**	**20419**	**22343**	**24162**
食品烟酒	Food,Tobacco and Liquor	6607	7377	7900
衣　着	Clothing	1652	1859	1949
居　住	Residence	4525	4873	5138
生活用品及服务	Household Appliances and Services	1135	1296	1514
交通和通信	Transportations and Communications	2832	2905	3186
教育文化娱乐	Education, Cultural and Recreation	1597	1834	2005
医疗保健	Health Care and Medical Services	1445	1584	1757
其他用品和服务	Other Commodities and Services	626	615	713
消费支出构成(%)	**Component of Per Capita Consumption Expenditure(%)**	**100**	**100**	**100**
食品烟酒	Food,Tobacco and Liquor	32.4	33.0	32.7
衣　着	Clothing	8.1	8.3	8.1
居　住	Residence	22.1	21.8	21.3
生活用品及服务	Household Appliances and Services	5.6	5.8	6.2
交通和通信	Transportations and Communications	13.8	13.0	13.2
教育文化娱乐	Education, Cultural and Recreation	7.8	8.2	8.3
医疗保健	Health Care and Medical Services	7.1	7.1	7.3
其他用品和服务	Other Commodities and Services	3.1	2.8	2.9

2-9 城乡居民消费支出

Per Capita Consumption Expenditure of Urban and Rural Households (2013-2015)

单位：元 (yuan)

项 目	Item	2013	2014	2015
消费支出	**Per Capita Consumption Expenditure**	**20419**	**22343**	**24162**
(一)食品烟酒	Food,Tobacco and Liquor	6607	7377	7900
1.食品	Food	4523	4797	5039
2.烟酒	Tobacco and Liquor	651	735	774
3.饮料	Drink	–	180	214
4.饮食服务	Catering Services	1434	1664	1873
(二)衣着	Clothing	1652	1859	1949
1.衣类	Clothes	1253	1385	1472
2.鞋类	Shoes	399	475	477
(三)居住	Residence	4525	4873	5138
1.租赁房房租	Rent of Rental Housing	177	195	183
2.住房维修及管理	Housing Maintenance and Management	391	438	471
3.水电燃料及其他	Water,Electricity,Fuel and Others	1149	1194	1240
4.自有住房折算租金	Imputed Rents of Owner-occupied Dwelling	2808	3046	3244
(四)生活用品及服务	Household Appliances and Services	1135	1296	1514
1.家具及室内装饰品	Furniture and Interior Decoration	253	190	242
2.家用器具	Household Appliances	297	350	473
3.家用纺织品	Home Textiles	88	108	108
4.家庭日用杂品	Family Daily Groceries	299	382	384
5.个人用品	Personal Products	160	217	266
6.家庭服务	Family Services	39	50	41
(五)交通和通信	Transportations and Communications	2832	2905	3186
1.交通	Transportations	1865	1826	2072
2.通信	Communications	967	1079	1114
(六)教育文化娱乐	Education, Cultural and Recreation	1597	1834	2005
1.教育	Education	757	835	935
2.文化娱乐	Cultural and Recreation	839	998	1070
(七)医疗保健	Health Care and Medical Services	1445	1584	1757
1.医疗器具及药品	Medical Equipment and Medicine	606	622	662
2.医疗服务	Medical Services	839	962	1095
(八)其他用品和服务	Other Commodities and Services	626	615	713
1.其他用品	Other Commodities	378	397	448
2.其他服务	Other Services	248	218	265

2-10 城镇住户基本情况
Basic Conditions of Urban Households (2013-2015)

项目	Item	单位 Unit	2013	2014	2015
一、住户基本情况	**Basic Conditions of Households**				
户均常住成员	Average Number of Permanent Residents Per Household	人/户	2.78	2.80	2.78
户均就业成员	Average Number of Employees Per Household	人/户	1.49	1.49	1.43
平均每户就业人口比重	Average Employment Proportion Per Household	%	53.6	53.2	51.4
平均每一就业者负担人口	Average Number of Dependents Per Employee	人	1.87	1.88	1.94
二、住户常住成员户口登记地	**Registered Location of Permanent Residents**				
1.本村(居委会)	Home Village or Residents' Committee	%	74.7	74.9	76.9
2.村外乡(镇、街道)内	Outside Home Village	%	8.2	8.1	6.9
3.乡外县(区)内	Outside Home Township Residential District	%	4.5	4.9	4.9
4.县外市内	Outside Home County (District)	%	6.7	6.7	7.1
5.市外省内	Outside Home Municipality	%			
6.省外	Outside Home Province	%	5.9	5.4	4.2
7.其他(如户口待定)	Others	%			
三、住户6周岁及以上成员受教育程度	**Education Level of Residents Above 6-Year-Old**				
1.未上过学	Non-Educated	%	2.0	1.7	1.6
2.小学	Primary School	%	13.0	13.0	13.0
3.初中	Junior Middle School	%	34.9	34.4	33.6
4.高中	Senior Middle School	%	27.0	26.7	27.0
5.大学专科	Junior College	%	13.3	13.3	13.9
6.大学本科	Undergraduate College	%	9.2	10.2	10.0
7.研究生	Graduate	%	0.6	0.7	0.9
四、住户从业人员参加养老保险情况	**Pension Insurance**				
1.新型农村社会养老保险	The New Rural Community Pension Insurance	%	1.5	1.1	1.4
2.城镇职工基本养老保险	Urban Employee Basic Pension Insurance	%	65.5	64.7	62.5
3.城乡居民基本养老保险	Urban-Rural Residents Basic Pension Insurance	%	14.4	16.4	19.4
4.商业养老保险	Business Pension Insurance	%	0.5	0.5	0.7
5.其他养老保险	Others	%			
6.没有参加任何养老保险	No Pension Insurance	%	18.1	17.3	16.0
五、住户从业人员参加医疗保险情况	**Medical Care Insurance**				
1.新型农村合作医疗	The New Rural Cooperative Medical Care Insurance	%	1.2	1.2	1.6
2.城镇职工基本医疗保险	Urban Employee Basic Medical Care Insurance	%	53.2	53.3	60.0
3.城乡居民基本医疗保险	Urban-Rural Residents Basic Medical Care Insurance	%	41.8	41.5	35.2
4.公费医疗	Socialized Medical Care	%			
5.商业医疗保险	Bussiness Medical Care Insurance	%	1.2	1.4	0.8
6.其他医疗保险	Others	%			
7.没有参加任何医疗保险	No Medical Care Insurance	%	2.6	2.6	2.4
六、住户从业人员行业分布	**Industry Distribution**				
1.第一产业	Primary Industry	%	3.5	2.7	1.9
2.第二产业	Secondary Industry	%	34.9	35.0	35.1
3.第三产业	Tertiary Industry	%	61.6	62.3	63.0
七、住户从业人员职业分布	**Profession Distribution**				
1.国家机关、党群组织、企业、事业单位负责人	Directors of Government Agency, CPC or Mass Organizations, Enterprises and Institutions	%	3.1	2.4	1.9

2-10 续表 1 continued

项　目	Item	单位 Unit	2013	2014	2015
2.专业技术人员	Professional Staff	%	16.3	16.6	18.0
3.办事人员和有关人员	Clerks	%	20.3	21.2	23.1
4.商业、服务业人员	Commercial and Service Personel	%	27.0	26.9	26.9
5.农、林、牧、渔、水利业生产人员	Primary Industry and Irrigation Workers	%	3.8	3.1	2.2
6.生产、运输设备操作人员及有关人员	Equipment Operators	%	29.4	29.7	27.7
7.军人	Soldiers	%	0.1	0.1	0.2
8.不便分类的其他从业人员	Others	%			
八、住户从业人员就业分布	**Employment Distribution**				
1.雇主	Employers	%	1.2	1.0	0.3
2.公职人员	Public Servants	%	2.4	1.9	1.8
3.事业单位人员	Institutions Staff	%	7.0	6.6	5.4
4.国有企业雇员	State-owned Enterprise Employees	%	13.7	15.0	16.9
5.其他雇员	Other Employees	%	61.7	63.5	65.1
6.农业自营	Agricultrual Managers	%	3.5	2.5	1.6
7.非农自营	Secendary and Teriary Industry Managers	%	10.5	9.5	8.9
九、住户成员健康状况	**Health Condition**				
1.健康	Healthy	%	84.6	86.1	86.6
2.基本健康	General Healthy	%	12.4	11.5	10.8
3.不健康，但生活能自理	Unhealthy But Independent	%	2.5	2.1	2.2
4.生活不能自理	Dependent	%	0.5	0.3	0.4
十、常住居民收入与支出	**Income and Expenditure of Urban Households**				
城镇居民人均可支配收入	Per-Capita Disposable Income of Urban Households	元/人	28980	31506	34101
城镇居民人均消费性支出	Per-Capita Consumption Expenditure of Urban Households	元/人	22306	24290	26230
平均消费倾向	Average Propensity To Consume of Urban Households	%	77.0	77.1	76.9
十一、住户现住房居住空间样式	**Housing Style**				
1.单栋楼房	Single Building	%	1.1	0.5	0.6
2.单栋平房	Single Bungalow	%	15.4	16.2	15.6
3.四居室及以上单元房	Apartment with 4 Bedrooms or More	%	0.2	0.2	0.2
4.三居室单元房	Apartment with 3 Bedrooms	%	9.2	9.7	9.8
5.二居室单元房	Apartment with 2 Bedrooms	%	46.7	49.0	51.5
6.一居室单元房	Apartment with 1 Bedrooms	%	19.7	17.8	16.3
7.筒子楼或连片平房	Tube-Shaped Apartment or Cottage	%	7.5	6.5	5.0
8.其他	Others	%	0.2	0.1	1.0
十二、住户现住房房屋来源	**Source of House**				
1.租赁公房	Rent Public House	%	19.8	18.6	15.7
2.租赁私房	Rent Private House	%	4.5	4.2	3.2
3.自建住房	Self-Help House	%	15.5	16.2	15.5
4.购买商品房	Purchased Commercial House	%	30.9	33.2	34.9
5.购买房改住房	Purchased Public House	%	12.8	12.4	15.2
6.购买保障性住房	Purchased Social House	%	2.1	1.3	2.1
7.拆迁安置房	Resettlement House	%	6.0	7.6	8.5
8.其他	Others	%	8.4	6.5	4.9
十三、住户主要饮用水来源情况	**Source Of Drinking Water**				
1.经过净化处理的自来水	Tap Water	%	93.3	92.9	96.3
2.受保护的井水和泉水	Protected Wells And Springs	%	5.4	5.9	2.7
3.不受保护的井水和泉水	Unprotected Wells And Springs	%			

2-10 续表 2 continued

项 目	Item	单位 Unit	2013	2014	2015
4.江河湖泊水	River And Lake Water	%			
5.收集雨水	Collected Rain Water	%			
6.桶装水	Bottled Water	%	1.3	1.2	1.0
7.其他水源	Others	%			
十四、住户主要取暖用能源状况	**Fuel For Heating**				
1.柴草	Firewoods	%			
2.煤炭	Coal	%	19.3	17.4	17.1
3.罐装液化石油气	Canned Liquefied Petroleum Gas	%			
4.管道液化石油气	Pipeline Liquefied Petroleum Gas	%			
5.管道煤气	Pipeline Coal Gas	%			
6.管道天然气	Pipeline Natural Gas	%			
7.电	Electricity	%	1.1	2.0	0.8
8.燃料用油	Fuel Oil	%			
9.沼气	Methane	%			
10.其他	Others	%			
11.集中供暖	Central Heating	%	79.6	80.6	82.1
十五、住户主要炊用能源状况	**Fuel For Cooking**				
1.柴草	Firewoods	%	0.4	0.3	0.3
2.煤炭	Coal	%	1.4	1.3	1.7
3.罐装液化石油气	Canned Liquefied Petroleum Gas	%	16.7	16.2	16.5
4.管道液化石油气	Pipeline Liquefied Petroleum Gas	%			
5.管道煤气	Pipeline Coal Gas	%			
6.管道天然气	Pipeline Natural Gas	%	75.6	75.8	76.2
7.电	Electricity	%	1.3	1.8	1.4
8.燃料用油	Fuel Oil	%			
9.沼气	Methane	%			
10.其他	Others	%			
11.无炊用行为	No Cooking Behavior	%	4.6	4.6	3.9
十六、住户厕所类型	**Toilet Type**				
1.水冲式卫生厕所	Sanitary Water Flush Toilet	%	86.4	86.9	87.1
2.水冲式非卫生厕所	Non-Sanitary Water Flush Toilet	%			
3.卫生旱厕	Sanitary Dry Toilet	%	3.3	3.9	3.8
4.普通旱厕	Common Dry Toilet	%	5.1	5.7	5.2
5.无厕所	No Toilet	%	5.2	3.5	3.9
十七、住户洗澡设施情况	**Bath Facilities**				
1.统一供热水	Unified Supply Of Hot Water	%	9.4	8.9	7.2
2.家庭自装热水器	Water Heater Installed By Household	%	80.4	84.3	87.4
3.其他	Others	%	2.2	1.0	1.4
4.无洗澡设施	No Bath Facilities	%	8.0	5.8	4.0
十八、城镇居民住房建筑面积	**Floor Space of Urban Household**	平方米/人	**35.75**	**30.75**	**31.10**

注：2013年城镇居民住房建筑面积数据取自于天津统计年鉴，自2014年起，该数据使用居民收支调查结果。

Note: In 2013, floor space of urban household was taken from Tianjin statistical Yearbook. These data have been using the result of residents income and expenditure investigation since 2014.

2-11 城镇居民人均食品消费量
Per Capita Consumption of Food by Urban Households (2013-2015)

单位：公斤 (kg)

项 目	tem	2013	2014	2015
粮食	Grain	112.6	110.8	114.4
#谷物	Cereal	103.1	100.6	105.0
薯类	Tuber	2.4	2.8	2.7
豆类	Beans and the Products	7.0	7.4	6.7
食用油	Oil and Fats	12.5	12.8	12.5
蔬菜及菜制品	Vegetables and Edible Fungi	119.6	121.3	116.7
#鲜菜	Fresh Vegetables	116.4	117.9	113.2
肉及制品	Meat and Meat Products	24.2	24.4	26.1
#猪肉	Pork	15.0	15.6	16.0
牛羊肉	Beef and Mutton	4.9	5.0	6.1
家禽及制品	Poultry and Poultry Products	4.8	5.1	5.2
水产品及制品	Aquatic Products	16.5	17.1	17.6
蛋类及蛋制品	Eggs and Related Products	18.0	17.6	17.1
#鲜蛋	Eggs	17.1	16.7	16.3
奶和奶制品	Milk and Dairy Products	20.3	19.9	19.5
干鲜瓜果类	Dried and Fresh Melons and Fruits	67.7	71.6	74.0
#鲜瓜果	Fresh Melons and Fruits	61.6	65.2	67.6
糖果糕点类	Confectionery	8.9	8.6	8.7
白酒	Wine	3.1	3.3	3.3

2-12 城镇居民家庭平均每百户主要耐用消费品拥有量
Per 100 Urban Households Possessions of Durable Consumer Goods (2011-2015)

项 目	Item	单 位	Unit	2011	2012	2013	2014	2015
摩托车	Motorcycle	辆	unit	0.5	0.4	6.0	6.6	6.2
助力车	Electric Bicycle	辆	unit	26.2	27.9	34.6	37.4	34.8
家用汽车	Automobile	辆	unit	20.3	24.9	30.4	32.1	37.3
洗衣机	Washing Machine	台	unit	100.1	101.2	98.7	100.0	101.7
电冰箱(柜)	Refrigerator	台	unit	107.7	107.7	100.6	103.1	102.7
彩色电视机	Color Television Set	台	unit	125.9	121.7	112.7	115.0	114.8
家用电脑	Micro-Computer	台	unit	95.6	98.9	72.0	76.7	78.5
摄像机	Vidicon	架	unit	13.7	16.5	8.6	10.6	11.0
照相机	Camera	架	unit	59.3	59.1	40.0	41.1	35.2
微波炉	Microwave Oven	台	unit	87.9	88.9	75.5	77.5	78.2
空调器	Air Conditioner	台	unit	144.1	147.5	130.8	134.2	131.3
热水器	Warer Heater	台	unit	95.1	94.5	91.1	93.7	92.2
固定电话	Telephone	部	unit	73.9	67.8	52.4	57.5	52.4
移动电话	Mobile Telephone	部	unit	217.0	225.0	215.6	220.4	219.5

2-13 城镇居民可支配收入及构成
Per Capita Disposable Income and Component of Urban Households (2011-2015)

项　目	Item	2011	2012	2013	2014	2015
人均可支配收入(元)	**Per Capita Disposable Income (yuan)**	**26921**	**29626**	**28980**	**31506**	**34101**
工资性收入	Income of Wages and Salaries	15993	18408	17156	18797	21060
经营净收入	Net Business Income	1059	1200	2272	2442	2458
财产净收入	Net Income from Property	462	515	2862	3230	3400
转移净收入	Net Income from Transfer	9407	9503	6690	7037	7183
#养老金或离退休金	Pensions and Retirement Pay	7677	7943	7106	7858	8387
人均可支配收入构成(%)	**Component of Per Capita Disposable Income (%)**	**100**	**100**	**100**	**100**	**100**
工资性收入	Income of Wages and Salaries	59.5	62.1	59.2	59.7	61.8
经营净收入	Net Business Income	3.9	4.1	7.8	7.8	7.2
财产净收入	Net Income from Property	1.7	1.7	9.9	10.2	10.0
转移净收入	Net Income from Transfer	34.9	32.1	23.1	22.3	21.0
#养老金或离退休金	Pensions and Retirement Pay	28.5	26.8	24.5	24.9	24.6

2-14 城镇居民消费支出及构成
Per Capita Consumption Expenditure and Component of Urban Households (2011-2015)

项　目	Item	2011	2012	2013	2014	2015
消费支出(元)	**Per Capita Consumption Expenditure(yuan)**	**18424**	**20024**	**22306**	**24290**	**26230**
食品烟酒	Food,Tobacco and Liquor	6663	7344	7160	7943	8448
衣　着	Clothing	1755	1882	1819	2051	2144
居　住	Residence	1763	1854	4997	5320	5667
生活用品及服务	Household Appliances and Services	1175	1151	1223	1387	1594
交通和通信	Transportations and Communications	2700	3083	3056	3182	3403
教育文化娱乐	Education, Cultural and Recreation	2116	2254	1778	2013	2283
医疗保健	Health Care and Medical Services	1415	1556	1562	1721	1888
其他用品和服务	Other Commodities and Services	837	900	711	673	803
消费支出构成(%)	**Component of Per Capita Consumption Expenditure(%)**	**100**	**100**	**100**	**100**	**100**
食品烟酒	Food,Tobacco and Liquor	36.2	36.7	32.1	32.7	32.2
衣　着	Clothing	9.5	9.4	8.2	8.4	8.2
居　住	Residence	9.6	9.3	22.4	21.9	21.6
生活用品及服务	Household Appliances and Services	6.4	5.7	5.5	5.7	6.1
交通和通信	Transportations and Communications	14.6	15.4	13.7	13.1	13.0
教育文化娱乐	Education, Cultural and Recreation	11.5	11.2	8.0	8.3	8.7
医疗保健	Health Care and Medical Services	7.7	7.8	7.0	7.1	7.2
其他用品和服务	Other Commodities and Services	4.5	4.5	3.1	2.8	3.0

注：2012年以前为现金消费支出。

Note:It is consumption expenditures in cash before 2012.

2-15 城镇居民消费支出
Per Capita Consumption Expenditure of Urban Households (2013-2015)

单位：元 (yuan)

项 目	Item	2013	2014	2015
消费支出	**Per Capita Consumption Expenditure**	**22306**	**24290**	**26230**
(一)食品烟酒	Food,Tobacco and Liquor	7160	7943	8448
1.食品	Food	4919	5154	5409
2.烟酒	Tobacco and Liquor	656	743	744
3.饮料	Drink	–	165	189
4.饮食服务	Catering Services	1585	1881	2106
(二)衣着	Clothing	1819	2051	2144
1.衣类	Clothes	1390	1534	1631
2.鞋类	Shoes	429	517	513
(三)居住	Residence	4997	5320	5667
1.租赁房房租	Rent of Rental Housing	216	239	214
2.住房维修及管理	Housing Maintenance and Management	384	383	468
3.水电燃料及其他	Water,Electricity,Fuel and Others	1223	1277	1336
4.自有住房折算租金	Imputed Rents of Owner-occupied Dwelling	3174	3421	3649
(四)生活用品及服务	Household Appliances and Services	1223	1387	1594
1.家具及室内装饰品	Furniture and Interior Decoration	287	204	265
2.家用器具	Household Appliances	305	369	474
3.家用纺织品	Home Textiles	93	117	115
4.家庭日用杂品	Family Daily Groceries	315	403	399
5.个人用品	Personal Products	178	240	295
6.家庭服务	Family Services	45	54	46
(五)交通和通信	Transportations and Communications	3056	3182	3403
1.交通	Transportations	1990	1992	2221
2.通信	Communications	1066	1190	1182
(六)教育文化娱乐	Education, Cultural and Recreation	1778	2013	2283
1.教育	Education	819	863	1005
2.文化娱乐	Cultural and Recreation	959	1150	1278
(七)医疗保健	Health Care and Medical Services	1562	1721	1888
1.医疗器具及药品	Medical Equipment and Medicine	648	644	688
2.医疗服务	Medical Services	914	1077	1200
(八)其他用品和服务	Other Commodities and Services	711	673	803
1.其他用品	Other Commodities	423	432	503
2.其他服务	Other Services	288	241	300

2-16 农村住户基本情况
Basic Conditions of Rural Households (2013-2015)

项目	Item	单位 Unit	2013	2014	2015
一、住户基本情况	**Basic Conditions of Households**				
户均常住成员	Average Number of Permanent Residents Per Household	人/户	3.35	3.32	3.25
户均就业成员	Average Number of Employees Per Household	人/户	2.09	2.01	1.92
平均每户就业人口比重	Average Employment Proportion Per Household	%	62.4	60.5	59.1
平均每一就业者负担人口	Average Number of Dependents Per Employee	人	1.6	1.65	1.69
二、住户常住成员户口登记地	**Registered Location Of Permanent Residents**				
1.本村(居委会)	Home Village or Residents' Committee	%	95.9	95.8	95.8
2.村外乡(镇、街道)内	Outside Home Village	%	1.9	1.9	2.7
3.乡外县(区)内	Outside Home Township Residential District	%	0.5	0.6	0.7
4.县外市内	Outside Home County (District)	%	0.7	0.6	0.3
5.市外省内	Outside Home Municipality	%			
6.省外	Outside Home Province	%	1.0	1.1	0.5
7.其他(如户口待定)	Others	%			
三、住户6周岁及以上成员受教育程度	**Education Level of Residents Above 6-Year-Old**				
1.未上过学	Non-Educated	%	3.5	3.1	2.4
2.小学	Primary School	%	27.5	28.0	26.7
3.初中	Junior Middle School	%	51.7	51.5	53.6
4.高中	Senior Middle School	%	11.6	11.2	10.5
5.大学专科	Junior College	%	3.1	3.3	3.7
6.大学本科	Undergraduate College	%	2.5	2.8	3.0
7.研究生	Graduate	%	0.1	0.1	0.1
四、住户从业人员参加养老保险情况	**Pension Insurance**				
1.新型农村社会养老保险	The New Rural Community Pension Insurance	%	0.1		
2.城镇职工基本养老保险	Urban Employee Basic Pension Insurance	%	6.8	7.3	7.2
3.城乡居民基本养老保险	Urban-Rural Residents Basic Pension Insurance	%	29.1	29.4	35.7
4.商业养老保险	Business Pension Insurance	%	1.1	0.9	0.9
5.其他养老保险	Others	%	0.1		
6.没有参加任何养老保险	No Pension Insurance	%	62.8	62.4	56.2
五、住户从业人员参加医疗保险情况	**Medical Care Insurance**				
1.新型农村合作医疗	The New Rural Cooperative Medical Care Insurance	%			
2.城镇职工基本医疗保险	Urban Employee Basic Medical Care Insurance	%	3.5	3.7	5.6
3.城乡居民基本医疗保险	Urban-Rural Residents Basic Medical Care Insurance	%	93.0	95.7	94.0
4.公费医疗	Socialized Medical Care	%			
5.商业医疗保险	Bussiness Medical Care Insurance	%	0.6	0.5	0.4
6.其他医疗保险	Others	%	0.3		
7.没有参加任何医疗保险	No Medical Care Insurance	%	2.6	0.1	
六、住户从业人员行业分布	**Industry Distribution**				
1.第一产业	Primary Industry	%	28.8	27.7	24.9
2.第二产业	Secondary Industry	%	43.7	42.9	44.8
3.第三产业	Tertiary Industry	%	27.5	29.4	30.3
七、住户从业人员职业分布	**Profession Distribution**				
1.国家机关、党群组织、企业、事业单位负责人	Directors of Government Agency, CPC or Mass Organizations, Enterprises And Institutions	%	0.7	0.6	1.0

2-16 续表 1 continued

项　目	Item	单 位 Unit	2013	2014	2015
2.专业技术人员	Professional Staff	%	13.0	13.2	14.5
3.办事人员和有关人员	Clerks	%	13.3	9.5	8.3
4.商业、服务业人员	Commercial and Service Personel	%	10.3	12.2	13.5
5.农、林、牧、渔、水利业生产人员	Primary Industry and Irrigation Workers	%	32.0	30.9	26.2
6.生产、运输设备操作人员及有关人员	Equipment Operators	%	30.7	33.4	36.5
7.军人	Soldiers	%		0.1	
8.不便分类的其他从业人员	Others	%		0.1	
八、住户从业人员就业分布	**Employment Distribution**				
1.雇主	Employers	%	0.9	0.6	0.2
2.公职人员	Public Servants	%	0.5	0.2	0.2
3.事业单位人员	Institutions Staff	%	0.6	0.7	1.0
4.国有企业雇员	State-Owned Enterprise Employees	%	0.5	0.4	0.1
5.其他雇员	Other Employees	%	50.2	61.5	64.4
6.农业自营	Agricultrual Managers	%	35.8	26.6	23.6
7.非农自营	Secondary and Teriary Industry Managers	%	11.5	10.0	10.5
九、住户成员健康状况	**Health Condition**				
1.健康	Healthy	%	91.2	91.6	92.1
2.基本健康	General Healthy	%	5.3	4.9	5.3
3.不健康，但生活能自理	Unhealthy but Independent	%	3.0	3.1	2.2
4.生活不能自理	Dependent	%	0.5	0.4	0.4
十、常住居民收入与支出	**Income and Expenditure of Rural Households**				
农村居民人均可支配收入	Per-Capita Disposable Income of Rural Households	元/人	15353	17014	18482
农村居民人均消费性支出	Per-Capita Consumption Expenditure of Rural Households	元/人	12491	13739	14739
平均消费倾向	Average Propensity to Consume of Rural Households	%	81.4	80.8	79.8
十一、住户现住房居住空间样式	**Housing Style**				
1.单栋楼房	Single Building	%	0.6	0.5	0.7
2.单栋平房	Single Bungalow	%	81.7	82.2	83.4
3.四居室及以上单元房	Apartment with 4 Bedrooms or More	%			
4.三居室单元房	Apartment with 3 Bedrooms	%	1.1	1.2	1.9
5.二居室单元房	Apartment with 2 Bedrooms	%	4.7	5.9	5.5
6.一居室单元房	Apartment with 1 Bedrooms	%		0.6	0.6
7.筒子楼或连片平房	Tube-Shaped Apartment or Cottage	%	11.9	9.6	7.9
8.其他	Others	%			
十二、住户现住房房屋来源	**Source of House**				
1.租赁公房	Rent Public House	%			
2.租赁私房	Rent Private House	%	0.6	0.2	
3.自建住房	Self-Help House	%	93.3	92.2	91.6
4.购买商品房	Purchased Commercial House	%	2.6	2.9	2.8
5.购买房改住房	Purchased Public House	%	0.4	0.2	0.2
6.购买保障性住房	Purchased Social House	%			
7.拆迁安置房	Resettlement House	%	3.1	4.5	5.4
8.其他	Others	%			
十三、住户主要饮用水来源情况	**Source of Drinking Water**				
1.经过净化处理的自来水	Tap Water	%	80.4	75.6	92.6

2-16 续表 2 continued

项 目	Item	单 位 Unit	2013	2014	2015
2.受保护的井水和泉水	Protected Wells and Springs	%	19.6	24.4	7.4
3.不受保护的井水和泉水	Unprotected Wells and Springs	%			
4.江河湖泊水	River and Lake Water	%			
5.收集雨水	Collected Rain Water	%			
6.桶装水	Bottled Water	%			
7.其他水源	Others	%			
十四、住户主要取暖用能源状况	**Fuel for Heating**				
1.柴草	Firewoods	%			
2.煤炭	Coal	%	92.7	91.6	90.4
3.罐装液化石油气	Canned Liquefied Petroleum Gas	%			
4.管道液化石油气	Pipeline Liquefied Petroleum Gas	%			
5.管道煤气	Pipeline Coal Gas	%			
6.管道天然气	Pipeline Natural Gas	%			
7.电	Electricity	%	0.8	1.4	0.6
8.燃料用油	Fuel Oil	%			
9.沼气	Methane	%			
10.其他	Others	%			
11.集中供暖	Central Heating	%	6.5	7.0	9.0
十五、住户主要炊用能源状况	**Fuel for Cooking**				
1.柴草	Firewoods	%	9.8	8.1	7.4
2.煤炭	Coal	%	3.4	3.6	6.0
3.罐装液化石油气	Canned Liquefied Petroleum Gas	%	79.3	79.1	74.6
4.管道液化石油气	Pipeline Liquefied Petroleum Gas	%			
5.管道煤气	Pipeline Coal Gas	%			
6.管道天然气	Pipeline Natural Gas	%	3.6	5.4	6.0
7.电	Electricity	%	3.9	3.8	6.0
8.燃料用油	Fuel Oil	%			
9.沼气	Methane	%			
10.其他	Others	%			
11.无炊用行为	No Cooking Behavior	%			
十六、住户厕所类型	**Toilet Type**				
1.水冲式卫生厕所	Sanitary Water Flush Toilet	%	53.1	54.0	57.3
2.水冲式非卫生厕所	Non-Sanitary Water Flush Toilet	%			
3.卫生旱厕	Sanitary Dry Toilet	%	11.3	15.1	13.6
4.普通旱厕	Common Dry Toilet	%	26.1	24.5	21.6
5.无厕所	No Toilet	%	9.5	6.4	7.5
十七、住户洗澡设施情况	**Bath Facilities**				
1.统一供热水	Unified Supply of Hot Water	%	1.8	1.0	0.6
2.家庭自装热水器	Water Heater Installed by Household	%	82.0	90.0	90.6
3.其他	Others	%	8.9	4.3	4.6
4.无洗澡设施	No Bath Facilities	%	7.3	4.7	4.2
十八、农村居民住房建筑面积	**Floor Space of Rural Households**	**平方米/人 sq.m/person**	**31.80**	**31.93**	**32.14**

2-17 农村居民人均食品消费量
Per Capita Annual Consumption on Food of Rural Households (2013-2015)

单位：公斤 (kg)

项　目	Item	2013	2014	2015
粮食	Grain	141.8	140.9	143.2
#谷物	Cereal	136.4	134.4	135.7
薯类	Tuber	1.6	2.0	2.7
豆类	Beans and the Products	3.8	4.5	4.8
食用油	Oil and Fats	9.8	10.3	10.5
蔬菜及菜制品	Vegetables and Edible Fungi	83.7	90.3	95.8
#鲜菜	Fresh Vegetables	82.1	88.5	90.7
肉及制品	Meat and Meat Products	18.4	21.3	20.9
#猪肉	Pork	13.2	15.0	14.7
牛羊肉	Beef and Mutton	2.8	2.9	2.9
家禽及制品	Poultry and Poultry Products	2.4	3.7	3.4
水产品及制品	Aquatic Products	10.9	13.0	12.3
蛋类及蛋制品	Eggs and Related Products	12.4	13.2	15.1
#鲜蛋	Eggs	12.0	12.8	14.7
奶和奶制品	Milk and Dairy Products	9.3	10.6	11.0
干鲜瓜果类	Dried and Fresh Melons and Fruits	46.2	59.2	66.7
#鲜瓜果	Fresh Melons and Fruits	42.3	54.1	60.4
糖果糕点类	Confectionery	5.4	6.3	6.3
白酒	Wine	4.2	4.6	4.8

2-18 农村居民平均每百户主要耐用消费品拥有量
Per 100 Rural Households Possession of Durable Consumer Goods (2011-2015)

项　目	Item	单 位	Unit	2011	2012	2013	2014	2015
摩托车	Motorcycle	辆	unit	26.0	27.0	39.8	39.7	41.5
助力车	Electric Bicycle	辆	unit	67.0	71.0	74.6	75.5	77.7
家用汽车	Automobile	辆	unit	15.0	18.0	24.0	27.5	32.6
洗衣机	Washing Machine	台	unit	99.0	100.0	98.1	98.0	99.2
电冰箱(柜)	Refrigerator	台	unit	96.0	97.0	94.6	98.6	100.1
彩色电视机	Color Television Set	台	unit	122.0	125.0	119.8	120.3	121.6
家用电脑	Micro-Computer	台	unit	37.0	44.0	42.6	45.5	44.2
摄像机	Vidieon	架	unit	1.0	2.0	1.6	1.6	7.0
照相机	Camera	架	unit	19.0	23.0	10.6	12.4	10.2
微波炉	Microwave Oven	台	unit	33.0	38.0	35.4	36.3	37.6
空调器	Air Conditioner	台	unit	70.0	75.0	71.2	71.1	75.4
热水器	Water Heater	台	unit	87.0	92.0	89.5	90.6	90.2
固定电话	Telephone	部	unit	52.0	56.0	57.7	67.0	72.7
移动电话	Mobile Telephone	部	unit	188.0	196.0	196.4	203.4	209.6

2-19 农村居民可支配收入及构成

Per Capita Disposable Income and Component of Rural Households (2011-2015)

项　目	Item	2011	2012	2013	2014	2015
人均可支配收入(元)	**Per Capita Disposable Income (yuan)**	**11891**	**13571**	**15353**	**17014**	**18482**
工资性收入	Income of Wages and Salaries	6829	7922	8898	9941	11032
经营净收入	Net Business Income	3908	4126	4404	4791	4949
财产净收入	Net Income from Property	730	920	694	799	775
转移净收入	Net Income from Transfer	424	603	1357	1483	1726
#养老金或离退休金	Pensions and Retirement Pay	–	631	890	999	1142
人均可支配收入构成(%)	**Component of Per Capita Disposable Income (%)**	**100**	**100**	**100**	**100**	**100**
工资性收入	Income of Wages and Salaries	57.4	58.4	58.0	58.4	59.7
经营净收入	Net Business Income	32.9	30.4	28.7	28.2	26.8
财产净收入	Net Income from Property	6.1	6.8	4.5	4.7	4.2
转移净收入	Net Income from Transfer	3.6	4.4	8.8	8.7	9.3
#养老金或离退休金	Pensions and Retirement Pay	–	4.6	5.8	5.9	6.2

2-20 农村居民消费支出及构成

Per Capita Consumption Expenditure and Component of Rural Households (2011-2015)

项　目	Item	2011	2012	2013	2014	2015
消费支出(元)	**Per Capita Consumption Expenditure(yuan)**	**6725**	**8337**	**12491**	**13739**	**14739**
食品烟酒	Food,Tobacco and Liquor	2545	3020	4132	4645	4878
衣　着	Clothing	588	781	951	1013	1060
居　住	Residence	1294	1264	2784	3036	3247
生活用品及服务	Household Appliances and Services	339	451	767	891	954
交通和通信	Transportations and Communications	751	1066	1811	1813	2096
教育文化娱乐	Education, Cultural and Recreation	521	766	833	1041	1145
医疗保健	Health Care and Medical Services	549	760	953	980	1060
其他用品和服务	Other Commodities and Services	138	229	260	320	299
消费支出构成(%)	**Component of Per Capita Consumption Expenditure(%)**	**100**	**100**	**100**	**100**	**100**
食品烟酒	Food,Tobacco and Liquor	37.9	36.2	33.1	33.8	33.1
衣　着	Clothing	8.7	9.4	7.6	7.4	7.2
居　住	Residence	19.2	15.2	22.3	22.1	22.0
生活用品及服务	Household Appliances and Services	5.0	5.4	6.1	6.5	6.5
交通和通信	Transportations and Communications	11.2	12.8	14.5	13.2	14.2
教育文化娱乐	Education, Cultural and Recreation	7.7	9.2	6.7	7.6	7.8
医疗保健	Health Care and Medical Services	8.2	9.1	7.6	7.1	7.2
其他用品和服务	Other Commodities and Services	2.1	2.7	2.1	2.3	2.0

2-21 农村居民消费支出
Per Capita Consumption Expenditure of Rural Households (2013-2015)

单位：元 (yuan)

项 目	Item	2013	2014	2015
消费支出	**Per Capita Consumption Expenditure**	**12491**	**13739**	**14739**
(一)食品烟酒	Food,Tobacco and Liquor	4132	4645	4878
1.食品	Food	2805	3164	3370
2.烟酒	Tobacco and Liquor	577	645	627
3.饮料	Drink	–	192	159
4.饮食服务	Catering Services	750	644	722
(二)衣着	Clothing	951	1013	1060
1.衣类	Clothes	677	724	749
2.鞋类	Shoes	274	289	311
(三)居住	Residence	2784	3036	3247
1.租赁房房租	Rent of Rental Housing	9	14	38
2.住房维修及管理	Housing Maintenance and Management	563	665	484
3.水电燃料及其他	Water, Electricity, Fuel and Others	850	844	1050
4.自有住房折算租金	Imputed Rents of Owner-occupied Dwelling	1362	1513	1675
(四)生活用品及服务	Household Applications and Services	767	891	954
1.家具及室内装饰品	Furniture and Interior Decoration	107	128	135
2.家用器具	Household Appliances	263	266	308
3.家用纺织品	Home Textiles	65	68	79
4.家庭日用杂品	Family Daily Groceries	234	289	294
5.个人用品	Personal Products	83	112	117
6.家庭服务	Family Services	15	28	21
(五)交通和通信	Transportations and Communications	1813	1811	2096
1.交通	Transportations	1301	1154	1292
2.通信	Communications	512	657	804
(六)教育文化娱乐	Education, Cultural and Recreation	833	1041	1145
1.教育	Education	496	714	767
2.文化娱乐	Cultural and Recreation	337	327	378
(七)医疗保健	Health Care and Medical Services	953	980	1060
1.医疗器具及药品	Medical Equipment and Medicine	428	528	543
2.医疗服务	Medical Services	525	452	517
(八)其他用品和服务	Other Commodities and Services	260	320	299
1.其他用品	Other Commodities	184	221	196
2.其他服务	Other Services	76	99	103

2-22 全国31省市城乡居民可支配收入和增速

Per Capita Disposable Income and Growth of Urban and Rural Households by 31 Regions (2015)

地区名称	Name of Regions	全体居民（元）Permanent Residents (yuan)	增速 Growth (%)	城镇常住居民（元）Urban Households (yuan)	增速 Growth (%)	农村常住居民（元）Rural Households (yuan)	增速 Growth (%)
全　国	**National Average**	**21966**	**8.9**	**31195**	**8.2**	**11422**	**8.9**
北　京	Beijing	48458	8.9	52859	8.9	20569	9.0
天　津	Tianjin	31291	8.5	34101	8.2	18482	8.6
河　北	Hebei	18118	8.8	26152	8.3	11051	8.5
山　西	Shanxi	17854	8.0	25828	7.3	9454	7.3
内蒙古	Inner Mongolia	22310	8.5	30594	7.9	10776	8.0
辽　宁	Liaoning	24576	7.7	31126	7.0	12057	7.7
吉　林	Jilin	18684	6.6	24901	7.2	11326	5.1
黑龙江	Heilongjiang	18593	6.8	24203	7.0	11095	6.1
上　海	Shanghai	49867	8.5	52962	8.4	23205	9.5
江　苏	Jiangsu	29539	8.7	37173	8.2	16257	8.7
浙　江	Zhejiang	35537	8.8	43714	8.2	21125	9.0
安　徽	Anhui	18363	9.3	26936	8.4	10821	9.1
福　建	Fujian	25404	8.9	33275	8.3	13793	9.0
江　西	Jiangxi	18437	10.2	26500	9.0	11139	10.1
山　东	Shandong	22703	8.8	31545	8.0	12930	8.8
河　南	Henan	17125	9.1	25576	8.0	10853	8.9
湖　北	Hubei	20026	9.5	27051	8.8	11844	9.2
湖　南	Hunan	19317	9.6	28838	8.5	10993	9.3
广　东	Guangdong	27859	8.5	34757	8.1	13360	9.1
广　西	Guangxi	16873	8.5	26416	7.1	9467	9.0
海　南	Hainan	18979	8.6	26356	7.6	10858	9.5
重　庆	Chongqing	20110	9.6	27239	8.3	10505	10.7
四　川	Sichuan	17221	9.3	26205	8.1	10247	9.6
贵　州	Guizhou	13697	10.7	24580	9.0	7387	10.7
云　南	Yunnan	15223	10.5	26373	8.5	8242	10.5
西　藏	Tibet	12254	14.2	25457	15.6	8244	12.0
陕　西	Shaanxi	17395	9.8	26420	8.4	8689	9.5
甘　肃	Gansu	13467	10.5	23767	9.0	6936	10.5
青　海	Qinghai	15813	10.0	24542	10.0	7933	8.9
宁　夏	Ningxia	17329	8.9	25186	8.2	9119	8.4
新　疆	Xinjiang	16859	11.7	26275	13.2	9425	8.0

2-23 全国31省市城乡居民消费支出和增速
Consumption Expenditure and Growth of Urban and Rural Households by 31 Regions (2015)

地区名称	Name of Regions	全体居民（元）Permanent Residents (yuan)	增速 Growth (%)	城镇常住居民（元）Urban Households (yuan)	增速 Growth (%)	农村常住居民（元）Rural Households (yuan)	增速 Growth (%)
全 国	**National Average**	**15712**	**8.4**	**21392**	**7.1**	**9223**	**10.0**
北 京	Beijing	33803	8.7	36642	8.7	15811	8.8
天 津	Tianjin	24162	8.1	26230	8.0	14739	7.3
河 北	Hebei	13031	9.2	17587	8.5	9023	9.4
山 西	Shanxi	11729	8.0	15819	8.1	7421	6.1
内蒙古	Inner Mongolia	17179	5.7	21876	4.7	10637	6.7
辽 宁	Liaoning	17200	7.0	21557	5.1	8873	13.7
吉 林	Jilin	13764	5.7	17973	4.8	8783	7.9
黑龙江	Heilongjiang	13403	5.0	17152	4.2	8391	7.2
上 海	Shanghai	34784	5.2	36946	5.0	16152	9.0
江 苏	Jiangsu	20556	7.3	24966	6.3	12883	9.0
浙 江	Zhejiang	24117	6.9	28661	5.2	16108	11.1
安 徽	Anhui	12840	9.5	17234	7.0	8975	12.5
福 建	Fujian	18850	6.8	23520	5.9	11961	8.2
江 西	Jiangxi	12403	11.9	16732	10.5	8486	12.4
山 东	Shandong	14578	9.4	19854	8.4	8748	9.9
河 南	Henan	11835	7.6	17154	6.0	7887	8.4
湖 北	Hubei	14316	10.7	18192	9.1	9803	12.9
湖 南	Hunan	14267	7.4	19501	6.4	9691	7.4
广 东	Guangdong	20976	9.2	25673	8.7	11103	10.6
广 西	Guangxi	11401	11.0	16321	8.5	7582	13.6
海 南	Hainan	13575	8.9	18448	5.3	8210	16.8
重 庆	Chongqing	15140	9.6	19742	8.0	8938	12.0
四 川	Sichuan	13632	10.2	19277	8.5	9251	11.4
贵 州	Guizhou	10414	11.9	16914	10.9	6645	11.3
云 南	Yunnan	11005	11.5	17675	8.6	6830	13.3
西 藏	Tibet	8246	12.7	17022	8.6	5580	15.7
陕 西	Shaanxi	13087	7.2	18464	5.2	7901	8.9
甘 肃	Gansu	10951	10.9	17451	9.5	6830	11.1
青 海	Qinghai	13611	8.0	19201	9.8	8566	4.0
宁 夏	Ningxia	13816	10.7	18984	10.3	8415	9.6
新 疆	Xinjiang	12867	8.1	19415	9.8	7698	4.5

2-24 全国31省市城乡居民可支配收入(分季度)

Per Capita Disposable Income of Urban and Rural Households by 31 Regions(by Quarters) (2015)

单位：元 (yuan)

地区名称	Name of Regions	一季度 One Quarter			上半年 Two Quarters		
		全体居民 Permanent Residents	城镇常住居民 Urban Households	农村常住居民 Rural Households	全体居民 Permanent Residents	城镇常住居民 Urban Households	农村常住居民 Rural Households
全 国	**National Average**	**6087**	**8572**	**3279**	**10931**	**15699**	**5554**
北 京	Beijing	12487	13503	6049	24105	26171	11018
天 津	Tianjin	8828	9605	5360	16581	18131	9662
河 北	Hebei	4724	6698	3028	8847	12562	5682
山 西	Shanxi	4473	6415	2484	8258	12274	4178
内蒙古	Inner Mongolia	6039	7969	3395	10553	15122	4346
辽 宁	Liaoning	6612	7938	4106	12657	15624	7123
吉 林	Jilin	5225	6394	3847	9329	12400	5708
黑龙江	Heilongjiang	5167	6249	3721	8748	11643	4882
上 海	Shanghai	13435	14153	7257	25279	26664	13346
江 苏	Jiangsu	9642	11516	6356	15443	19348	8713
浙 江	Zhejiang	11090	13363	7128	18753	22640	12005
安 徽	Anhui	5190	7378	3289	9282	13376	5724
福 建	Fujian	7302	9826	3611	13197	17761	6520
江 西	Jiangxi	4704	6896	2767	8345	12618	4556
山 东	Shandong	6357	8630	3855	11669	15700	7232
河 南	Henan	4398	6701	2703	7995	12569	4628
湖 北	Hubei	5632	7720	3228	9662	13752	4956
湖 南	Hunan	5300	7840	3083	9051	13650	5086
广 东	Guangdong	7759	9631	3866	14552	18215	6866
广 西	Guangxi	4616	7164	2651	8391	12992	4844
海 南	Hainan	5054	7074	2858	9830	13197	6167
重 庆	Chongqing	5824	7956	2986	10407	14307	5194
四 川	Sichuan	4714	7083	2887	8733	13196	5319
贵 州	Guizhou	3433	6473	1692	6463	12285	3113
云 南	Yunnan	3867	6976	2002	7050	12990	3487
西 藏	Tibet	2192	5998	1042	4847	12590	2521
陕 西	Shaanxi	4654	6914	2526	8664	13186	4388
甘 肃	Gansu	3546	6259	1884	6131	11243	2985
青 海	Qinghai	4005	6213	2094	7068	11402	3285
宁 夏	Ningxia	4258	6272	2228	7665	11837	3426
新 疆	Xinjiang	3511	6470	1185	6372	12727	1378

2-24 续表 continued

单位：元 (yuan)

地区名称	Name of Regions	前三季度 Three Quarters			全年 Year		
		全体居民 Permanent Residents	城镇常住居民 Urban Households	农村常住居民 Rural Households	全体居民 Permanent Residents	城镇常住居民 Urban Households	农村常住居民 Rural Households
全 国	**National Average**	**16367**	**23512**	**8297**	**21966**	**31195**	**11422**
北 京	Beijing	36047	39142	16450	48458	52859	20569
天 津	Tianjin	24837	27244	14098	31291	34101	18482
河 北	Hebei	13306	19118	8354	18118	26152	11051
山 西	Shanxi	12960	19046	6681	17854	25828	9454
内蒙古	Inner Mongolia	16368	23065	7278	22310	30594	10776
辽 宁	Liaoning	18634	23341	9762	24576	31126	12057
吉 林	Jilin	13426	18435	7486	18684	24901	11326
黑龙江	Heilongjiang	13289	17838	7178	18593	24203	11095
上 海	Shanghai	37568	39686	19237	49867	52962	23205
江 苏	Jiangsu	22450	28341	12294	29539	37173	16257
浙 江	Zhejiang	27469	33464	17004	35537	43714	21125
安 徽	Anhui	13731	20095	8197	18363	26936	10821
福 建	Fujian	19740	26301	10169	25404	33275	13793
江 西	Jiangxi	13029	19253	7490	18437	26500	11139
山 东	Shandong	17399	23686	10497	22703	31545	12930
河 南	Henan	12241	18797	7412	17125	25576	10853
湖 北	Hubei	14538	20301	7897	20026	27051	11844
湖 南	Hunan	13626	20554	7675	19317	28838	10993
广 东	Guangdong	21975	27410	10581	27859	34757	13360
广 西	Guangxi	12466	19830	6789	16873	26416	9467
海 南	Hainan	14203	19562	8364	18979	26356	10858
重 庆	Chongqing	15385	21007	7840	20110	27239	10505
四 川	Sichuan	12699	19475	7517	17221	26205	10247
贵 州	Guizhou	9813	18270	4935	13697	24580	7387
云 南	Yunnan	10677	19458	5370	15223	26373	8242
西 藏	Tibet	8349	19313	5054	12254	25457	8244
陕 西	Shaanxi	13100	20029	6553	17395	26420	8689
甘 肃	Gansu	9578	17638	4607	13467	23767	6936
青 海	Qinghai	11279	17945	5437	15813	24542	7933
宁 夏	Ningxia	12010	18062	5841	17329	25186	9119
新 疆	Xinjiang	10119	19194	2954	16859	26275	9425

2-25 全国31省市城乡居民可支配收入增速(分季度)

Per Capita Disposable Income Growth of Urban and Rural Households by 31 Regions (by Quarters) (2015)

单位：% (%)

地区名称	Name of Regions	一季度 One Quarter			上半年 Two Quarters		
		全体居民 Permanent Residents	城镇常住居民 Urban Households	农村常住居民 Rural Households	全体居民 Permanent Residents	城镇常住居民 Urban Households	农村常住居民 Rural Households
全　国	**National Average**	**9.4**	**8.3**	**10.0**	**9.0**	**8.1**	**9.5**
北　京	Beijing	8.5	8.4	9.1	8.4	8.3	9.1
天　津	Tianjin	9.2	8.7	9.8	8.8	8.4	9.2
河　北	Hebei	9.7	9.0	9.8	8.8	8.5	9.0
山　西	Shanxi	9.2	8.2	9.5	8.6	7.7	8.7
内蒙古	Inner Mongolia	9.1	8.1	9.6	8.2	7.7	8.3
辽　宁	Liaoning	8.8	8.0	9.2	7.7	7.3	7.8
吉　林	Jilin	8.5	7.8	9.5	7.7	7.4	8.1
黑龙江	Heilongjiang	8.7	7.9	10.0	7.8	7.5	8.4
上　海	Shanghai	8.2	8.0	9.5	7.9	7.8	9.1
江　苏	Jiangsu	8.8	7.8	9.7	8.7	7.9	9.2
浙　江	Zhejiang	9.2	8.3	9.7	8.8	8.1	9.3
安　徽	Anhui	10.1	8.6	11.0	9.5	8.4	10.0
福　建	Fujian	9.7	8.5	10.2	9.2	8.2	9.6
江　西	Jiangxi	10.5	9.5	10.8	9.8	9.0	10.0
山　东	Shandong	9.9	8.1	10.9	9.2	7.9	9.7
河　南	Henan	10.2	8.3	11.3	9.5	7.9	10.1
湖　北	Hubei	10.3	9.2	11.1	9.6	8.8	9.8
湖　南	Hunan	10.3	8.7	11.0	9.9	8.6	10.2
广　东	Guangdong	8.7	8.2	9.8	8.5	8.0	9.1
广　西	Guangxi	9.0	6.9	10.6	8.7	7.0	9.8
海　南	Hainan	9.1	7.4	10.8	8.6	7.1	9.9
重　庆	Chongqing	10.0	8.4	11.6	9.4	8.0	10.8
四　川	Sichuan	10.3	8.6	11.3	9.6	8.1	10.3
贵　州	Guizhou	11.6	9.5	12.7	11.1	9.1	12.1
云　南	Yunnan	10.6	8.7	11.5	10.1	8.4	11.0
西　藏	Tibet	9.9	8.5	12.1	14.8	15.3	12.3
陕　西	Shaanxi	10.6	8.7	11.3	10.2	8.4	10.8
甘　肃	Gansu	12.1	10.6	12.4	10.9	9.3	11.6
青　海	Qinghai	9.6	9.3	9.7	9.2	8.8	9.5
宁　夏	Ningxia	8.8	8.6	9.2	8.5	8.2	8.9
新　疆	Xinjiang	11.6	9.6	12.4	13.8	14.5	11.5

2-25 续表 continued

单位：% (%)

地区名称	Name of Regions	前三季度 Three Quarters			全年 Year		
		全体居民 Permanent Residents	城镇常住居民 Urban Households	农村常住居民 Rural Households	全体居民 Permanent Residents	城镇常住居民 Urban Households	农村常住居民 Rural Households
全　国	**National Average**	**9.2**	**8.4**	**9.5**	**8.9**	**8.2**	**8.9**
北　京	Beijing	8.5	8.5	9.3	8.9	8.9	9.0
天　津	Tianjin	8.8	8.3	9.1	8.5	8.2	8.6
河　北	Hebei	8.8	8.7	8.8	8.8	8.3	8.5
山　西	Shanxi	8.2	7.9	8.3	8.0	7.3	7.3
内蒙古	Inner Mongolia	8.6	8.1	8.8	8.5	7.9	8.0
辽　宁	Liaoning	7.8	7.1	8.1	7.7	7.0	7.7
吉　林	Jilin	7.9	7.5	8.2	6.6	7.2	5.1
黑龙江	Heilongjiang	7.8	7.3	8.4	6.8	7.0	6.1
上　海	Shanghai	8.3	8.2	9.5	8.5	8.4	9.5
江　苏	Jiangsu	9.1	8.3	9.3	8.7	8.2	8.7
浙　江	Zhejiang	9.2	8.4	9.5	8.8	8.2	9.0
安　徽	Anhui	9.7	8.6	9.9	9.3	8.4	9.1
福　建	Fujian	9.4	8.5	9.5	8.9	8.3	9.0
江　西	Jiangxi	10.2	9.2	10.5	10.2	9.0	10.1
山　东	Shandong	9.3	8.1	9.7	8.8	8.0	8.8
河　南	Henan	9.6	8.2	9.8	9.1	8.0	8.9
湖　北	Hubei	9.8	9.1	10.0	9.5	8.8	9.2
湖　南	Hunan	9.7	8.8	9.8	9.6	8.5	9.3
广　东	Guangdong	8.7	8.3	9.3	8.5	8.1	9.1
广　西	Guangxi	8.9	7.3	9.7	8.5	7.1	9.0
海　南	Hainan	8.8	7.7	10.1	8.6	7.6	9.5
重　庆	Chongqing	9.7	8.4	11.0	9.6	8.3	10.7
四　川	Sichuan	9.5	8.4	10.0	9.3	8.1	9.6
贵　州	Guizhou	11.0	9.3	11.5	10.7	9.0	10.7
云　南	Yunnan	10.6	8.7	11.2	10.5	8.5	10.5
西　藏	Tibet	15.2	16.5	12.4	14.2	15.6	12.0
陕　西	Shaanxi	10.1	8.6	10.3	9.8	8.4	9.5
甘　肃	Gansu	10.9	9.4	11.4	10.5	9.0	10.5
青　海	Qinghai	9.5	9.0	9.7	10.0	10.0	8.9
宁　夏	Ningxia	9.1	8.5	9.4	8.9	8.2	8.4
新　疆	Xinjiang	13.9	14.7	10.9	11.7	13.2	8.0

2-26 全国31省市城乡居民消费支出(分季度)

Consumption Expenditure of Urban and Rural Households by 31 Regions(by Quarters) (2015)

单位：元 (yuan)

地区名称	Name of Regions	一季度 One Quarter			上半年 Two Quarters		
		全体居民 Permanent Residents	城镇常住居民 Urban Households	农村常住居民 Rural Households	全体居民 Permanent Residents	城镇常住居民 Urban Households	农村常住居民 Rural Households
全　国	**National Average**	**4076**	**5534**	**2429**	**7546**	**10401**	**4326**
北　京	Beijing	8516	9207	4137	16538	17925	7748
天　津	Tianjin	6233	6830	3572	12175	13345	6951
河　北	Hebei	3398	4520	2435	6297	8571	4360
山　西	Shanxi	3119	4148	2065	5608	7620	3564
内蒙古	Inner Mongolia	4408	5510	2900	8206	10487	5107
辽　宁	Liaoning	4104	5101	2219	8029	10130	4109
吉　林	Jilin	3368	4304	2264	6500	8453	4197
黑龙江	Heilongjiang	3345	4182	2228	6351	8101	4014
上　海	Shanghai	8848	9389	4191	17013	18067	7928
江　苏	Jiangsu	5492	6587	3572	10191	12431	6331
浙　江	Zhejiang	6666	7786	4712	11996	14126	8298
安　徽	Anhui	3554	4597	2648	6531	8651	4688
福　建	Fujian	5005	6318	3083	9281	11825	5560
江　西	Jiangxi	3154	4318	2125	5720	7922	3767
山　东	Shandong	4014	5491	2387	6869	9309	4183
河　南	Henan	3029	4292	2099	5606	8115	3759
湖　北	Hubei	3904	4856	2810	7087	9052	4827
湖　南	Hunan	3869	5196	2712	6715	9307	4481
广　东	Guangdong	5354	6597	2769	10290	12726	5176
广　西	Guangxi	2939	4172	1989	5445	7943	3519
海　南	Hainan	3535	4860	2094	6557	8981	3919
重　庆	Chongqing	4124	5669	2068	7322	9969	3784
四　川	Sichuan	3143	4621	2003	5957	8924	3687
贵　州	Guizhou	2478	4104	1547	4716	8030	2810
云　南	Yunnan	2594	4246	1602	4941	8375	2881
西　藏	Tibet	1733	4296	959	3333	8115	1896
陕　西	Shaanxi	3485	4839	2210	6376	8985	3909
甘　肃	Gansu	2837	4431	1861	5136	8401	3126
青　海	Qinghai	3505	4834	2355	6416	9261	3933
宁　夏	Ningxia	3658	5044	2260	6573	9409	3691
新　疆	Xinjiang	3124	4821	1791	5919	9217	3328

2-26 续表 continued

单位：元 (yuan)

地区名称	Name of Regions	前三季度 Three Quarters			全年 Year		
		全体居民 Permanent Residents	城镇常住居民 Urban Households	农村常住居民 Rural Households	全体居民 Permanent Residents	城镇常住居民 Urban Households	农村常住居民 Rural Households
全　国	**National Average**	**11286**	**15636**	**6373**	**15712**	**21392**	**9223**
北　京	Beijing	24708	26783	11572	33803	36642	15811
天　津	Tianjin	18356	20067	10725	24162	26230	14739
河　北	Hebei	9218	12535	6391	13031	17587	9023
山　西	Shanxi	8311	11375	5150	11729	15819	7421
内蒙古	Inner Mongolia	12293	15855	7457	17179	21876	10637
辽　宁	Liaoning	12056	15172	6183	17200	21557	8873
吉　林	Jilin	9716	12700	6177	13764	17973	8783
黑龙江	Heilongjiang	9544	12162	6027	13403	17152	8391
上　海	Shanghai	25920	27525	12027	34784	36946	16152
江　苏	Jiangsu	15226	18557	9483	20556	24966	12883
浙　江	Zhejiang	17913	21187	12197	24117	28661	16108
安　徽	Anhui	9505	12780	6657	12840	17234	8975
福　建	Fujian	13921	17712	8391	18850	23520	11961
江　西	Jiangxi	8493	11885	5475	12403	16732	8486
山　东	Shandong	10310	14091	6159	14578	19854	8748
河　南	Henan	8371	12231	5529	11835	17154	7887
湖　北	Hubei	10388	13544	6750	14316	18192	9803
湖　南	Hunan	10139	14338	6531	14267	19501	9691
广　东	Guangdong	15539	19319	7615	20976	25673	11103
广　西	Guangxi	8180	12072	5179	11401	16321	7582
海　南	Hainan	9856	13592	5786	13575	18448	8210
重　庆	Chongqing	10786	14548	5740	15140	19742	8938
四　川	Sichuan	8992	13316	5685	13632	19277	9251
贵　州	Guizhou	7118	12249	4157	10414	16914	6645
云　南	Yunnan	7458	12817	4219	11005	17675	6830
西　藏	Tibet	5312	13234	2931	8246	17022	5580
陕　西	Shaanxi	9507	13515	5721	13087	18464	7901
甘　肃	Gansu	7643	12612	4579	10951	17451	6830
青　海	Qinghai	9510	13884	5675	13611	19201	8566
宁　夏	Ningxia	9841	14163	5436	13816	18984	8415
新　疆	Xinjiang	8896	13820	5008	12867	19415	7698

2-27 全国31省市城乡居民消费支出增速(分季度)
Consumption Expenditure Growth of Urban and Rural Households by 31 Regions (by Quarters) (2015)

单位：% (%)

地区名称	Name of Regions	一季度 One Quarter			上半年 Two Quarters		
		全体居民 Permanent Residents	城镇常住居民 Urban Households	农村常住居民 Rural Households	全体居民 Permanent Residents	城镇常住居民 Urban Households	农村常住居民 Rural Households
全 国	**National Average**	**8.6**	**6.6**	**11.7**	**9.1**	**7.6**	**11.5**
北 京	Beijing	6.9	6.6	9.3	7.7	7.4	12.2
天 津	Tianjin	8.3	7.7	10.5	8.4	8.0	8.4
河 北	Hebei	9.6	7.2	12.9	12.1	11.5	13.0
山 西	Shanxi	6.8	6.4	6.3	8.0	7.0	8.7
内蒙古	Inner Mongolia	8.0	7.4	8.1	7.3	6.9	7.6
辽 宁	Liaoning	3.7	1.7	9.4	6.1	4.6	11.4
吉 林	Jilin	7.1	6.1	8.7	8.4	7.2	11.1
黑龙江	Heilongjiang	6.5	5.4	8.7	7.7	7.7	7.3
上 海	Shanghai	3.5	3.5	4.3	3.7	3.7	4.5
江 苏	Jiangsu	8.7	7.3	10.9	8.0	6.5	10.9
浙 江	Zhejiang	7.3	5.8	10.2	6.7	4.4	12.3
安 徽	Anhui	9.6	5.2	15.5	13.6	11.5	16.0
福 建	Fujian	8.2	6.8	9.8	7.9	6.6	9.4
江 西	Jiangxi	11.4	11.8	9.7	11.5	9.9	13.2
山 东	Shandong	9.5	7.2	12.1	10.1	8.6	10.8
河 南	Henan	10.2	7.6	12.4	9.6	8.1	10.4
湖 北	Hubei	11.8	9.4	15.8	12.7	9.9	17.8
湖 南	Hunan	13.1	10.7	15.5	10.3	7.8	13.1
广 东	Guangdong	5.5	4.5	9.3	7.9	7.2	9.9
广 西	Guangxi	8.5	3.7	14.8	9.8	7.6	11.9
海 南	Hainan	11.1	9.2	13.2	8.9	5.6	15.4
重 庆	Chongqing	8.8	6.6	12.8	10.5	9.0	12.2
四 川	Sichuan	11.8	10.5	12.1	11.3	10.7	10.3
贵 州	Guizhou	15.4	12.8	17.3	15.1	14.1	14.6
云 南	Yunnan	7.1	2.0	13.7	9.1	5.3	14.2
西 藏	Tibet	14.0	7.4	24.1	9.2	2.9	16.6
陕 西	Shaanxi	9.0	6.9	10.6	9.2	7.6	9.7
甘 肃	Gansu	9.0	6.2	11.7	9.7	9.4	8.5
青 海	Qinghai	7.6	8.0	6.6	7.9	9.0	5.2
宁 夏	Ningxia	15.9	13.4	21.6	12.1	11.4	13.7
新 疆	Xinjiang	9.6	11.7	3.1	9.4	12.6	3.5

2-27 续表 continued

单位：% (%)

地区名称	Name of Regions	前三季度 Three Quarters			全年 Year		
		全体居民 Permanent Residents	城镇常住居民 Urban Households	农村常住居民 Rural Households	全体居民 Permanent Residents	城镇常住居民 Urban Households	农村常住居民 Rural Households
全 国	**National Average**	**8.5**	**7.0**	**10.7**	**8.4**	**7.1**	**10.0**
北 京	Beijing	8.8	8.7	10.4	8.7	8.7	8.8
天 津	Tianjin	7.9	7.7	5.9	8.1	8.0	7.3
河 北	Hebei	8.8	9.4	7.9	9.2	8.5	9.4
山 西	Shanxi	6.2	5.8	6.9	8.0	8.1	6.1
内蒙古	Inner Mongolia	4.5	3.0	8.2	5.7	4.7	6.7
辽 宁	Liaoning	5.6	3.3	14.3	7.0	5.1	13.7
吉 林	Jilin	7.0	5.8	9.4	5.7	4.8	7.9
黑龙江	Heilongjiang	6.7	6.1	7.9	5.0	4.2	7.2
上 海	Shanghai	5.2	5.1	7.3	5.2	5.0	9.0
江 苏	Jiangsu	9.2	8.4	9.5	7.3	6.3	9.0
浙 江	Zhejiang	7.2	5.0	12.3	6.9	5.2	11.1
安 徽	Anhui	12.4	8.3	18.5	9.5	7.0	12.5
福 建	Fujian	6.8	5.6	8.5	6.8	5.9	8.2
江 西	Jiangxi	9.9	8.9	10.2	11.9	10.5	12.4
山 东	Shandong	9.4	7.8	10.5	9.4	8.4	9.9
河 南	Henan	9.2	6.8	11.4	7.6	6.0	8.4
湖 北	Hubei	11.6	9.8	14.7	10.7	9.1	12.9
湖 南	Hunan	10.5	9.3	11.2	7.4	6.4	7.4
广 东	Guangdong	6.4	5.6	8.7	9.2	8.7	10.6
广 西	Guangxi	11.5	9.6	12.9	11.0	8.5	13.6
海 南	Hainan	7.8	4.3	16.0	8.9	5.3	16.8
重 庆	Chongqing	9.2	7.5	12.0	9.6	8.0	12.0
四 川	Sichuan	10.2	8.4	12.1	10.2	8.5	11.4
贵 州	Guizhou	12.2	11.3	11.4	11.9	10.9	11.3
云 南	Yunnan	11.3	9.3	12.4	11.5	8.6	13.3
西 藏	Tibet	12.2	12.9	9.8	12.7	8.6	15.7
陕 西	Shaanxi	7.1	5.4	8.0	7.2	5.2	8.9
甘 肃	Gansu	9.2	9.7	6.7	10.9	9.5	11.1
青 海	Qinghai	7.8	9.1	4.6	8.0	9.8	4.0
宁 夏	Ningxia	9.9	9.7	9.2	10.7	10.3	9.6
新 疆	Xinjiang	8.9	10.4	5.8	8.1	9.8	4.5

2-28 各区县城乡居民人均可支配收入
Per Capita Disposable Income of Urban and Rural Households by Districts and Counties (2014-2015)

地区名称	Name of Districts	城镇常住居民 Urban Households 绝对数(元) Number(yuan) 2014	2015	增速 Growth (%)	农村常住居民 Rural Households 绝对数(元) Number(yuan) 2014	2015	增速 Growth (%)
全 市	**All Districts and Counties**	**31506**	**34101**	**8.2**	**17014**	**18482**	**8.6**
和平区	Heping	39200	42565	8.6	-	-	-
河东区	Hedong	32255	34960	8.4	-	-	-
河西区	Hexi	36945	40246	8.9	-	-	-
南开区	Nankai	35476	38502	8.5	-	-	-
河北区	Hebei	33208	36107	8.7	-	-	-
红桥区	Hongqiao	31508	34101	8.2	-	-	-
东丽区	Dongli	28605	30761	7.5	20747	22552	8.7
西青区	Xiqing	29190	31430	7.7	21035	22829	8.5
津南区	Jinnan	27845	29939	7.5	19588	21312	8.8
北辰区	Beichen	28281	30427	7.6	19868	21606	8.7
武清区	Wuqing	26550	28785	8.4	17140	18699	9.1
宝坻区	Baodi	24883	27023	8.6	16170	17565	8.6
滨海新区	Binhai	35680	39268	10.1	17465	19042	9.0
宁河县	Ninghe	24546	26629	8.5	16534	17986	8.8
静海县	Jinghai	25090	27225	8.5	16714	18141	8.5
蓟 县	Jixian	24370	26475	8.6	16279	17650	8.4

2-29 各区县农村居民人均可支配收入(分季度)

Per Capita Disposable Income of Rural Households by Districts and Counties (by Quarters) (2014-2015)

地区名称	Name of Counties	一季度 One Quarter 绝对数(元) Number(yuan)		一季度 增速 Growth (%)	上半年 Two Quarters 绝对数(元) Number(yuan)		上半年 增速 Growth (%)
		2014	2015		2014	2015	
全 市	**All Districts and Counties**	**4882**	**5360**	**9.8**	**8846**	**9662**	**9.2**
东丽区	Dongli	5905	6495	10.0	10815	11825	9.3
西青区	Xiqing	6118	6720	9.8	10960	11958	9.1
津南区	Jinnan	5366	5901	10.0	10145	11098	9.4
北辰区	Beichen	5585	6140	9.9	10335	11296	9.3
武清区	Wuqing	5005	5520	10.3	9120	10005	9.7
宝坻区	Baodi	4502	4945	9.8	8328	9085	9.1
滨海新区	Binhai	5130	5630	9.7	8190	8958	9.4
宁河县	Ninghe	4748	5210	9.7	8605	9382	9.0
静海县	Jinghai	4838	5305	9.7	8677	9465	9.1
蓟 县	Jixian	4620	5076	9.9	8435	9215	9.2

2-29 续表 continued

地区名称	Name of Counties	前三季度 Three Quarters 绝对数(元) Number(yuan)		前三季度 增速 Growth (%)	全年 Year 绝对数(元) Number(yuan)		全年 增速 Growth (%)
		2014	2015		2014	2015	
全 市	**All Districts and Counties**	**12918**	**14098**	**9.1**	**17014**	**18482**	**8.6**
东丽区	Dongli	15769	17201	9.1	20747	22552	8.7
西青区	Xiqing	16167	17638	9.1	21035	22829	8.5
津南区	Jinnan	14790	16172	9.3	19588	21312	8.8
北辰区	Beichen	15043	16425	9.2	19868	21606	8.7
武清区	Wuqing	13235	14488	9.5	17140	18699	9.1
宝坻区	Baodi	12276	13396	9.1	16170	17565	8.6
滨海新区	Binhai	13380	14611	9.2	17465	19042	9.0
宁河县	Ninghe	12425	13559	9.1	16534	17986	8.8
静海县	Jinghai	12730	13876	9.0	16714	18141	8.5
蓟 县	Jixian	12395	13513	9.0	16279	17650	8.4

2-30 各区县城镇居民人均可支配收入(分季度)
Per Capita Disposable Income of Urban Households by Districts(by Quarters) (2014-2015)

地区名称	Name of Counties	一季度 One Quarter			上半年 Two Quarters		
		绝对数(元) Number(yuan)		增速 Growth (%)	绝对数(元) Number(yuan)		增速 Growth (%)
		2014	2015		2014	2015	
和平区	Heping	10224	11052	8.1	20682	22255	7.6
河东区	Hedong	9130	9879	8.2	17547	18916	7.8
河西区	Hexi	9954	10820	8.7	19581	21226	8.4
南开区	Nankai	9717	10543	8.5	18969	20524	8.2
河北区	Hebei	9252	10048	8.6	18043	19541	8.3
红桥区	Hongqiao	9023	9745	8.0	17256	18557	7.5

2-30 续表 continued

地区名称	Name of Counties	前三季度 Three Quarters			全年 Year		
		绝对数(元) Number(yuan)		增速 Growth (%)	绝对数(元) Number(yuan)		增速 Growth (%)
		2014	2015		2014	2015	
和平区	Heping	31160	33673	8.1	39200	42565	8.6
河东区	Hedong	25605	27724	8.3	32255	34960	8.4
河西区	Hexi	29370	31975	8.9	36945	40246	8.9
南开区	Nankai	28503	31024	8.8	35476	38502	8.5
河北区	Hebei	26150	28406	8.6	33208	36107	8.7
红桥区	Hongqiao	25295	27312	8.0	31508	34101	8.2

注：本表全部为新口径数据。
Note: All the data in this table are in new scope.

主要统计指标解释

一体化住户调查 从 2012 年四季度起，国家统计局对分别进行的城乡住户调查实施了一体化改革，改革后的农村住户调查，样本地域范围由涉农区县城乡结合区、镇中心区、乡村缩小到只包括乡村，城乡结合区和镇中心区均纳入城镇。同时，统一了城乡居民收入指标名称、分类和统计标准，建立了城乡统一的一体化住户调查《住户收支与生活状况调查》，并据此获得居民有关数据。自 2013 年起发布一体化住户调查新口径收支数据。天津市住户调查样本涉及全市 16 个区县的 400 个调查小区的 4000 个调查户，其中城镇 3000 户、农村 1000 户。另外，城镇住户调查地域由 2013 年前的市内 6 区、滨海新区扩大到全市所有区县。

常住成员 指住户成员中，经常在家居住、或者调查期内居住时间超过一半的人员，以及本住户供养的学生。常住成员为住户收支的调查对象。

居民可支配收入 指调查户在调查期内获得的、可用于最终消费支出和储蓄的总和，及调查户可以用来支配的收入。即包括现金收入，也包括实物收入。按照收入的来源分四项:工资性收入、经营净收入、财产净收入和转移净收入。计算公式:

可支配收入=工资性收入+经营净收入+财产净收入+转移净收入

其中：经营净收入=经营收入-经营费用-生产性固定资产折旧-生产税

财产净收入=财产性收入-财产性支出

转移净收入=转移性收入-转移性支出

工资性收入 指就业人员通过各种途径得到的全部劳动报酬和各种福利，包括受雇于单位或个人、从事各种自由职业、兼职和零星劳动得到的全部劳动报酬和福利。

实物福利 指单位或雇主免费或低价提供给员工的各种实物产品和服务折价。由个人先行付款消费，后由单位或雇主给予报销的款额也视为实物福利。实物福利还包括单位或雇主自身生产过程所生产的货物与服务，如铁路或航空公司提供给员工的免费旅程，采矿企业提供给员工的免费煤炭等。

经营净收入 指住户或住户成员从事生产经营活动所获得的净收入，是全部经营收入中扣除经营费用、生产性固定资产折旧和生产税之后得到的净收入，包括第一、二、三产经营净收入。

财产净收入 指住户或住户成员将其所拥有的金融资产、住房等非金融资产和自然资源交由其他机构单位、住户或个人支配而获得的回报并扣除相关的费用之后得到的净收入。财产净收入包括利息净收入、红利净收入、储蓄性保险净收益、转让承包土地经营权租金净收入、出租房屋净收入、出租其他资产净收入和自有住房折算净租金等。

自有住房折算净租金（城镇） 指城镇居民现住房产权为自有住房（含自建住房、自购商品房、自购房改住房、自购保障性住房、拆迁安置房、继承或获赠住房）的住户为自身消费提供住房服务的折算价值扣除折旧后得到的净租金。它是一种财产性实物收入。

自有住房年度折算净租金=自有住房年度折算租金-购建房年度分摊成本

转移性收入 指国家、单位、社会团体对住户的各种经常性转移支付和住户之间的经常性收入转移。包括政府、非行政事业单位、社会团体对居民专一的养老金或退休金、社会救济和补助、惠农补贴、政策性生活补贴、救灾款、经常性捐赠和赔偿以及报销医疗费等；住户之间的赡养收入、经常性捐赠和赔偿以及农村地区（村委会）在外（含国外）工作的本住户非常住成员寄回带回的收入等。

居民消费性支出 指住户用于满足日常生活消费需要的全部支出，包括用于消费品的支出和用于服务性消费的支出。根据用途不同，消费支出可划分为食品烟酒、衣着、居住、生活用品及服务、交通通信、教育文化娱乐、医疗保健、其他用品及服务八类。根据来源不同，消费支出可划分为现金消费支出、实物消费支出（含自产自用、来自单位、来自政府和其他社会组织）。

食品烟酒 指用于各种食品和烟草、酒类的支出，包括食品、烟酒消费、饮料和饮食服务。

衣着 指与居民穿着有关的支出，包括服装、服装材料、鞋类、其他衣类及配件、衣着相关加工服务费。

居住 指与居住有关的支出，包括房租、水、电、燃料、取暖费；住房装潢、住房维修、物业管理等方面的支出，也包括自有住房折算租金。

自有住房折算租金（消费） 指现住房为自有住房（含自建住房、自购商品房、自购房改住房、自购保障性住房、拆迁安置房、继承或获赠住房）的住户为自身消费提供住房服务的折算价值。目前自有住房折算租金采用折旧法计算。具体方法:

自有住房折算租金=自有住房市场现价估值×年折旧率（城乡不同）。

生活用品及服务 指用于家庭及个人的各类生活品及家庭服务的支出。包括家具及室内装饰品、家用器具、家用纺织品、家庭日用杂品、个人用品和家庭服务费。

交通和通信　指用于交通和通信工具及相关的各种服务费、维修费和车辆保险费等。

教育、文化和娱乐　指用于教育和文化娱乐方面的支出。

教育　指按一定的目的要求，对受教育者的德育、智育、体育、爱好、技能等诸方面施以影响的一种有计划的活动，与这一活动直接相关的支出即为教育支出。包括学前教育、小学教育、初中教育、高中教育、中专职高教育、大专及以上教育、其他教育和培训的各项费用。如学杂费、培训费、赞助费、一揽子教育服务、教育用品等。

文化和娱乐　指用于文娱耐用消费品、其他文娱用品和文化娱乐服务的费用。

医疗保健　指用于医疗和保健的药品、用品和服务的总费用。包括医疗器具及药品，以及医疗服务。

医疗器具及药品　包括购买药品、滋补保健品、医疗卫生器具及用品和保健器具费用。

医疗服务　包括门诊和住院的医疗总费用。其中包括从各种医疗保险或其他医疗救助计划中获得的医药费和医疗费的报销款额。报销医疗费应按收付实现制记录。

其他用品及服务　指无法直接归入各类支出的其他用品与服务支出。

其他用品　包括首饰、手表和其他杂项用品等支出。

其他服务　指用于个人消费中的服务费，包括旅馆住宿费、美容美发洗浴、其他杂项服务；以及丧葬费、请律师的诉讼费、公证费、房地产中介服务费等。

Explanatory Notes on Main Statistical Indicators

Integrated Household Survey means from the fourth quarter of 2012, the National Bureau of Statistics implemented the integrated reform for the independent urban and rural household survey. After the reform, the geographic area of the rural household survey has shrunk from urban-rural fringe zone and town center and villages of all the districts and counties to only villages. Urban-rural fringe zone and town center have been brought into urban area. Meanwhile, the reform has unified the indicators, classifies and statistical standards of urban and rural household income. Also it has established a unified and integrated household survey "the household budget and living conditions survey ", and thus to obtain the data. Integrated household survey data in new scope has been published since 2013. There are 4000 samples involved in the Tianjin's 16 districts and counties, including 3000 urban households and 1000 rural households. In addition, the survey area of urban households has expanded from the city's 6 Districts and Binhai New District by 2013 to all the districts and counties.

Permanent Members means household members who stay at home regularly or for over the half of the survey period. Also including the students supported by family. Permanent members are the respondents of the household survey.

Disposable Income means the total income of households earned in the survey period, which can be used for consumption and savings, including cash income and physical income. According to the source of income, it can be classified as income of wages and salaries, net business income, net income from property and net income from transfer. Calculation formula:

Disposable income = income of wages and salaries + net business income + net income from property + net income from transfer

Where:

Net business income=business income-business expenses-depreciation of productive fixed assets - production taxes

Net income from property=property income-property expenses

Net income from transfer=transfer income-transfer expenses

Income of Wages and Salaries means the total remuneration and benefits earned by employees who are employed by units or individuals, freelances and part-time workers.

Physical Benefits means physical products and services provided by the employer for free or at low prices. Consumption paid by personal, and then recouped by employers should be considered physical benefits. It also includes the products and services produced during the production process, such as free journey provided by railway or airline companies, free coal provided by mining companies, to their employees.

Net Business Income means net income earned by business activities, which are operated by households and their members. Business expenses, depreciation of productive fixed assets and production taxes should be deducted from income. It includes net income of primary, secondary and tertiary industries.

Net Income from Property means the net income obtained by authorizing other institutional units, households or individuals to dominate the financial assets, housing, other non-financial assets and natural resources owned by households and their members. Expenses should be deducted. Net income from property includes net interest income, bonus income, net income of savings insurance, net rent income from the transfer of land management right, net rent housing income, net rent other assets income and net conversion rental of private housing.

Net Imputed Rent of Owner-occupied Dwelling (urban area) means net rent income refers to the value of housing services provided residents'owner-occupied dwelling (including self-help housing, purchased commercial housing and social housing, resettlement housing and inherited or given housing). Depreciation should be deducted. It is a kind of property income.

Annual net imputed rent of owner-occupied dwelling = annual imputed rent of owner-occupied dwelling-annual purchasing or building cost.

Income from Transfer means recurrent income transfers from the state, units, social groups and other households. Including the pension, government, social benefits and subsidies, agricultural subsidies, policy living subsidies relief funds, regular donation and compensation and reimbursement of medical expenses from institutions, social groups ; alimony , regular donation and compensation from other households, and the income sent back by non-permanent members working nonlocal.

Consumption Expenditure of Households has a provincial coverage comparable between urban and rural households, and refers to the all the expenditures of households for consumption in daily life. It includes expenditures in cash and in kinds on eight categories: food; clothing; housing; household appliances and services; transport and communications; education; culture and recreational activities; and medical care.(Includes self-made and consumed products from units, government and other social organizations.)

Food, Tobacco and Liquor means the expenditure on Food, Tobacco and Liquor. It includes the expenditure on Food, Tobacco, Liquor, Dink and Catering Services.

Clothing means the expenditure on clothing. It includes the expenditure of Clothes, Shoes, accessories and Clothes processing fee.

Residence means the expenditure on residence. It includes the expenditure of rents, water, electricity, fuels, heating fees, housing maintenance and management , property management fees, and imputed rents of owner-occupied dwelling.

Imputed Rents of Owner-occupied Dwelling (Expenditure) means the commuted value of owner-occupied housing. Imputed rents of owner-occupied dwelling using depreciation method to calculate.

Formula :

Imputed Rent of Owner-occupied Dwelling=the current prices of owner-occupied housing*annual depreciation (different between rural and urban)

Household Appliances and Services means the expenditure on household facilities, articles and services. It includes the expenditure on furniture and interior decoration, household appliances, home textiles, family daily groceries, personal products and family services.

Transportations and Communications means the expenditure on transport and communications. It includes the expenditure on tools, service charges, allowances for repairs and maintenance, vehicle insurance premium and so on.

Education, Cultural and Recreation means the expenditure on education, cultural and recreation.

Education means according to the certain requirements and purpose, training the educates in moral, knowledge, sports, hobbies, skills and all aspects. The education expenditure is directly related to activities for education. It includes the expenditure on the Pre-school education, primary education, secondary education, high school education, secondary vocational education, junior college or above education, other education and training. Such as tuition and miscellaneous fees, training expenses, sponsorship, packages of education services, education supplies.

Cultural and Recreation means the expenditure on recreational durable goods, other recreational goods and cultural & entertainment services.

Health Care and Medical Services means the expenditure on medical equipment , medicine and medical services.

Medical Equipment and Medicine means the expenditure on medicine, nourishing health products, medical & health care instruments.

Medical Services includes the expenditure in outpatient clinic and hospitalization. It includes the reimbursement amount from medical insurance or medical financial assistance. The reimbursement signed in cash basis.

Other Commodities and Services means the expenditure of miscellaneous goods and services which is hard to classify.

Other Commodities includes the expenditure on jewelry, watch and so on.

Other Services means the expenditure on service charge. It includes hotel bills, grooming, salon fee, miscellaneous services, funeral expenses, court costs, notary fees, inter-mediation services and so on.

三、价格及价格指数

Chapter 3
PRICE AND PRICE INDICES

3-1 城市居民消费价格分类指数
Urban Consumer Price Indices by Category (2011-2015)

(上年=100) (preceding year=100)

项　　目	Item	2011	2012	2013	2014	2015
居民消费价格指数	**Consumer Price Index**	**104.9**	**102.7**	**103.1**	**101.9**	**101.7**
#服务项目价格指数	Services	103.0	100.3	103.8	102.2	103.4
#消费品价格指数	Consumer Goods	105.8	103.9	102.8	101.7	100.8
一、食　　品	Food	111.4	106.4	105.8	103.0	101.7
1.粮　　食	Grain	108.5	102.4	108.7	103.4	101.8
2.淀粉及制品	Starches and Tubers	123.3	103.1	102.1	100.4	100.8
3.干豆类及豆制品	Beans and Bean Products	100.1	103.2	108.0	106.3	102.6
4.油　　脂	Oil and Fat	115.3	103.7	98.7	93.6	98.1
5.肉禽及其制品	Meat, Poultry and Processed Products	122.6	105.7	108.0	99.6	104.8
6.蛋	Eggs	114.4	101.7	102.2	111.1	90.8
7.水产品	Aquatic Products	120.7	106.7	100.9	106.8	98.1
8.菜	Vegetables	96.7	119.6	110.0	95.4	106.8
9.调味品	Flavoring	106.4	103.6	101.9	101.7	102.7
10.糖	Carbohydrate	109.1	105.1	99.7	99.7	100.0
11.茶及饮料	Tea and Beverages	104.7	106.4	104.6	101.6	102.2
12.干鲜瓜果	Dried and Fresh Melons and Fruits	108.8	91.3	112.6	117.3	100.2
13.糕点饼干面包	Cake, Biscuit and Bread	113.3	105.4	101.9	100.6	102.4
14.液体乳及乳制品	Milk and Its Products	104.6	101.9	103.5	108.3	99.0
15.在外用膳食品	Dining Out	109.6	110.5	104.6	102.2	101.4
16.其它食品	Other Foods	114.0	102.9	105.1	104.4	100.5
二、烟酒及用品	Tobacco, Liquor and Articles	104.8	104.9	100.9	98.7	101.9
1.烟　　草	Tobacco	100.6	98.1	100.2	99.6	103.5
2.酒	Liquor	109.5	111.9	101.6	97.9	100.4
三、衣　　着	Clothing	102.1	107.0	101.1	101.8	103.0
1.服　　装	Garments	101.7	105.4	100.9	102.2	103.1

3-1 续表 continued

(上年=100) (preceding year=100)

项 目	Item	2011	2012	2013	2014	2015
2.衣着材料	Clothing Material	119.3	103.8	99.8	100.9	102.6
3.鞋袜帽	Footgear and Hats	101.9	110.9	101.6	101.0	102.9
4.衣着加工服务	Clothing Manufacturing Services	116.8	120.9	104.4	101.7	102.2
四、家庭设备用品及维修服务	Household Facilities, Articles and Services	106.1	101.6	102.0	103.3	101.0
1.耐用消费品	Durable Consumer Goods	102.9	99.4	100.7	102.8	99.4
2.室内装饰品	Interior Decorations	100.2	100.1	99.1	99.6	100.3
3.床上用品	Bed Articles	127.0	103.6	104.8	103.2	108.9
4.家庭日用杂品	Daily Use Household Articles	103.0	102.7	101.6	103.7	100.6
5.家庭服务及加工维修服务	Household Services and Maintenance and Renovation	126.0	112.2	109.2	106.8	102.8
五、医疗保健和个人用品	Health Care and Personal Articles	101.8	102.2	100.6	100.4	99.8
1.医疗保健	Health Care	100.7	102.3	101.2	100.9	101.2
2.个人用品及服务	Personal Articles and Services	104.0	102.0	99.3	99.5	97.1
六、交通和通信	Transportation and Communication	99.9	97.6	98.6	99.7	97.4
1.交 通	Transportation	104.8	99.4	98.3	99.7	96.1
2.通 信	Communication	92.9	94.8	98.9	99.6	99.7
七、娱乐教育文化用品及服务	Recreation, Education and Culture Articles	99.5	99.3	102.5	101.7	104.2
1.文娱用耐用消费品及服务	Consumer Goods for Cultural and Recreational Use and Services	86.7	92.8	94.2	90.5	94.5
2.教 育	Education	100.2	100.2	100.2	104.3	108.2
3.文化娱乐	Cultural and Recreational Articles	100.6	102.0	101.1	100.4	102.4
4.旅游	Touring and Outing	106.8	99.3	113.7	102.5	100.7
八、居 住	Residence	104.7	100.9	104.4	102.0	102.6
1.建房及装修材料	Building and Building Decoration Materials	109.0	101.6	103.4	101.6	99.7
2.住房租金	Renting	101.2	101.0	99.9	103.7	107.2
3.自有住房	Private Housing	104.9	100.0	106.0	102.2	103.7
4.水电燃料	Water, Electricity and Fuels	102.2	103.1	101.7	101.3	99.9

3-2 城市商品零售价格分类指数
Urban Retail Price Indices by Category (2011-2015)

(上年=100) (preceding year=100)

项 目	Item	2011	2012	2013	2014	2015
商品零售价格指数	**Retail Price Index**	**104.7**	**103.0**	**100.2**	**100.9**	**100.3**
一、食品类	Food	111.6	106.5	100.2	103.0	101.7
1.粮　　食	Grain	108.5	102.4	100.7	103.4	101.8
2.淀粉及制品	Starches and Tubers	123.3	103.1	98.7	100.4	100.8
3.干豆类及豆制品	Bean and Related Products	100.1	103.2	101.1	106.3	102.6
4.油　　脂	Oil and Fat	115.3	103.7	99.1	93.6	98.1
5.肉禽及其制品	Meat, Poultry and Processed Products	122.6	105.7	99.9	99.6	104.9
6.蛋	Eggs	114.4	101.7	101.5	111.1	90.8
7.水产品	Aquatic Products	120.7	106.7	101.5	106.8	98.1
8.菜	Vegetables	96.7	119.6	96.0	95.4	106.8
9.调味品	Flavoring	106.4	103.6	98.7	101.7	102.7
10.糖	Carbohydrate	109.1	105.1	98.6	99.7	100.0
11.干鲜瓜果	Dried and Fresh Melons and Fruits	108.8	91.3	104.5	117.3	100.2
12.糕点饼干面包	Cake, Biscuit and Bread	113.3	105.4	99.5	100.6	102.4
13.液体乳及乳制品	Milk and Its Products	104.6	101.9	102.3	108.3	99.0
14.在外用膳食品	Dining Out	109.6	110.5	100.1	102.2	101.4
15.其它食品	Other Foods	114.0	102.9	100.9	104.4	100.5
二、饮料、烟酒	Beverages, Tobacco and Liquor	104.7	105.2	100.0	99.4	102.0
1.茶及饮料	Tea and Beverages	104.7	106.4	99.9	101.6	102.2
2.烟　　草	Tobacco	100.6	98.1	100.0	99.6	103.5
3.酒	Liquor	109.5	111.9	100.0	97.9	100.4
三、服装、鞋帽	Garments, Shoes and Hats	101.8	106.9	99.9	101.9	103.0
1.服　　装	Garments	101.7	105.4	100.4	102.2	103.1
2.鞋袜帽	Footgear and Hats	101.9	110.9	98.5	101.0	102.9
3.其　　它	Other	107.0	106.2	98.3	101.9	97.0
四、纺织品	Textiles	112.4	102.3	101.8	100.4	104.5
1.衣着材料	Clothing Material	119.3	103.8	99.6	100.9	102.6
2.床上用品	Bed Articles	110.9	101.9	102.3	100.3	105.0
五、家用电器及音像器材	Household Appliances, Music and Video Equipment	95.4	96.9	99.0	94.6	96.5
1.家庭设备	Household Facilities	102.3	99.9	99.4	99.1	98.0
2.文娱用耐用消费品	Consumer Goods for Cultural and Recreational Use	84.8	92.1	98.0	85.8	92.3
3.音像器材	Music and Video Equipment	100.4	96.5	100.0	95.3	98.9

3-2 续表 continued

(上年=100) (preceding year=100)

项目	Item	2011	2012	2013	2014	2015
六、文化办公用品	Cultural and Office Applicances	90.5	94.6	99.6	96.4	97.2
七、日用品	Articles for Daily Use	103.8	104.1	99.5	99.4	99.9
1.日用百货	General Merchandise for Daily Use	106.2	103.3	99.3	99.8	99.8
2.日用杂品	Miscellaneous for Daily Use	95.2	100.1	99.5	102.0	100.5
3.洗涤用品	Washing Articles	102.9	109.3	99.9	100.9	99.0
4.其它日用品	Other Articles for Daily Use	103.5	101.5	99.5	97.0	100.7
八、体育娱乐用品	Sports and Recreation Articles	100.1	100.4	100.0	99.9	102.7
1.体育用品	Sports Articles	105.6	104.5	100.0	100.2	101.9
2.娱乐用品	Recreation Articles	97.8	98.5	100.0	99.8	103.1
九、交通、通信用品	Transportation and Communication Appliances	100.1	96.6	102.2	101.1	97.7
1.交通运输机械	Transportation Machine	102.9	98.3	102.3	101.2	97.7
2.通信器材	Communication Facilities	65.0	63.1	100.2	95.5	97.8
十、家具	Furniture	103.7	98.7	103.3	107.6	101.1
十一、化妆品	Cosmetics	99.6	104.4	97.5	97.6	99.7
十二、金银珠宝	Gold, Silver and Jewelry	113.3	95.8	92.3	91.8	87.6
十三、中西药品及医疗保健用品	Traditional Chinese and Western Medicines and Health Care Articles	101.1	103.6	100.4	101.4	101.9
1.医疗器具及用品	Medical Apparatus and Article	111.1	103.4	100.0	99.8	100.7
2.中药材及中成药	Traditional Chinese Medicinal Materials and Medicines	102.7	102.5	100.6	103.2	102.6
3.西药	Western Medicines	100.5	104.7	100.3	100.6	101.8
4.保健器具及用品	Healthcare Equipment	99.0	102.2	100.4	99.5	100.4
十四、书报杂志及电子出版物类	Books, Newspapers, Magazines and Electronic Publications	100.3	101.2	100.0	100.4	101.9
1.教材及参考书	Teaching Materials and Reference Books	100.5	101.0	100.0	100.5	100.2
2.书报杂志	Books, Newspapers, Magazines	100.0	100.9	100.0	100.3	107.5
3.电子音像制品	Electronic Publications	100.0	102.5	100.0	100.0	100.0
十五、燃料	Fuels	108.2	102.2	103.8	102.8	90.0
1.煤炭及制品	Coal and Related Products	109.2	100.7	100.0	97.9	97.9
2.石油及制品	Petroleum and Related Products	108.2	102.2	103.9	102.9	89.8
十六、建筑材料及五金电料	Building Materials and Hardware	107.7	101.1	100.7	101.0	99.4
1.建筑装璜材料	Building Decoration Materials	107.6	101.1	100.8	101.2	99.2
2.五金电料	Hardware	108.8	101.0	100.0	100.0	100.6

3-3 城市主要商品基本分类价格指数
Urban Major Commodity Price Indices by Category (2011-2015)

(上年=100) (preceding year=100)

项　目	Item	2011	2012	2013	2014	2015
大　米	Rice	108.6	103.2	104.4	101.2	101.4
面　粉	Flour	108.0	100.0	115.2	104.3	102.2
食用植物油	Vegetable Oil	112.2	103.4	105.8	97.6	100.5
猪　肉	Pork	130.6	96.8	103.4	95.0	110.0
牛　肉	Beef	115.6	123.5	131.7	102.8	99.1
羊　肉	Mutton	123.4	119.3	115.7	105.0	97.1
鲜　蛋	Eggs	114.3	102.1	101.8	111.8	89.8
淡水鱼	Freshwater Fish	114.1	105.6	96.8	101.0	102.8
海水鱼	Seawater Fish	118.5	105.9	97.7	104.4	101.7
鲜　菜	Fresh Vegetables	97.0	122.9	109.1	93.7	107.6
盐	Salt	100.9	100.0	100.1	100.4	100.0
食　糖	Sugar	125.6	103.4	101.3	100.5	97.0
液体饮料	Beverages	106.7	103.8	102.4	103.9	101.0
鲜瓜果	Fresh Fruits	107.5	86.8	116.6	122.4	98.1
巴氏杀菌奶或消毒奶	Milk	104.1	100.0	104.5	110.2	98.5
白　酒	Wine	112.2	113.7	101.6	96.3	100.7
啤　酒	Beer	103.2	107.3	102.1	104.4	99.2
男式衬衫	Men's Shirt	90.7	101.0	95.1	105.7	104.8
男式西服	Men's Suits	101.6	110.8	96.5	102.2	100.8
女式大衣	Women's Coat	94.9	102.5	101.8	100.1	101.4
女式毛线衣	Women's Sweater	96.8	97.7	96.8	106.6	111.2
女式羽绒衣	Women's Down Jacket	132.2	128.5	97.6	111.5	95.0
女式套装	Suit of Clothes	104.0	107.7	97.6	94.0	98.8
柜	Cabinet	103.5	98.5	101.9	108.3	101.3
桌	Desk	103.0	100.1	102.9	107.2	100.9
沙　发	Sofa	104.5	97.6	100.8	106.4	98.7
洗衣机	Washing Machine	97.8	97.5	95.2	103.6	99.6
电风扇	Electric Fan	98.3	98.2	102.7	93.3	94.3
电冰箱(柜)	Refrigerator	101.0	100.7	99.4	97.3	96.2
空调器	Air-conditioner	107.0	99.3	100.5	98.1	96.5
热水器	Water Heater	104.6	101.8	97.7	99.7	99.4
洗涤用品	Wash	103.3	108.4	103.2	106.6	99.7
中药材	Traditional Chinese Medicinal Materials	109.7	103.4	106.7	105.7	101.3
中成药	Ready-made Traditional Chinese Medicine	94.1	101.2	100.8	99.5	104.8

3-3 续表 continued

(上年=100) (preceding year=100)

项　目	Item	2011	2012	2013	2014	2015
消化系统用药	Digestive Medicine	100.4	104.4	102.0	100.6	102.6
呼吸系统用药	Respiratory Medicine	94.0	99.1	97.1	99.6	102.6
滋补保健用品	Medical Products	98.8	102.8	100.5	99.2	100.5
挂号费	Registration Fee	100.0	100.0	100.0	100.0	100.0
检查费	Check Expenses	100.0	100.0	100.0	100.0	100.0
手术费	Operating Expenses	100.0	100.0	100.0	100.0	100.0
住院费	Hospitalization Expenses	100.0	100.0	100.0	100.0	100.0
首饰	Jewelry	112.2	100.1	93.1	97.7	88.0
自行车	Bicycle	97.5	102.1	96.7	99.9	101.2
轿车	Car	103.3	96.1	94.9	99.1	96.4
汽油	Gasoline	113.5	103.0	99.2	99.1	82.7
公共汽车票	Bus Ticket	100.0	100.0	100.0	100.0	100.0
飞机票	Air Ticket	117.9	102.0	91.7	104.2	93.8
火车票	Railway Ticket	100.0	100.0	99.4	101.8	103.3
市内电话费	Local Calls Fee	100.0	100.0	100.0	100.0	100.0
长途电话费	Long Distance Calls Fee	100.0	100.0	100.0	100.0	100.0
电视机	TV Set	81.5	90.6	91.5	81.7	89.1
摄像机	Video Camera	91.4	98.1	103.0	100.2	100.1
照相机	Camera	88.0	91.7	87.6	90.0	95.9
家用音响	Hi-Fi Stereo Component System	98.5	101.5	98.2	98.5	101.5
电脑	Computer	88.0	92.6	97.8	95.3	95.9
教材	Teaching Materials	100.9	101.9	100.0	100.0	100.0
书籍	Books	100.0	100.0	100.0	100.0	100.5
报纸	Newspapers	100.0	100.0	100.0	100.0	102.7
杂志	Magaines	100.0	104.3	106.8	101.3	129.4
景点门票	Park Ticket	100.0	104.1	102.4	98.5	105.0
有线电视	Cable Television	97.5	100.0	100.0	100.0	100.0
健身活动	Sport Activity	104.2	102.4	107.5	109.1	104.2
公房房租	Rent	101.7	100.0	100.0	104.7	109.0
水	Water	110.5	109.5	101.7	100.0	100.0
电	Electricity	100.0	102.0	102.0	100.0	100.0
液化石油气	Liquefied Petroleum Gas	115.9	106.3	108.2	94.9	89.1
管道燃气	Pipeline Gas	100.0	100.0	100.8	108.3	100.0

3-4 居民货币购买力指数

Indices of Monetary Purchasting Power of Residents (1991-2015)

年 份 Year	上年=100 Preceding Year=100	年 份 Year	1990=100 Year of 1990=100
1991	90.7	1991	90.7
1992	89.8	1992	81.4
1993	85.0	1993	69.3
1994	80.6	1994	55.9
1995	86.7	1995	48.4
1996	91.7	1996	44.4
1997	97.0	1997	43.1
1998	100.5	1998	43.3
1999	101.1	1999	43.8
2000	100.4	2000	44.0
2001	98.8	2001	43.5
2002	100.4	2002	43.6
2003	99.0	2003	43.2
2004	97.8	2004	42.2
2005	98.5	2005	41.6
2006	98.5	2006	41.0
2007	96.0	2007	39.3
2008	94.9	2008	37.3
2009	101.0	2009	37.7
2010	96.6	2010	36.4
2011	95.3	2011	34.7
2012	97.4	2012	33.8
2013	97.0	2013	32.8
2014	98.1	2014	32.2
2015	98.3	2015	31.7

3-5 天津市成品油最高零售价(2015)

The Maximum Retail Price of Refined Oil in Tianjin,2015

单位：元/升 (yuan/L)

调整日期 Adjustment Date	89号汽油 No.89 gasoline	92号汽油 No.92 gasoline	95号汽油 No.95 gasoline	0号柴油 No.0 diesel oil
2015年1月12日 January 12,2015	5.61	6.05	6.40	5.66
2015年1月26日 January 26,2015	5.34	5.76	6.09	5.36
2015年2月9日 February 9,2015	5.56	5.99	6.33	5.60
2015年2月27日 February 27,2015	5.85	6.31	6.66	5.93
2015年3月26日 March 26,2015	5.67	6.11	6.46	5.73
2015年4月10日 April 10,2015	5.76	6.21	6.56	5.83
2015年4月24日 April 24,2015	5.98	6.45	6.82	6.07
2015年5月11日 May 11,2015	6.17	6.66	7.03	6.28
2015年6月8日 June 8,2015	6.09	6.57	6.94	6.19
2015年7月7日 July 7,2015	6.02	6.49	6.86	6.12
2015年7月21日 July 21,2015	5.82	6.28	6.63	5.89
2015年8月4日 August 4,2015	5.66	6.10	6.45	5.70
2015年8月18日 August 18,2015	5.50	5.93	6.27	5.52
2015年9月1日 September 1,2015	5.41	5.83	6.16	5.42
2015年9月16日 September 16,2015	5.48	5.91	6.24	5.50
2015年10月20日 October 20,2015	5.51	5.95	6.28	5.54
2015年11月3日 November 3,2015	5.42	5.85	6.18	5.43
2015年11月17日 November 17,2015	5.36	5.78	6.10	5.36
2015年12月1日 December 1,2015	5.25	5.66	5.98	5.24

注：2014年12月31日24时起，汽油、柴油升级为国V标准。

Notes: The gasoline was upgraded to Counties No.5 emissions standards since 12 p.m.on December 31,2014.

3-6 主要食品价格
Main Food Price
(2015年1月)

项 目	Item	规格等级	Grade	单 位	Unit	平均价(元) Average Price (Yuan)	最高价(元) Highest price (Yuan)	最低价(元) Lowest Price (Yuan)
大 米	Rice	粳 米	Polished Round-grained Rice	千克	kg	5.83	7.00	5.40
面 粉	Flour	富 强 粉	High Gluten Wheat Flour	千克	kg	4.68	6.00	3.98
切 面	Cut Noodles	新 鲜	Fresh	千克	kg	5.27	5.60	5.00
馒 头	Steamed Bread	新 鲜	Fresh	千克	kg	4.98	5.45	4.00
豆制品	Bean Products	豆 腐	Tofu	千克	kg	4.88	7.60	4.00
花生油	Peanut Oil	压榨一级	Pressing First-class Peanut Oil	升	L	27.93	28.00	27.78
调和油	Blended Oil	5L桶装	Barrel,5L	升	L	10.36	11.78	9.64
猪 肉	Pork	猪后腿肉	Pig Hind Leg Meat	千克	kg	27.77	34.00	21.00
猪 肉	Pork	猪五花肉	Pig Streaky Pork	千克	kg	28.60	37.80	19.80
牛 肉	Beef	腿 肉	Legs of Cow	千克	kg	59.33	62.00	56.00
羊 肉	Mutton	腿 肉	Legs of Mutton	千克	kg	68.67	70.00	64.00
鸡 肉	Chicken	白 条 鸡	Dressed Chicken	千克	kg	16.83	20.00	15.00
鸡 蛋	Eggs	散装鲜鸡蛋	Fresh Eggs in Bluk	千克	kg	10.10	10.80	9.60
活鲤鱼	Live Carp	0.75kg左右	0.75kg or so	千克	kg	14.95	27.20	12.00
活鲫鱼	Live Crucian	0.40kg左右	0.40kg or so	千克	kg	18.65	25.80	16.00
带 鱼	Hairtail	中带0.25-0.35kg	Median Size,0.25-0.35kg	千克	kg	34.58	47.60	25.96
养殖虾	Farmed shrimp	22-26头	Half a Kilo Can Buy about 22-26 Shrimps	千克	kg	64.80	73.34	56.00
大白菜	Chinese Cabbage	新 鲜	Fresh	千克	kg	1.52	2.00	0.78
油 菜	Rape	新 鲜	Fresh	千克	kg	8.86	15.00	6.00
芹 菜	Celery	新 鲜	Fresh	千克	kg	3.61	5.00	1.78
黄 瓜	Cucumber	新 鲜	Fresh	千克	kg	6.45	9.00	3.98
西红柿	Tomato	新 鲜	Fresh	千克	kg	6.83	10.00	3.98
青 椒	Green Pepper	新 鲜	Fresh	千克	kg	9.03	14.00	7.00
豆 角	String Bean	新 鲜	Fresh	千克	kg	11.05	15.16	5.98
香 菜	Coriander	新 鲜	Fresh	千克	kg	14.09	20.00	5.36
马铃薯	Potato	新 鲜	Fresh	千克	kg	3.35	5.00	1.70
食用盐	Salt	中盐加碘	Refined Salt with Iodine	千克	kg	3.75	3.75	3.75
酱 油	Soy Sauce	淘大黄豆酱油	Amoy Soy Sauce	升	L	7.39	8.34	4.63
食用醋	Vinegar	天立保健醋	Tianli Healthy Vinegar	升	L	11.17	12.29	9.37
白 糖	White Sugar	绵 白 糖	Soft White Sugar	千克	kg	13.34	17.50	8.25
市民奶	Milk	海河纯牛奶	Haihe Pure Milk	升	L	9.00	9.50	8.50
苹 果	Apple	富士苹果	Fuji Apple	千克	kg	16.31	27.60	9.98
香 蕉	Banana	国 产	Domestic	千克	kg	6.43	7.00	5.60

3-7 主要食品价格
Main Food Price
(2015年2月)

项目	Item	规格等级	Grade	单位	Unit	平均价(元) Average Price (Yuan)	最高价(元) Highest price (Yuan)	最低价(元) Lowest Price (Yuan)
大米	Rice	粳米	Polished Round-grained Rice	千克	kg	5.90	7.00	5.40
面粉	Flour	富强粉	High Gluten Wheat Flour	千克	kg	4.53	5.40	3.98
切面	Cut Noodles	新鲜	Fresh	千克	kg	5.36	5.60	5.00
馒头	Steamed Bread	新鲜	Fresh	千克	kg	4.98	5.45	4.00
豆制品	Bean Products	豆腐	Tofu	千克	kg	4.92	7.60	4.00
花生油	Peanut Oil	压榨一级	Pressing First-class Peanut Oil	升	L	27.97	27.98	27.96
调和油	Blended Oil	5L桶装	Barrel,5L	升	L	10.39	11.78	9.64
猪肉	Pork	猪后腿肉	Pig Hind Leg Meat	千克	kg	27.55	34.00	21.00
猪肉	Pork	猪五花肉	Pig Streaky Pork	千克	kg	28.51	37.80	19.80
牛肉	Beef	腿肉	Legs of Cow	千克	kg	59.56	62.00	56.00
羊肉	Mutton	腿肉	Legs of Mutton	千克	kg	68.67	70.00	64.00
鸡肉	Chicken	白条鸡	Dressed Chicken	千克	kg	17.53	22.00	15.00
鸡蛋	Eggs	散装鲜鸡蛋	Fresh Eggs in Bluk	千克	kg	10.34	11.00	9.60
活鲤鱼	Live Carp	0.75kg左右	0.75kg or so	千克	kg	15.87	23.60	13.00
活鲫鱼	Live Crucian	0.40kg左右	0.40kg or so	千克	kg	19.84	27.60	16.00
带鱼	Hairtail	中带0.25-0.35kg	Median Size,0.25-0.35kg	千克	kg	35.67	47.60	25.96
养殖虾	Farmed shrimp	22-26头	Half a Kilo Can Buy about 22-26 Shrimps	千克	kg	64.56	80.00	56.00
大白菜	Chinese Cabbage	新鲜	Fresh	千克	kg	2.44	4.00	1.16
油菜	Rape	新鲜	Fresh	千克	kg	9.27	14.00	5.96
芹菜	Celery	新鲜	Fresh	千克	kg	4.63	7.00	1.96
黄瓜	Cucumber	新鲜	Fresh	千克	kg	9.41	14.00	3.20
西红柿	Tomato	新鲜	Fresh	千克	kg	10.58	15.00	7.56
青椒	Green Pepper	新鲜	Fresh	千克	kg	13.51	20.00	7.16
豆角	String Bean	新鲜	Fresh	千克	kg	13.11	24.00	7.98
香菜	Coriander	新鲜	Fresh	千克	kg	22.28	40.00	8.00
马铃薯	Potato	新鲜	Fresh	千克	kg	3.53	6.00	1.70
食用盐	Salt	中盐加碘	Refined Salt with Iodine	千克	kg	3.75	3.75	3.75
酱油	Soy Sauce	淘大黄豆酱油	Amoy Soy Sauce	升	L	7.77	9.77	5.83
食用醋	Vinegar	天立保健醋	Tianli Healthy Vinegar	升	L	10.43	12.29	8.75
白糖	White Sugar	绵白糖	Soft White Sugar	千克	kg	12.94	17.50	10.00
市民奶	Milk	海河纯牛奶	Haihe Pure Milk	升	L	8.88	9.50	8.50
苹果	Apple	富士苹果	Fuji Apple	千克	kg	16.89	29.60	9.96
香蕉	Banana	国产	Domestic	千克	kg	7.12	9.00	5.00

3-8 主要食品价格
Main Food Price
(2015年3月)

项 目	Item	规格等级	Grade	单 位	Unit	平均价(元) Average Price (Yuan)	最高价(元) Highest price (Yuan)	最低价(元) Lowest Price (Yuan)
大 米	Rice	粳 米	Polished Round-grained Rice	千克	kg	5.90	7.00	5.40
面 粉	Flour	富 强 粉	High Gluten Wheat Flour	千克	kg	4.56	6.00	3.80
切 面	Cut Noodles	新 鲜	Fresh	千克	kg	5.27	5.60	5.00
馒 头	Steamed Bread	新 鲜	Fresh	千克	kg	4.98	5.45	4.00
豆制品	Bean Products	豆 腐	Tofu	千克	kg	4.96	7.60	4.00
花生油	Peanut Oil	压榨一级	Pressing First-class Peanut Oil	升	L	27.97	27.98	27.80
调和油	Blended Oil	5L桶装	Barrel,5L	升	L	10.38	11.78	9.64
猪 肉	Pork	猪后腿肉	Pig Hind Leg Meat	千克	kg	26.99	34.00	19.00
猪 肉	Pork	猪五花肉	Pig Streaky Pork	千克	kg	28.66	37.80	21.60
牛 肉	Beef	腿 肉	Legs of Cow	千克	kg	59.67	62.00	56.00
羊 肉	Mutton	腿 肉	Legs of Mutton	千克	kg	68.22	70.00	64.00
鸡 肉	Chicken	白 条 鸡	Dressed Chicken	千克	kg	16.92	20.00	15.00
鸡 蛋	Eggs	散装鲜鸡蛋	Fresh Eggs in Bluk	千克	kg	9.07	10.00	8.00
活鲤鱼	Live Carp	0.75kg左右	0.75kg or so	千克	kg	15.92	21.20	12.00
活鲫鱼	Live Crucian	0.40kg左右	0.40kg or so	千克	kg	18.89	25.80	25.00
带 鱼	Hairtail	中带0.25-0.35kg	Median Size,0.25-0.35kg	千克	kg	35.91	47.60	29.80
养殖虾	Farmed shrimp	22-26头	Half a Kilo Can Buy about 22-26 Shrimps	千克	kg	64.40	80.00	56.00
大白菜	Chinese Cabbage	新 鲜	Fresh	千克	kg	3.09	4.00	1.98
油 菜	Rape	新 鲜	Fresh	千克	kg	6.87	10.00	3.96
芹 菜	Celery	新 鲜	Fresh	千克	kg	4.52	7.00	1.98
黄 瓜	Cucumber	新 鲜	Fresh	千克	kg	5.97	10.00	3.96
西红柿	Tomato	新 鲜	Fresh	千克	kg	8.88	13.00	5.76
青 椒	Green Pepper	新 鲜	Fresh	千克	kg	10.77	19.00	6.94
豆 角	String Bean	新 鲜	Fresh	千克	kg	12.61	20.00	5.98
香 菜	Coriander	新 鲜	Fresh	千克	kg	19.62	39.60	10.00
马铃薯	Potato	新 鲜	Fresh	千克	kg	3.57	5.98	1.98
食用盐	Salt	中盐加碘	Refined Salt with Iodine	千克	kg	3.75	3.75	3.75
酱 油	Soy Sauce	淘大黄豆酱油	Amoy Soy Sauce	升	L	7.72	9.77	5.83
食用醋	Vinegar	天立保健醋	Tianli Healthy Vinegar	升	L	10.55	12.29	8.75
白 糖	White Sugar	绵 白 糖	Soft White Sugar	千克	kg	13.07	17.50	10.00
市民奶	Milk	海河纯牛奶	Haihe Pure Milk	升	L	8.88	9.50	8.50
苹 果	Apple	富士苹果	Fuji Apple	千克	kg	17.13	29.60	9.96
香 蕉	Banana	国 产	Domestic	千克	kg	7.08	9.00	5.00

3-9 主要食品价格
Main Food Price
(2015年4月)

项目	Item	规格等级	Grade	单位	Unit	平均价(元) Average Price (Yuan)	最高价(元) Highest price (Yuan)	最低价(元) Lowest Price (Yuan)
大米	Rice	粳米	Polished Round-grained Rice	千克	kg	5.95	7.00	5.40
面粉	Flour	富强粉	High Gluten Wheat Flour	千克	kg	4.64	6.00	3.98
切面	Cut Noodles	新鲜	Fresh	千克	kg	5.23	5.60	5.00
馒头	Steamed Bread	新鲜	Fresh	千克	kg	4.98	5.45	4.00
豆制品	Bean Products	豆腐	Tofu	千克	kg	5.05	7.60	4.00
花生油	Peanut Oil	压榨一级	Pressing First-class Peanut Oil	升	L	27.96	27.98	27.80
调和油	Blended Oil	5L桶装	Barrel,5L	升	L	10.39	11.78	9.64
猪肉	Pork	猪后腿肉	Pig Hind Leg Meat	千克	kg	27.13	34.00	15.60
猪肉	Pork	猪五花肉	Pig Streaky Pork	千克	kg	28.32	37.60	21.00
牛肉	Beef	腿肉	Legs of Cow	千克	kg	59.67	62.00	56.00
羊肉	Mutton	腿肉	Legs of Mutton	千克	kg	67.33	70.00	64.00
鸡肉	Chicken	白条鸡	Dressed Chicken	千克	kg	16.53	20.00	15.00
鸡蛋	Eggs	散装鲜鸡蛋	Fresh Eggs in Bluk	千克	kg	8.36	9.20	8.00
活鲤鱼	Live Carp	0.75kg左右	0.75kg or so	千克	kg	16.81	21.20	15.00
活鲫鱼	Live Crucian	0.40kg左右	0.40kg or so	千克	kg	18.48	25.80	16.00
带鱼	Hairtail	中带0.25-0.35kg	Median Size,0.25-0.35kg	千克	kg	35.81	47.60	30.00
养殖虾	Farmed shrimp	22-26头	Half a Kilo Can Buy about 22-26 Shrimps	千克	kg	63.73	80.00	56.00
大白菜	Chinese Cabbage	新鲜	Fresh	千克	kg	3.90	5.16	2.00
油菜	Rape	新鲜	Fresh	千克	kg	5.49	9.00	2.76
芹菜	Celery	新鲜	Fresh	千克	kg	5.02	7.00	2.76
黄瓜	Cucumber	新鲜	Fresh	千克	kg	5.01	8.00	2.96
西红柿	Tomato	新鲜	Fresh	千克	kg	7.14	9.98	5.16
青椒	Green Pepper	新鲜	Fresh	千克	kg	9.91	13.16	7.16
豆角	String Bean	新鲜	Fresh	千克	kg	11.76	18.00	7.00
香菜	Coriander	新鲜	Fresh	千克	kg	11.13	20.00	7.96
马铃薯	Potato	新鲜	Fresh	千克	kg	4.05	7.96	1.96
食用盐	Salt	中盐加碘	Refined Salt with Iodine	千克	kg	3.75	3.75	3.75
酱油	Soy Sauce	淘大黄豆酱油	Amoy Soy Sauce	升	L	7.70	9.77	5.83
食用醋	Vinegar	天立保健醋	Tianli Healthy Vinegar	升	L	10.66	12.29	10.00
白糖	White Sugar	绵白糖	Soft White Sugar	千克	kg	13.02	14.32	9.20
市民奶	Milk	海河纯牛奶	Haihe Pure Milk	升	L	8.88	9.50	8.50
苹果	Apple	富士苹果	Fuji Apple	千克	kg	17.05	29.60	9.96
香蕉	Banana	国产	Domestic	千克	kg	6.46	8.00	5.00

3-10 主要食品价格
Main Food Price
(2015年5月)

项 目	Item	规格等级	Grade	单 位	Unit	平均价 (元) Average Price (Yuan)	最高价 (元) Highest price (Yuan)	最低价 (元) Lowest Price (Yuan)
大 米	Rice	粳 米	Polished Round-grained Rice	千克	kg	5.97	7.00	5.40
面 粉	Flour	富 强 粉	High Gluten Wheat Flour	千克	kg	4.67	6.00	4.38
切 面	Cut Noodles	新 鲜	Fresh	千克	kg	5.27	5.60	5.00
馒 头	Steamed Bread	新 鲜	Fresh	千克	kg	4.98	5.45	4.00
豆制品	Bean Products	豆 腐	Tofu	千克	kg	5.08	7.60	4.00
花生油	Peanut Oil	压榨一级	Pressing First-class Peanut Oil	升	L	27.95	27.98	27.80
调和油	Blended Oil	5L桶装	Barrel,5L	升	L	10.25	11.78	8.97
猪 肉	Pork	猪后腿肉	Pig Hind Leg Meat	千克	kg	28.04	34.00	20.40
猪 肉	Pork	猪五花肉	Pig Streaky Pork	千克	kg	28.78	37.60	21.60
牛 肉	Beef	腿 肉	Legs of Cow	千克	kg	59.67	62.00	56.00
羊 肉	Mutton	腿 肉	Legs of Mutton	千克	kg	66.17	70.00	64.00
鸡 肉	Chicken	白 条 鸡	Dressed Chicken	千克	kg	16.31	20.00	15.00
鸡 蛋	Eggs	散装鲜鸡蛋	Fresh Eggs in Bluk	千克	kg	8.21	9.00	7.80
活鲤鱼	Live Carp	0.75kg左右	0.75kg or so	千克	kg	17.07	21.00	13.96
活鲫鱼	Live Crucian	0.40kg左右	0.40kg or so	千克	kg	19.24	27.80	14.80
带 鱼	Hairtail	中带0.25-0.35kg	Median Size,0.25-0.35kg	千克	kg	36.22	47.60	30.00
养殖虾	Farmed shrimp	22-26头	Half a Kilo Can Buy about 22-26 Shrimps	千克	kg	62.29	80.00	50.00
大白菜	Chinese Cabbage	新 鲜	Fresh	千克	kg	3.15	4.76	1.96
油 菜	Rape	新 鲜	Fresh	千克	kg	4.90	7.00	2.20
芹 菜	Celery	新 鲜	Fresh	千克	kg	5.08	7.00	2.00
黄 瓜	Cucumber	新 鲜	Fresh	千克	kg	3.76	7.00	1.98
西红柿	Tomato	新 鲜	Fresh	千克	kg	5.43	8.00	2.98
青 椒	Green Pepper	新 鲜	Fresh	千克	kg	7.96	12.00	3.98
豆 角	String Bean	新 鲜	Fresh	千克	kg	9.90	14.40	3.96
香 菜	Coriander	新 鲜	Fresh	千克	kg	10.36	15.00	5.90
马铃薯	Potato	新 鲜	Fresh	千克	kg	4.76	7.00	3.00
食用盐	Salt	中盐加碘	Refined Salt with Iodine	千克	kg	3.75	3.75	3.75
酱 油	Soy Sauce	淘大黄豆酱油	Amoy Soy Sauce	升	L	7.70	9.77	5.83
食用醋	Vinegar	天立保健醋	Tianli Healthy Vinegar	升	L	10.44	12.29	9.37
白 糖	White Sugar	绵 白 糖	Soft White Sugar	千克	kg	13.34	14.32	12.40
市民奶	Milk	海河纯牛奶	Haihe Pure Milk	升	L	8.94	9.50	8.50
苹 果	Apple	富士苹果	Fuji Apple	千克	kg	17.00	29.60	9.96
香 蕉	Banana	国 产	Domestic	千克	kg	6.34	7.00	5.00

3-11 主要食品价格
Main Food Price
(2015年6月)

项目	Item	规格等级	Grade	单位	Unit	平均价(元) Average Price (Yuan)	最高价(元) Highcst price (Yuan)	最低价(元) Lowest Price (Yuan)
大米	Rice	粳米	Polished Round-grained Rice	千克	kg	6.03	7.00	5.60
面粉	Flour	富强粉	High Gluten Wheat Flour	千克	kg	4.63	6.00	3.58
切面	Cut Noodles	新鲜	Fresh	千克	kg	5.27	5.60	5.00
馒头	Steamed Bread	新鲜	Fresh	千克	kg	4.91	5.45	4.00
豆制品	Bean Products	豆腐	Tofu	千克	kg	5.23	7.60	4.00
花生油	Peanut Oil	压榨一级	Pressing First-class Peanut Oil	升	L	27.98	27.98	27.96
调和油	Blended Oil	5L桶装	Barrel,5L	升	L	10.24	11.78	8.97
猪肉	Pork	猪后腿肉	Pig Hind Leg Meat	千克	kg	28.59	36.00	21.80
猪肉	Pork	猪五花肉	Pig Streaky Pork	千克	kg	29.48	39.60	18.00
牛肉	Beef	腿肉	Legs of Cow	千克	kg	59.56	62.00	56.00
羊肉	Mutton	腿肉	Legs of Mutton	千克	kg	65.72	70.00	64.00
鸡肉	Chicken	白条鸡	Dressed Chicken	千克	kg	16.17	20.00	15.00
鸡蛋	Eggs	散装鲜鸡蛋	Fresh Eggs in Bluk	千克	kg	7.96	8.60	7.40
活鲤鱼	Live Carp	0.75kg左右	0.75kg or so	千克	kg	17.64	20.00	16.00
活鲫鱼	Live Crucian	0.40kg左右	0.40kg or so	千克	kg	18.24	25.60	13.60
带鱼	Hairtail	中带0.25-0.35kg	Median Size,0.25-0.35kg	千克	kg	36.39	47.60	29.60
养殖虾	Farmed shrimp	22-26头	Half a Kilo Can Buy about 22-26 Shrimps	千克	kg	61.84	70.00	56.00
大白菜	Chinese Cabbage	新鲜	Fresh	千克	kg	3.29	5.00	1.96
油菜	Rape	新鲜	Fresh	千克	kg	4.95	7.00	1.96
芹菜	Celery	新鲜	Fresh	千克	kg	5.25	7.00	1.96
黄瓜	Cucumber	新鲜	Fresh	千克	kg	3.78	5.00	1.86
西红柿	Tomato	新鲜	Fresh	千克	kg	4.34	6.00	2.50
青椒	Green Pepper	新鲜	Fresh	千克	kg	5.69	9.00	3.60
豆角	String Bean	新鲜	Fresh	千克	kg	6.80	12.00	2.98
香菜	Coriander	新鲜	Fresh	千克	kg	10.22	15.00	6.40
马铃薯	Potato	新鲜	Fresh	千克	kg	4.19	5.56	2.16
食用盐	Salt	中盐加碘	Refined Salt with Iodine	千克	kg	3.75	3.75	3.75
酱油	Soy Sauce	淘大黄豆酱油	Amoy Soy Sauce	升	L	7.42	8.51	5.83
食用醋	Vinegar	天立保健醋	Tianli Healthy Vinegar	升	L	10.55	12.29	9.58
白糖	White Sugar	绵白糖	Soft White Sugar	千克	kg	13.61	14.25	12.40
市民奶	Milk	海河纯牛奶	Haihe Pure Milk	升	L	8.69	9.00	8.50
苹果	Apple	富士苹果	Fuji Apple	千克	kg	16.91	27.60	9.96
香蕉	Banana	国产	Domestic	千克	kg	5.74	7.00	4.00

3-12 主要食品价格
Main Food Price
(2015年7月)

项 目	Item	规格等级	Grade	单 位	Unit	平均价(元) Average Price (Yuan)	最高价(元) Highest price (Yuan)	最低价(元) Lowest Price (Yuan)
大 米	Rice	粳 米	Polished Round-grained Rice	千克	kg	6.03	7.00	5.60
面 粉	Flour	富强粉	High Gluten Wheat Flour	千克	kg	4.67	6.00	3.58
切 面	Cut Noodles	新 鲜	Fresh	千克	kg	5.27	5.60	5.00
馒 头	Steamed Bread	新 鲜	Fresh	千克	kg	4.76	5.45	4.00
豆制品	Bean Products	豆 腐	Tofu	千克	kg	5.08	7.60	4.00
花生油	Peanut Oil	压榨一级	Pressing First-class Peanut Oil	升	L	27.96	27.98	27.80
调和油	Blended Oil	5L桶装	Barrel,5L	升	L	10.15	11.38	9.31
猪 肉	Pork	猪后腿肉	Pig Hind Leg Meat	千克	kg	32.16	39.00	23.80
猪 肉	Pork	猪五花肉	Pig Streaky Pork	千克	kg	33.20	43.60	23.80
牛 肉	Beef	腿 肉	Legs of Cow	千克	kg	59.33	62.00	56.00
羊 肉	Mutton	腿 肉	Legs of Mutton	千克	kg	65.67	70.00	64.00
鸡 肉	Chicken	白条鸡	Dressed Chicken	千克	kg	16.19	20.00	13.60
鸡 蛋	Eggs	散装鲜鸡蛋	Fresh Eggs in Bluk	千克	kg	8.19	9.20	7.60
活鲤鱼	Live Carp	0.75kg左右	0.75kg or so	千克	kg	17.78	22.40	16.00
活鲫鱼	Live Crucian	0.40kg左右	0.40kg or so	千克	kg	20.79	27.60	17.00
带 鱼	Hairtail	中带0.25-0.35kg	Median Size,0.25-0.35kg	千克	kg	36.94	47.60	30.00
养殖虾	Farmed shrimp	22-26头	Half a Kilo Can Buy about 22-26 Shrimps	千克	kg	62.40	70.00	56.00
大白菜	Chinese Cabbage	新 鲜	Fresh	千克	kg	3.06	5.00	1.76
油 菜	Rape	新 鲜	Fresh	千克	kg	5.48	8.00	1.90
芹 菜	Celery	新 鲜	Fresh	千克	kg	4.94	7.00	1.96
黄 瓜	Cucumber	新 鲜	Fresh	千克	kg	4.27	6.00	1.98
西红柿	Tomato	新 鲜	Fresh	千克	kg	5.00	8.00	2.76
青 椒	Green Pepper	新 鲜	Fresh	千克	kg	5.27	9.00	2.56
豆 角	String Bean	新 鲜	Fresh	千克	kg	7.12	10.00	2.98
香 菜	Coriander	新 鲜	Fresh	千克	kg	11.18	15.16	6.40
马铃薯	Potato	新 鲜	Fresh	千克	kg	3.80	5.00	1.96
食用盐	Salt	中盐加碘	Refined Salt with Iodine	千克	kg	3.75	3.75	3.75
酱 油	Soy Sauce	淘大黄豆酱油	Amoy Soy Sauce	升	L	7.79	8.51	5.83
食用醋	Vinegar	天立保健醋	Tianli Healthy Vinegar	升	L	10.63	12.29	10.00
白 糖	White Sugar	绵白糖	Soft White Sugar	千克	kg	13.34	14.50	10.62
市民奶	Milk	海河纯牛奶	Haihe Pure Milk	升	L	8.63	9.00	8.50
苹 果	Apple	富士苹果	Fuji Apple	千克	kg	17.07	27.60	11.96
香 蕉	Banana	国 产	Domestic	千克	kg	5.56	7.00	3.60

3-13 主要食品价格
Main Food Price
(2015年8月)

项 目	Item	规格等级	Grade	单 位	Unit	平均价(元) Average Price (Yuan)	最高价(元) Highest price (Yuan)	最低价(元) Lowest Price (Yuan)
大 米	Rice	粳 米	Polished Round-grained Rice	千克	kg	6.03	7.00	5.60
面 粉	Flour	富强粉	High Gluten Wheat Flour	千克	kg	4.64	6.00	4.24
切 面	Cut Noodles	新 鲜	Fresh	千克	kg	5.27	5.60	5.00
馒 头	Steamed Bread	新 鲜	Fresh	千克	kg	4.68	5.45	4.00
豆制品	Bean Products	豆 腐	Tofu	千克	kg	5.08	7.60	4.00
花生油	Peanut Oil	压榨一级	Pressing First-class Peanut Oil	升	L	27.96	27.98	27.80
调和油	Blended Oil	5L桶装	Barrel,5L	升	L	10.09	11.38	9.64
猪 肉	Pork	猪后腿肉	Pig Hind Leg Meat	千克	kg	33.54	39.60	27.00
猪 肉	Pork	猪五花肉	Pig Streaky Pork	千克	kg	34.91	45.80	27.80
牛 肉	Beef	腿 肉	Legs of Cow	千克	kg	59.33	62.00	56.00
羊 肉	Mutton	腿 肉	Legs of Mutton	千克	kg	65.67	70.00	64.00
鸡 肉	Chicken	白条鸡	Dressed Chicken	千克	kg	16.47	20.00	15.00
鸡 蛋	Eggs	散装鲜鸡蛋	Fresh Eggs in Bluk	千克	kg	9.50	10.40	8.60
活鲤鱼	Live Carp	0.75kg左右	0.75kg or so	千克	kg	17.18	23.80	13.00
活鲫鱼	Live Crucian	0.40kg左右	0.40kg or so	千克	kg	21.21	27.60	17.00
带 鱼	Hairtail	中带0.25-0.35kg	Median Size,0.25-0.35kg	千克	kg	36.17	47.60	23.98
养殖虾	Farmed shrimp	22-26头	Half a Kilo Can Buy about 22-26 Shrimps	千克	kg	62.29	70.00	56.00
大白菜	Chinese Cabbage	新 鲜	Fresh	千克	kg	3.10	5.00	1.96
油 菜	Rape	新 鲜	Fresh	千克	kg	6.93	10.00	2.36
芹 菜	Celery	新 鲜	Fresh	千克	kg	5.17	7.16	2.36
黄 瓜	Cucumber	新 鲜	Fresh	千克	kg	5.58	9.00	2.70
西红柿	Tomato	新 鲜	Fresh	千克	kg	6.57	9.00	3.36
青 椒	Green Pepper	新 鲜	Fresh	千克	kg	6.05	9.00	3.80
豆 角	String Bean	新 鲜	Fresh	千克	kg	8.57	12.00	4.40
香 菜	Coriander	新 鲜	Fresh	千克	kg	19.68	30.00	11.16
马铃薯	Potato	新 鲜	Fresh	千克	kg	3.76	5.98	2.16
食用盐	Salt	中盐加碘	Refined Salt with Iodine	千克	kg	3.75	3.75	3.75
酱 油	Soy Sauce	淘大黄豆酱油	Amoy Soy Sauce	升	L	7.79	8.51	5.83
食用醋	Vinegar	天立保健醋	Tianli Healthy Vinegar	升	L	9.79	13.96	6.04
白 糖	White Sugar	绵白糖	Soft White Sugar	千克	kg	13.09	14.50	9.60
市民奶	Milk	海河纯牛奶	Haihe Pure Milk	升	L	8.63	9.00	8.50
苹 果	Apple	富士苹果	Fuji Apple	千克	kg	17.51	31.60	9.96
香 蕉	Banana	国 产	Domestic	千克	kg	5.77	7.00	4.00

3-14 主要食品价格

Main Food Price

(2015年9月)

项 目	Item	规格等级	Grade	单 位	Unit	平均价(元) Average Price (Yuan)	最高价(元) Highest price (Yuan)	最低价(元) Lowest Price (Yuan)
大 米	Rice	粳 米	Polished Round-grained Rice	千克	kg	6.03	7.00	5.60
面 粉	Flour	富 强 粉	High Gluten Wheat Flour	千克	kg	4.62	6.00	3.78
切 面	Cut Noodles	新 鲜	Fresh	千克	kg	5.27	5.60	5.00
馒 头	Steamed Bread	新 鲜	Fresh	千克	kg	4.68	5.45	4.00
豆制品	Bean Products	豆 腐	Tofu	千克	kg	5.08	7.60	4.00
花生油	Peanut Oil	压榨一级	Pressing First-class Peanut Oil	升	L	27.97	27.98	27.96
调和油	Blended Oil	5L桶装	Barrel,5L	升	L	10.04	11.38	9.14
猪 肉	Pork	猪后腿肉	Pig Hind Leg Meat	千克	kg	34.13	40.00	27.00
猪 肉	Pork	猪五花肉	Pig Streaky Pork	千克	kg	35.75	45.80	27.80
牛 肉	Beef	腿 肉	Legs of Cow	千克	kg	59.33	62.00	56.00
羊 肉	Mutton	腿 肉	Legs of Mutton	千克	kg	65.67	70.00	64.00
鸡 肉	Chicken	白 条 鸡	Dressed Chicken	千克	kg	16.50	20.00	15.00
鸡 蛋	Eggs	散装鲜鸡蛋	Fresh Eggs in Bluk	千克	kg	9.81	10.60	9.40
活鲤鱼	Live Carp	0.75kg左右	0.75kg or so	千克	kg	16.91	23.60	13.00
活鲫鱼	Live Crucian	0.40kg左右	0.40kg or so	千克	kg	20.20	29.20	16.00
带 鱼	Hairtail	中带0.25-0.35kg	Median Size,0.25-0.35kg	千克	kg	35.89	47.60	25.60
养殖虾	Farmed shrimp	22-26头	Half a Kilo Can Buy about 22-26 Shrimps	千克	kg	59.73	66.66	50.00
大白菜	Chinese Cabbage	新 鲜	Fresh	千克	kg	2.86	4.00	1.30
油 菜	Rape	新 鲜	Fresh	千克	kg	7.34	11.56	3.56
芹 菜	Celery	新 鲜	Fresh	千克	kg	4.97	7.00	2.56
黄 瓜	Cucumber	新 鲜	Fresh	千克	kg	4.35	7.00	1.58
西红柿	Tomato	新 鲜	Fresh	千克	kg	7.14	9.96	4.76
青 椒	Green Pepper	新 鲜	Fresh	千克	kg	6.20	9.98	3.96
豆 角	String Bean	新 鲜	Fresh	千克	kg	8.59	13.16	3.98
香 菜	Coriander	新 鲜	Fresh	千克	kg	20.52	40.00	6.00
马铃薯	Potato	新 鲜	Fresh	千克	kg	3.56	5.00	1.76
食用盐	Salt	中盐加碘	Refined Salt with Iodine	千克	kg	3.75	3.75	3.75
酱 油	Soy Sauce	淘大黄豆酱油	Amoy Soy Sauce	升	L	7.77	8.51	5.83
食用醋	Vinegar	天立保健醋	Tianli Healthy Vinegar	升	L	11.77	13.96	10.00
白 糖	White Sugar	绵 白 糖	Soft White Sugar	千克	kg	12.32	14.25	9.60
市民奶	Milk	海河纯牛奶	Haihe Pure Milk	升	L	8.69	9.00	8.50
苹 果	Apple	富士苹果	Fuji Apple	千克	kg	17.18	31.60	9.80
香 蕉	Banana	国 产	Domestic	千克	kg	5.63	7.00	4.00

3-15 主要食品价格
Main Food Price
(2015年10月)

项 目	Item	规格等级	Grade	单 位	Unit	平均价(元) Average Price (Yuan)	最高价(元) Highest price (Yuan)	最低价(元) Lowest Price (Yuan)
大 米	Rice	粳 米	Polished Round-grained Rice	千克	kg	6.03	7.00	5.60
面 粉	Flour	富强粉	High Gluten Wheat Flour	千克	kg	4.69	6.00	4.40
切 面	Cut Noodles	新 鲜	Fresh	千克	kg	5.27	5.60	5.00
馒 头	Steamed Bread	新 鲜	Fresh	千克	kg	4.68	5.45	4.00
豆制品	Bean Products	豆 腐	Tofu	千克	kg	5.08	7.60	4.00
花生油	Peanut Oil	压榨一级	Pressing First-class Peanut Oil	升	L	27.98	27.98	27.96
调和油	Blended Oil	5L桶装	Barrel,5L	升	L	10.40	11.38	9.64
猪 肉	Pork	猪后腿肉	Pig Hind Leg Meat	千克	kg	33.48	40.00	26.00
猪 肉	Pork	猪五花肉	Pig Streaky Pork	千克	kg	34.92	45.80	25.60
牛 肉	Beef	腿 肉	Legs of Cow	千克	kg	59.28	62.00	56.00
羊 肉	Mutton	腿 肉	Legs of Mutton	千克	kg	64.56	70.00	60.00
鸡 肉	Chicken	白条鸡	Dressed Chicken	千克	kg	16.20	20.00	15.00
鸡 蛋	Eggs	散装鲜鸡蛋	Fresh Eggs in Bluk	千克	kg	8.54	9.60	7.80
活鲤鱼	Live Carp	0.75kg左右	0.75kg or so	千克	kg	16.04	22.40	13.00
活鲫鱼	Live Crucian	0.40kg左右	0.40kg or so	千克	kg	19.29	25.60	16.00
带 鱼	Hairtail	中带0.25-0.35kg	Median Size,0.25-0.35kg	千克	kg	35.24	47.60	28.00
养殖虾	Farmed shrimp	22-26头	Half a Kilo Can Buy about 22-26 Shrimps	千克	kg	60.40	80.00	50.00
大白菜	Chinese Cabbage	新 鲜	Fresh	千克	kg	1.90	4.00	0.76
油 菜	Rape	新 鲜	Fresh	千克	kg	5.67	9.98	2.56
芹 菜	Celery	新 鲜	Fresh	千克	kg	3.95	6.00	1.58
黄 瓜	Cucumber	新 鲜	Fresh	千克	kg	3.76	6.00	1.58
西红柿	Tomato	新 鲜	Fresh	千克	kg	7.22	9.16	5.10
青 椒	Green Pepper	新 鲜	Fresh	千克	kg	5.63	7.00	2.98
豆 角	String Bean	新 鲜	Fresh	千克	kg	7.15	10.00	3.98
香 菜	Coriander	新 鲜	Fresh	千克	kg	10.31	19.60	5.96
马铃薯	Potato	新 鲜	Fresh	千克	kg	3.31	5.00	1.36
食用盐	Salt	中盐加碘	Refined Salt with Iodine	千克	kg	3.75	3.75	3.75
酱 油	Soy Sauce	淘大黄豆酱油	Amoy Soy Sauce	升	L	7.77	8.51	5.83
食用醋	Vinegar	天立保健醋	Tianli Healthy Vinegar	升	L	12.45	13.96	10.62
白 糖	White Sugar	绵白糖	Soft White Sugar	千克	kg	12.41	14.32	9.60
市民奶	Milk	海河纯牛奶	Haihe Pure Milk	升	L	9.06	9.50	8.50
苹 果	Apple	富士苹果	Fuji Apple	千克	kg	15.85	31.96	8.00
香 蕉	Banana	国 产	Domestic	千克	kg	4.57	7.00	3.34

3-16 主要食品价格
Main Food Price
(2015年11月)

项 目	Item	规格等级	Grade	单 位	Unit	平均价（元）Average Price (Yuan)	最高价（元）Highest price (Yuan)	最低价（元）Lowest Price (Yuan)
大 米	Rice	粳 米	Polished Round-grained Rice	千克	kg	6.03	7.00	5.60
面 粉	Flour	富 强 粉	High Gluten Wheat Flour	千克	kg	4.68	6.00	4.40
切 面	Cut Noodles	新 鲜	Fresh	千克	kg	5.27	5.60	5.00
馒 头	Steamed Bread	新 鲜	Fresh	千克	kg	4.68	5.45	4.00
豆制品	Bean Products	豆 腐	Tofu	千克	kg	5.08	7.60	4.00
花生油	Peanut Oil	压榨一级	Pressing First-class Peanut Oil	升	L	27.98	27.98	27.98
调和油	Blended Oil	5L桶装	Barrel,5L	升	L	10.29	11.38	9.24
猪 肉	Pork	猪后腿肉	Pig Hind Leg Meat	千克	kg	32.72	39.60	25.60
猪 肉	Pork	猪五花肉	Pig Streaky Pork	千克	kg	34.30	45.80	25.80
牛 肉	Beef	腿 肉	Legs of Cow	千克	kg	59.00	62.00	56.00
羊 肉	Mutton	腿 肉	Legs of Mutton	千克	kg	63.89	68.00	60.00
鸡 肉	Chicken	白 条 鸡	Dressed Chicken	千克	kg	16.17	20.00	15.00
鸡 蛋	Eggs	散装鲜鸡蛋	Fresh Eggs in Bluk	千克	kg	8.44	9.20	7.80
活鲤鱼	Live Carp	0.75kg左右	0.75kg or so	千克	kg	14.93	18.40	11.80
活鲫鱼	Live Crucian	0.40kg左右	0.40kg or so	千克	kg	18.51	25.60	14.00
带 鱼	Hairtail	中带0.25-0.35kg	Median Size,0.25-0.35kg	千克	kg	35.24	47.60	29.60
养殖虾	Farmed shrimp	22-26头	Half a Kilo Can Buy about 22-26 Shrimps	千克	kg	60.07	73.34	50.00
大白菜	Chinese Cabbage	新 鲜	Fresh	千克	kg	1.50	2.60	0.58
油 菜	Rape	新 鲜	Fresh	千克	kg	6.47	12.00	2.56
芹 菜	Celery	新 鲜	Fresh	千克	kg	3.59	6.00	1.36
黄 瓜	Cucumber	新 鲜	Fresh	千克	kg	7.52	12.00	3.36
西红柿	Tomato	新 鲜	Fresh	千克	kg	7.95	11.16	5.96
青 椒	Green Pepper	新 鲜	Fresh	千克	kg	6.52	12.00	3.30
豆 角	String Bean	新 鲜	Fresh	千克	kg	10.75	20.00	3.98
香 菜	Coriander	新 鲜	Fresh	千克	kg	11.30	20.00	5.80
马铃薯	Potato	新 鲜	Fresh	千克	kg	3.39	5.00	1.92
食用盐	Salt	中盐加碘	Refined Salt with Iodine	千克	kg	3.75	3.75	3.75
酱 油	Soy Sauce	淘大黄豆酱油	Amoy Soy Sauce	升	L	7.79	8.51	5.83
食用醋	Vinegar	天立保健醋	Tianli Healthy Vinegar	升	L	12.14	14.17	10.62
白 糖	White Sugar	绵 白 糖	Soft White Sugar	千克	kg	12.55	14.00	9.60
市民奶	Milk	海河纯牛奶	Haihe Pure Milk	升	L	9.13	9.50	9.00
苹 果	Apple	富士苹果	Fuji Apple	千克	kg	14.14	29.60	6.98
香 蕉	Banana	国 产	Domestic	千克	kg	4.54	5.76	3.34

3-17 主要食品价格
Main Food Price
(2015年12月)

项　目	Item	规格等级	Grade	单 位	Unit	平均价(元) Average Price (Yuan)	最高价(元) Highest price (Yuan)	最低价(元) Lowest Price (Yuan)
大　米	Rice	粳　米	Polished Round-grained Rice	千克	kg	5.99	7.00	5.60
面　粉	Flour	富 强 粉	High Gluten Wheat Flour	千克	kg	4.65	6.00	3.78
切　面	Cut Noodles	新　鲜	Fresh	千克	kg	5.27	5.60	5.00
馒　头	Steamed Bread	新　鲜	Fresh	千克	kg	4.76	5.45	4.00
豆制品	Bean Products	豆　腐	Tofu	千克	kg	5.03	7.60	4.00
花生油	Peanut Oil	压榨一级	Pressing First-class Peanut Oil	升	L	27.98	27.98	27.98
调和油	Blended Oil	5L桶装	Barrel,5L	升	L	10.34	11.38	9.24
猪　肉	Pork	猪后腿肉	Pig Hind Leg Meat	千克	kg	32.62	39.60	25.60
猪　肉	Pork	猪五花肉	Pig Streaky Pork	千克	kg	34.09	45.80	25.80
牛　肉	Beef	腿　肉	Legs of Cow	千克	kg	59.00	62.00	56.00
羊　肉	Mutton	腿　肉	Legs of Mutton	千克	kg	64.33	68.00	60.00
鸡　肉	Chicken	白 条 鸡	Dressed Chicken	千克	kg	16.14	20.00	15.00
鸡　蛋	Eggs	散装鲜鸡蛋	Fresh Eggs in Bluk	千克	kg	8.66	9.60	8.00
活鲤鱼	Live Carp	0.75kg左右	0.75kg or so	千克	kg	14.83	19.80	12.00
活鲫鱼	Live Crucian	0.40kg左右	0.40kg or so	千克	kg	18.59	25.60	15.00
带　鱼	Hairtail	中带0.25-0.35kg	Median Size,0.25-0.35kg	千克	kg	36.63	59.60	30.00
养殖虾	Farmed shrimp	22-26头	Half a Kilo Can Buy about 22-26 Shrimps	千克	kg	59.73	66.66	50.00
大白菜	Chinese Cabbage	新　鲜	Fresh	千克	kg	1.63	2.36	0.96
油　菜	Rape	新　鲜	Fresh	千克	kg	8.98	17.20	2.56
芹　菜	Celery	新　鲜	Fresh	千克	kg	4.48	7.96	1.96
黄　瓜	Cucumber	新　鲜	Fresh	千克	kg	8.58	15.96	5.96
西红柿	Tomato	新　鲜	Fresh	千克	kg	8.55	11.96	5.76
青　椒	Green Pepper	新　鲜	Fresh	千克	kg	8.59	11.00	3.92
豆　角	String Bean	新　鲜	Fresh	千克	kg	12.30	17.60	7.56
香　菜	Coriander	新　鲜	Fresh	千克	kg	13.69	20.00	9.00
马铃薯	Potato	新　鲜	Fresh	千克	kg	3.46	5.00	1.96
食用盐	Salt	中盐加碘	Refined Salt with Iodine	千克	kg	3.75	3.75	3.75
酱　油	Soy Sauce	淘大黄豆酱油	Amoy Soy Sauce	升	L	7.80	8.51	5.87
食用醋	Vinegar	天立保健醋	Tianli Healthy Vinegar	升	L	12.19	14.17	10.62
白　糖	White Sugar	绵 白 糖	Soft White Sugar	千克	kg	12.55	14.00	9.60
市民奶	Milk	海河纯牛奶	Haihe Pure Milk	升	L	8.88	9.00	8.50
苹　果	Apple	富士苹果	Fuji Apple	千克	kg	13.95	29.60	5.98
香　蕉	Banana	国　产	Domestic	千克	kg	4.71	5.76	4.00

3-18 工业生产者出厂价格指数
Producer Price Indices for Industrial Products (2011-2015)

(上年=100) (Preceding Year=100)

项 目	Item	2011	2012	2013	2014	2015
工业生产者出厂价格指数	**Producer Price Indices for Industrial Products**	**103.8**	**97.0**	**97.0**	**96.3**	**90.3**
#轻工业	Light Industry	103.9	100.7	97.9	99.3	97.7
以农产品为原料	Using Farm Products as Raw Materials	107.6	99.6	97.7	98.3	97.8
以非农产品为原料	Using Non-farm Products as Raw Materials	100.2	101.8	98.0	100.3	97.5
重工业	Heavy Industry	103.8	96.3	96.8	95.8	88.9
采 掘	Mining and Quarying Industry	115.5	97.9	98.4	96.1	63.6
原 料	Raw Materials Industry	109.4	98.1	96.7	95.4	84.9
加 工	Processing Industry	99.7	95.3	96.7	95.9	94.2
#生产资料	Means of Production	104.1	96.1	96.5	95.5	88.3
采 掘	Mining & Quarrying Industry	115.5	97.9	98.4	96.1	63.6
原 料	Raw Materials Industry	109.7	98.1	96.6	95.4	84.7
加 工	Processing Industry	99.9	94.9	96.2	95.5	93.8
生活资料	Consumer Goods	102.4	100.6	98.9	99.4	97.9
食 品	Food	107.9	98.4	96.1	97.9	97.5
衣 着	Clothing	108.1	103.9	102.4	100.4	101.5
一般日用品	Articles for Daily Use	102.1	100.5	100.3	100.5	100.6
耐用消费品	Durable Consumer Goods	98.6	101.4	99.4	99.6	96.6
按行业分:	**By Sector**					
煤炭开采和洗选业	Mining and Washing of Coal	96.0	95.3	92.9	88.5	81.3
石油和天然气开采业	Extraction of Petroleum and Natural Gas	115.6	96.1	93.5	94.9	53.9
黑色金属矿采选业	Mining and Processing of Ferrous Metal Ores	106.8	93.4	95.4	91.0	74.8
非金属矿采选业	Mining and Processing of Nonmetal Ores	106.4	102.8	102.0	102.4	91.4
开采辅助活动	Mining Support Activities		104.9	114.1	99.7	93.2
农副食品加工业	Processing of Food from Agricultural Products	117.6	96.3	90.8	91.9	92.2
食品制造业	Processing of Foodstuff	101.4	101.7	101.0	103.0	100.2
酒、饮料和精制茶制造业	Manufacture of Wine, Beverages and refined tea	98.1	99.9	100.6	100.3	101.4
烟草制品业	Manufacture of Tobacco	100.0	102.0	100.4	100.0	100.0
纺织业	Manufacture of Textile	114.0	97.3	100.0	100.2	98.1
纺织服装、服饰业	Manufacture of Textile Wearing Apparel	107.0	104.3	103.2	99.6	100.9
皮革、毛皮、羽毛及其制品和制鞋业	Manufacture of Leather, Fur, Feather and Related Products, Footware	102.7	103.4	100.6	105.2	106.0
木材加工及木、竹、藤、棕、草制品业	Processing of Timber, Manufacture of Wood, Bamboo, Rattan, Palm and Straw Products	101.9	100.7	100.2	100.5	99.7

3-18 续表 continued

(上年=100) (Preceding Year=100)

项目	Item	2011	2012	2013	2014	2015
家具制造业	Manufacture of Furniture	99.5	100.2	99.4	100.3	99.2
造纸及纸制品业	Manufacture of Paper and Paper Products	101.2	100.0	97.8	99.3	98.8
印刷和记录媒介复制业	Printing, Reproduction of Recording Media	100.4	99.7	95.9	100.5	102.4
文教、工美、体育和娱乐用品制造业	Manufacture of Articles for Culture, Education , Artwork, Sport Activities and Entertainment Goods	99.1	99.2	98.9	102.7	100.8
石油加工、炼焦和核燃料加工业	Processing of Petroleum, Coking, Processing of Nuclear Fuel	117.1	103.2	96.6	95.4	75.3
化学原料及化学制品制造业	Manufacture of Raw Chemical Materials and Chemical Products	111.8	99.1	98.3	100.2	89.2
医药制造业	Manufacture of Medicines	102.0	102.4	100.9	99.7	101.2
化学纤维制造业	Manufacture of Chemical Fibers	127.9	103.1	96.2	99.2	95.8
橡胶制品业	Manufacture of Rubber	112.7				
塑料制品业	Manufacture of Plastics	103.7				
橡胶和塑料制品业	Manufacture of Rubber and Plastics		100.3	100.5	98.5	98.5
非金属矿物制品业	Manufacture of Non-metallic Mineral Products	103.5	97.1	96.9	99.0	98.9
黑色金属冶炼及压延加工业	Smelting and Pressing of Ferrous Metals	109.1	91.3	94.4	91.4	83.4
有色金属冶炼及压延加工业	Smelting and Pressing of Non-ferrous Metals	111.6	88.7	94.9	93.4	89.0
金属制品业	Manufacture of Metal Products	107.2	97.5	97.3	97.6	92.2
通用设备制造业	Manufacture of General Purpose Machinery	102.9	103.2	98.8	98.6	96.6
专用设备制造业	Manufacture of Special Purpose Machinery	100.1	99.8	97.8	98.5	98.9
交通运输设备制造业	Manufacture of Transport Equipment	97.9				
汽车制造业	Manufacture of Automobile		99.1	100.0	99.9	98.0
铁路、船舶、航空航天和其他运输设备制造业	Manufacture of Railway, Shipbuilding, Aerospace and Other Transportation Equipment		98.5	101.6	100.2	97.0
电气机械及器材制造业	Manufacture of Electrical Machinery and Equipment	102.0	98.1	97.8	99.0	98.0
计算机、通信和其他电子设备制造业	Manufacture of Computers ,Communication Equipment and Other Electronic Equipment	84.2	90.7	94.1	92.2	96.6
仪器仪表制造业	Manufacture of Measuring Instruments	103.1	104.6	95.1	94.8	97.2
其他制造业	Other Manufacturing	98.3	100.0	100.0	100.0	93.6
废弃资源综合利用业	Recycling and Disposal of Waste	115.0	93.8	87.2	93.2	77.8
金属制品、机械和设备修理业	Metal Products, Machinery and Equipment Repair Industry		100.0	93.7	95.4	95.5
电力、热力的生产和供应业	Production and Supply of Electric Power and Heat Energy	100.3	106.5	100.5	105.7	99.5
燃气生产和供应业	Production and Supply of Gas	105.1	100.0	101.3	107.6	101.3
水的生产和供应业	Production and Supply of Tap Water	111.0	106.9	100.8	101.7	100.0

3-19 按工业部门分工业生产者出厂价格指数

Producer Price Indices for Industrial Products by Industrial Sector (2011-2015)

(上年=100) (Preceding Year=100)

项 目	Item	2011	2012	2013	2014	2015
按工业部门分	**By Industrial Sector**					
冶金工业	Metallurgical Industry	109.1	91.9	94.4	92.2	84.8
电力工业	Power Industry	100.3	106.5	100.5	105.7	99.5
煤炭及炼焦工业	Coal Industry	96.3	96.2	92.6	87.9	81.3
石油工业	Petroleum Industry	116.3	99.8	97.9	96.2	68.2
化学工业	Chemical Industry	108.9	100.0	99.4	99.7	94.1
机械工业	Mechanical Industry	94.7	96.7	97.6	97.1	97.9
建筑材料工业	Building Materials Industry	104.0	97.1	96.6	98.9	98.9
森林工业	Timber Industry	101.0	100.4	100.2	100.4	100.2
食品工业	Food Industry	108.2	98.7	96.2	97.4	96.6
纺织工业	Textile Industry	118.2	96.4	100.5	100.3	97.6
缝纫工业	Tailoring Industry	106.3	104.0	102.7	99.6	100.7
皮革工业	Leather Industry	102.7	103.4	101.6	107.0	107.9
造纸工业	Paper Industry	101.2	100.0	97.8	99.3	98.8
文教艺术用品工业	Cultural, Educational & Handicrafts Articals	100.1	112.9	93.0	95.7	86.9
其它工业	Other Industry	103.0	100.9	98.5	102.2	99.3

3-20 工业生产者出厂价格月度指数
Monthly Producer Price Indices for Industrial Products
(2015年1月)

项　目	Item	环比	同比	累计比
工业生产者出厂价格指数	**Producer Price Indices for Industrial Products**	**97.4**	**90.7**	**90.7**
#轻工业	Light Industry	99.3	98.0	98.0
以农产品为原料	Using Farm Products as Raw Materials	99.6	97.0	97.0
以非农产品为原料	Using Non-farm Products as Raw Materials	99.0	99.0	99.0
重工业	Heavy Industry	97.0	89.4	89.4
采　掘	Mining and Quarying Industry	83.4	61.4	61.4
原　料	Raw Materials Industry	95.7	86.2	86.2
加　工	Processing Industry	99.1	94.9	94.9
#生产资料	Means of Production	96.8	88.7	88.7
采　掘	Mining and Quarying Industry	83.4	61.4	61.4
原　料	Raw Materials Industry	95.6	86.0	86.0
加　工	Processing Industry	98.9	94.4	94.4
生活资料	Consumer Goods	99.5	98.5	98.5
食　品	Food	99.6	96.4	96.4
衣　着	Clothing	100.0	100.2	100.2
一般日用品	Articles for Daily Use	100.1	100.4	100.4
耐用消费品	Durable Consumer Goods	99.2	98.8	98.8
按工业部门分	**By Industrial Sector**			
冶金工业	Metallurgical Industry	97.2	87.3	87.3
电力工业	Power Industry	99.9	106.9	106.9
煤炭及炼焦工业	Coal Industry	99.0	87.8	87.8
石油工业	Petroleum Industry	85.5	65.7	65.7
化学工业	Chemical Industry	97.7	94.9	94.9
机械工业	Mechine Building Industry	99.6	97.3	97.3
建筑材料工业	Building Materials Industry	100.2	99.5	99.5
森林工业	Timber Industry	100.0	100.5	100.5
食品工业	Food Industry	99.5	95.7	95.7
纺织工业	Textile Industry	99.3	97.0	97.0
缝纫工业	Tailoring Industry	100.0	98.9	98.9
皮革工业	Leather Industry	99.5	110.6	110.6
造纸工业	Paper Industry	99.3	99.1	99.1
文教艺术用品工业	Cultural, Educational & Handicrafts Articals	96.5	87.9	87.9
其它工业	Other Industry	100.1	100.5	100.5

3-21 工业生产者出厂价格月度指数
Monthly Producer Price Indices for Industrial Products
(2015年2月)

项　目	Item	环比	同比	累计比
工业生产者出厂价格指数	**Producer Price Indices for Industrial Products**	**99.3**	**90.3**	**90.5**
#轻工业	Light Industry	99.9	97.9	98.0
以农产品为原料	Using Farm Products as Raw Materials	99.9	96.7	96.9
以非农产品为原料	Using Non-farm Products as Raw Materials	99.9	99.0	99.0
重工业	Heavy Industry	99.2	88.9	89.2
采　掘	Mining and Quarying Industry	99.6	62.1	61.7
原　料	Raw Materials Industry	98.6	85.0	85.6
加　工	Processing Industry	99.4	94.5	94.7
#生产资料	Means of Production	99.1	88.2	88.5
采　掘	Mining and Quarying Industry	99.6	62.1	61.7
原　料	Raw Materials Industry	98.6	84.8	85.4
加　工	Processing Industry	99.3	94.0	94.2
生活资料	Consumer Goods	100.0	98.6	98.6
食　品	Food	100.0	96.2	96.3
衣　着	Clothing	99.9	100.3	100.3
一般日用品	Articles for Daily Use	100.2	100.9	100.6
耐用消费品	Durable Consumer Goods	100.0	98.8	98.8
按工业部门分	**By Industrial Sector**			
冶金工业	Metallurgical Industry	97.6	86.1	86.7
电力工业	Power Industry	100.0	100.4	103.6
煤炭及炼焦工业	Coal Industry	98.8	87.6	87.7
石油工业	Petroleum Industry	99.8	66.5	66.1
化学工业	Chemical Industry	99.3	94.5	94.7
机械工业	Mechine Building Industry	100.0	97.4	97.4
建筑材料工业	Building Materials Industry	100.4	99.4	99.4
森林工业	Timber Industry	99.9	100.4	100.4
食品工业	Food Industry	99.8	95.3	95.5
纺织工业	Textile Industry	100.0	96.9	96.9
缝纫工业	Tailoring Industry	99.8	99.0	99.0
皮革工业	Leather Industry	100.0	110.2	110.4
造纸工业	Paper Industry	100.6	99.5	99.3
文教艺术用品工业	Cultural, Educational & Handicrafts Articals	100.1	87.9	87.9
其它工业	Other Industry	100.1	100.3	100.4

3-22 工业生产者出厂价格月度指数

Monthly Producer Price Indices for Industrial Products

(2015年3月)

项　　目	Item	环比	同比	累计比
工业生产者出厂价格指数	**Producer Price Indices for Industrial Products**	**99.7**	**90.1**	**90.4**
#轻工业	Light Industry	99.7	97.4	97.8
以农产品为原料	Using Farm Products as Raw Materials	100.1	96.8	96.8
以非农产品为原料	Using Non-farm Products as Raw Materials	99.3	97.9	98.6
重工业	Heavy Industry	99.7	88.8	89.0
采　掘	Mining and Quarying Industry	99.6	61.6	61.7
原　料	Raw Materials Industry	99.5	84.7	85.3
加　工	Processing Industry	99.7	94.5	94.6
#生产资料	Means of Production	99.6	88.0	88.3
采　掘	Mining and Quarying Industry	99.6	61.6	61.7
原　料	Raw Materials Industry	99.5	84.4	85.1
加　工	Processing Industry	99.6	93.8	94.1
生活资料	Consumer Goods	100.0	98.4	98.5
食　品	Food	100.2	96.0	96.2
衣　着	Clothing	99.8	100.4	100.3
一般日用品	Articles for Daily Use	100.1	101.0	100.7
耐用消费品	Durable Consumer Goods	100.0	98.6	98.7
按工业部门分	**By Industrial Sector**			
冶金工业	Metallurgical Industry	99.1	86.1	86.5
电力工业	Power Industry	100.1	100.1	102.4
煤炭及炼焦工业	Coal Industry	98.0	83.9	86.4
石油工业	Petroleum Industry	100.2	66.3	66.2
化学工业	Chemical Industry	99.4	94.0	94.4
机械工业	Mechine Building Industry	99.9	97.4	97.4
建筑材料工业	Building Materials Industry	99.1	98.8	99.2
森林工业	Timber Industry	100.0	100.2	100.4
食品工业	Food Industry	100.3	95.3	95.4
纺织工业	Textile Industry	99.7	97.1	97.0
缝纫工业	Tailoring Industry	99.7	99.2	99.1
皮革工业	Leather Industry	100.3	110.1	110.3
造纸工业	Paper Industry	99.7	99.5	99.4
文教艺术用品工业	Cultural, Educational & Handicrafts Articals	100.0	87.9	87.9
其它工业	Other Industry	99.2	99.3	100.0

3-23 工业生产者出厂价格月度指数

Monthly Producer Price Indices for Industrial Products

(2015年4月)

项　目	Item	环比	同比	累计比
工业生产者出厂价格指数	**Producer Price Indices for Industrial Products**	**99.9**	**90.5**	**90.4**
#轻工业	Light Industry	99.9	97.2	97.6
以农产品为原料	Using Farm Products as Raw Materials	100.2	96.7	96.8
以非农产品为原料	Using Non-farm Products as Raw Materials	99.7	97.6	98.4
重工业	Heavy Industry	99.9	89.2	89.1
采　掘	Mining and Quarying Industry	102.4	63.1	62.0
原　料	Raw Materials Industry	99.9	84.8	85.2
加　工	Processing Industry	99.7	94.9	94.7
#生产资料	Means of Production	100.1	88.6	88.4
采　掘	Mining and Quarying Industry	102.4	63.1	62.0
原　料	Raw Materials Industry	100.0	84.5	84.9
加　工	Processing Industry	99.9	94.5	94.2
生活资料	Consumer Goods	99.3	97.7	98.3
食　品	Food	100.1	95.9	96.1
衣　着	Clothing	101.2	101.8	100.7
一般日用品	Articles for Daily Use	100.1	101.1	100.8
耐用消费品	Durable Consumer Goods	98.3	96.8	98.2
按工业部门分	**By Industrial Sector**			
冶金工业	Metallurgical Industry	99.4	85.4	86.3
电力工业	Power Industry	99.5	99.7	101.7
煤炭及炼焦工业	Coal Industry	95.4	81.9	85.3
石油工业	Petroleum Industry	102.2	67.9	66.6
化学工业	Chemical Industry	100.9	95.0	94.6
机械工业	Mechine Building Industry	99.7	98.2	97.6
建筑材料工业	Building Materials Industry	100.0	98.5	99.0
森林工业	Timber Industry	99.9	100.0	100.3
食品工业	Food Industry	100.0	95.0	95.3
纺织工业	Textile Industry	99.9	97.1	97.0
缝纫工业	Tailoring Industry	101.3	100.8	99.5
皮革工业	Leather Industry	101.0	110.8	110.4
造纸工业	Paper Industry	99.5	98.3	99.1
文教艺术用品工业	Cultural, Educational & Handicrafts Articals	99.5	87.5	87.8
其它工业	Other Industry	100.4	99.3	99.8

3-24 工业生产者出厂价格月度指数
Monthly Producer Price Indices for Industrial Products
(2015年5月)

项　目	Item	环比	同比	累计比
工业生产者出厂价格指数	**Producer Price Indices for Industrial Products**	**100.1**	**90.8**	**90.5**
#轻工业	Light Industry	100.1	97.2	97.5
以农产品为原料	Using Farm Products as Raw Materials	100.3	97.5	97.0
以非农产品为原料	Using Non-farm Products as Raw Materials	100.0	96.9	98.1
重工业	Heavy Industry	100.1	89.6	89.2
采　掘	Mining and Quarying Industry	105.4	66.6	63.0
原　料	Raw Materials Industry	100.6	85.9	85.3
加　工	Processing Industry	99.4	94.6	94.7
#生产资料	Means of Production	100.3	89.1	88.5
采　掘	Mining and Quarying Industry	105.4	66.6	63.0
原　料	Raw Materials Industry	100.6	85.6	85.1
加　工	Processing Industry	99.6	94.3	94.2
生活资料	Consumer Goods	99.6	97.4	98.1
食　品	Food	100.6	97.1	96.3
衣　着	Clothing	99.8	101.8	100.9
一般日用品	Articles for Daily Use	100.1	101.0	100.9
耐用消费品	Durable Consumer Goods	98.8	95.5	97.7
按工业部门分	**By Industrial Sector**			
冶金工业	Metallurgical Industry	99.4	85.7	86.1
电力工业	Power Industry	99.0	98.6	101.1
煤炭及炼焦工业	Coal Industry	98.2	81.2	84.5
石油工业	Petroleum Industry	104.8	71.2	67.5
化学工业	Chemical Industry	100.5	95.2	94.7
机械工业	Mechine Building Industry	99.5	97.8	97.6
建筑材料工业	Building Materials Industry	100.1	98.7	99.0
森林工业	Timber Industry	100.2	100.7	100.3
食品工业	Food Industry	100.5	96.1	95.5
纺织工业	Textile Industry	99.7	96.5	96.9
缝纫工业	Tailoring Industry	99.8	100.7	99.7
皮革工业	Leather Industry	99.9	110.2	110.4
造纸工业	Paper Industry	100.3	99.4	99.2
文教艺术用品工业	Cultural, Educational & Handicrafts Articals	99.9	87.4	87.7
其它工业	Other Industry	99.4	98.8	99.6

3-25 工业生产者出厂价格月度指数
Monthly Producer Price Indices for Industrial Products
(2015年6月)

项目	Item	环比	同比	累计比
工业生产者出厂价格指数	**Producer Price Indices for Industrial Products**	**99.4**	**90.6**	**90.5**
#轻工业	Light Industry	100.1	97.7	97.6
以农产品为原料	Using Farm Products as Raw Materials	99.8	97.9	97.1
以非农产品为原料	Using Non-farm Products as Raw Materials	100.4	97.4	98.0
重工业	Heavy Industry	99.3	89.2	89.2
采　掘	Mining and Quarying Industry	102.2	67.7	63.7
原　料	Raw Materials Industry	98.8	85.3	85.3
加　工	Processing Industry	99.2	94.1	94.6
#生产资料	Means of Production	99.2	88.7	88.6
采　掘	Mining and Quarying Industry	102.2	67.7	63.7
原　料	Raw Materials Industry	98.7	85.0	85.0
加　工	Processing Industry	99.1	93.8	94.1
生活资料	Consumer Goods	100.1	97.7	98.1
食　品	Food	99.9	97.6	96.5
衣　着	Clothing	100.3	102.2	101.1
一般日用品	Articles for Daily Use	100.0	100.9	100.9
耐用消费品	Durable Consumer Goods	100.3	95.9	97.4
按工业部门分	**By Industrial Sector**			
冶金工业	Metallurgical Industry	98.0	84.8	85.9
电力工业	Power Industry	99.8	98.4	100.6
煤炭及炼焦工业	Coal Industry	95.5	77.7	83.4
石油工业	Petroleum Industry	100.9	71.6	68.2
化学工业	Chemical Industry	99.8	95.1	94.8
机械工业	Mechine Building Industry	99.8	97.7	97.7
建筑材料工业	Building Materials Industry	99.6	99.6	99.1
森林工业	Timber Industry	100.2	100.6	100.4
食品工业	Food Industry	99.7	96.5	95.7
纺织工业	Textile Industry	99.8	96.7	96.9
缝纫工业	Tailoring Industry	100.3	101.6	100.0
皮革工业	Leather Industry	100.3	108.2	110.0
造纸工业	Paper Industry	99.5	98.9	99.1
文教艺术用品工业	Cultural, Educational & Handicrafts Articals	100.0	87.5	87.7
其它工业	Other Industry	100.1	99.3	99.6

3-26 工业生产者出厂价格月度指数
Monthly Producer Price Indices for Industrial Products
(2015年7月)

项 目	Item	环比	同比	累计比
工业生产者出厂价格指数	**Producer Price Indices for Industrial Products**	**99.0**	**89.8**	**90.4**
#轻工业	Light Industry	99.6	97.6	97.6
以农产品为原料	Using Farm Products as Raw Materials	99.9	98.3	97.3
以非农产品为原料	Using Non-farm Products as Raw Materials	99.4	96.8	97.8
重工业	Heavy Industry	98.8	88.3	89.1
采 掘	Mining and Quarying Industry	95.4	63.5	63.7
原 料	Raw Materials Industry	98.7	84.2	85.2
加 工	Processing Industry	99.3	93.8	94.5
#生产资料	Means of Production	98.8	87.7	88.5
采 掘	Mining and Quarying Industry	95.4	63.5	63.7
原 料	Raw Materials Industry	98.6	83.9	84.9
加 工	Processing Industry	99.2	93.5	94.1
生活资料	Consumer Goods	99.7	97.6	98.0
食 品	Food	99.7	98.1	96.8
衣 着	Clothing	100.1	102.1	101.3
一般日用品	Articles for Daily Use	100.1	100.7	100.9
耐用消费品	Durable Consumer Goods	99.5	95.5	97.1
按工业部门分	**By Industrial Sector**			
冶金工业	Metallurgical Industry	97.8	83.6	85.6
电力工业	Power Industry	100.0	98.1	100.3
煤炭及炼焦工业	Coal Industry	99.5	77.7	82.6
石油工业	Petroleum Industry	96.4	68.0	68.2
化学工业	Chemical Industry	99.7	94.2	94.7
机械工业	Mechine Building Industry	99.9	98.1	97.7
建筑材料工业	Building Materials Industry	99.5	99.4	99.1
森林工业	Timber Industry	99.9	100.3	100.4
食品工业	Food Industry	99.9	97.3	95.9
纺织工业	Textile Industry	99.4	96.3	96.8
缝纫工业	Tailoring Industry	100.1	101.5	100.2
皮革工业	Leather Industry	99.9	107.6	109.7
造纸工业	Paper Industry	99.5	98.5	99.0
文教艺术用品工业	Cultural, Educational & Handicrafts Articals	95.2	83.2	87.1
其它工业	Other Industry	99.5	98.9	99.5

3-27 工业生产者出厂价格月度指数
Monthly Producer Price Indices for Industrial Products
(2015年8月)

项目	Item	环比	同比	累计比
工业生产者出厂价格指数	**Producer Price Indices for Industrial Products**	**99.0**	**89.3**	**90.3**
#轻工业	Light Industry	100.0	97.6	97.6
以农产品为原料	Using Farm Products as Raw Materials	100.0	98.7	97.5
以非农产品为原料	Using Non-farm Products as Raw Materials	100.0	96.6	97.7
重工业	Heavy Industry	98.8	87.7	88.9
采 掘	Mining and Quarying Industry	91.9	59.3	63.2
原 料	Raw Materials Industry	97.9	83.4	84.9
加 工	Processing Industry	99.8	93.9	94.4
#生产资料	Means of Production	98.7	87.2	88.3
采 掘	Mining and Quarying Industry	91.9	59.3	63.2
原 料	Raw Materials Industry	97.9	83.1	84.7
加 工	Processing Industry	99.8	93.6	94.0
生活资料	Consumer Goods	100.0	97.7	98.0
食 品	Food	100.0	98.6	97.0
衣 着	Clothing	100.3	102.2	101.4
一般日用品	Articles for Daily Use	99.9	100.5	100.8
耐用消费品	Durable Consumer Goods	100.0	95.4	96.9
按工业部门分	**By Industrial Sector**			
冶金工业	Metallurgical Industry	99.5	84.1	85.4
电力工业	Power Industry	100.0	98.2	100.0
煤炭及炼焦工业	Coal Industry	98.6	77.4	81.9
石油工业	Petroleum Industry	92.9	64.4	67.7
化学工业	Chemical Industry	99.0	93.0	94.5
机械工业	Mechine Building Industry	99.9	97.8	97.7
建筑材料工业	Building Materials Industry	99.6	99.6	99.2
森林工业	Timber Industry	100.1	100.0	100.3
食品工业	Food Industry	99.9	97.9	96.1
纺织工业	Textile Industry	99.7	96.3	96.7
缝纫工业	Tailoring Industry	100.1	101.6	100.4
皮革工业	Leather Industry	101.9	107.4	109.4
造纸工业	Paper Industry	100.4	98.9	99.0
文教艺术用品工业	Cultural, Educational & Handicrafts Articals	99.9	83.2	86.6
其它工业	Other Industry	99.9	99.0	99.4

3-28 工业生产者出厂价格月度指数
Monthly Producer Price Indices for Industrial Products
（2015年9月）

项 目	Item	环比	同比	累计比
工业生产者出厂价格指数	**Producer Price Indices for Industrial Products**	**99.3**	**90.0**	**90.2**
#轻工业	Light Industry	99.5	97.8	97.6
以农产品为原料	Using Farm Products as Raw Materials	99.3	98.6	97.6
以非农产品为原料	Using Non-farm Products as Raw Materials	99.8	97.0	97.6
重工业	Heavy Industry	99.3	88.5	88.8
采 掘	Mining and Quarying Industry	94.2	59.9	62.8
原 料	Raw Materials Industry	99.9	84.2	84.9
加 工	Processing Industry	99.5	94.3	94.4
#生产资料	Means of Production	99.2	87.9	88.3
采 掘	Mining and Quarying Industry	94.2	59.9	62.8
原 料	Raw Materials Industry	99.9	83.9	84.6
加 工	Processing Industry	99.5	94.1	94.0
生活资料	Consumer Goods	99.6	97.8	97.9
食 品	Food	98.9	98.2	97.1
衣 着	Clothing	100.2	102.4	101.5
一般日用品	Articles for Daily Use	99.8	100.3	100.7
耐用消费品	Durable Consumer Goods	99.9	95.9	96.8
按工业部门分	**By Industrial Sector**			
冶金工业	Metallurgical Industry	98.9	84.9	85.4
电力工业	Power Industry	100.0	98.2	99.8
煤炭及炼焦工业	Coal Industry	99.5	77.3	81.4
石油工业	Petroleum Industry	95.9	64.7	67.4
化学工业	Chemical Industry	99.4	92.4	94.2
机械工业	Mechine Building Industry	100.2	98.7	97.8
建筑材料工业	Building Materials Industry	99.6	98.8	99.1
森林工业	Timber Industry	100.0	100.0	100.3
食品工业	Food Industry	98.8	97.6	96.3
纺织工业	Textile Industry	101.5	98.3	96.9
缝纫工业	Tailoring Industry	100.2	102.0	100.6
皮革工业	Leather Industry	100.3	106.7	109.1
造纸工业	Paper Industry	99.6	98.1	98.9
文教艺术用品工业	Cultural, Educational & Handicrafts Articals	100.1	86.1	86.5
其它工业	Other Industry	99.9	99.1	99.4

3-29 工业生产者出厂价格月度指数
Monthly Producer Price Indices for Industrial Products
(2015年10月)

项 目	Item	环比	同比	累计比
工业生产者出厂价格指数	**Producer Price Indices for Industrial Products**	**99.4**	**90.3**	**90.2**
#轻工业	Light Industry	100.1	97.6	97.6
以农产品为原料	Using Farm Products as Raw Materials	100.0	98.4	97.7
以非农产品为原料	Using Non-farm Products as Raw Materials	100.1	96.8	97.5
重工业	Heavy Industry	99.2	88.8	88.8
采 掘	Mining and Quarying Industry	99.5	63.1	62.8
原 料	Raw Materials Industry	99.2	84.7	84.8
加 工	Processing Industry	99.2	94.0	94.4
#生产资料	Means of Production	99.2	88.3	88.3
采 掘	Mining and Quarying Industry	99.5	63.1	62.8
原 料	Raw Materials Industry	99.2	84.4	84.6
加 工	Processing Industry	99.2	93.7	94.0
生活资料	Consumer Goods	100.0	97.7	97.9
食 品	Food	100.0	98.0	97.2
衣 着	Clothing	100.0	101.8	101.5
一般日用品	Articles for Daily Use	100.0	100.2	100.7
耐用消费品	Durable Consumer Goods	100.1	95.9	96.7
按工业部门分	**By Industrial Sector**			
冶金工业	Metallurgical Industry	98.5	84.8	85.3
电力工业	Power Industry	100.0	98.8	99.7
煤炭及炼焦工业	Coal Industry	99.5	79.2	81.2
石油工业	Petroleum Industry	100.0	67.5	67.4
化学工业	Chemical Industry	99.8	92.4	94.0
机械工业	Mechine Building Industry	99.4	98.2	97.9
建筑材料工业	Building Materials Industry	100.0	98.6	99.1
森林工业	Timber Industry	100.0	99.9	100.3
食品工业	Food Industry	100.0	97.3	96.4
纺织工业	Textile Industry	100.7	99.8	97.2
缝纫工业	Tailoring Industry	100.0	101.3	100.7
皮革工业	Leather Industry	100.0	105.9	108.7
造纸工业	Paper Industry	100.2	98.2	98.8
文教艺术用品工业	Cultural, Educational & Handicrafts Articals	99.9	86.0	86.5
其它工业	Other Industry	100.2	99.4	99.4

3-30 工业生产者出厂价格月度指数
Monthly Producer Price Indices for Industrial Products
(2015年11月)

项　　目	Item	环比	同比	累计比
工业生产者出厂价格指数	**Producer Price Indices for Industrial Products**	**99.2**	**90.6**	**90.3**
#轻工业	Light Industry	100.0	97.8	97.6
以农产品为原料	Using Farm Products as Raw Materials	99.9	98.5	97.7
以非农产品为原料	Using Non-farm Products as Raw Materials	100.0	97.1	97.5
重工业	Heavy Industry	99.1	89.2	88.9
采　掘	Mining and Quarying Industry	99.0	67.6	63.2
原　料	Raw Materials Industry	98.4	85.0	84.9
加　工	Processing Industry	99.4	93.6	94.3
#生产资料	Means of Production	99.0	88.8	88.3
采　掘	Mining and Quarying Industry	99.0	67.6	63.2
原　料	Raw Materials Industry	98.4	84.8	84.6
加　工	Processing Industry	99.3	93.4	93.9
生活资料	Consumer Goods	100.0	97.7	97.9
食　品	Food	100.1	98.3	97.3
衣　着	Clothing	100.0	101.5	101.5
一般日用品	Articles for Daily Use	100.0	100.0	100.6
耐用消费品	Durable Consumer Goods	99.9	95.8	96.6
按工业部门分	**By Industrial Sector**			
冶金工业	Metallurgical Industry	97.2	83.1	85.1
电力工业	Power Industry	100.2	99.0	99.6
煤炭及炼焦工业	Coal Industry	99.9	80.6	81.2
石油工业	Petroleum Industry	99.1	71.6	67.7
化学工业	Chemical Industry	99.8	93.4	94.0
机械工业	Mechine Building Industry	100.0	98.1	97.9
建筑材料工业	Building Materials Industry	99.6	97.5	98.9
森林工业	Timber Industry	100.0	100.1	100.2
食品工业	Food Industry	99.9	97.5	96.5
纺织工业	Textile Industry	100.0	99.9	97.4
缝纫工业	Tailoring Industry	100.0	101.1	100.7
皮革工业	Leather Industry	100.1	104.7	108.3
造纸工业	Paper Industry	99.9	98.3	98.8
文教艺术用品工业	Cultural, Educational & Handicrafts Articals	100.1	87.7	86.6
其它工业	Other Industry	100.0	98.5	99.3

3-31 工业生产者出厂价格月度指数
Monthly Producer Price Indices for Industrial Products
(2015年12月)

项　目	Item	环比	同比	累计比
工业生产者出厂价格指数	**Producer Price Indices for Industrial Products**	**98.6**	**90.7**	**90.3**
#轻工业	Light Industry	99.9	98.1	97.7
以农产品为原料	Using Farm Products as Raw Materials	100.1	99.1	97.8
以非农产品为原料	Using Non-farm Products as Raw Materials	99.6	97.3	97.5
重工业	Heavy Industry	98.3	89.2	88.9
采　掘	Mining and Quarying Industry	93.6	69.5	63.6
原　料	Raw Materials Industry	97.7	85.8	84.9
加　工	Processing Industry	98.9	92.8	94.2
#生产资料	Means of Production	98.1	88.7	88.3
采　掘	Mining and Quarying Industry	93.6	69.5	63.6
原　料	Raw Materials Industry	97.6	85.6	84.7
加　工	Processing Industry	98.8	92.4	93.8
生活资料	Consumer Goods	100.0	98.0	97.9
食　品	Food	100.2	99.2	97.5
衣　着	Clothing	100.0	101.4	101.5
一般日用品	Articles for Daily Use	100.0	100.3	100.6
耐用消费品	Durable Consumer Goods	99.9	96.0	96.6
按工业部门分	**By Industrial Sector**			
冶金工业	Metallurgical Industry	96.6	81.0	84.8
电力工业	Power Industry	100.1	98.6	99.5
煤炭及炼焦工业	Coal Industry	99.5	82.7	81.3
石油工业	Petroleum Industry	95.1	74.7	68.2
化学工业	Chemical Industry	99.6	95.1	94.1
机械工业	Mechine Building Industry	99.5	97.5	97.9
建筑材料工业	Building Materials Industry	100.6	98.3	98.9
森林工业	Timber Industry	99.9	100.0	100.2
食品工业	Food Industry	100.1	98.4	96.6
纺织工业	Textile Industry	99.5	99.0	97.6
缝纫工业	Tailoring Industry	99.9	101.2	100.7
皮革工业	Leather Industry	100.5	103.8	107.9
造纸工业	Paper Industry	100.3	99.0	98.8
文教艺术用品工业	Cultural, Educational & Handicrafts Articals	100.0	91.4	86.9
其它工业	Other Industry	99.9	98.8	99.3

3-32 工业生产者购进价格指数
Purchasing Price Indices for Industrial Producers
(2011-2015)

(上年=100) (Preceding Year=100)

项 目	Item	2011	2012	2013	2014	2015
工业生产者购进价格指数	**Purchasing Price Indices for Industrial Producers**	**109.7**	**97.1**	**97.4**	**97.1**	**92.4**
燃料、动力类	Fuels and Power	113.3	101.3	95.9	97.0	81.7
黑色金属材料类	Ferrous Metals	110.6	91.7	95.7	93.8	86.3
#钢 材	Rolled-Steel	108.5	94.0	96.5	97.0	89.8
其 它	Others	113.9	88.3	94.3	88.9	80.6
有色金属材料和电线类	Nonferrous Metals	110.2	91.5	95.0	95.2	94.6
化工原料类	Raw Chemical Materials	112.6	98.4	97.9	99.0	93.1
木材及纸浆类	Timber and Paper Pulp	106.4	102.1	97.3	100.4	98.7
建筑材料及非金属矿类	Building Materials	104.4	97.8	97.7	96.9	93.9
其它工业原材料及半成品类	Other Industrical Raw Materials and Semi-products	104.4	98.8	97.9	97.4	96.9
农副产品类	Agricultural Products	125.1	93.2	97.8	97.9	94.1
纺织原料类	Textile Materials	110.7	96.3	101.4	99.6	99.7

3-33 工业生产者购进价格月度指数
Monthly Purchasing Price Indices for Industrial Producers
(2015年1月)

项 目	Item	环比	同比	累计比
工业生产者购进价格指数	**Purchasing Price Indices for Industrial Producers**	**98.3**	**93.4**	**93.4**
燃料、动力类	Fuels and Power	94.2	83.6	83.6
黑色金属材料类	Ferrous Metals	98.1	88.2	88.2
#钢 材	Rolled-Steel	98.4	94.0	94.0
其 它	Others	97.6	79.4	79.4
有色金属材料和电线类	Nonferrous Metals	99.1	95.0	95.0
化工原料类	Raw Chemical Materials	97.1	93.7	93.7
木材及纸浆类	Timber and Paper Pulp	99.7	100.6	100.6
建筑材料及非金属矿类	Building Materials	99.3	95.6	95.6
其它工业原材料及半成品类	Other Industrical Raw Materials and Semi-products	99.8	97.5	97.5
农副产品类	Agricultural Products	98.3	95.9	95.9
纺织原料类	Textile Materials	99.6	99.3	99.3

3-34 工业生产者购进价格月度指数
Monthly Purchasing Price Indices for Industrial Producers
(2015年2月)

项 目	Item	环比	同比	累计比
工业生产者购进价格指数	**Purchasing Price Indices for Industrial Producers**	**98.7**	**92.6**	**93.0**
燃料、动力类	Fuels and Power	95.0	80.2	81.9
黑色金属材料类	Ferrous Metals	98.6	87.6	87.9
#钢 材	Rolled-Steel	98.4	92.7	93.3
其 它	Others	98.9	79.6	79.5
有色金属材料和电线类	Nonferrous Metals	99.5	96.1	95.5
化工原料类	Raw Chemical Materials	98.7	92.6	93.1
木材及纸浆类	Timber and Paper Pulp	99.6	100.2	100.4
建筑材料及非金属矿类	Building Materials	99.9	95.8	95.7
其它工业原材料及半成品类	Other Industrial Raw Materials and Semi-products	99.5	97.3	97.4
农副产品类	Agricultural Products	99.0	94.4	95.1
纺织原料类	Textile Materials	100.0	99.6	99.5

3-35 工业生产者购进价格月度指数
Monthly Purchasing Price Indices for Industrial Producers
(2015年3月)

项 目	Item	环比	同比	累计比
工业生产者购进价格指数	**Purchasing Price Indices for Industrial Producers**	**99.9**	**93.0**	**93.0**
燃料、动力类	Fuels and Power	102.9	82.4	82.1
黑色金属材料类	Ferrous Metals	98.6	86.9	87.6
#钢 材	Rolled-Steel	99.3	92.2	93.0
其 它	Others	97.3	78.6	79.2
有色金属材料和电线类	Nonferrous Metals	99.1	97.4	96.2
化工原料类	Raw Chemical Materials	100.6	93.9	93.4
木材及纸浆类	Timber and Paper Pulp	99.5	99.6	100.1
建筑材料及非金属矿类	Building Materials	99.6	96.2	95.9
其它工业原材料及半成品类	Other Industrial Raw Materials and Semi-products	99.8	97.5	97.4
农副产品类	Agricultural Products	97.3	92.6	94.3
纺织原料类	Textile Materials	99.9	99.9	99.6

3-36 工业生产者购进价格月度指数
Monthly Purchasing Price Indices for Industrial Producers
(2015年4月)

项　目	Item	环比	同比	累计比
工业生产者购进价格指数	**Purchasing Price Indices for Industrial Producers**	**99.7**	**93.0**	**93.0**
燃料、动力类	Fuels and Power	98.9	81.9	82.0
黑色金属材料类	Ferrous Metals	98.8	85.9	87.2
#钢　材	Rolled-Steel	98.8	91.0	92.5
其　它	Others	98.9	77.9	78.9
有色金属材料和电线类	Nonferrous Metals	100.1	98.4	96.7
化工原料类	Raw Chemical Materials	100.8	94.8	93.7
木材及纸浆类	Timber and Paper Pulp	100.0	99.5	100.0
建筑材料及非金属矿类	Building Materials	99.7	95.9	95.9
其它工业原材料及半成品类	Other Industrial Raw Materials and Semi-products	100.0	97.5	97.5
农副产品类	Agricultural Products	100.0	93.1	94.0
纺织原料类	Textile Materials	100.0	100.0	99.7

3-37 工业生产者购进价格月度指数
Monthly Purchasing Price Indices for Industrial Producers
(2015年5月)

项　目	Item	环比	同比	累计比
工业生产者购进价格指数	**Purchasing Price Indices for Industrial Producers**	**99.8**	**93.1**	**93.0**
燃料、动力类	Fuels and Power	100.2	82.9	82.2
黑色金属材料类	Ferrous Metals	99.2	87.2	87.2
#钢　材	Rolled-Steel	99.1	90.3	92.0
其　它	Others	99.4	82.2	79.5
有色金属材料和电线类	Nonferrous Metals	100.9	97.4	96.8
化工原料类	Raw Chemical Materials	100.6	95.4	94.0
木材及纸浆类	Timber and Paper Pulp	100.0	99.2	99.8
建筑材料及非金属矿类	Building Materials	98.6	94.6	95.6
其它工业原材料及半成品类	Other Industrial Raw Materials and Semi-products	99.5	97.1	97.4
农副产品类	Agricultural Products	100.3	92.3	93.7
纺织原料类	Textile Materials	100.0	99.8	99.7

3-38 工业生产者购进价格月度指数
Monthly Purchasing Price Indices for Industrial Producers
(2015年6月)

项 目	Item	环比	同比	累计比
工业生产者购进价格指数	**Purchasing Price Indices for Industrial Producers**	**99.7**	**92.9**	**93.0**
燃料、动力类	Fuels and Power	100.3	82.6	82.3
黑色金属材料类	Ferrous Metals	98.8	86.7	87.1
#钢 材	Rolled-Steel	98.8	89.2	91.6
其 它	Others	98.7	82.4	80.0
有色金属材料和电线类	Nonferrous Metals	98.6	96.1	96.7
化工原料类	Raw Chemical Materials	99.6	94.7	94.2
木材及纸浆类	Timber and Paper Pulp	100.0	98.4	99.6
建筑材料及非金属矿类	Building Materials	98.9	94.0	95.3
其它工业原材料及半成品类	Other Industrial Raw Materials and Semi-products	99.7	97.0	97.3
农副产品类	Agricultural Products	101.5	93.3	93.6
纺织原料类	Textile Materials	100.1	100.1	99.8

3-39 工业生产者购进价格月度指数
Monthly Purchasing Price Indices for Industrial Producers
(2015年7月)

项 目	Item	环比	同比	累计比
工业生产者购进价格指数	**Purchasing Price Indices for Industrial Producers**	99.2	92.2	92.9
燃料、动力类	Fuels and Power	98.9	81.8	82.2
黑色金属材料类	Ferrous Metals	98.0	86.2	87.0
#钢 材	Rolled-Steel	98.6	89.1	91.2
其 它	Others	96.8	81.4	80.2
有色金属材料和电线类	Nonferrous Metals	99.1	94.0	96.3
化工原料类	Raw Chemical Materials	99.5	93.5	94.1
木材及纸浆类	Timber and Paper Pulp	100.1	98.5	99.4
建筑材料及非金属矿类	Building Materials	99.0	92.6	95.0
其它工业原材料及半成品类	Other Industrial Raw Materials and Semi-products	99.2	96.4	97.2
农副产品类	Agricultural Products	100.9	93.6	93.6
纺织原料类	Textile Materials	100.0	100.1	99.8

3-40 工业生产者购进价格月度指数
Monthly Purchasing Price Indices for Industrial Producers
(2015年8月)

项　　目	Item	环比	同比	累计比
工业生产者购进价格指数	**Purchasing Price Indices for Industrial Producers**	99.4	91.8	92.7
燃料、动力类	Fuels and Power	97.6	80.0	81.9
黑色金属材料类	Ferrous Metals	99.3	86.1	86.9
#钢　　材	Rolled-Steel	99.0	88.4	90.9
其　　它	Others	99.7	82.3	80.4
有色金属材料和电线类	Nonferrous Metals	98.9	93.1	95.9
化工原料类	Raw Chemical Materials	98.4	91.8	93.8
木材及纸浆类	Timber and Paper Pulp	100.0	98.1	99.3
建筑材料及非金属矿类	Building Materials	99.4	92.0	94.6
其它工业原材料及半成品类	Other Industrial Raw Materials and Semi-products	100.0	96.7	97.1
农副产品类	Agricultural Products	101.5	94.8	93.8
纺织原料类	Textile Materials	100.0	99.7	99.8

3-41 工业生产者购进价格月度指数
Monthly Purchasing Price Indices for Industrial Producers
(2015年9月)

项　　目	Item	环比	同比	累计比
工业生产者购进价格指数	**Purchasing Price Indices for Industrial Producers**	99.2	91.6	92.6
燃料、动力类	Fuels and Power	97.3	79.1	81.6
黑色金属材料类	Ferrous Metals	98.4	85.7	86.7
#钢　　材	Rolled-Steel	99.0	88.0	90.6
其　　它	Others	97.4	81.9	80.6
有色金属材料和电线类	Nonferrous Metals	99.2	92.0	95.5
化工原料类	Raw Chemical Materials	98.9	91.3	93.5
木材及纸浆类	Timber and Paper Pulp	100.0	98.0	99.1
建筑材料及非金属矿类	Building Materials	100.3	92.8	94.4
其它工业原材料及半成品类	Other Industrial Raw Materials and Semi-products	99.8	96.8	97.1
农副产品类	Agricultural Products	100.1	96.4	94.0
纺织原料类	Textile Materials	99.7	99.3	99.8

3-42 工业生产者购进价格月度指数

Monthly Purchasing Price Indices for Industrial Producers

(2015年10月)

项 目	Item	环比	同比	累计比
工业生产者购进价格指数	**Purchasing Price Indices for Industrial Producers**	99.4	91.5	92.5
燃料、动力类	Fuels and Power	99.2	79.6	81.4
黑色金属材料类	Ferrous Metals	98.7	85.7	86.6
#钢 材	Rolled-Steel	99.0	88.1	90.3
其 它	Others	98.0	81.6	80.7
有色金属材料和电线类	Nonferrous Metals	99.6	93.3	95.3
化工原料类	Raw Chemical Materials	99.1	91.1	93.3
木材及纸浆类	Timber and Paper Pulp	99.6	97.6	99.0
建筑材料及非金属矿类	Building Materials	99.6	92.7	94.2
其它工业原材料及半成品类	Other Industrial Raw Materials and Semi-products	99.8	96.7	97.0
农副产品类	Agricultural Products	98.5	93.5	94.0
纺织原料类	Textile Materials	100.4	99.5	99.7

3-43 工业生产者购进价格月度指数

Monthly Purchasing Price Indices for Industrial Producers

(2015年11月)

项 目	Item	环比	同比	累计比
工业生产者购进价格指数	**Purchasing Price Indices for Industrial Producers**	99.3	91.8	92.4
燃料、动力类	Fuels and Power	99.4	82.2	81.5
黑色金属材料类	Ferrous Metals	98.9	85.4	86.5
#钢 材	Rolled-Steel	98.7	87.5	90.1
其 它	Others	99.4	82.0	80.8
有色金属材料和电线类	Nonferrous Metals	97.9	91.9	95.0
化工原料类	Raw Chemical Materials	99.7	91.8	93.1
木材及纸浆类	Timber and Paper Pulp	99.4	97.6	98.8
建筑材料及非金属矿类	Building Materials	99.8	92.3	94.0
其它工业原材料及半成品类	Other Industrial Raw Materials and Semi-products	99.4	96.1	97.0
农副产品类	Agricultural Products	98.6	95.4	94.1
纺织原料类	Textile Materials	99.8	99.3	99.7

3-44 工业生产者购进价格月度指数

Monthly Purchasing Price Indices for Industrial Producers

(2015年12月)

项　　目	Item	环比	同比	累计比
工业生产者购进价格指数	**Purchasing Price Indices for Industrial Producers**	98.8	91.7	92.4
燃料、动力类	Fuels and Power	99.0	83.8	81.7
黑色金属材料类	Ferrous Metals	97.3	83.9	86.3
#钢　　材	Rolled-Steel	98.8	86.8	89.8
其　　它	Others	94.8	79.2	80.6
有色金属材料和电线类	Nonferrous Metals	98.0	90.4	94.6
化工原料类	Raw Chemical Materials	98.9	92.2	93.1
木材及纸浆类	Timber and Paper Pulp	99.8	97.5	98.7
建筑材料及非金属矿类	Building Materials	97.5	92.0	93.9
其它工业原材料及半成品类	Other Industrial Raw Materials and Semi-products	99.3	95.9	96.9
农副产品类	Agricultural Products	98.3	94.5	94.1
纺织原料类	Textile Materials	99.9	99.3	99.7

3-45 固定资产投资价格指数

Price Indices of Investment in Fixed Assets

(2011-2015)

(上年=100) (Preceding Year=100)

项　　目	Item	2011	2012	2013	2014	2015
固定资产投资价格指数	**Price Indices of Investment in Fixed Assets**	**105.7**	**100.0**	**99.5**	**100.5**	**99.9**
建筑安装、装饰工程	Construction and Installation	109.0	100.1	99.3	100.5	99.6
#人工费	Labour Cost	109.7	111.3	107.9	106.7	105.4
材料费	Material Expenses	109.5	97.6	97.0	98.7	98.1
机械费	Machine	103.7	102.7	102.1	101.8	100.2
设备工器具购置	Pruchase of Equipment, Tools and Instruments	99.8	98.3	98.8	99.3	**99.3**
其它费用	Others	102.1	101.1	100.6	101.6	101.2

3-46 住宅销售价格指数
Housing Price Indices of Residential Buildings
(2015年1-12月)

(上年同月=100) (same month of preceding year=100)

项 目	Item	1月	2月	3月	4月	5月	6月
新建住宅	**Newly Construsted Residential Buildings**	**96.4**	**96.0**	**95.9**	**95.9**	**96.1**	**96.9**
新建商品住宅	Newly Construsted Commercial Residential Buildings	95.9	95.4	95.3	95.3	95.5	96.5
90平方米以下	$90m^2$ and below	96.4	96.2	96.5	96.8	97.3	98.0
90-144平方米	$90\text{-}144m^2$	96.1	95.4	95.4	95.2	95.4	96.3
144平方米以上	Above $144m^2$	95.1	94.7	94.0	93.9	93.8	95.2
二手住宅	**Second-Hand Residential Buildings**	**97.2**	**96.7**	**96.4**	**96.2**	**96.5**	**97.0**
90平方米以下	$90m^2$ and below	98.3	97.8	97.5	97.3	97.6	98.2
90-144平方米	$90\text{-}144m^2$	96.5	95.7	95.4	95.0	95.3	95.8
144平方米以上	Above $144m^2$	94.9	94.7	94.3	94.4	94.9	95.6

3-46 续表 continued

(上年同月=100) (same month of preceding year=100)

项 目	Item	7月	8月	9月	10月	11月	12月
新建住宅	**Newly Construsted Residential Buildings**	**97.8**	**99.0**	**100.3**	**101.3**	**102.1**	**103.1**
新建商品住宅	Newly Construsted Commercial Residential Buildings	97.5	98.8	100.3	101.4	102.2	103.4
90平方米以下	$90m^2$ and below	99.1	100.1	101.7	102.8	103.4	104.3
90-144平方米	$90\text{-}144m^2$	97.1	98.7	99.8	100.8	101.7	102.8
144平方米以上	Above $144m^2$	96.4	97.7	99.6	100.9	101.9	103.5
二手住宅	**Second-Hand Residential Buildings**	**98.4**	**100.0**	**101.5**	**101.9**	**103.1**	**103.8**
90平方米以下	$90m^2$ and below	99.6	101.3	102.7	102.9	103.9	104.3
90-144平方米	$90\text{-}144m^2$	96.9	98.3	100.0	100.5	102.0	103.0
144平方米以上	Above $144m^2$	97.2	99.0	100.5	101.5	102.9	103.4

3-47 各省(区、市)工业生产者出厂价格指数

Producer Price Indices for Industrial Products by Region (2011-2015)

(上年=100) (Preceding Year=100)

地区	Region	2011	2012	2013	2014	2015
全国	**National**	**106.0**	**98.3**	**98.1**	**98.1**	**94.8**
北京	Beijing	102.3	98.4	97.4	99.1	96.9
天津	Tianjin	103.8	97.0	97.0	96.3	90.3
河北	Hebei	107.7	94.7	96.6	95.2	89.1
山西	Shanxi	107.5	94.5	90.7	91.4	87.7
内蒙古	Inner Mongolia	107.8	100.2	97.0	97.3	94.0
辽宁	Liaoning	106.5	99.9	99.0	98.2	93.9
吉林	Jilin	105.4	99.1	98.7	99.1	95.3
黑龙江	Heilongjiang	112.0	100.0	98.0	97.1	86.0
上海	Shanghai	102.9	98.4	98.2	98.9	96.1
江苏	Jiangsu	106.2	97.1	98.0	98.3	95.3
浙江	Zhejiang	105.0	97.3	98.2	98.8	96.4
安徽	Anhui	108.3	98.3	98.2	97.4	93.9
福建	Fujian	103.9	98.7	98.4	98.6	97.0
江西	Jiangxi	111.3	96.5	98.5	97.8	93.7
山东	Shandong	106.0	98.4	98.4	98.4	95.2
河南	Henan	107.2	99.4	98.5	98.1	95.4
湖北	Hubei	106.6	100.3	99.2	98.4	96.7
湖南	Hunan	108.5	99.1	98.5	98.4	96.3
广东	Guangdong	103.7	99.5	98.8	98.9	96.8
广西	Guangxi	108.5	97.8	98.2	98.4	97.0
海南	Hainan	108.8	100.8	99.5	97.6	89.8
四川	Sichuan	107.3	98.6	98.7	98.7	96.4
贵州	Guizhou	105.4	101.0	97.4	98.3	96.1
云南	Yunnan	104.7	97.9	97.5	97.8	94.9
西藏	Tibet	104.3	99.7	99.8	99.0	93.2
重庆	Chongqing	103.8	99.9	98.0	98.3	97.2
陕西	Shaanxi	107.2	100.7	97.3	97.1	90.8
甘肃	Gansu	111.0	96.8	96.9	96.7	87.0
青海	Qinghai	107.4	96.9	97.0	96.1	93.1
宁夏	Ningxia	109.5	97.4	96.0	96.3	93.7
新疆	Xinjiang	114.8	96.9	96.5	96.2	82.4

3-48 各省(区、市)工业生产者购进价格指数
Purchasing Price Indices for Industrial Producers by Region (2011-2015)

(上年=100) (Preceding Year=100)

地 区	Region	2011	2012	2013	2014	2015
全 国	**National**	**109.1**	**98.2**	**98.0**	**97.8**	**93.9**
北 京	Beijing	108.4	98.7	97.8	98.8	93.7
天 津	Tianjin	109.7	97.1	97.4	97.1	92.4
河 北	Hebei	110.9	96.2	97.6	95.6	90.3
山 西	Shanxi	108.1	98.1	95.5	96.2	93.1
内蒙古	Inner Mongolia	106.1	102.0	99.3	98.4	95.9
辽 宁	Liaoning	108.3	99.0	98.5	98.0	93.5
吉 林	Jilin	106.1	99.3	99.4	99.2	96.6
黑龙江	Heilongjiang	111.1	98.8	98.7	97.6	88.2
上 海	Shanghai	107.5	94.7	96.5	95.9	90.6
江 苏	Jiangsu	108.9	95.8	97.1	97.0	92.1
浙 江	Zhejiang	108.3	96.7	97.7	98.2	94.5
安 徽	Anhui	110.8	98.2	96.9	97.2	93.5
福 建	Fujian	108.0	97.7	98.4	98.3	96.1
江 西	Jiangxi	112.4	98.3	98.4	98.4	93.6
山 东	Shandong	109.2	99.2	98.4	98.2	95.0
河 南	Henan	110.1	99.2	99.3	98.4	95.4
湖 北	Hubei	111.5	98.9	98.2	97.8	92.8
湖 南	Hunan	110.8	100.1	98.4	97.9	94.5
广 东	Guangdong	107.3	99.5	98.2	98.8	95.3
广 西	Guangxi	110.0	99.2	98.9	98.2	95.7
海 南	Hainan	115.3	99.6	97.0	99.0	88.5
四 川	Sichuan	112.6	100.0	99.2	98.7	96.7
贵 州	Guizhou	115.0	102.3	96.4	98.6	97.5
云 南	Yunnan	108.0	99.3	98.8	99.0	96.9
西 藏	Tibet					
重 庆	Chongqing	105.7	99.5	97.6	98.1	97.1
陕 西	Shaanxi	109.6	100.0	99.3	98.5	95.2
甘 肃	Gansu	115.1	98.7	97.8	97.6	87.0
青 海	Qinghai	107.0	98.6	98.8	97.6	97.7
宁 夏	Ningxia	112.8	99.5	97.0	97.0	92.1
新 疆	Xinjiang	117.8	97.9	97.8	97.5	84.3

3-49 全国十九城市工业生产者出厂价格指数
Producer Price Indices for Industrial Products in 19 Cities (2011-2015)

(上年=100) (Preceding Year=100)

地区	Region	2011	2012	2013	2014	2015
上海	Shanghai	102.9	98.4	98.2	98.9	96.1
北京	Beijing	102.3	98.4	97.4	99.1	96.9
天津	Tianjin	103.8	97.0	97.0	96.3	90.3
重庆	Chongqing	103.8	99.9	98.0	98.3	97.2
广州	Guangzhou	103.1	99.7	98.0	98.2	96.8
武汉	Wuhan	106.0	101.1			
南京	Nanjing	104.3	97.3	97.0	97.3	90.5
沈阳	Shenyang	104.7	100.1	99.3	98.8	98.2
西安	Xi'an	102.5	100.5	99.5	99.5	98.5
哈尔滨	Harbin	105.8	102.7	98.5	98.8	95.3
杭州	Hangzhou	104.7	97.2			96.5
宁波	Ningbo	105.9	97.0	96.7	97.8	94.0
青岛	Tsingtao	104.9	98.6	98.8	99.2	97.0
大连	Dalian	107.7	100.0	98.0	97.6	94.1
厦门	Xiamen	100.2	95.8	95.1	96.8	95.4
成都	Chengdu	105.9	99.3	98.8	99.3	98.0
济南	Jinan	105.3	98.4	98.8	99.0	95.0
深圳	Shenzhen	101.8	99.9	98.0	99.1	97.6
长春	Changchun	102.7	101.8	100.4	100.1	98.4

3-50 全国十九城市工业生产者购进价格指数
Purchasing Price Indices for Industrial Producers in 19 Cities (2011-2015)

(上年=100) (Preceding Year=100)

地区	Region	2011	2012	2013	2014	2015
上海	Shanghai	107.5	94.7	96.5	95.9	90.6
北京	Beijing	108.4	98.7	97.8	98.8	93.7
天津	Tianjin	109.7	97.1	97.4	97.1	92.4
重庆	Chongqing	105.7	99.5	97.6	98.1	97.1
广州	Guangzhou	109.1	98.4	98.2	98.0	93.7
武汉	Wuhan	109.2	100.0		98.4	
南京	Nanjing	107.8	99.2	96.5	97.6	90.8
沈阳	Shenyang	109.6	99.3	97.2	96.9	92.8
西安	Xi'an	108.8	97.2	97.2	99.5	94.5
哈尔滨	Harbin	107.1	100.4	100.5	98.3	91.0
杭州	Hangzhou	110.8	94.6			92.9
宁波	Ningbo	108.6	97.0	96.3	97.5	92.4
青岛	Tsingtao	109.4	97.0	96.5	97.4	94.2
大连	Dalian	110.4	98.3	97.7	97.6	89.7
厦门	Xiamen					
成都	Chengdu	110.0	100.2	98.2	99.1	97.2
济南	Jinan	108.2	99.4	97.8	98.0	92.7
深圳	Shenzhen	105.9	100.0	98.3	99.6	96.5
长春	Changchun	104.3	101.5	100.2	99.4	99.1

3-51 全国十九城市生产资料价格指数
Producer Price Indices for Means of Producttion in 19 Cities
(2011-2015)

(上年=100) (Preceding Year=100)

地 区	Region	2011	2012	2013	2014	2015
上 海	Shanghai	102.8	98.1	97.9	98.7	95.1
北 京	Beijing	102.5	97.8	96.7	98.7	96.1
天 津	Tianjin	104.1	96.1	96.5	95.5	88.3
重 庆	Chongqing	104.2	99.6	97.6	98.2	96.6
广 州	Guangzhou	104.4	98.9	98.2	98.0	94.6
武 汉	Wuhan	107.3	100.8			
南 京	Nanjing	105.0	96.7	96.5	97.0	89.1
沈 阳	Shenyang	104.9	99.9	99.8	98.9	98.0
西 安	Xi'an	101.9	100.3	99.2	99.5	98.3
哈尔滨	Harbin	105.2	101.9	98.2	98.2	93.1
杭 州	Hangzhou	105.1	95.5			95.3
宁 波	Ningbo	106.3	95.7	96.0	97.4	91.5
青 岛	Tsingtao	105.5	97.6	98.6	98.9	95.2
大 连	Dalian	107.9	100.1	97.4	97.4	93.2
厦 门	Xiamen	100.0	94.8	93.6	95.6	93.8
成 都	Chengdu	106.8	98.4	97.9	98.3	96.9
济 南	Jinan	105.8	97.9	98.4	98.5	93.6
深 圳	Shenzhen	101.3	100.3	98.0	99.5	97.4
长 春	Changchun	102.1	102.1	100.8	100.2	97.7

3-52 全国十九城市生活资料价格指数
Producer Price Indices for Consumer Goods in 19 Cities
(2011-2015)

(上年=100) (Preceding Year=100)

地 区	Region	2011	2012	2013	2014	2015
上 海	Shanghai	102.9	99.5	99.2	99.4	99.3
北 京	Beijing	101.6	101.0	100.5	100.9	99.9
天 津	Tianjin	102.4	100.6	98.9	99.4	97.9
重 庆	Chongqing	102.5	100.7	99.1	98.6	98.8
广 州	Guangzhou	101.6	100.7	97.8	98.4	99.6
武 汉	Wuhan	102.1	101.9			
南 京	Nanjing	100.9	100.5	99.6	98.9	97.1
沈 阳	Shenyang	104.2	100.6	98.2	98.5	98.6
西 安	Xi'an	104.5	100.8	100.4	99.7	99.4
哈尔滨	Harbin	107.0	104.3	98.9	99.8	99.6
杭 州	Hangzhou	103.7	102.6			100.1
宁 波	Ningbo	104.7	100.6	98.3	98.9	100.3
青 岛	Tsingtao	103.8	100.4	99.2	99.8	100.1
大 连	Dalian	107.0	99.7	100.0	98.5	97.4
厦 门	Xiamen	100.6	98.2	98.7	99.8	99.2
成 都	Chengdu	104.3	101.0	100.4	101.3	100.2
济 南	Jinan	102.9	101.1	100.8	101.2	101.2
深 圳	Shenzhen	103.5	98.7	98.1	97.7	98.4
长 春	Changchun	103.1	101.5	100.1	100.0	98.8

3-53 70个大中城市新建住宅销售价格指数
Housing Price Indices of Newly Constructed Residential Buildings in 70 Large and Medium-Sized Cities
(2015年1-12月)

(上年同月=100) (same month of preceding year=100)

地 区	City	1月	2月	3月	4月	5月	6月	7月	8月	9月	10月	11月	12月
北 京	Beijing	96.8	96.4	96.3	96.8	97.7	98.9	101.0	103.0	104.7	106.5	107.7	108.3
天 津	Tianjin	96.4	96.0	95.9	95.9	96.1	96.9	97.8	99.0	100.3	101.3	102.1	103.1
石家庄	Shijiazhuang	96.1	95.3	95.3	95.5	96.3	96.4	97.6	99.2	100.5	101.0	101.5	101.7
太 原	Taiyuan	95.3	94.7	94.7	94.7	94.8	95.2	96.9	98.1	99.5	100.2	100.9	101.4
呼和浩特	Hohhot	94.1	92.8	92.7	92.2	91.9	91.8	92.6	94.1	95.3	95.5	96.5	97.5
沈 阳	Shenyang	91.6	90.8	90.3	90.2	90.4	91.6	93.5	95.3	96.2	97.1	98.2	99.1
大 连	Dalian	92.8	92.1	91.5	91.5	91.5	91.9	93.3	94.8	95.5	96.1	97.3	98.2
长 春	Changchun	95.6	95.0	94.5	93.8	93.4	93.9	94.8	95.8	96.9	97.4	97.8	98.3
哈尔滨	Harbin	95.3	94.9	94.4	94.5	94.5	94.5	95.5	96.0	97.1	98.6	98.9	99.5
上 海	Shanghai	95.8	95.3	95.0	95.3	97.7	100.3	103.1	105.6	108.3	110.9	113.1	115.5
南 京	Nanjing	97.6	97.2	97.0	96.8	97.0	97.8	99.3	101.3	102.6	104.0	105.2	106.3
杭 州	Hangzhou	89.9	89.6	89.2	90.1	91.8	94.6	97.7	100.3	102.0	103.0	104.1	105.6
宁 波	Ningbo	94.1	93.6	93.5	93.7	94.9	96.9	98.9	100.1	100.9	101.7	102.7	103.4
合 肥	Hefei	97.6	96.9	96.5	96.3	96.5	97.0	98.0	98.6	99.7	100.2	100.7	101.3
福 州	Fuzhou	93.5	92.5	92.1	92.0	92.0	93.0	94.7	95.9	97.9	99.2	100.6	101.8
厦 门	Xiamen	100.8	100.0	99.6	99.4	99.4	99.5	99.8	100.1	101.1	102.9	104.5	106.4
南 昌	Nanchang	94.6	93.8	93.5	93.5	93.9	94.5	95.4	96.9	98.3	99.9	100.7	101.6
济 南	Jinan	95.3	94.7	94.1	94.0	94.7	95.4	96.4	97.9	98.8	99.6	100.2	100.8
青 岛	Tsingtao	92.7	91.7	91.1	90.7	90.6	91.2	92.5	93.4	94.7	95.9	96.7	97.8
郑 州	Zhengzhou	99.3	98.7	98.5	98.2	97.9	98.4	98.9	99.9	101.2	101.9	102.2	102.7
武 汉	Wuhan	95.5	95.2	95.0	95.1	95.3	96.0	98.0	100.3	101.8	102.5	103.5	104.3
长 沙	Changsha	92.4	91.6	91.4	91.2	91.4	92.2	93.6	95.0	96.2	97.5	98.4	99.5
广 州	Guangzhou	94.6	94.0	93.6	93.9	95.2	97.3	99.7	102.0	104.9	107.0	108.1	109.1
深 圳	Shenzhen	98.7	98.6	99.1	100.7	107.5	115.7	123.6	131.3	137.6	139.9	143.9	146.8
南 宁	Nanning	94.9	94.1	94.1	94.3	94.2	95.2	96.3	97.8	99.2	100.1	100.8	101.7
海 口	Haikou	94.4	93.8	94.0	93.6	93.7	94.2	95.0	95.9	97.0	97.9	98.0	98.9
重 庆	Chongqing	94.0	93.2	92.6	92.3	92.3	93.1	94.2	95.5	97.2	97.9	98.3	99.0
成 都	Chengdu	94.5	93.7	92.9	92.7	93.1	93.8	95.3	96.7	97.9	99.1	100.2	100.6
贵 阳	Guiyang	96.8	96.2	96.3	95.8	95.5	95.4	96.0	97.6	98.3	98.8	99.0	99.2
昆 明	Kunming	95.4	94.9	94.7	94.3	94.1	94.5	95.0	95.6	96.3	96.8	97.3	97.9
西 安	Xi'an	95.7	95.0	94.6	94.0	94.2	94.2	95.0	96.4	97.5	98.4	99.3	100.0
兰 州	Lanzhou	96.5	95.9	95.7	95.0	95.0	95.4	95.8	96.1	97.0	97.7	98.1	98.4
西 宁	Xining	96.2	95.5	95.1	94.7	94.3	93.7	93.0	94.0	95.0	95.7	96.1	96.0
银 川	Yinchuan	96.3	95.5	94.7	94.0	93.7	93.3	93.6	94.9	95.4	95.6	96.7	96.6
乌鲁木齐	Urumqi	95.5	94.8	94.0	93.7	93.6	93.9	94.5	95.6	96.3	96.7	97.6	98.0

3-53 续表 continued

(上年同月=100) (same month of preceding year=100)

地 区	City	1月	2月	3月	4月	5月	6月	7月	8月	9月	10月	11月	12月
唐 山	Tangshan	95.9	95.7	95.3	95.0	95.0	95.0	95.2	95.9	96.5	97.6	97.6	97.4
秦皇岛	Qinghuangdao	94.4	93.7	93.4	92.6	92.6	92.8	93.3	94.1	94.8	96.2	96.8	97.0
包 头	Baotou	93.5	92.7	92.6	92.3	92.4	92.7	93.4	94.8	95.4	95.8	96.4	96.9
丹 东	Dandong	92.1	91.4	91.0	90.6	90.4	90.7	91.2	91.4	92.9	93.8	95.1	94.7
锦 州	Jinzhou	93.0	91.6	91.4	90.9	91.1	91.6	91.2	92.0	93.1	94.2	94.7	95.0
吉 林	Jilin	95.2	94.6	94.4	94.1	94.3	94.7	95.3	95.9	97.1	97.5	97.6	97.4
牡丹江	Mudanjiang	96.9	96.7	96.5	96.2	96.2	96.3	96.1	96.6	97.0	97.4	97.5	97.9
无 锡	Wuxi	95.1	94.7	94.5	94.5	95.3	96.1	96.4	97.1	97.7	98.0	98.8	98.7
扬 州	Yangzhou	94.1	93.5	93.0	92.9	92.8	93.0	94.6	96.1	96.8	98.1	98.4	99.0
徐 州	Xuzhou	95.4	94.8	94.7	94.9	95.5	95.7	95.8	97.3	98.3	98.8	99.5	99.6
温 州	Wenzhou	96.4	96.0	96.0	96.7	96.9	97.6	97.8	98.0	98.9	99.9	100.8	101.7
金 华	Jinhua	94.4	93.5	93.1	93.9	94.7	95.4	96.3	98.3	99.2	100.1	100.6	101.4
蚌 埠	Bengbu	93.6	92.7	91.8	91.5	91.6	91.8	91.8	92.3	93.8	95.3	95.8	95.9
安 庆	Anqing	93.9	93.6	93.6	93.7	93.9	94.1	95.3	96.0	97.2	97.9	98.7	99.0
泉 州	Quanzhou	92.3	91.2	91.1	90.9	90.9	91.6	92.7	93.6	94.9	95.9	97.0	97.6
九 江	Jiujiang	94.5	94.1	93.7	93.4	93.9	94.3	95.0	95.7	96.5	96.7	96.9	97.5
赣 州	Ganzhou	94.1	94.0	93.6	93.8	93.6	94.2	95.4	97.3	98.2	98.6	99.0	99.4
烟 台	Yantai	94.2	93.4	93.0	92.6	92.5	92.7	93.3	94.6	95.6	96.1	97.2	98.2
济 宁	Jining	96.4	96.1	95.7	95.4	94.8	95.1	94.9	95.3	96.2	96.4	96.6	96.7
洛 阳	Luoyang	94.8	93.8	93.4	93.0	92.8	93.9	94.6	95.6	96.3	96.7	97.0	97.4
平顶山	Pingdingshan	95.1	94.6	94.2	93.8	93.6	94.0	95.2	96.0	97.1	97.7	98.4	99.0
宜 昌	Yichang	94.7	94.4	94.2	93.7	93.6	94.0	94.7	95.6	96.6	97.0	98.2	98.4
襄 樊	Xiangfan	94.5	93.4	92.9	92.3	92.6	93.0	93.9	94.5	95.1	95.0	95.5	96.0
岳 阳	Yueyang	97.3	96.8	96.5	96.3	96.0	95.7	96.0	96.6	96.9	96.7	97.3	97.6
常 德	Changde	95.5	94.4	94.2	93.4	93.5	93.7	94.4	95.3	96.1	96.5	97.0	96.7
惠 州	Huizhou	94.0	92.8	91.7	91.5	91.2	91.2	91.8	93.7	95.4	96.6	97.2	97.7
湛 江	Zhanjiang	94.2	92.6	91.6	91.1	90.6	90.2	90.3	91.4	92.6	93.5	94.4	95.0
韶 关	Shaoguan	92.0	91.4	91.1	90.6	90.8	91.2	92.4	93.3	94.0	95.1	96.3	97.0
桂 林	Guilin	92.0	91.1	90.6	90.3	90.1	90.9	92.0	93.2	94.6	95.5	96.7	97.3
北 海	Beihai	94.6	94.1	93.6	93.1	92.9	93.3	93.7	95.5	97.0	97.4	98.2	98.6
三 亚	Sanya	95.1	94.7	94.2	93.8	93.6	93.6	96.0	96.8	97.2	97.8	98.1	99.2
泸 州	Luzhou	92.3	92.1	91.6	90.9	90.5	90.9	92.4	93.6	96.2	97.0	97.2	98.5
南 充	Nanchong	94.1	93.4	92.5	92.2	91.7	91.8	92.4	93.4	94.2	95.5	96.1	96.3
遵 义	Zunyi	95.9	95.2	94.7	94.2	94.2	94.2	94.8	96.0	96.4	96.8	97.1	97.1
大 理	Dali	96.3	95.8	95.7	95.1	94.8	94.7	94.6	95.4	96.0	96.6	97.2	97.6

3-54 70个大中城市二手住宅销售价格指数
Housing Price Indices of Second-Hand Residential Buildings in 70 Large and Medium-Sized Cities
(2015年1-12月)

(上年同月=100) (same month of preceding year=100)

地区	City	1月	2月	3月	4月	5月	6月	7月	8月	9月	10月	11月	12月
北京	Beijing	96.0	95.9	96.2	98.4	103.5	107.2	110.9	114.1	117.3	118.4	119.1	120.8
天津	Tianjin	97.2	96.7	96.4	96.2	96.5	97.0	98.4	100.0	101.5	101.9	103.1	103.8
石家庄	Shijiazhuang	98.1	97.8	97.8	97.7	97.9	98.1	98.6	99.0	99.9	100.7	101.1	101.4
太原	Taiyuan	96.2	95.5	95.4	95.1	95.2	95.6	97.0	97.9	99.0	100.1	100.7	101.2
呼和浩特	Hohhot	95.2	95.0	95.2	95.2	95.3	95.7	96.4	97.3	98.0	98.9	99.5	99.8
沈阳	Shenyang	97.1	96.5	96.2	96.2	96.5	97.1	98.8	99.4	100.3	100.2	100.6	101.1
大连	Dalian	95.1	94.6	94.4	94.7	95.2	96.1	97.2	97.9	98.6	99.4	99.7	99.5
长春	Changchun	95.5	94.9	94.2	94.0	94.4	95.2	96.1	97.2	98.5	99.4	99.8	100.2
哈尔滨	Harbin	95.9	95.0	94.4	93.9	94.0	94.9	95.8	96.8	97.5	98.6	100.6	101.0
上海	Shanghai	98.4	97.9	97.6	98.2	100.6	102.5	105.0	106.9	108.8	109.7	110.8	111.7
南京	Nanjing	98.1	98.0	98.0	98.1	98.0	98.9	100.5	101.6	103.7	104.6	105.3	106.3
杭州	Hangzhou	94.6	94.8	94.8	95.7	96.4	97.9	99.5	100.6	101.7	101.6	102.4	103.7
宁波	Ningbo	93.5	93.1	93.1	93.3	93.8	94.8	96.3	97.6	98.9	100.2	101.5	102.8
合肥	Hefei	97.4	96.6	96.0	96.5	96.6	97.7	98.7	99.0	100.5	102.0	102.7	103.6
福州	Fuzhou	94.8	93.8	93.8	94.2	95.2	96.2	97.6	98.3	99.5	100.6	101.5	102.3
厦门	Xiamen	100.2	98.4	97.5	97.3	97.1	97.5	98.0	98.7	99.9	101.4	102.3	103.8
南昌	Nanchang	96.1	95.2	95.3	95.5	95.9	96.8	98.1	99.4	100.9	101.7	102.5	102.5
济南	Jinan	94.9	94.3	94.1	94.2	94.4	95.0	96.4	97.2	98.2	99.2	100.2	101.3
青岛	Tsingtao	94.2	93.5	93.2	93.4	93.7	94.3	95.5	96.4	97.5	98.6	99.3	99.7
郑州	Zhengzhou	100.2	99.5	98.7	98.5	98.3	98.5	98.9	99.5	100.6	101.8	102.3	102.7
武汉	Wuhan	95.8	95.5	95.1	95.2	95.6	96.4	98.1	99.4	100.8	101.9	102.9	103.8
长沙	Changsha	96.8	96.2	95.8	95.4	95.4	95.4	96.9	97.7	98.8	99.6	100.2	100.7
广州	Guangzhou	97.2	96.6	96.5	96.9	99.1	101.2	103.6	106.1	108.7	109.9	110.7	111.7
深圳	Shenzhen	101.5	101.0	100.4	102.8	109.1	117.3	124.3	130.3	135.5	136.8	138.9	142.6
南宁	Nanning	95.3	95.1	95.6	95.4	97.3	98.0	99.5	100.8	103.0	104.0	103.2	104.2
海口	Haikou	94.2	93.5	93.4	92.9	92.4	92.6	92.8	93.5	94.3	95.0	95.4	96.2
重庆	Chongqing	95.1	94.6	94.6	94.6	95.1	95.9	97.0	98.1	99.4	100.1	100.5	100.6
成都	Chengdu	95.1	94.7	94.3	94.3	93.8	94.6	96.1	97.1	98.4	99.0	99.4	99.3
贵阳	Guiyang	97.6	97.2	97.1	97.1	96.8	96.8	97.4	97.8	98.7	99.6	100.2	100.3
昆明	Kunming	94.2	93.8	93.2	92.2	92.4	93.4	94.1	94.8	95.9	96.9	98.0	98.9
西安	Xi'an	93.5	93.0	92.4	92.0	91.9	92.0	92.5	93.5	94.1	94.6	94.8	94.8
兰州	Lanzhou	96.2	96.2	96.1	95.7	95.8	95.7	96.0	96.7	98.0	98.5	99.1	99.2
西宁	Xining	97.5	97.2	97.3	97.2	97.2	97.3	97.4	98.1	99.1	99.9	99.8	100.5
银川	Yinchuan	96.2	95.5	94.9	94.4	94.1	93.9	94.2	95.1	96.3	97.1	97.2	97.9
乌鲁木齐	Urumqi	98.4	97.7	97.2	97.2	97.6	98.4	99.4	99.6	100.8	102.3	102.8	102.9

3-54 续表 continued

(上年同月=100) (same month of preceding year=100)

地 区	City	1月	2月	3月	4月	5月	6月	7月	8月	9月	10月	11月	12月
唐 山	Tangshan	96.8	96.5	96.1	95.9	95.9	96.3	96.3	96.5	97.1	97.9	98.4	98.4
秦皇岛	Qinghuangdao	93.8	93.3	93.2	93.0	93.4	93.8	94.8	95.8	96.5	97.3	97.5	97.3
包 头	Baotou	94.3	93.5	93.0	92.9	93.3	94.0	95.2	95.7	96.6	97.6	97.4	97.4
丹 东	Dandong	93.1	92.6	92.4	92.2	92.3	92.6	93.2	94.0	94.7	95.9	96.7	97.7
锦 州	Jinzhou	93.3	92.1	91.5	91.1	90.6	90.2	90.0	89.8	89.8	90.5	90.6	91.4
吉 林	Jilin	94.4	93.9	94.0	94.0	94.4	95.0	95.7	96.6	97.2	98.5	99.2	99.2
牡丹江	Mudanjiang	86.1	85.8	86.5	87.6	87.2	88.6	89.0	90.6	92.8	94.6	96.7	98.5
无 锡	Wuxi	95.8	95.6	95.1	95.1	95.6	95.9	96.7	97.5	98.2	99.0	99.2	99.2
扬 州	Yangzhou	97.3	96.9	96.8	97.0	97.0	97.0	97.1	98.1	98.7	99.5	99.8	99.9
徐 州	Xuzhou	95.9	95.4	95.3	95.1	95.0	95.3	95.5	96.2	97.0	98.1	98.6	98.7
温 州	Wenzhou	91.6	91.7	91.8	92.8	93.9	95.6	97.1	98.2	99.0	99.8	100.9	101.6
金 华	Jinhua	93.2	92.9	93.6	93.7	94.0	94.8	95.9	97.0	98.4	99.6	100.3	100.5
蚌 埠	Bengbu	94.7	93.5	92.5	91.8	91.5	91.7	92.3	93.4	94.2	95.5	96.3	96.5
安 庆	Anqing	95.3	95.2	95.1	95.0	94.4	94.4	94.9	96.0	96.8	97.6	98.2	98.1
泉 州	Quanzhou	94.5	94.2	94.1	94.0	93.7	94.2	95.3	96.4	97.4	98.5	99.0	99.1
九 江	Jiujiang	95.5	95.7	95.9	96.1	96.7	97.3	97.9	99.0	100.0	101.1	101.7	101.7
赣 州	Ganzhou	93.9	94.2	94.5	94.6	94.7	95.1	96.4	98.2	99.3	100.3	100.1	100.3
烟 台	Yantai	93.9	93.5	93.0	92.6	92.5	92.7	93.6	94.7	95.7	96.8	97.6	98.1
济 宁	Jining	95.2	94.6	94.2	94.1	93.9	94.1	94.8	96.0	96.7	97.4	97.7	98.1
洛 阳	Luoyang	96.8	96.0	95.0	94.3	93.8	93.5	94.4	95.4	96.4	97.3	97.9	98.1
平顶山	Pingdingshan	95.9	95.1	94.5	94.2	94.0	93.8	94.9	96.0	96.7	97.4	97.7	98.2
宜 昌	Yichang	95.3	94.8	94.4	94.5	94.6	94.9	96.0	97.0	98.0	99.3	100.0	100.4
襄 樊	Xiangfan	94.9	94.1	94.1	94.1	94.7	95.2	95.7	96.6	98.0	98.5	98.7	99.2
岳 阳	Yueyang	96.2	95.5	95.2	95.0	94.8	94.8	95.4	96.4	97.3	98.0	98.5	98.6
常 德	Changde	96.7	96.1	96.1	95.9	96.0	96.1	96.5	97.3	98.1	98.8	99.1	99.5
惠 州	Huizhou	95.2	94.4	93.7	93.1	92.5	92.8	94.2	95.1	96.3	97.5	98.1	99.1
湛 江	Zhanjiang	95.5	94.6	94.0	93.5	93.2	92.9	93.1	93.4	94.0	94.8	95.4	95.7
韶 关	Shaoguan	93.2	92.8	92.7	93.5	93.2	94.3	95.7	96.6	98.2	99.6	100.1	100.3
桂 林	Guilin	94.2	93.5	92.7	92.6	92.4	92.3	93.0	93.6	94.5	95.6	95.9	96.4
北 海	Beihai	93.2	92.7	92.7	93.0	93.6	94.2	95.4	96.9	98.5	100.0	101.0	102.2
三 亚	Sanya	97.2	97.0	96.8	96.6	96.6	96.5	97.2	98.1	98.9	100.4	100.4	100.7
泸 州	Luzhou	96.4	96.1	95.9	95.9	96.1	96.7	98.1	99.1	100.3	102.1	102.6	102.8
南 充	Nanchong	95.1	95.0	94.8	94.8	95.0	95.1	95.7	96.6	97.8	99.3	99.8	100.0
遵 义	Zunyi	98.1	97.5	97.1	97.1	97.0	97.0	98.0	97.7	97.9	97.7	97.2	97.2
大 理	Dali	94.1	94.1	93.6	92.9	93.3	93.3	93.6	93.7	93.9	94.4	94.6	96.1

3-55 36个大中城市居民消费价格指数
Consumer Price Indices for 36 Major Large and Medium-sized Cities (2011-2015)

(上年=100) (preceding year=100)

城市	City	2011	2012	2013	2014	2015
平均指数	**Average Index**	**105.3**	**102.8**	**102.7**	**102.1**	**101.7**
北京	Beijing	105.6	103.3	103.3	101.6	101.8
天津	Tianjin	104.9	102.7	103.1	101.9	101.7
石家庄	Shijiazhuang	105.7	102.8	102.9	102.0	101.0
太原	Taiyuan	105.4	102.1	103.1	102.2	100.4
呼和浩特	Hohhot	105.5	103.1	103.8	101.2	101.8
沈阳	Shenyang	105.4	103.0	102.5	102.2	101.2
大连	Dalian	105.4	103.4	102.5	102.0	101.6
长春	Changchun	105.5	102.3	103.0	102.2	101.3
哈尔滨	Harbin	105.6	103.2	102.1	102.0	101.4
上海	Shanghai	105.2	102.8	102.3	102.7	102.4
南京	Nanjing	105.4	102.7	102.7	102.6	102.0
杭州	Hangzhou	104.8	102.5	102.5	102.0	101.8
宁波	Ningbo	105.3	101.7	102.2	101.9	101.8
合肥	Hefei	105.7	102.2	102.7	102.0	101.6
福州	Fuzhou	104.9	102.0	102.6	101.7	101.4
厦门	Xiamen	105.2	102.1	102.3	102.2	101.7
南昌	Nanchang	105.0	102.9	102.3	102.5	101.6
济南	Jinan	105.4	102.4	102.8	102.2	101.9
青岛	Tsingtao	105.0	102.7	102.5	102.6	101.2
郑州	Zhengzhou	104.9	102.7	102.8	102.0	101.1
武汉	Wuhan	105.2	102.8	102.4	101.9	101.4
长沙	Changsha	105.5	102.3	102.8	102.7	101.1
广州	Guangzhou	105.5	103.0	102.6	102.3	101.7
深圳	Shenzhen	105.4	102.8	102.7	102.0	102.2
南宁	Nanning	105.7	102.9	102.1	101.6	101.9
海口	Haikou	105.4	103.3	102.9	102.2	101.2
重庆	Chongqing	105.3	102.6	102.7	101.8	101.3
成都	Chengdu	105.4	103.0	103.1	101.3	101.1
贵阳	Guiyang	105.5	102.6	103.2	102.7	102.3
昆明	Kunming	104.9	103.1	103.9	103.1	102.4
拉萨	Lhasa	105.0	103.2	103.4	103.0	102.2
西安	Xi'an	105.6	102.8	102.7	101.4	100.7
兰州	Lanzhou	105.4	102.4	103.5	102.2	101.3
西宁	Xining	105.7	102.7	103.8	102.8	102.5
银川	Yinchuan	105.5	102.6	103.5	102.1	101.6
乌鲁木齐	Urumqi	104.5	103.4	103.5	102.8	100.7

3-56 36个大中城市商品零售价格指数
Retail Price Indices for 36 Major Large and Medium-sized Cities (2011-2015)

(上年=100) (preceding year=100)

城 市	City	2011	2012	2013	2014	2015
平均指数	**Average Index**	**104.5**	**101.8**	**101.0**	**100.8**	**99.8**
北 京	Beijing	103.2	100.6	99.8	99.1	98.5
天 津	Tianjin	104.7	103.0	101.7	100.9	100.3
石 家 庄	Shijiazhuang	104.9	101.9	102.1	101.2	100.2
太 原	Taiyuan	104.8	101.2	101.3	100.7	98.6
呼和浩特	Hohhot	104.7	101.5	101.9	98.6	99.5
沈 阳	Shenyang	105.2	102.4	101.6	101.3	100.0
大 连	Dalian	104.4	102.5	101.0	101.0	99.5
长 春	Changchun	104.8	101.8	101.3	101.2	99.1
哈 尔 滨	Harbin	104.4	102.5	101.2	101.5	100.2
上 海	Shanghai	104.1	101.2	100.2	100.9	101.1
南 京	Nanjing	104.2	101.4	101.2	102.0	100.6
杭 州	Hangzhou	104.4	101.9	101.5	100.8	100.2
宁 波	Ningbo	105.7	101.8	101.0	100.3	100.4
合 肥	Hefei	105.1	101.9	101.2	100.3	99.5
福 州	Fuzhou	104.0	101.1	101.0	100.6	99.4
厦 门	Xiamen	104.7	101.6	100.4	100.7	100.0
南 昌	Nanchang	105.2	102.4	101.3	101.1	100.5
济 南	Jinan	104.6	101.8	101.3	101.2	100.3
青 岛	Tsingtao	104.5	101.7	101.4	102.3	100.0
郑 州	Zhengzhou	104.9	102.4	101.4	101.1	99.0
武 汉	Wuhan	104.7	102.3	100.9	100.5	100.0
长 沙	Changsha	105.4	101.5	101.2	101.7	99.6
广 州	Guangzhou	105.1	101.9	100.5	101.5	99.1
深 圳	Shenzhen	105.3	102.4	100.7	101.0	99.7
南 宁	Nanning	104.9	101.7	100.8	100.7	100.4
海 口	Haikou	105.0	102.8	101.6	101.2	100.2
重 庆	Chongqing	104.7	101.6	101.8	100.9	100.2
成 都	Chengdu	104.3	101.4	101.7	100.4	99.5
贵 阳	Guiyang	105.0	102.0	101.9	101.2	99.7
昆 明	Kunming	104.9	102.0	102.5	101.8	100.7
拉 萨	Lhasa	103.9	102.9	103.5	102.3	101.5
西 安	Xi'an	104.4	102.3	101.7	100.7	99.7
兰 州	Lanzhou	105.4	102.4	102.7	101.8	100.6
西 宁	Xining	106.0	102.3	102.5	101.2	100.2
银 川	Yinchuan	104.2	100.6	102.3	100.8	100.2
乌鲁木齐	Urumqi	104.1	102.9	103.5	102.4	99.4

3-57 36个大中城市居民消费价格分类指数(环比)
Consumer Price Indices by Category for 36 Major Large and Medium-sized Cities
(2015年1月)

(上月=100) (preceding month=100)

地 区	City	居民消费价格指数 Consumer Price Index	食 品 Food	粮 食 Grain	肉禽及其制品 Meat,Poultry and Processed Products	蛋 Eggs	水产品 Aquatic Products	鲜 菜 Fresh Vegetables	鲜 果 Fresh Fruits
平均指数	**Average Index**	**100.3**	**100.8**	**100.2**	**99.5**	**96.5**	**103.3**	**103.8**	**103.6**
北 京	Beijing	100.8	100.4	99.9	99.2	96.9	101.1	104.4	102.7
天 津	Tianjin	100.3	100.4	99.9	100.0	95.6	100.5	100.6	105.7
石家庄	Shijiazhuang	99.8	99.9	98.8	98.9	92.7	100.4	101.1	102.3
太 原	Taiyuan	99.8	100.6	100.6	99.3	95.0	101.8	101.9	107.2
呼和浩特	Hohhot	100.6	101.6	99.7	101.0	95.5	99.5	106.8	103.5
沈 阳	Shenyang	100.1	100.8	100.0	99.2	92.3	100.7	104.4	108.6
大 连	Dalian	100.6	101.0	99.7	99.0	95.5	105.6	103.2	105.2
长 春	Changchun	100.0	99.9	100.0	98.8	91.5	99.9	104.4	102.2
哈尔滨	Harbin	100.1	99.7	100.2	97.9	92.4	100.2	102.5	100.6
上 海	Shanghai	100.4	101.2	100.6	99.8	98.2	104.0	107.0	102.3
南 京	Nanjing	100.2	101.8	102.2	99.6	96.4	100.0	119.0	100.3
杭 州	Hangzhou	100.6	101.8	100.1	100.0	98.0	102.2	115.9	103.8
宁 波	Ningbo	100.8	102.9	100.3	100.5	99.2	107.1	108.7	106.3
合 肥	Hefei	100.1	101.2	100.2	99.2	97.8	104.1	112.8	103.6
福 州	Fuzhou	100.4	101.0	100.0	100.6	97.3	104.3	99.8	101.4
厦 门	Xiamen	100.4	100.9	100.4	100.0	97.0	103.1	99.3	102.7
南 昌	Nanchang	100.3	100.7	100.2	99.6	99.7	100.1	106.9	99.7
济 南	Jinan	100.4	101.1	100.1	99.5	97.4	102.2	106.3	106.9
青 岛	Tsingtao	100.5	102.0	100.0	98.9	97.2	109.7	106.1	107.8
郑 州	Zhengzhou	100.2	100.0	100.6	99.8	94.1	103.6	99.9	99.5
武 汉	Wuhan	100.1	100.1	100.0	98.5	99.4	100.9	103.9	100.1
长 沙	Changsha	100.0	100.4	100.1	99.0	98.9	99.3	101.8	105.3
广 州	Guangzhou	100.3	100.9	99.6	99.0	97.2	108.8	97.8	106.5
深 圳	Shenzhen	100.3	100.9	101.3	100.3	99.2	104.6	99.3	102.3
南 宁	Nanning	100.4	100.0	100.0	100.7	99.2	101.0	95.5	103.2
海 口	Haikou	100.1	101.1	101.0	100.8	101.0	101.7	99.0	111.6
重 庆	Chongqing	99.9	100.0	99.7	98.2	97.6	99.2	101.8	106.6
成 都	Chengdu	100.1	100.1	99.6	99.6	96.0	100.4	103.3	98.1
贵 阳	Guiyang	100.7	101.0	100.0	100.5	97.1	102.4	102.9	104.0
昆 明	Kunming	100.3	101.0	100.0	99.4	99.0	100.7	107.1	100.2
拉 萨	Lhasa	100.5	101.4	100.0	99.7	100.8	101.4	104.2	101.2
西 安	Xi'an	100.0	100.0	99.8	99.9	94.9	100.5	99.3	104.5
兰 州	Lanzhou	99.9	99.8	100.1	99.5	92.6	99.2	102.1	97.9
西 宁	Xining	100.8	101.0	100.5	100.6	95.1	100.6	102.0	110.9
银 川	Yinchuan	100.5	100.7	100.0	99.5	94.9	100.1	106.6	104.7
乌鲁木齐	Urumqi	100.6	101.0	100.5	100.5	96.1	98.6	104.8	103.6

3-57 续表 continued

(上月=100) (preceding month=100)

地区	City	烟酒 Tobacco and Liquor	衣着 Clothing	家庭设备用品及维修服务 Household Facilities,Articles and Services	医疗保健和个人用品 Health Care and Personal Articles	交通和通信 Transportation and Communication	娱乐教育文化用品及服务 Recreation, Education and Culture Articles	居住 Residence
平均指数	**Average Index**	**99.9**	**99.3**	**100.2**	**100.3**	**100.0**	**100.7**	**100.1**
北京	Beijing	99.7	99.9	99.9	100.3	105.4	100.7	99.8
天津	Tianjin	99.8	100.7	99.6	100.2	99.3	101.4	100.0
石家庄	Shijiazhuang	100.1	98.5	99.9	100.2	99.5	100.0	100.0
太原	Taiyuan	99.4	97.3	101.2	100.0	98.5	100.2	99.8
呼和浩特	Hohhot	100.0	100.4	100.0	100.4	99.5	100.1	99.9
沈阳	Shenyang	100.2	99.4	99.8	100.1	98.5	100.5	100.0
大连	Dalian	99.4	100.6	100.3	100.3	101.3	101.0	99.9
长春	Changchun	99.9	99.5	100.3	100.6	99.7	101.1	99.9
哈尔滨	Harbin	99.8	100.4	99.8	100.3	99.7	100.3	100.9
上海	Shanghai	100.1	99.0	99.9	100.4	99.4	99.8	100.6
南京	Nanjing	99.7	96.1	99.7	100.3	99.4	100.4	100.0
杭州	Hangzhou	99.8	99.3	100.5	99.8	98.5	99.9	101.1
宁波	Ningbo	100.2	98.1	100.8	100.1	98.7	100.4	100.2
合肥	Hefei	99.7	97.7	100.3	100.2	99.6	100.3	99.5
福州	Fuzhou	100.1	101.4	100.2	100.6	98.5	99.4	100.6
厦门	Xiamen	99.7	99.1	101.6	100.7	99.2	101.6	99.7
南昌	Nanchang	100.0	100.1	99.4	100.2	99.9	101.3	99.6
济南	Jinan	100.2	99.1	99.9	100.4	99.1	100.6	100.5
青岛	Tsingtao	100.2	99.3	100.1	100.2	99.3	100.2	99.9
郑州	Zhengzhou	101.1	100.0	100.0	101.4	99.5	100.9	100.0
武汉	Wuhan	100.0	100.7	100.7	100.0	100.0	100.1	100.0
长沙	Changsha	100.0	100.2	100.0	100.1	98.6	100.6	99.6
广州	Guangzhou	100.1	97.3	101.4	100.2	99.5	100.8	100.1
深圳	Shenzhen	100.2	98.5	100.3	100.4	99.6	101.7	99.7
南宁	Nanning	99.9	104.5	100.8	100.4	99.2	100.9	99.7
海口	Haikou	100.3	100.2	99.4	100.0	98.2	100.4	99.0
重庆	Chongqing	99.7	99.2	99.5	99.9	99.2	100.8	100.4
成都	Chengdu	99.9	99.9	100.4	100.4	99.5	100.3	99.9
贵阳	Guiyang	100.0	98.7	100.0	100.0	99.9	104.4	100.0
昆明	Kunming	100.1	100.0	100.0	100.4	99.3	100.0	99.9
拉萨	Lhasa	100.0	100.0	100.0	100.3	99.4	100.0	99.8
西安	Xi'an	100.0	97.0	99.9	100.3	98.9	102.6	99.8
兰州	Lanzhou	100.0	99.6	100.0	100.3	99.8	100.0	100.0
西宁	Xining	100.0	100.8	100.5	100.6	102.3	100.4	99.9
银川	Yinchuan	99.9	98.9	100.8	100.0	100.3	103.4	99.8
乌鲁木齐	Urumqi	99.8	99.4	100.1	100.4	99.5	101.2	101.6

3-58 36个大中城市居民消费价格分类指数(环比)
Consumer Price Indices by Category for 36 Major Large and Medium-sized Cities
(2015年2月)

(上月=100) (preceding month=100)

地区	City	居民消费价格指数 Consumer Price Index	食品 Food	粮食 Grain	肉禽及其制品 Meat,Poultry and Processed Products	蛋 Eggs	水产品 Aquatic Products	鲜菜 Fresh Vegetables	鲜果 Fresh Fruits
平均指数	**Average Index**	**101.3**	**103.0**	**100.0**	**101.1**	**99.4**	**106.6**	**114.7**	**108.5**
北京	Beijing	101.4	102.7	99.6	100.5	99.8	102.7	122.4	108.8
天津	Tianjin	101.6	103.8	98.7	99.9	103.0	104.4	131.3	108.0
石家庄	Shijiazhuang	102.4	106.0	100.3	99.8	98.3	104.3	138.8	111.6
太原	Taiyuan	101.7	104.1	99.9	100.2	100.2	101.8	124.8	113.4
呼和浩特	Hohhot	101.2	102.9	100.0	99.8	102.8	103.9	117.4	105.5
沈阳	Shenyang	101.9	104.8	100.6	100.9	100.2	104.2	119.1	130.7
大连	Dalian	101.7	104.0	100.6	100.5	94.7	110.4	119.3	112.3
长春	Changchun	101.4	103.6	100.3	99.6	96.9	101.6	128.9	107.5
哈尔滨	Harbin	101.1	103.0	100.1	101.0	98.8	103.4	118.2	101.3
上海	Shanghai	101.2	102.7	99.8	100.1	99.7	106.5	115.7	107.3
南京	Nanjing	100.9	102.6	99.4	101.2	99.7	104.1	113.7	109.7
杭州	Hangzhou	101.6	104.1	99.6	101.4	100.7	111.9	114.4	105.0
宁波	Ningbo	101.9	104.6	102.0	102.6	100.6	110.3	115.5	106.7
合肥	Hefei	101.2	103.5	100.0	103.3	99.3	108.0	117.2	111.2
福州	Fuzhou	100.9	101.3	100.2	98.0	92.5	109.5	92.3	107.8
厦门	Xiamen	101.0	103.0	99.9	102.1	98.7	110.9	100.8	101.8
南昌	Nanchang	100.8	101.4	100.1	101.6	100.2	101.4	101.6	108.7
济南	Jinan	101.6	105.0	100.1	101.6	100.2	107.5	133.2	117.5
青岛	Tsingtao	101.9	105.5	99.8	100.6	100.9	113.5	124.2	115.3
郑州	Zhengzhou	101.1	103.6	100.2	100.7	98.1	103.0	127.1	103.3
武汉	Wuhan	101.0	102.2	99.9	102.6	100.3	102.3	112.2	105.9
长沙	Changsha	100.6	101.4	100.1	100.3	99.3	101.8	105.8	107.5
广州	Guangzhou	101.5	103.4	100.0	101.2	99.7	103.7	107.2	108.1
深圳	Shenzhen	101.5	103.2	100.0	102.2	100.6	107.8	102.5	102.8
南宁	Nanning	100.8	101.7	100.0	101.8	98.9	106.6	102.3	108.1
海口	Haikou	101.4	102.8	100.5	103.7	99.9	110.4	95.5	107.3
重庆	Chongqing	100.8	102.0	100.0	101.6	99.1	102.7	110.5	107.0
成都	Chengdu	100.7	101.7	100.3	101.1	97.6	106.9	108.8	104.6
贵阳	Guiyang	101.0	102.3	100.0	105.6	98.8	114.0	104.6	106.6
昆明	Kunming	100.1	100.3	100.0	100.8	99.5	102.6	98.3	103.8
拉萨	Lhasa	100.4	101.2	100.0	99.8	101.6	100.0	105.8	102.8
西安	Xi'an	101.5	103.9	101.0	100.6	99.1	104.0	125.2	113.7
兰州	Lanzhou	100.9	102.3	99.7	97.8	98.1	99.1	120.5	101.1
西宁	Xining	101.4	103.7	101.1	100.5	100.2	104.0	120.3	113.9
银川	Yinchuan	100.9	101.6	100.2	99.8	96.9	100.6	113.6	107.0
乌鲁木齐	Urumqi	101.3	103.2	100.4	100.4	97.5	101.3	118.8	106.4

3-58 续表 continued

(上月=100) (preceding month=100)

地区	City	烟酒 Tobacco and Liquor	衣着 Clothing	家庭设备用品及维修服务 Household Facilities,Articles and Services	医疗保健和个人用品 Health Care and Personal Articles	交通和通信 Transportation and Communication	娱乐教育文化用品及服务 Recreation, Education and Culture Articles	居住 Residence
平均指数	**Average Index**	**99.6**	**99.9**	**100.7**	**100.3**	**100.6**	**101.4**	**100.1**
北京	Beijing	99.5	102.1	101.0	100.0	99.8	102.9	100.0
天津	Tianjin	99.3	99.6	100.7	99.9	101.5	101.7	100.1
石家庄	Shijiazhuang	99.6	102.9	100.4	100.1	100.3	100.2	100.0
太原	Taiyuan	99.6	99.8	99.6	100.0	101.4	102.3	99.9
呼和浩特	Hohhot	100.0	100.0	100.0	101.9	99.9	101.2	100.0
沈阳	Shenyang	100.2	99.8	101.0	100.5	100.1	101.2	100.0
大连	Dalian	99.6	101.0	100.7	100.6	100.4	101.5	99.9
长春	Changchun	99.3	99.3	99.1	100.8	100.4	100.7	101.0
哈尔滨	Harbin	99.8	99.3	99.0	100.2	99.9	101.1	100.3
上海	Shanghai	100.1	99.7	100.6	100.1	101.0	101.4	100.3
南京	Nanjing	98.0	99.5	101.1	100.0	100.0	101.1	100.0
杭州	Hangzhou	99.8	99.1	101.2	100.6	100.4	101.6	100.1
宁波	Ningbo	100.3	98.8	100.2	101.8	100.2	102.2	100.2
合肥	Hefei	98.7	99.2	100.6	100.9	100.5	100.4	100.0
福州	Fuzhou	99.3	99.4	100.9	99.9	100.8	103.9	99.8
厦门	Xiamen	100.1	99.3	101.2	101.1	100.4	100.7	99.1
南昌	Nanchang	100.0	99.3	101.5	100.0	101.3	100.9	100.3
济南	Jinan	99.8	98.6	100.1	100.3	102.1	100.9	99.8
青岛	Tsingtao	99.5	100.0	101.1	100.6	100.1	100.7	99.9
郑州	Zhengzhou	98.2	100.0	99.9	99.9	100.0	100.2	100.0
武汉	Wuhan	100.0	100.4	101.2	99.6	102.1	100.1	100.3
长沙	Changsha	100.2	100.3	101.0	99.9	100.1	100.7	99.5
广州	Guangzhou	99.7	98.9	101.0	101.6	99.9	101.2	100.5
深圳	Shenzhen	99.4	100.0	101.7	100.4	101.3	101.2	100.0
南宁	Nanning	100.5	98.9	100.0	100.2	100.8	101.5	100.0
海口	Haikou	99.5	96.1	101.0	100.5	102.1	102.1	100.2
重庆	Chongqing	99.2	100.1	99.8	100.3	100.4	100.9	99.9
成都	Chengdu	100.1	99.5	100.9	100.6	100.2	100.6	99.9
贵阳	Guiyang	100.0	100.0	101.7	100.2	100.5	100.2	100.0
昆明	Kunming	100.0	100.0	101.0	100.0	99.7	100.0	100.0
拉萨	Lhasa	99.9	100.0	100.0	99.8	99.8	100.0	100.0
西安	Xi'an	100.2	98.4	99.6	100.0	103.4	100.4	100.0
兰州	Lanzhou	100.0	100.0	99.9	100.6	100.0	99.9	100.0
西宁	Xining	99.5	97.6	100.7	100.4	101.4	100.5	100.0
银川	Yinchuan	100.0	99.8	100.4	100.7	100.0	102.5	99.8
乌鲁木齐	Urumqi	98.6	99.6	99.8	99.9	100.9	100.2	100.2

3-59 36个大中城市居民消费价格分类指数(环比)
Consumer Price Indices by Category for 36 Major Large and Medium-sized Cities
(2015年3月)

(上月=100) (preceding month=100)

地区	City	居民消费价格指数 Consumer Price Index	食品 Food	粮食 Grain	肉禽及其制品 Meat,Poultry and Processed Products	蛋 Eggs	水产品 Aquatic Products	鲜菜 Fresh Vegetables	鲜果 Fresh Fruits
平均指数	**Average Index**	**99.5**	**98.4**	**100.1**	**98.3**	**95.4**	**97.3**	**90.6**	**101.1**
北京	Beijing	99.7	98.6	100.4	97.9	94.3	99.1	84.7	100.9
天津	Tianjin	99.3	98.6	101.8	100.0	93.7	100.7	84.8	103.2
石家庄	Shijiazhuang	99.4	96.9	100.7	98.8	90.8	100.5	84.4	100.1
太原	Taiyuan	99.3	96.7	100.0	100.1	91.3	98.7	83.8	89.7
呼和浩特	Hohhot	100.0	98.7	101.4	99.4	94.5	100.7	92.3	98.7
沈阳	Shenyang	98.9	97.8	99.7	96.3	90.3	101.1	88.3	98.1
大连	Dalian	98.9	97.7	100.3	97.5	101.2	96.6	83.7	99.6
长春	Changchun	99.7	99.0	100.2	98.9	95.7	99.6	88.5	105.7
哈尔滨	Harbin	99.3	98.4	100.0	99.3	91.9	99.1	92.3	101.1
上海	Shanghai	99.6	99.0	100.0	99.4	97.8	97.0	92.6	101.4
南京	Nanjing	99.9	98.9	101.4	98.4	93.6	100.3	87.3	105.9
杭州	Hangzhou	99.9	99.2	100.4	99.3	98.8	98.8	93.2	101.9
宁波	Ningbo	99.3	97.7	99.3	97.0	98.9	92.0	93.4	99.3
合肥	Hefei	99.6	97.4	100.3	96.3	94.1	96.2	81.9	100.4
福州	Fuzhou	99.8	98.7	100.0	99.5	94.8	97.7	91.8	101.3
厦门	Xiamen	99.5	98.0	99.4	98.9	95.6	94.4	92.7	99.3
南昌	Nanchang	99.7	99.9	100.0	99.7	97.3	101.1	98.4	102.5
济南	Jinan	99.3	97.8	99.9	97.2	94.8	97.0	82.3	101.2
青岛	Tsingtao	98.2	95.3	99.6	97.1	90.8	93.3	77.4	93.9
郑州	Zhengzhou	99.5	98.2	99.7	99.1	89.3	99.5	90.1	101.8
武汉	Wuhan	99.5	99.0	100.0	97.7	99.0	97.9	96.9	100.1
长沙	Changsha	99.8	99.2	100.5	99.3	98.0	98.4	92.6	103.6
广州	Guangzhou	99.5	98.3	99.4	100.5	92.6	96.8	100.2	94.9
深圳	Shenzhen	100.0	98.4	99.9	97.3	99.3	95.7	104.4	100.1
南宁	Nanning	100.1	100.5	100.2	98.3	97.4	99.5	100.2	104.9
海口	Haikou	99.0	97.8	99.5	96.6	96.3	95.3	97.1	99.9
重庆	Chongqing	99.6	99.0	99.7	96.3	96.1	98.9	94.0	110.7
成都	Chengdu	99.1	97.3	100.4	97.2	92.6	97.3	85.7	101.5
贵阳	Guiyang	98.8	98.2	100.2	95.3	98.3	96.7	92.5	99.1
昆明	Kunming	99.7	99.1	99.9	98.6	97.6	99.1	94.1	103.2
拉萨	Lhasa	99.9	99.7	100.0	102.3	100.0	100.6	94.4	100.8
西安	Xi'an	99.5	97.4	99.6	97.9	95.8	99.1	80.4	96.2
兰州	Lanzhou	99.0	97.5	100.0	98.4	99.7	100.7	84.4	100.1
西宁	Xining	99.2	98.3	100.3	97.2	97.1	100.3	87.8	102.6
银川	Yinchuan	99.3	98.9	99.8	99.7	96.7	99.8	88.0	100.7
乌鲁木齐	Urumqi	98.6	96.6	100.3	97.6	97.9	100.8	80.6	99.2

3-59 续表 continued

(上月=100) (preceding month=100)

地 区	City	烟 酒 Tobacco and Liquor	衣 着 Clothing	家庭设备用品及维修服务 Household Facilities,Articles and Services	医疗保健和个人用品 Health Care and Personal Articles	交通和通信 Transportation and Communication	娱乐教育文化用品及服务 Recreation, Education and Culture Articles	居 住 Residence
平均指数	**Average Index**	**100.2**	**101.1**	**99.8**	**99.8**	**99.7**	**99.0**	**100.6**
北 京	Beijing	100.7	101.4	99.2	100.0	100.7	96.9	101.7
天 津	Tianjin	101.3	100.3	99.5	100.0	98.6	97.8	100.6
石家庄	Shijiazhuang	100.1	105.3	100.6	99.7	99.3	99.7	100.0
太 原	Taiyuan	101.0	107.2	99.8	100.1	99.8	97.8	99.9
呼和浩特	Hohhot	100.0	100.4	100.5	100.8	100.0	102.0	100.2
沈 阳	Shenyang	100.1	99.4	99.2	99.5	100.5	98.1	99.9
大 连	Dalian	100.5	100.5	100.1	99.7	98.8	98.7	100.0
长 春	Changchun	100.8	100.1	101.4	100.1	99.7	99.5	99.9
哈尔滨	Harbin	99.9	100.7	100.2	99.5	100.1	99.5	99.2
上 海	Shanghai	100.2	101.2	100.2	99.6	98.8	99.2	100.3
南 京	Nanjing	100.6	102.7	100.2	99.8	100.1	99.8	100.1
杭 州	Hangzhou	100.4	102.2	99.7	99.8	99.6	99.0	101.1
宁 波	Ningbo	100.2	100.0	99.6	99.3	100.3	99.8	100.6
合 肥	Hefei	99.4	103.9	99.4	100.1	99.9	101.3	100.1
福 州	Fuzhou	100.7	101.4	99.6	99.8	100.2	98.0	101.5
厦 门	Xiamen	100.5	100.3	98.3	99.8	100.1	99.2	101.4
南 昌	Nanchang	99.7	98.1	101.5	99.9	99.2	100.2	99.5
济 南	Jinan	100.3	102.1	99.3	100.6	97.3	100.1	100.2
青 岛	Tsingtao	100.0	99.4	99.3	99.3	100.3	99.2	99.9
郑 州	Zhengzhou	100.0	100.3	99.9	100.2	100.2	99.8	100.2
武 汉	Wuhan	100.0	99.8	98.6	99.7	99.7	99.5	99.9
长 沙	Changsha	100.0	100.0	99.9	100.0	100.3	100.5	100.1
广 州	Guangzhou	99.8	100.5	98.5	98.5	100.2	100.8	100.9
深 圳	Shenzhen	99.9	103.6	101.4	100.3	98.4	98.7	102.7
南 宁	Nanning	99.4	97.9	99.9	101.2	99.7	99.3	100.6
海 口	Haikou	100.8	100.0	98.8	99.9	100.6	98.9	99.9
重 庆	Chongqing	100.2	100.5	99.9	99.8	100.6	98.5	99.9
成 都	Chengdu	100.4	99.8	99.9	99.9	100.9	100.0	100.2
贵 阳	Guiyang	100.0	100.0	99.7	99.8	100.2	95.4	100.0
昆 明	Kunming	100.0	100.2	100.0	100.1	100.4	100.0	99.9
拉 萨	Lhasa	100.0	100.2	100.0	99.8	100.5	100.0	100.0
西 安	Xi'an	100.0	105.9	99.5	100.1	98.8	99.7	100.1
兰 州	Lanzhou	100.0	99.3	100.0	100.2	99.8	99.9	100.0
西 宁	Xining	99.7	102.6	100.6	100.0	97.4	98.4	100.0
银 川	Yinchuan	99.9	101.1	99.9	99.6	98.2	97.9	100.1
乌鲁木齐	Urumqi	100.0	100.6	99.7	100.3	99.4	99.1	99.6

3-60 36个大中城市居民消费价格分类指数(环比)

Consumer Price Indices by Category for 36 Major Large and Medium-sized Cities (2015年4月)

(上月=100) (preceding month=100)

地区	City	居民消费价格指数 Consumer Price Index	食品 Food	粮食 Grain	肉禽及其制品 Meat,Poultry and Processed Products	蛋 Eggs	水产品 Aquatic Products	鲜菜 Fresh Vegetables	鲜果 Fresh Fruits
平均指数	**Average Index**	**99.8**	**99.0**	**100.2**	**99.4**	**94.8**	**98.7**	**95.4**	**96.2**
北京	Beijing	99.9	99.0	99.6	99.6	96.1	99.4	91.1	95.0
天津	Tianjin	99.8	98.5	100.0	99.6	92.9	99.5	90.6	94.9
石家庄	Shijiazhuang	99.2	97.3	99.7	99.4	90.5	99.6	88.8	95.6
太原	Taiyuan	99.1	98.3	98.3	100.5	95.4	100.4	89.5	98.7
呼和浩特	Hohhot	99.3	97.4	101.3	97.6	93.6	99.1	87.9	96.2
沈阳	Shenyang	99.2	98.0	99.9	99.1	91.8	100.8	90.1	91.9
大连	Dalian	99.6	98.4	100.2	100.5	96.1	96.5	92.3	93.5
长春	Changchun	99.4	98.6	100.9	99.6	91.7	100.6	91.1	99.6
哈尔滨	Harbin	99.1	97.5	100.1	99.4	91.3	99.5	87.2	98.1
上海	Shanghai	100.2	99.6	100.5	99.8	98.1	100.0	98.1	95.5
南京	Nanjing	99.5	98.0	100.0	99.0	94.3	99.0	92.8	96.6
杭州	Hangzhou	99.8	98.8	99.9	99.1	95.8	99.6	95.2	95.9
宁波	Ningbo	99.8	99.0	100.9	99.3	97.4	97.4	93.5	94.7
合肥	Hefei	100.4	100.0	100.3	98.2	95.7	100.5	101.7	101.0
福州	Fuzhou	99.6	99.1	100.3	100.1	93.1	96.7	104.1	94.4
厦门	Xiamen	100.2	99.6	100.4	101.8	94.3	97.6	100.1	100.1
南昌	Nanchang	100.3	100.6	100.1	99.1	96.1	98.8	106.7	98.9
济南	Jinan	99.6	98.9	99.8	100.3	96.0	98.5	92.1	95.8
青岛	Tsingtao	99.8	98.6	99.6	99.3	96.6	97.9	95.3	94.6
郑州	Zhengzhou	99.6	98.8	100.2	99.4	93.2	100.2	93.1	98.3
武汉	Wuhan	99.8	99.5	100.0	99.3	96.9	100.1	98.3	99.2
长沙	Changsha	100.1	99.8	100.1	99.3	96.1	100.8	101.0	97.1
广州	Guangzhou	100.1	98.8	102.1	99.7	91.7	97.8	91.9	95.2
深圳	Shenzhen	99.7	98.9	99.8	99.5	96.8	95.5	98.5	96.8
南宁	Nanning	99.9	98.6	100.1	97.5	96.3	96.3	98.2	97.1
海口	Haikou	99.7	98.9	100.1	98.0	97.8	96.1	103.1	95.8
重庆	Chongqing	99.7	99.1	100.1	99.5	95.0	99.3	98.7	94.6
成都	Chengdu	99.8	99.5	100.1	98.7	93.6	98.2	101.4	98.4
贵阳	Guiyang	100.3	99.8	100.3	97.7	97.9	94.5	104.8	98.9
昆明	Kunming	100.0	99.5	100.3	98.1	95.2	98.0	100.4	99.2
拉萨	Lhasa	100.0	99.6	100.0	99.4	99.9	100.0	96.6	100.4
西安	Xi'an	99.9	99.2	100.6	99.3	91.6	101.0	95.8	95.9
兰州	Lanzhou	100.0	99.8	99.4	100.2	92.7	100.1	90.6	120.3
西宁	Xining	100.4	99.5	98.6	99.1	93.2	99.8	95.9	105.0
银川	Yinchuan	100.3	99.1	99.5	98.7	93.9	100.2	97.4	97.8
乌鲁木齐	Urumqi	99.5	98.9	100.2	99.0	95.3	99.4	95.8	97.4

3-60 续表 continued

(上月=100) (preceding month=100)

地区	City	烟酒 Tobacco and Liquor	衣着 Clothing	家庭设备用品及维修服务 Household Facilities,Articles and Services	医疗保健和个人用品 Health Care and Personal Articles	交通和通信 Transportation and Communication	娱乐教育文化用品及服务 Recreation, Education and Culture Articles	居住 Residence
平均指数	**Average Index**	**100.0**	**100.5**	**100.0**	**100.1**	**100.0**	**100.6**	**100.2**
北京	Beijing	100.0	99.2	100.0	99.9	99.7	102.3	100.1
天津	Tianjin	99.9	101.0	99.8	100.3	100.1	100.9	100.2
石家庄	Shijiazhuang	99.3	100.2	99.9	100.1	99.8	100.7	100.2
太原	Taiyuan	99.6	97.6	99.9	98.5	100.2	100.0	99.9
呼和浩特	Hohhot	100.0	100.4	100.4	100.0	99.7	100.2	100.1
沈阳	Shenyang	99.8	100.5	100.4	100.2	100.0	99.1	99.8
大连	Dalian	99.8	99.8	100.1	100.1	100.4	101.0	100.1
长春	Changchun	100.5	100.5	98.7	100.0	100.0	99.3	99.7
哈尔滨	Harbin	100.1	99.3	101.2	100.4	99.8	99.4	100.4
上海	Shanghai	100.0	101.2	100.3	99.9	100.3	100.0	100.8
南京	Nanjing	100.5	100.8	100.5	100.0	100.3	99.9	100.0
杭州	Hangzhou	100.5	99.9	99.7	100.0	99.9	101.2	100.4
宁波	Ningbo	99.7	100.7	100.2	99.4	100.1	100.1	100.4
合肥	Hefei	100.4	100.4	100.2	102.5	99.5	100.9	100.0
福州	Fuzhou	100.3	99.5	99.1	100.3	99.7	99.2	100.2
厦门	Xiamen	100.5	102.9	100.3	100.1	99.8	101.2	99.6
南昌	Nanchang	99.7	101.6	99.3	100.0	100.0	100.8	99.7
济南	Jinan	100.0	99.7	99.5	99.8	99.8	100.6	99.9
青岛	Tsingtao	100.0	100.8	99.9	100.2	99.8	100.9	100.2
郑州	Zhengzhou	99.3	100.1	99.9	100.3	100.2	99.6	100.1
武汉	Wuhan	100.1	100.0	99.4	100.5	99.8	100.1	99.7
长沙	Changsha	99.7	100.1	99.9	100.4	101.3	100.1	100.1
广州	Guangzhou	99.9	103.9	99.0	100.4	99.8	102.1	100.3
深圳	Shenzhen	100.0	99.4	100.0	100.1	100.0	100.1	100.2
南宁	Nanning	99.7	104.4	100.5	100.1	99.5	100.3	100.1
海口	Haikou	100.3	101.7	100.2	101.4	98.9	99.9	100.2
重庆	Chongqing	100.1	100.5	100.4	100.1	99.5	99.6	100.0
成都	Chengdu	100.6	100.1	99.8	100.3	99.6	100.2	100.0
贵阳	Guiyang	100.0	100.6	100.3	100.0	99.6	102.7	100.0
昆明	Kunming	99.9	99.9	99.9	102.1	100.0	100.0	100.2
拉萨	Lhasa	100.0	100.2	100.0	100.0	99.9	101.3	100.0
西安	Xi'an	100.2	99.9	100.6	100.3	102.4	99.4	99.9
兰州	Lanzhou	100.0	99.9	99.5	100.1	100.8	100.0	100.1
西宁	Xining	100.0	101.7	99.0	99.7	100.7	99.5	102.7
银川	Yinchuan	99.7	101.5	100.4	100.0	102.8	101.4	100.6
乌鲁木齐	Urumqi	100.1	99.7	99.9	100.4	99.8	100.1	99.4

3-61 36个大中城市居民消费价格分类指数(环比)
Consumer Price Indices by Category for 36 Major Large and Medium-sized Cities (2015年5月)

(上月=100) (preceding month=100)

地区	City	居民消费价格指数 Consumer Price Index	食品 Food	粮食 Grain	肉禽及其制品 Meat,Poultry and Processed Products	蛋 Eggs	水产品 Aquatic Products	鲜菜 Fresh Vegetables	鲜果 Fresh Fruits
平均指数	**Average Index**	**99.9**	**99.2**	**100.3**	**100.7**	**99.2**	**99.5**	**90.9**	**97.2**
北京	Beijing	99.5	98.3	99.8	100.6	98.6	99.3	83.6	91.1
天津	Tianjin	99.6	98.1	100.1	100.8	99.7	99.7	80.3	95.0
石家庄	Shijiazhuang	98.8	96.8	99.9	101.0	98.7	100.3	79.0	92.4
太原	Taiyuan	99.9	99.1	101.5	101.5	99.5	99.6	84.1	99.0
呼和浩特	Hohhot	99.3	97.6	100.1	98.2	98.8	99.1	84.4	100.0
沈阳	Shenyang	100.2	99.5	101.1	102.7	99.2	101.6	87.2	97.7
大连	Dalian	99.6	98.7	100.2	101.9	95.3	100.1	85.1	98.6
长春	Changchun	99.6	98.4	100.1	101.0	98.1	100.4	76.8	103.0
哈尔滨	Harbin	99.5	98.5	99.9	101.2	101.3	98.9	88.0	97.6
上海	Shanghai	100.0	99.2	100.6	100.2	100.4	101.7	90.8	93.6
南京	Nanjing	100.1	100.2	100.7	100.7	99.7	100.8	98.4	93.7
杭州	Hangzhou	99.8	98.4	100.4	100.5	99.1	94.4	91.6	102.1
宁波	Ningbo	99.8	99.1	100.1	101.5	98.4	99.2	93.0	91.8
合肥	Hefei	99.9	99.2	99.9	101.2	98.9	97.2	83.8	111.1
福州	Fuzhou	100.1	99.3	100.0	102.0	101.1	96.7	96.2	97.3
厦门	Xiamen	100.6	100.1	100.7	100.8	99.3	99.1	102.7	101.0
南昌	Nanchang	100.1	99.6	100.4	102.0	98.0	100.1	91.9	103.3
济南	Jinan	100.1	98.3	100.1	101.0	98.7	98.2	84.7	91.9
青岛	Tsingtao	99.9	98.4	99.9	101.6	97.8	95.8	85.4	96.3
郑州	Zhengzhou	99.4	97.8	99.7	99.8	98.1	100.3	84.6	98.3
武汉	Wuhan	100.0	99.5	100.1	99.9	98.0	101.4	94.1	101.3
长沙	Changsha	99.6	98.9	100.1	100.1	97.3	99.3	90.9	98.0
广州	Guangzhou	99.9	100.2	99.9	99.2	98.8	99.2	101.7	100.9
深圳	Shenzhen	100.5	100.0	100.4	100.9	97.9	99.0	98.8	98.8
南宁	Nanning	99.6	97.9	100.1	99.7	97.9	98.8	94.1	87.7
海口	Haikou	99.7	99.4	100.4	99.4	96.9	100.7	95.5	100.9
重庆	Chongqing	100.0	100.1	100.9	102.5	100.4	101.2	92.1	102.1
成都	Chengdu	100.0	99.8	99.6	100.6	100.0	99.4	96.7	101.2
贵阳	Guiyang	100.2	99.9	100.3	101.1	101.3	99.8	93.7	103.9
昆明	Kunming	100.0	99.9	100.0	100.0	97.7	99.9	100.1	98.2
拉萨	Lhasa	100.3	98.3	100.0	98.3	99.7	97.4	90.3	98.8
西安	Xi'an	99.7	99.9	100.5	101.1	100.3	102.4	85.1	99.5
兰州	Lanzhou	100.0	99.7	100.2	101.5	102.3	100.1	96.6	95.4
西宁	Xining	99.3	98.3	99.7	101.0	97.5	100.5	90.1	92.2
银川	Yinchuan	99.2	98.4	100.4	100.0	98.8	99.7	84.6	90.6
乌鲁木齐	Urumqi	99.2	97.4	100.0	99.0	98.4	100.2	81.9	96.9

3-61 续表 continued

(上月=100) (preceding month=100)

地 区	City	烟 酒 Tobacco and Liquor	衣 着 Clothing	家庭设备用品及维修服务 Household Facilities,Articles and Services	医疗保健和个人用品 Health Care and Personal Articles	交通和通信 Transportation and Communication	娱乐教育文化用品及服务 Recreation, Education and Culture Articles	居 住 Residence
平均指数	**Average Index**	**102.2**	**100.1**	**99.9**	**100.1**	**100.3**	**99.9**	**100.3**
北 京	Beijing	101.2	99.2	100.0	100.0	100.6	98.7	100.7
天 津	Tianjin	101.7	100.0	100.1	99.9	100.6	99.7	100.6
石 家 庄	Shijiazhuang	102.3	99.0	100.3	99.7	99.9	99.9	99.9
太 原	Taiyuan	103.6	100.7	100.3	100.1	99.7	100.0	100.0
呼和浩特	Hohhot	101.8	100.1	99.4	100.0	100.3	100.1	100.0
沈 阳	Shenyang	103.3	100.1	99.8	100.8	101.0	100.4	100.4
大 连	Dalian	101.7	98.8	99.9	100.4	100.3	100.2	100.0
长 春	Changchun	102.8	100.1	100.5	100.0	100.0	100.2	100.1
哈 尔 滨	Harbin	101.2	99.4	100.7	100.4	100.2	100.1	99.9
上 海	Shanghai	103.9	100.0	100.1	99.7	99.8	100.7	100.6
南 京	Nanjing	100.9	99.9	100.2	99.8	100.4	100.0	100.0
杭 州	Hangzhou	102.8	100.5	100.2	100.0	101.7	100.2	100.0
宁 波	Ningbo	103.3	98.9	99.9	99.7	100.8	100.3	99.9
合 肥	Hefei	103.7	101.3	99.9	99.9	100.3	99.4	100.1
福 州	Fuzhou	103.0	99.8	100.2	100.0	100.8	101.4	100.1
厦 门	Xiamen	101.4	101.5	99.8	100.3	101.1	102.1	100.0
南 昌	Nanchang	102.5	100.9	99.3	100.0	99.6	100.3	100.4
济 南	Jinan	99.9	100.4	101.8	99.9	100.4	100.2	102.3
青 岛	Tsingtao	103.0	99.9	99.9	102.6	100.5	100.4	100.0
郑 州	Zhengzhou	101.1	100.0	99.9	100.3	100.4	99.8	100.2
武 汉	Wuhan	101.8	100.3	99.3	100.6	99.9	99.9	100.1
长 沙	Changsha	100.4	100.1	99.6	100.1	100.4	99.7	99.9
广 州	Guangzhou	104.3	100.3	98.7	99.7	100.4	99.2	99.8
深 圳	Shenzhen	101.6	101.3	100.2	100.3	100.6	100.5	100.8
南 宁	Nanning	101.2	102.5	101.8	100.0	100.4	100.1	100.0
海 口	Haikou	99.7	100.3	100.5	100.2	99.8	99.9	99.4
重 庆	Chongqing	101.8	99.8	99.6	100.1	100.0	100.1	99.9
成 都	Chengdu	100.9	100.0	99.9	100.1	100.4	99.7	100.0
贵 阳	Guiyang	101.2	100.7	100.1	100.0	100.6	100.2	100.0
昆 明	Kunming	102.9	100.0	99.9	100.2	100.5	100.0	99.5
拉 萨	Lhasa	107.5	102.0	100.0	100.0	100.5	100.9	100.0
西 安	Xi'an	101.5	99.7	99.5	100.3	97.9	99.4	100.1
兰 州	Lanzhou	102.5	101.6	99.7	100.0	99.5	100.0	100.0
西 宁	Xining	101.9	99.6	100.4	99.6	99.6	100.2	100.0
银 川	Yinchuan	102.6	99.1	99.9	100.0	98.6	99.9	100.0
乌鲁木齐	Urumqi	105.0	100.7	100.0	100.1	100.0	100.4	100.0

3-62 36个大中城市居民消费价格分类指数(环比)
Consumer Price Indices by Category for 36 Major Large and Medium-sized Cities
(2015年6月)

(上月=100) (preceding month=100)

地区	City	居民消费价格指数 Consumer Price Index	食品 Food	粮食 Grain	肉禽及其制品 Meat,Poultry and Processed Products	蛋 Eggs	水产品 Aquatic Products	鲜菜 Fresh Vegetables	鲜果 Fresh Fruits
平均指数	**Average Index**	**100.0**	**99.8**	**99.8**	**101.5**	**98.3**	**100.3**	**100.7**	**90.9**
北京	Beijing	99.8	98.8	100.6	101.6	97.6	101.4	99.7	82.0
天津	Tianjin	99.7	99.0	100.1	101.4	96.3	103.2	95.6	84.7
石家庄	Shijiazhuang	99.7	98.3	100.0	101.1	96.3	100.4	93.5	90.3
太原	Taiyuan	99.2	98.6	100.1	101.4	94.2	99.1	91.8	89.1
呼和浩特	Hohhot	99.7	98.1	100.0	100.4	98.2	100.0	89.1	92.5
沈阳	Shenyang	99.3	98.3	100.2	102.5	97.6	102.3	92.5	80.4
大连	Dalian	99.6	98.4	100.1	102.3	87.8	105.4	90.1	81.2
长春	Changchun	99.7	98.2	100.0	102.5	95.9	100.4	88.9	88.7
哈尔滨	Harbin	98.9	97.9	99.8	101.1	101.0	98.1	85.4	94.3
上海	Shanghai	100.0	100.0	99.9	100.5	99.3	98.6	101.4	99.0
南京	Nanjing	100.2	100.2	100.2	101.3	99.4	100.4	101.8	89.9
杭州	Hangzhou	100.0	99.5	99.5	101.6	99.2	98.7	101.6	89.6
宁波	Ningbo	100.3	100.3	99.2	101.2	99.2	101.5	102.6	95.2
合肥	Hefei	99.6	98.5	100.3	101.2	96.1	94.8	104.0	79.6
福州	Fuzhou	100.4	101.2	99.2	102.1	98.5	100.0	115.1	94.1
厦门	Xiamen	100.1	100.1	100.1	100.4	99.8	98.4	109.9	93.4
南昌	Nanchang	100.6	101.4	100.2	103.0	100.7	99.4	104.0	102.1
济南	Jinan	99.8	98.9	98.3	103.2	94.5	101.1	100.0	84.1
青岛	Tsingtao	100.2	100.1	98.7	103.0	100.6	106.3	99.0	84.7
郑州	Zhengzhou	99.6	99.5	99.5	101.3	97.3	99.4	98.0	94.9
武汉	Wuhan	100.2	100.2	100.1	101.9	99.1	102.1	97.0	98.4
长沙	Changsha	100.0	99.9	100.0	101.1	99.5	100.2	100.9	94.4
广州	Guangzhou	100.4	101.1	99.4	100.4	97.9	99.3	109.1	95.9
深圳	Shenzhen	100.6	101.1	99.8	101.7	99.8	101.1	105.9	97.6
南宁	Nanning	100.1	100.5	100.0	102.4	99.2	99.9	105.6	89.2
海口	Haikou	100.5	101.6	100.3	101.9	98.2	102.2	108.4	98.2
重庆	Chongqing	100.1	100.0	98.7	102.3	99.2	99.9	100.0	93.9
成都	Chengdu	100.3	100.6	99.9	102.0	99.4	99.7	105.2	95.1
贵阳	Guiyang	100.1	100.1	100.1	100.8	99.6	101.6	101.4	96.1
昆明	Kunming	100.1	100.1	99.7	101.0	99.3	99.8	102.2	93.7
拉萨	Lhasa	99.8	99.0	100.1	99.8	100.5	99.6	91.8	97.5
西安	Xi'an	100.3	99.9	100.3	102.2	98.3	101.1	107.2	81.5
兰州	Lanzhou	99.8	99.4	99.8	102.4	99.3	99.7	93.8	93.5
西宁	Xining	100.0	99.3	99.7	101.9	100.7	102.2	97.6	89.2
银川	Yinchuan	99.8	99.3	100.8	100.7	97.7	100.4	97.4	92.1
乌鲁木齐	Urumqi	99.6	98.4	99.9	101.1	100.8	100.1	89.5	89.6

3-62 续表 continued

(上月=100) (preceding month=100)

地 区	City	烟 酒 Tobacco and Liquor	衣 着 Clothing	家庭设备用品及维修服务 Household Facilities,Articles and Services	医疗保健和个人用品 Health Care and Personal Articles	交通和通信 Transportation and Communication	娱乐教育文化用品及服务 Recreation, Education and Culture Articles	居 住 Residence
平均指数	**Average Index**	**101.3**	**99.6**	**100.2**	**100.2**	**100.0**	**100.0**	**100.3**
北 京	Beijing	101.8	99.4	99.9	100.2	99.8	100.1	100.8
天 津	Tianjin	101.3	99.9	100.6	100.1	100.0	99.6	100.2
石家庄	Shijiazhuang	102.4	99.9	99.6	100.7	101.1	100.0	100.3
太 原	Taiyuan	100.3	96.7	100.1	100.0	99.4	100.0	100.1
呼和浩特	Hohhot	101.7	100.2	100.1	102.1	100.0	100.0	100.0
沈 阳	Shenyang	99.5	99.9	99.9	100.1	99.9	100.3	99.5
大 连	Dalian	102.7	100.3	100.3	99.9	99.6	100.6	100.1
长 春	Changchun	101.3	100.1	100.0	101.4	100.3	100.1	100.1
哈尔滨	Harbin	101.2	96.7	99.9	100.0	100.0	99.8	100.1
上 海	Shanghai	100.9	98.9	100.1	99.8	100.3	99.6	100.3
南 京	Nanjing	101.5	101.1	100.1	100.1	100.3	100.0	100.0
杭 州	Hangzhou	102.7	99.7	99.9	99.8	100.1	99.6	100.8
宁 波	Ningbo	102.4	99.8	99.8	100.8	100.2	100.2	100.2
合 肥	Hefei	99.3	100.1	100.1	100.5	99.9	100.2	100.1
福 州	Fuzhou	103.2	99.6	99.6	99.9	99.9	99.4	100.5
厦 门	Xiamen	101.5	98.8	99.3	100.3	100.0	100.1	100.8
南 昌	Nanchang	102.5	100.9	101.6	99.3	99.6	100.2	99.9
济 南	Jinan	100.8	99.9	100.4	100.7	99.8	100.0	100.1
青 岛	Tsingtao	100.6	100.5	99.9	100.0	99.9	100.9	99.9
郑 州	Zhengzhou	101.3	100.0	99.8	99.8	97.2	99.8	100.2
武 汉	Wuhan	101.9	100.2	99.7	101.3	100.1	99.9	99.9
长 沙	Changsha	101.8	100.2	99.9	100.1	99.5	100.0	100.0
广 州	Guangzhou	99.9	98.8	100.7	100.2	99.9	100.3	99.9
深 圳	Shenzhen	102.2	99.7	100.2	100.0	99.6	99.6	101.6
南 宁	Nanning	101.3	98.5	100.5	99.8	99.9	100.2	99.9
海 口	Haikou	100.7	99.3	99.1	100.5	100.1	99.9	99.4
重 庆	Chongqing	100.6	99.7	100.1	100.1	100.0	100.6	100.0
成 都	Chengdu	101.5	100.0	100.3	100.0	100.0	100.3	100.0
贵 阳	Guiyang	101.3	99.3	100.1	99.8	102.5	98.9	100.0
昆 明	Kunming	102.7	100.0	100.0	100.1	100.0	99.8	100.0
拉 萨	Lhasa	100.0	100.1	100.8	100.3	100.0	101.1	100.0
西 安	Xi'an	102.1	99.9	101.2	101.0	100.3	100.5	100.1
兰 州	Lanzhou	102.4	99.8	99.7	99.9	100.1	99.5	100.0
西 宁	Xining	102.0	102.2	100.2	99.7	99.5	101.0	100.0
银 川	Yinchuan	102.3	98.4	99.8	100.3	101.1	100.8	99.7
乌鲁木齐	Urumqi	100.5	100.1	100.5	100.5	100.5	100.8	100.0

3-63 36个大中城市居民消费价格分类指数(环比)
Consumer Price Indices by Category for 36 Major Large and Medium-sized Cities
(2015年7月)

(上月=100) (preceding month=100)

地区	City	居民消费价格指数 Consumer Price Index	食品 Food	粮食 Grain	肉禽及其制品 Meat,Poultry and Processed Products	蛋 Eggs	水产品 Aquatic Products	鲜菜 Fresh Vegetables	鲜果 Fresh Fruits
平均指数	**Average Index**	**100.3**	**100.5**	**100.2**	**103.9**	**100.3**	**99.4**	**101.6**	**94.5**
北京	Beijing	100.6	100.6	100.5	105.2	102.0	100.2	102.5	91.6
天津	Tianjin	100.5	101.0	100.1	104.4	101.6	102.1	102.7	95.8
石家庄	Shijiazhuang	100.4	101.2	99.7	105.3	103.2	99.9	102.6	89.2
太原	Taiyuan	99.7	99.9	100.0	105.4	104.3	100.1	99.8	90.8
呼和浩特	Hohhot	99.8	99.5	100.1	104.0	99.8	100.5	94.9	88.6
沈阳	Shenyang	100.1	100.0	100.3	105.4	100.3	99.9	95.6	89.1
大连	Dalian	100.6	101.6	100.2	106.2	96.8	104.6	105.8	91.8
长春	Changchun	100.2	100.3	100.2	106.4	101.0	100.1	93.1	93.7
哈尔滨	Harbin	99.4	99.3	99.9	105.7	94.8	99.1	88.9	93.5
上海	Shanghai	100.2	100.3	100.1	103.0	100.4	97.2	106.4	92.8
南京	Nanjing	100.5	101.3	99.2	102.6	100.3	101.7	112.9	96.3
杭州	Hangzhou	100.9	102.2	99.7	104.1	100.5	101.6	113.2	94.7
宁波	Ningbo	100.7	101.8	100.4	103.6	99.5	101.2	114.7	99.5
合肥	Hefei	100.4	101.1	99.7	104.7	101.2	100.7	103.2	92.1
福州	Fuzhou	100.4	100.4	101.0	104.0	102.3	97.6	100.5	99.2
厦门	Xiamen	100.0	100.0	100.1	101.8	101.1	100.1	95.9	95.2
南昌	Nanchang	99.6	100.0	100.3	101.2	95.5	99.0	101.5	93.9
济南	Jinan	100.3	100.6	101.7	106.7	101.6	100.0	100.8	87.5
青岛	Tsingtao	100.4	100.7	101.6	105.5	101.3	97.8	110.3	86.7
郑州	Zhengzhou	100.6	101.7	100.5	103.9	104.4	99.7	108.8	97.0
武汉	Wuhan	100.0	100.2	99.9	102.2	99.7	101.3	97.4	97.2
长沙	Changsha	100.4	101.0	100.0	104.0	99.4	100.4	101.9	97.1
广州	Guangzhou	100.2	99.2	100.1	101.5	102.8	97.4	97.4	94.8
深圳	Shenzhen	99.9	100.1	100.5	102.2	100.1	99.1	99.0	96.3
南宁	Nanning	100.3	101.1	100.0	102.7	100.7	100.7	104.7	97.9
海口	Haikou	100.1	99.9	100.3	100.0	100.8	98.5	100.7	96.4
重庆	Chongqing	100.8	101.6	100.5	106.1	99.0	100.4	101.4	100.2
成都	Chengdu	100.5	101.1	100.1	105.4	99.1	99.4	97.9	99.1
贵阳	Guiyang	100.6	100.5	100.0	104.9	99.8	97.8	97.0	97.3
昆明	Kunming	100.1	100.2	100.1	101.8	99.3	99.0	98.2	99.8
拉萨	Lhasa	100.5	100.9	100.6	101.1	100.5	101.8	104.1	99.1
西安	Xi'an	100.2	99.2	100.2	104.2	99.9	98.8	91.0	91.5
兰州	Lanzhou	99.9	99.9	100.0	104.5	100.9	101.7	98.4	89.2
西宁	Xining	100.5	100.3	101.7	104.5	101.1	101.4	97.3	94.6
银川	Yinchuan	100.1	99.9	100.2	102.0	102.4	99.2	93.9	99.1
乌鲁木齐	Urumqi	99.8	99.9	100.7	101.5	99.7	100.1	98.0	94.3

3-63 续表 continued

(上月=100) (preceding month=100)

地区	City	烟酒 Tobacco and Liquor	衣着 Clothing	家庭设备用品及维修服务 Household Facilities,Articles and Services	医疗保健和个人用品 Health Care and Personal Articles	交通和通信 Transportation and Communication	娱乐教育文化用品及服务 Recreation, Education and Culture Articles	居住 Residence
平均指数	**Average Index**	**100.0**	**99.3**	**100.1**	**100.0**	**100.1**	**101.1**	**100.3**
北京	Beijing	100.2	99.4	99.4	99.9	99.9	102.0	100.9
天津	Tianjin	100.1	99.4	100.8	100.1	100.3	101.5	99.9
石家庄	Shijiazhuang	99.5	99.0	99.2	100.3	100.1	99.9	100.7
太原	Taiyuan	100.3	97.0	100.0	99.8	99.8	100.5	100.0
呼和浩特	Hohhot	100.0	100.2	100.0	99.8	99.8	100.1	99.9
沈阳	Shenyang	100.5	99.6	100.1	100.0	99.9	100.9	100.1
大连	Dalian	100.2	98.9	99.9	99.9	100.6	100.7	100.1
长春	Changchun	100.4	100.0	100.1	100.5	100.5	99.9	100.1
哈尔滨	Harbin	100.0	96.5	98.9	100.5	100.0	99.8	100.0
上海	Shanghai	100.1	99.1	100.1	99.4	100.2	100.5	100.7
南京	Nanjing	99.8	100.5	100.2	100.0	100.1	100.7	100.0
杭州	Hangzhou	99.9	99.4	100.4	100.2	99.5	101.3	100.6
宁波	Ningbo	98.7	100.0	100.4	100.0	99.4	101.4	99.9
合肥	Hefei	100.3	98.6	100.4	99.9	99.8	100.6	100.3
福州	Fuzhou	100.6	96.7	99.8	104.7	99.5	101.1	100.4
厦门	Xiamen	100.4	97.7	100.3	100.0	99.2	100.1	101.3
南昌	Nanchang	100.0	97.8	99.4	99.7	100.0	99.6	99.6
济南	Jinan	99.9	99.3	100.3	100.4	99.7	101.1	100.2
青岛	Tsingtao	100.1	99.9	99.9	99.8	99.9	102.1	100.1
郑州	Zhengzhou	100.0	100.0	100.5	99.9	99.9	100.0	100.2
武汉	Wuhan	100.0	100.0	99.9	99.9	100.0	100.1	99.8
长沙	Changsha	100.0	100.0	100.0	100.0	100.1	101.0	99.7
广州	Guangzhou	100.1	98.6	100.3	99.9	100.1	103.8	100.4
深圳	Shenzhen	99.9	98.5	99.8	100.0	99.9	100.1	99.9
南宁	Nanning	100.0	99.2	99.9	99.9	99.8	100.2	100.0
海口	Haikou	101.0	99.9	100.5	100.1	100.0	101.3	99.8
重庆	Chongqing	100.0	99.8	100.7	100.1	100.6	101.3	100.3
成都	Chengdu	100.3	100.1	100.0	99.7	100.1	100.7	100.1
贵阳	Guiyang	100.1	99.6	100.0	100.0	100.8	102.9	100.0
昆明	Kunming	99.9	100.0	100.1	100.5	99.8	99.8	100.0
拉萨	Lhasa	100.0	100.1	100.0	99.7	99.8	102.3	100.0
西安	Xi'an	100.2	99.5	100.2	100.2	102.4	101.6	100.0
兰州	Lanzhou	100.0	100.5	99.5	100.0	100.1	99.6	100.0
西宁	Xining	100.1	99.0	99.9	99.9	102.0	103.2	100.0
银川	Yinchuan	100.0	98.8	99.8	99.4	102.4	102.4	99.5
乌鲁木齐	Urumqi	100.0	99.3	100.0	100.6	99.9	100.2	99.2

3-64 36个大中城市居民消费价格分类指数(环比)
Consumer Price Indices by Category for 36 Major Large and Medium-sized Cities
(2015年8月)

(上月=100) (preceding month=100)

地 区	City	居民消费价格指数 Consumer Price Index	食 品 Food	粮 食 Grain	肉禽及其制品 Meat,Poultry and Processed Products	蛋 Eggs	水产品 Aquatic Products	鲜 菜 Fresh Vegetables	鲜 果 Fresh Fruits
平均指数	**Average Index**	**100.3**	**101.2**	**100.1**	**103.1**	**109.5**	**98.6**	**107.2**	**97.9**
北 京	Beijing	100.1	100.6	99.4	101.7	107.2	99.0	113.4	90.9
天 津	Tianjin	100.5	101.7	99.8	101.7	109.6	100.7	119.0	98.9
石家庄	Shijiazhuang	100.4	101.1	100.0	100.6	115.7	98.9	117.6	82.3
太 原	Taiyuan	100.4	102.0	99.9	102.3	113.4	100.2	121.8	89.6
呼和浩特	Hohhot	100.4	101.4	100.0	103.9	108.5	100.1	103.2	97.9
沈 阳	Shenyang	100.4	101.2	100.7	100.2	123.5	95.1	114.2	101.4
大 连	Dalian	100.5	102.0	99.8	100.6	123.9	98.4	120.2	101.8
长 春	Changchun	100.4	101.2	99.8	100.3	121.0	99.8	104.4	98.7
哈尔滨	Harbin	100.6	101.1	100.0	102.1	120.8	98.8	101.6	99.5
上 海	Shanghai	100.2	100.6	99.8	102.2	103.1	99.0	102.1	102.5
南 京	Nanjing	100.4	101.0	100.6	102.8	107.4	101.5	101.2	98.0
杭 州	Hangzhou	100.2	101.1	100.7	102.8	103.8	99.3	104.8	102.0
宁 波	Ningbo	100.0	100.2	100.8	104.1	102.5	95.3	104.7	103.2
合 肥	Hefei	100.4	102.3	99.8	105.5	110.9	101.4	103.1	107.7
福 州	Fuzhou	100.3	101.9	98.9	105.9	109.2	96.6	114.5	97.7
厦 门	Xiamen	100.2	101.6	100.1	103.7	105.8	98.7	111.4	98.9
南 昌	Nanchang	100.0	100.4	100.0	104.0	102.6	100.1	98.9	94.2
济 南	Jinan	100.6	101.7	100.1	103.2	107.8	98.9	113.7	96.9
青 岛	Tsingtao	100.3	101.1	99.7	102.0	111.9	88.7	120.9	106.3
郑 州	Zhengzhou	100.6	101.3	100.0	101.4	118.6	99.1	105.3	99.3
武 汉	Wuhan	100.4	101.3	100.1	104.7	102.3	100.5	103.3	95.2
长 沙	Changsha	100.7	102.1	100.5	106.0	103.7	99.5	103.5	97.6
广 州	Guangzhou	100.2	100.8	100.5	102.6	109.8	98.6	105.8	99.4
深 圳	Shenzhen	100.2	101.1	99.9	103.7	102.2	97.6	107.6	98.2
南 宁	Nanning	100.8	102.7	99.9	105.0	104.9	100.6	107.8	102.1
海 口	Haikou	100.0	99.6	99.8	101.3	104.7	97.2	99.4	94.4
重 庆	Chongqing	100.5	101.3	100.4	105.6	106.4	101.1	102.1	92.6
成 都	Chengdu	100.6	101.8	100.8	104.3	117.1	100.2	104.4	96.6
贵 阳	Guiyang	100.6	101.9	100.0	107.8	102.8	100.0	98.5	97.0
昆 明	Kunming	101.1	102.7	100.0	107.6	103.9	102.7	110.0	100.3
拉 萨	Lhasa	100.5	100.9	100.2	101.6	99.7	100.1	104.9	99.5
西 安	Xi'an	100.7	102.5	99.4	104.0	117.3	101.6	117.8	101.5
兰 州	Lanzhou	100.5	100.9	100.6	103.0	110.9	100.4	105.9	87.7
西 宁	Xining	100.1	100.9	100.6	101.4	112.9	99.0	104.0	94.4
银 川	Yinchuan	100.1	101.0	100.3	102.2	111.2	99.1	111.0	95.4
乌鲁木齐	Urumqi	100.9	102.7	100.1	101.3	109.2	100.1	130.0	92.3

3-64 续表 continued

(上月=100) (preceding month=100)

地区	City	烟酒 Tobacco and Liquor	衣着 Clothing	家庭设备用品及维修服务 Household Facilities,Articles and Services	医疗保健和个人用品 Health Care and Personal Articles	交通和通信 Transportation and Communication	娱乐教育文化用品及服务 Recreation, Education and Culture Articles	居住 Residence
平均指数	**Average Index**	**100.1**	**100.0**	**100.0**	**100.1**	**99.3**	**99.9**	**100.2**
北京	Beijing	100.0	100.7	99.9	100.0	99.0	99.3	100.4
天津	Tianjin	100.0	100.5	99.4	99.9	99.5	99.6	100.0
石家庄	Shijiazhuang	101.4	100.5	100.0	100.1	99.6	100.0	99.9
太原	Taiyuan	100.1	99.2	99.9	100.0	100.4	98.7	100.0
呼和浩特	Hohhot	100.0	100.1	100.1	100.1	99.9	100.0	100.0
沈阳	Shenyang	100.3	99.9	99.9	100.0	99.7	100.1	100.3
大连	Dalian	100.5	97.6	99.9	100.1	100.0	100.0	99.9
长春	Changchun	99.3	100.1	100.1	100.4	99.7	100.0	100.0
哈尔滨	Harbin	100.0	101.7	99.5	100.6	99.8	100.4	100.0
上海	Shanghai	100.2	101.0	100.1	100.1	98.8	99.7	100.6
南京	Nanjing	100.3	100.3	101.0	100.0	99.4	100.4	100.0
杭州	Hangzhou	100.4	99.1	100.1	99.9	99.2	100.4	99.7
宁波	Ningbo	99.7	100.4	99.5	99.3	98.9	100.5	100.0
合肥	Hefei	100.3	96.9	99.8	99.7	99.3	100.1	99.9
福州	Fuzhou	99.8	95.1	99.7	100.4	99.4	99.5	100.8
厦门	Xiamen	99.6	98.8	99.4	100.4	99.3	98.6	100.2
南昌	Nanchang	100.0	100.0	99.9	99.8	99.6	100.0	99.5
济南	Jinan	100.0	100.7	99.8	100.1	99.6	100.1	100.1
青岛	Tsingtao	99.7	99.8	100.0	100.2	99.7	100.0	100.2
郑州	Zhengzhou	100.2	100.0	100.4	100.7	99.4	100.4	100.5
武汉	Wuhan	100.3	100.0	100.3	100.2	99.6	100.0	100.0
长沙	Changsha	100.0	100.1	99.6	100.0	99.2	100.9	100.1
广州	Guangzhou	99.9	100.2	99.8	99.9	99.1	100.2	100.0
深圳	Shenzhen	99.6	98.5	99.9	99.9	99.3	100.1	100.1
南宁	Nanning	100.8	99.4	99.8	99.9	99.5	100.1	99.7
海口	Haikou	100.5	103.2	99.6	100.3	99.5	100.0	100.2
重庆	Chongqing	100.3	100.3	100.2	100.0	99.5	99.4	100.3
成都	Chengdu	99.9	99.8	99.9	99.9	99.5	100.2	100.0
贵阳	Guiyang	100.0	100.6	100.0	100.0	99.4	99.8	100.0
昆明	Kunming	100.0	99.9	100.0	101.8	99.5	100.0	100.0
拉萨	Lhasa	100.0	100.0	100.0	100.0	99.5	102.3	100.0
西安	Xi'an	100.1	99.4	99.8	100.4	98.5	100.2	100.0
兰州	Lanzhou	100.0	100.3	101.2	100.3	100.3	100.2	100.0
西宁	Xining	100.1	98.9	99.9	99.9	100.7	98.4	100.0
银川	Yinchuan	99.8	98.4	100.1	100.0	99.9	99.4	99.8
乌鲁木齐	Urumqi	100.0	99.4	99.7	99.3	100.2	99.8	100.0

3-65 36个大中城市居民消费价格分类指数(环比)
Consumer Price Indices by Category for 36 Major Large and Medium-sized Cities
(2015年9月)

(上月=100) (preceding month=100)

地区	City	居民消费价格指数 Consumer Price Index	食品 Food	粮食 Grain	肉禽及其制品 Meat,Poultry and Processed Products	蛋 Eggs	水产品 Aquatic Products	鲜菜 Fresh Vegetables	鲜果 Fresh Fruits
平均指数	**Average Index**	**100.2**	**99.9**	**100.1**	**100.3**	**103.0**	**98.6**	**99.1**	**98.9**
北京	Beijing	100.7	100.8	99.5	100.5	103.1	100.5	99.8	110.7
天津	Tianjin	99.9	99.2	99.9	100.9	103.7	97.6	95.8	93.1
石家庄	Shijiazhuang	100.7	100.8	100.2	100.7	105.2	98.3	97.6	110.2
太原	Taiyuan	100.6	99.1	99.8	99.4	101.3	100.9	98.3	88.3
呼和浩特	Hohhot	100.8	102.5	99.8	104.4	105.5	99.5	116.4	99.4
沈阳	Shenyang	100.3	100.6	99.7	99.8	101.2	100.6	95.1	112.9
大连	Dalian	99.4	98.3	99.9	99.7	105.7	92.7	89.0	103.2
长春	Changchun	99.9	99.7	100.1	99.8	103.7	99.5	98.7	97.0
哈尔滨	Harbin	100.9	101.5	100.5	100.5	105.6	97.4	114.2	101.6
上海	Shanghai	100.1	99.1	100.0	101.0	100.9	98.6	94.9	94.9
南京	Nanjing	100.3	99.2	100.7	100.9	104.8	98.3	91.4	101.0
杭州	Hangzhou	99.9	98.8	100.2	101.1	102.6	97.0	93.0	99.4
宁波	Ningbo	99.9	98.7	99.9	99.7	101.4	95.4	93.9	97.8
合肥	Hefei	99.9	98.8	99.8	99.6	101.8	95.7	90.2	100.8
福州	Fuzhou	99.7	99.1	100.6	99.6	101.7	97.6	98.3	95.9
厦门	Xiamen	99.8	99.8	100.2	100.5	103.6	99.9	100.1	94.4
南昌	Nanchang	100.0	99.6	100.0	101.3	102.9	100.4	97.5	94.3
济南	Jinan	100.0	99.3	99.7	99.0	104.9	101.6	95.0	93.0
青岛	Tsingtao	99.7	98.7	100.6	100.5	101.2	100.7	89.8	93.3
郑州	Zhengzhou	100.0	99.9	99.6	100.2	102.5	99.1	99.8	97.9
武汉	Wuhan	100.3	100.4	99.9	102.5	101.1	99.3	98.8	96.8
长沙	Changsha	100.0	100.3	100.2	100.4	103.7	99.7	101.1	98.8
广州	Guangzhou	100.0	100.4	100.8	99.9	104.6	99.1	102.0	101.2
深圳	Shenzhen	100.1	100.4	99.5	100.1	100.9	100.4	101.8	100.7
南宁	Nanning	100.1	100.5	100.3	100.1	103.6	100.2	107.1	96.8
海口	Haikou	100.2	100.9	100.3	100.9	101.3	99.7	107.5	97.5
重庆	Chongqing	100.2	99.8	100.8	99.3	103.9	99.8	104.4	88.6
成都	Chengdu	100.4	101.2	100.2	100.4	102.6	99.6	106.9	102.0
贵阳	Guiyang	100.3	100.5	100.0	100.1	100.5	99.4	105.9	97.7
昆明	Kunming	100.7	101.3	100.1	100.7	101.0	100.7	109.0	99.2
拉萨	Lhasa	99.7	99.5	100.6	99.3	100.5	99.6	96.3	99.7
西安	Xi'an	100.2	99.3	100.4	100.3	102.9	99.7	93.1	96.4
兰州	Lanzhou	100.4	100.8	100.0	100.4	106.9	100.3	104.8	97.4
西宁	Xining	99.6	99.6	100.1	98.5	103.7	100.4	97.4	97.7
银川	Yinchuan	99.8	99.7	99.8	100.2	101.2	98.9	95.0	102.4
乌鲁木齐	Urumqi	100.2	99.5	100.1	98.9	102.8	97.6	96.4	103.6

3-65 续表 continued

(上月=100) (preceding month=100)

地 区	City	烟 酒 Tobacco and Liquor	衣 着 Clothing	家庭设备用品及维修服务 Household Facilities,Articles and Services	医疗保健和个人用品 Health Care and Personal Articles	交通和通信 Transportation and Communication	娱乐教育文化用品及服务 Recreation, Education and Culture Articles	居 住 Residence
平均指数	**Average Index**	**99.7**	**101.3**	**100.1**	**100.2**	**99.6**	**100.6**	**100.2**
北 京	Beijing	99.1	101.9	99.8	100.1	99.5	102.5	100.1
天 津	Tianjin	99.4	100.2	99.8	99.9	99.5	100.6	100.9
石家庄	Shijiazhuang	98.7	103.9	100.7	100.4	99.0	100.7	99.9
太 原	Taiyuan	99.2	109.3	100.0	100.1	99.2	101.1	100.0
呼和浩特	Hohhot	100.0	100.3	99.8	100.1	99.8	100.6	99.6
沈 阳	Shenyang	100.0	100.6	99.8	100.3	99.7	100.5	99.9
大 连	Dalian	98.0	100.0	100.8	100.0	100.0	99.5	100.2
长 春	Changchun	99.2	100.2	100.0	100.1	99.6	100.1	100.0
哈尔滨	Harbin	99.4	103.9	100.0	100.1	99.9	100.3	99.9
上 海	Shanghai	99.8	101.2	100.2	100.5	100.1	100.4	100.5
南 京	Nanjing	100.0	102.2	100.3	100.2	99.7	102.9	100.1
杭 州	Hangzhou	99.3	100.6	100.0	100.2	99.4	101.6	100.4
宁 波	Ningbo	99.9	103.9	100.0	100.0	99.3	100.8	100.1
合 肥	Hefei	99.6	102.7	99.6	100.4	99.5	101.1	99.9
福 州	Fuzhou	101.2	99.8	101.3	99.3	99.6	99.8	99.9
厦 门	Xiamen	99.9	98.1	99.2	100.0	99.2	100.7	100.3
南 昌	Nanchang	100.0	100.9	100.2	99.9	99.7	100.3	100.1
济 南	Jinan	99.7	100.8	100.1	100.8	99.0	101.2	99.8
青 岛	Tsingtao	99.9	99.8	100.7	99.8	99.4	99.9	100.9
郑 州	Zhengzhou	100.1	100.1	100.2	100.0	99.5	100.2	100.3
武 汉	Wuhan	99.9	99.9	100.1	100.3	99.9	100.3	100.3
长 沙	Changsha	100.1	100.3	100.0	100.2	99.5	98.9	99.9
广 州	Guangzhou	99.7	102.7	100.1	100.1	99.8	98.0	100.0
深 圳	Shenzhen	99.0	102.0	99.8	100.3	99.3	99.1	99.9
南 宁	Nanning	100.0	99.8	99.9	99.9	99.8	100.1	99.6
海 口	Haikou	100.8	100.6	100.5	100.4	97.4	99.3	100.3
重 庆	Chongqing	100.2	101.3	99.8	100.2	99.8	101.1	100.2
成 都	Chengdu	100.1	100.3	100.4	99.9	99.2	99.9	100.0
贵 阳	Guiyang	100.0	100.6	100.0	100.1	99.0	101.1	100.0
昆 明	Kunming	100.1	100.3	101.2	100.0	101.1	100.0	99.9
拉 萨	Lhasa	100.0	100.0	100.0	101.9	99.7	97.3	100.0
西 安	Xi'an	100.1	102.8	99.6	100.4	100.3	101.0	100.0
兰 州	Lanzhou	100.0	100.6	100.0	100.0	99.5	100.1	100.3
西 宁	Xining	100.2	99.6	100.3	100.1	97.6	100.2	100.0
银 川	Yinchuan	100.2	103.3	99.6	100.0	97.1	99.1	99.6
乌鲁木齐	Urumqi	100.3	101.4	100.1	99.6	101.3	101.3	100.0

3-66 36个大中城市居民消费价格分类指数(环比)
Consumer Price Indices by Category for 36 Major Large and Medium-sized Cities
(2015年10月)

(上月=100) (preceding month=100)

地区	City	居民消费价格指数 Consumer Price Index	食品 Food	粮食 Grain	肉禽及其制品 Meat,Poultry and Processed Products	蛋 Eggs	水产品 Aquatic Products	鲜菜 Fresh Vegetables	鲜果 Fresh Fruits
平均指数	**Average Index**	**99.8**	**99.3**	**100.3**	**99.2**	**94.0**	**99.5**	**94.2**	**101.3**
北京	Beijing	99.4	99.7	100.9	99.3	95.5	100.3	86.1	109.7
天津	Tianjin	99.4	98.7	100.0	98.8	91.6	96.2	88.0	103.1
石家庄	Shijiazhuang	99.3	97.7	100.5	98.7	90.7	100.0	86.9	101.0
太原	Taiyuan	99.5	98.5	100.5	98.7	88.0	100.4	86.6	100.1
呼和浩特	Hohhot	99.4	98.9	100.2	100.8	91.6	99.1	93.7	95.8
沈阳	Shenyang	99.5	98.5	100.0	98.6	86.3	102.5	87.9	96.0
大连	Dalian	99.6	98.7	99.2	98.6	86.8	97.8	92.4	104.9
长春	Changchun	99.3	97.7	100.1	99.0	88.4	99.1	91.9	94.2
哈尔滨	Harbin	100.0	99.1	100.6	99.8	83.8	100.1	98.8	101.7
上海	Shanghai	100.1	99.8	100.6	100.0	97.5	99.9	96.7	100.4
南京	Nanjing	99.8	98.5	100.4	98.8	94.8	97.6	90.4	96.5
杭州	Hangzhou	99.8	98.5	99.7	99.6	98.7	96.9	93.2	95.1
宁波	Ningbo	100.0	99.4	100.4	99.6	99.0	99.1	99.4	95.0
合肥	Hefei	99.9	98.9	102.0	97.0	92.9	98.2	97.9	97.2
福州	Fuzhou	99.6	98.2	99.9	99.1	91.9	99.2	92.7	92.8
厦门	Xiamen	99.6	99.7	100.0	99.7	96.9	102.0	94.3	97.4
南昌	Nanchang	99.6	99.7	100.1	99.8	99.1	99.2	100.5	97.1
济南	Jinan	99.5	98.8	99.3	98.0	93.9	100.3	89.3	101.6
青岛	Tsingtao	99.3	97.9	99.2	98.8	89.1	97.2	85.4	104.1
郑州	Zhengzhou	99.6	98.5	100.1	100.3	86.3	97.8	91.6	98.1
武汉	Wuhan	99.9	99.8	100.3	99.6	98.8	98.7	99.7	99.0
长沙	Changsha	99.8	99.3	99.9	99.7	98.7	100.3	96.0	99.2
广州	Guangzhou	100.3	100.0	99.0	99.3	95.6	102.1	100.6	99.7
深圳	Shenzhen	99.9	99.7	100.6	99.9	98.8	100.3	94.7	101.8
南宁	Nanning	99.4	98.3	99.9	98.2	98.5	99.2	93.9	99.6
海口	Haikou	100.4	100.7	100.3	100.6	100.8	101.2	101.5	100.0
重庆	Chongqing	99.8	99.6	100.3	98.1	98.4	100.0	95.7	109.2
成都	Chengdu	99.8	99.0	101.7	99.2	92.3	99.9	92.5	100.7
贵阳	Guiyang	99.3	99.7	100.0	100.2	98.5	100.1	98.8	94.8
昆明	Kunming	100.0	100.0	99.9	98.8	99.4	101.0	102.0	100.9
拉萨	Lhasa	100.0	100.3	101.4	99.9	100.4	99.1	102.5	98.8
西安	Xi'an	99.3	98.7	100.5	98.8	89.9	97.6	88.9	110.4
兰州	Lanzhou	100.1	100.1	100.6	99.6	88.8	99.7	103.1	99.9
西宁	Xining	99.7	97.7	100.3	96.9	90.7	98.5	91.7	92.6
银川	Yinchuan	99.6	98.9	100.0	99.8	93.1	100.3	91.1	96.5
乌鲁木齐	Urumqi	99.6	98.7	100.2	97.2	94.9	99.4	91.9	105.8

3-66 续表 continued

(上月=100) (preceding month=100)

地 区	City	烟 酒 Tobacco and Liquor	衣 着 Clothing	家庭设备用品及维修服务 Household Facilities,Articles and Services	医疗保健和个人用品 Health Care and Personal Articles	交通和通信 Transportation and Communication	娱乐教育文化用品及服务 Recreation, Education and Culture Articles	居 住 Residence
平均指数	**Average Index**	**100.2**	**100.7**	**100.0**	**100.2**	**99.9**	**99.3**	**100.1**
北 京	Beijing	100.8	100.2	100.2	100.1	99.8	97.0	99.6
天 津	Tianjin	100.6	100.3	100.7	100.1	99.8	98.2	100.0
石家庄	Shijiazhuang	100.5	98.7	100.5	101.9	100.1	99.6	99.8
太 原	Taiyuan	100.2	101.3	99.9	100.1	100.3	98.5	100.0
呼和浩特	Hohhot	100.0	100.1	100.3	99.8	98.6	100.0	99.3
沈 阳	Shenyang	99.9	101.0	100.1	100.1	100.2	100.4	99.3
大 连	Dalian	100.5	101.7	100.3	100.0	99.4	99.0	100.2
长 春	Changchun	100.3	100.2	100.1	100.4	100.0	99.9	100.0
哈尔滨	Harbin	99.6	100.9	101.2	100.6	100.1	99.9	100.3
上 海	Shanghai	100.1	101.2	100.0	100.3	99.9	99.4	100.5
南 京	Nanjing	100.6	101.2	100.3	100.0	99.9	100.9	100.0
杭 州	Hangzhou	100.6	99.8	99.8	100.2	100.0	100.4	100.9
宁 波	Ningbo	100.4	99.7	99.9	100.7	100.2	100.6	100.2
合 肥	Hefei	101.0	103.2	100.1	100.1	99.8	99.9	100.0
福 州	Fuzhou	100.0	100.1	99.0	100.9	100.3	100.9	100.0
厦 门	Xiamen	98.6	97.5	98.5	100.8	100.5	99.3	99.8
南 昌	Nanchang	100.0	99.0	100.2	100.2	100.4	97.3	100.3
济 南	Jinan	99.9	100.4	100.1	100.0	99.4	98.8	100.2
青 岛	Tsingtao	100.0	100.5	99.7	100.2	99.8	98.9	100.1
郑 州	Zhengzhou	100.0	100.1	100.2	101.0	100.0	100.0	100.0
武 汉	Wuhan	100.0	100.2	99.7	100.1	100.0	99.5	100.0
长 沙	Changsha	100.0	100.5	100.0	100.2	100.2	99.4	100.2
广 州	Guangzhou	100.0	106.0	99.6	100.2	100.0	100.0	100.0
深 圳	Shenzhen	99.8	100.1	99.8	99.9	100.0	100.8	99.8
南 宁	Nanning	99.9	101.1	99.9	100.0	100.0	100.1	99.9
海 口	Haikou	100.9	99.7	100.6	100.1	99.4	100.9	100.2
重 庆	Chongqing	100.2	100.5	100.1	100.0	99.8	98.8	100.0
成 都	Chengdu	99.8	100.2	99.9	100.4	100.7	99.9	100.2
贵 阳	Guiyang	100.0	99.4	99.9	100.0	100.0	95.4	99.9
昆 明	Kunming	100.0	100.2	100.0	100.2	100.1	99.9	100.0
拉 萨	Lhasa	100.0	100.0	100.0	100.9	100.1	97.2	100.0
西 安	Xi'an	99.8	99.6	99.9	99.9	99.8	98.3	100.0
兰 州	Lanzhou	100.0	100.9	100.0	100.2	99.5	100.0	100.0
西 宁	Xining	100.0	101.8	100.4	101.2	99.5	99.3	101.8
银 川	Yinchuan	100.0	101.8	100.4	100.0	99.6	98.3	99.5
乌鲁木齐	Urumqi	100.1	100.7	100.4	100.3	99.0	100.0	100.0

3-67 36个大中城市居民消费价格分类指数(环比)
Consumer Price Indices by Category for 36 Major Large and Medium-sized Cities (2015年11月)

(上月=100) (preceding month=100)

地区	City	居民消费价格指数 Consumer Price Index	食品 Food	粮食 Grain	肉禽及其制品 Meat,Poultry and Processed Products	蛋 Eggs	水产品 Aquatic Products	鲜菜 Fresh Vegetables	鲜果 Fresh Fruits
平均指数	**Average Index**	**100.0**	**100.2**	**100.4**	**98.7**	**98.6**	**99.5**	**102.9**	**102.4**
北京	Beijing	99.9	101.5	101.8	99.1	98.9	99.1	118.0	107.6
天津	Tianjin	100.5	101.8	99.1	99.2	98.7	97.6	123.8	106.6
石家庄	Shijiazhuang	100.9	103.2	99.9	99.7	96.7	100.7	122.3	112.3
太原	Taiyuan	100.6	100.8	100.7	98.3	101.9	100.2	111.9	99.5
呼和浩特	Hohhot	100.1	100.2	100.1	97.0	99.1	100.6	110.1	100.8
沈阳	Shenyang	100.8	102.3	100.0	98.6	101.6	99.0	126.3	111.1
大连	Dalian	100.7	101.7	99.6	98.2	98.6	100.0	128.2	101.9
长春	Changchun	101.5	104.6	100.0	99.0	100.5	99.9	157.3	111.5
哈尔滨	Harbin	101.3	102.5	101.1	97.8	101.9	100.7	120.0	105.6
上海	Shanghai	100.0	100.4	100.7	99.5	99.9	100.2	99.9	102.6
南京	Nanjing	100.1	99.8	100.1	99.3	98.6	99.6	95.8	106.9
杭州	Hangzhou	99.9	99.8	99.9	99.6	96.8	99.5	98.9	98.3
宁波	Ningbo	99.8	99.9	100.8	97.5	99.8	100.7	96.6	103.0
合肥	Hefei	99.7	100.0	101.1	98.2	99.7	100.0	102.3	98.5
福州	Fuzhou	99.3	98.5	99.5	99.1	95.0	99.2	89.7	100.0
厦门	Xiamen	99.6	98.9	99.6	99.4	96.4	99.4	93.5	97.5
南昌	Nanchang	100.0	98.8	100.2	98.7	99.3	99.6	96.5	93.7
济南	Jinan	100.2	100.9	100.5	97.7	99.8	98.8	110.8	107.1
青岛	Tsingtao	100.5	101.5	100.1	98.7	101.4	101.5	111.9	111.3
郑州	Zhengzhou	100.3	100.8	101.7	100.5	101.2	100.4	104.1	100.1
武汉	Wuhan	99.7	98.9	100.2	97.4	99.8	98.2	98.2	95.8
长沙	Changsha	99.9	99.6	100.4	98.9	99.0	100.0	97.5	101.1
广州	Guangzhou	99.3	98.9	100.5	99.2	96.6	99.0	92.9	96.9
深圳	Shenzhen	99.5	99.0	100.5	99.6	97.9	98.8	92.4	99.5
南宁	Nanning	99.8	98.8	99.6	98.7	97.3	98.8	95.5	99.4
海口	Haikou	100.1	99.3	99.9	99.5	99.9	98.5	96.0	98.3
重庆	Chongqing	99.4	98.5	100.2	97.2	97.2	99.3	94.4	97.0
成都	Chengdu	99.5	98.8	101.4	98.3	96.7	100.1	93.4	98.9
贵阳	Guiyang	99.5	99.1	100.0	98.3	98.1	98.2	93.6	101.0
昆明	Kunming	99.7	99.3	99.9	98.6	98.4	98.7	95.9	102.6
拉萨	Lhasa	100.5	101.0	100.0	99.8	100.0	98.9	108.2	101.9
西安	Xi'an	100.3	100.7	100.3	98.2	94.9	97.2	112.7	104.0
兰州	Lanzhou	100.2	100.4	99.8	98.2	97.5	99.5	105.8	101.6
西宁	Xining	100.6	100.3	99.5	98.5	97.9	97.6	108.9	100.4
银川	Yinchuan	100.1	101.2	100.9	99.2	98.6	100.3	119.3	100.6
乌鲁木齐	Urumqi	100.3	101.1	100.3	98.6	96.2	99.3	116.9	96.9

3-67 续表 continued

(上月=100) (preceding month=100)

地区	City	烟 酒 Tobacco and Liquor	衣 着 Clothing	家庭设备用品及维修服务 Household Facilities,Articles and Services	医疗保健和个人用品 Health Care and Personal Articles	交通和通信 Transportation and Communication	娱乐教育文化用品及服务 Recreation, Education and Culture Articles	居 住 Residence
平均指数	**Average Index**	**100.1**	**100.7**	**100.0**	**100.1**	**99.7**	**98.9**	**99.9**
北 京	Beijing	100.1	100.1	100.0	99.7	99.3	97.3	99.7
天 津	Tianjin	100.3	100.4	99.8	99.9	99.4	99.5	100.1
石家庄	Shijiazhuang	100.0	99.6	99.7	100.0	100.0	99.4	99.9
太 原	Taiyuan	100.4	101.6	100.1	101.7	99.7	99.9	100.1
呼和浩特	Hohhot	100.0	100.3	100.0	99.9	99.9	100.0	100.0
沈 阳	Shenyang	100.1	101.4	99.9	100.1	99.7	99.6	99.8
大 连	Dalian	100.0	102.2	99.9	100.5	100.2	100.3	99.1
长 春	Changchun	100.9	100.8	100.0	100.1	100.0	99.6	100.1
哈尔滨	Harbin	100.1	102.5	101.2	100.3	100.1	100.7	100.3
上 海	Shanghai	100.0	99.1	100.1	99.5	99.9	99.5	100.0
南 京	Nanjing	100.3	101.8	99.9	104.9	99.5	97.9	100.1
杭 州	Hangzhou	99.8	102.7	99.5	100.1	99.9	98.7	99.9
宁 波	Ningbo	100.9	100.1	100.3	100.3	99.6	98.5	100.1
合 肥	Hefei	100.3	99.2	100.1	99.8	99.4	98.7	100.0
福 州	Fuzhou	99.7	101.0	99.9	100.3	99.6	99.2	99.4
厦 门	Xiamen	100.6	100.4	100.7	100.2	99.9	99.7	99.6
南 昌	Nanchang	100.0	102.1	100.9	99.9	100.3	101.1	100.0
济 南	Jinan	100.4	100.7	100.4	99.1	100.1	100.0	99.6
青 岛	Tsingtao	99.8	101.2	101.0	100.1	99.7	99.0	100.0
郑 州	Zhengzhou	100.0	100.0	100.0	99.9	99.8	100.2	100.0
武 汉	Wuhan	100.0	100.2	99.7	100.2	99.9	100.0	100.2
长 沙	Changsha	100.0	100.1	100.3	100.2	99.6	99.6	100.3
广 州	Guangzhou	100.3	100.7	99.5	100.0	99.9	96.5	100.7
深 圳	Shenzhen	100.3	102.3	99.9	100.2	99.4	98.8	99.4
南 宁	Nanning	99.5	103.5	100.1	100.0	99.8	99.7	99.8
海 口	Haikou	99.6	102.2	99.6	100.0	100.6	99.3	101.5
重 庆	Chongqing	99.6	100.4	100.2	100.0	100.1	99.5	99.6
成 都	Chengdu	100.3	99.8	99.9	99.9	99.8	99.5	100.0
贵 阳	Guiyang	100.0	100.0	100.0	100.0	99.7	99.0	100.0
昆 明	Kunming	100.0	100.2	99.4	100.0	99.9	100.0	99.8
拉 萨	Lhasa	100.0	101.3	100.8	99.9	99.9	99.0	100.1
西 安	Xi'an	100.1	101.8	100.2	100.0	98.7	99.8	100.0
兰 州	Lanzhou	100.0	100.3	100.0	100.0	99.7	100.0	100.0
西 宁	Xining	99.8	101.7	100.0	100.7	100.1	99.5	101.7
银 川	Yinchuan	100.0	99.8	99.7	100.0	99.3	98.4	99.4
乌鲁木齐	Urumqi	99.7	99.6	100.1	100.4	99.3	100.1	100.0

3-68 36个大中城市居民消费价格分类指数(环比)
Consumer Price Indices by Category for 36 Major Large and Medium-sized Cities
(2015年12月)

(上月=100) (preceding month=100)

地 区	City	居民消费价格指数 Consumer Price Index	食 品 Food	粮 食 Grain	肉禽及其制品 Meat,Poultry and Processed Products	蛋 Eggs	水产品 Aquatic Products	鲜 菜 Fresh Vegetables	鲜 果 Fresh Fruits
平均指数	**Average Index**	**100.4**	**101.5**	**100.2**	**99.7**	**101.2**	**102.0**	**113.7**	**102.2**
北 京	Beijing	100.2	102.2	100.1	99.6	100.3	100.9	120.1	109.0
天 津	Tianjin	100.3	101.7	99.9	99.5	101.1	102.1	116.4	104.7
石家庄	Shijiazhuang	101.2	103.7	100.1	99.8	103.5	100.7	125.9	110.1
太 原	Taiyuan	100.8	103.7	101.9	100.2	104.2	100.7	129.8	113.9
呼和浩特	Hohhot	100.9	102.7	99.9	96.9	103.6	101.5	125.9	107.3
沈 阳	Shenyang	100.5	101.5	100.4	99.7	101.4	98.8	124.0	97.8
大 连	Dalian	100.7	102.3	99.9	99.8	102.0	104.3	123.9	94.8
长 春	Changchun	100.5	101.5	100.2	100.0	102.3	99.9	109.8	104.0
哈尔滨	Harbin	101.0	102.8	100.6	99.7	103.1	101.6	120.7	100.8
上 海	Shanghai	100.4	101.7	99.7	99.6	100.4	102.7	114.2	105.0
南 京	Nanjing	100.9	102.3	99.4	99.5	100.1	99.7	130.1	103.0
杭 州	Hangzhou	100.6	102.5	101.0	99.6	100.8	103.5	118.7	100.5
宁 波	Ningbo	100.8	102.5	98.9	99.3	99.8	103.9	116.8	106.0
合 肥	Hefei	100.8	102.7	100.0	101.4	101.3	103.3	120.4	102.0
福 州	Fuzhou	100.5	101.9	100.8	99.6	102.2	104.2	114.7	98.0
厦 门	Xiamen	100.2	101.2	100.8	99.9	101.0	101.7	113.4	98.2
南 昌	Nanchang	100.8	101.9	100.8	100.5	100.9	100.3	114.3	97.5
济 南	Jinan	100.4	101.9	99.6	100.9	99.5	101.2	117.0	106.7
青 岛	Tsingtao	100.8	102.5	100.6	100.8	101.0	102.1	120.8	103.9
郑 州	Zhengzhou	100.7	102.2	99.9	99.9	102.3	100.3	118.4	102.2
武 汉	Wuhan	100.1	100.1	100.4	98.5	99.5	98.9	105.2	100.2
长 沙	Changsha	100.2	100.7	100.0	99.5	99.6	99.7	107.3	101.1
广 州	Guangzhou	100.4	101.0	100.0	99.7	99.7	103.1	107.3	102.3
深 圳	Shenzhen	100.2	100.5	99.5	99.5	100.5	101.8	106.8	99.7
南 宁	Nanning	100.9	101.0	99.8	100.0	101.1	101.1	108.5	101.2
海 口	Haikou	100.2	100.5	100.6	100.6	100.2	101.9	100.4	97.2
重 庆	Chongqing	100.2	100.5	101.4	100.0	101.8	99.9	105.4	95.5
成 都	Chengdu	100.1	100.3	99.7	100.8	101.5	100.0	101.9	98.3
贵 阳	Guiyang	100.1	100.1	100.0	99.6	100.0	99.6	102.8	98.8
昆 明	Kunming	99.9	100.1	99.9	99.4	100.2	100.7	102.0	99.2
拉 萨	Lhasa	100.3	100.7	100.1	100.2	100.4	100.9	104.2	100.6
西 安	Xi'an	100.4	101.6	100.8	99.6	103.7	99.7	117.9	98.7
兰 州	Lanzhou	100.2	100.6	100.0	98.6	102.3	99.8	105.8	98.6
西 宁	Xining	100.6	102.3	99.9	99.9	102.9	99.5	117.8	108.9
银 川	Yinchuan	100.2	101.6	100.1	99.7	103.6	100.0	120.4	100.3
乌鲁木齐	Urumqi	101.2	103.2	100.5	100.0	103.6	101.1	122.6	104.0

3-68 续表 continued

(上月=100) (preceding month=100)

地 区	City	烟 酒 Tobacco and Liquor	衣 着 Clothing	家庭设备用品及维修服务 Household Facilities,Articles and Services	医疗保健和个人用品 Health Care and Personal Articles	交通和通信 Transportation and Communication	娱乐教育文化用品及服务 Recreation, Education and Culture Articles	居 住 Residence
平均指数	**Average Index**	**100.0**	**99.6**	**100.1**	**100.1**	**99.8**	**99.9**	**99.9**
北 京	Beijing	99.5	98.8	98.9	100.0	99.6	99.8	99.4
天 津	Tianjin	99.6	98.7	100.1	99.7	100.0	100.2	99.7
石家庄	Shijiazhuang	99.4	99.6	100.5	100.0	100.4	100.0	100.0
太 原	Taiyuan	100.3	97.4	100.0	100.0	99.5	101.0	98.6
呼和浩特	Hohhot	100.0	100.2	100.0	99.9	99.8	100.0	100.0
沈 阳	Shenyang	99.9	100.5	100.2	100.1	99.6	99.4	100.2
大 连	Dalian	100.1	100.3	100.2	100.0	99.7	99.6	99.9
长 春	Changchun	100.0	100.1	100.0	99.8	100.0	100.0	99.9
哈尔滨	Harbin	100.1	100.5	100.7	99.9	99.9	99.9	100.4
上 海	Shanghai	100.0	98.6	100.1	100.2	99.4	100.0	100.2
南 京	Nanjing	99.9	101.6	100.3	100.1	100.2	99.9	100.0
杭 州	Hangzhou	100.2	100.0	100.9	100.1	99.6	100.1	99.2
宁 波	Ningbo	100.3	100.0	99.7	100.7	99.6	99.8	100.0
合 肥	Hefei	99.4	99.0	100.5	100.4	100.0	100.1	100.0
福 州	Fuzhou	99.3	99.5	100.0	100.5	100.0	99.1	100.0
厦 门	Xiamen	100.0	97.5	99.7	100.1	99.6	100.1	100.1
南 昌	Nanchang	100.0	99.9	100.2	100.4	99.9	100.0	100.6
济 南	Jinan	100.0	98.8	99.9	99.6	100.5	100.1	100.0
青 岛	Tsingtao	100.6	99.9	101.5	100.4	100.0	99.8	99.7
郑 州	Zhengzhou	100.2	100.0	100.2	100.1	99.7	100.0	100.0
武 汉	Wuhan	100.0	100.3	100.1	99.9	99.9	100.1	100.2
长 沙	Changsha	100.3	100.1	100.0	100.5	99.8	98.9	100.3
广 州	Guangzhou	100.2	99.7	100.2	100.5	99.8	100.0	100.0
深 圳	Shenzhen	99.9	99.2	100.7	100.0	99.9	100.5	100.0
南 宁	Nanning	100.5	105.7	100.0	100.5	99.4	100.1	100.2
海 口	Haikou	100.2	97.3	99.8	100.0	99.3	99.9	101.3
重 庆	Chongqing	100.1	100.2	100.0	100.3	100.2	99.9	99.9
成 都	Chengdu	100.2	100.0	100.0	100.1	99.5	100.1	100.0
贵 阳	Guiyang	100.0	99.8	100.0	100.0	99.6	101.5	100.0
昆 明	Kunming	100.0	100.1	100.0	100.0	99.8	98.3	100.1
拉 萨	Lhasa	100.0	100.0	100.8	100.0	99.8	99.8	100.1
西 安	Xi'an	99.9	98.3	99.9	100.0	100.2	99.2	100.7
兰 州	Lanzhou	100.0	100.0	100.0	99.9	100.2	100.0	100.0
西 宁	Xining	100.0	98.9	99.8	100.2	98.6	99.9	100.0
银 川	Yinchuan	100.1	97.3	100.0	100.0	100.3	99.1	100.0
乌鲁木齐	Urumqi	100.3	99.6	100.0	100.0	100.5	100.1	100.0

3-69 36个大中城市居民消费价格分类指数(同比)
Consumer Price Indices by Category for 36 Major Large and Medium-sized Cities (2015年1月)

(上年同月=100) (same month of preceding year=100)

地 区	City	居民消费价格指数 Consumer Price Index	食 品 Food	粮 食 Grain	肉禽及其制品 Meat,Poultry and Processed Products	蛋 Eggs	水产品 Aquatic Products	鲜 菜 Fresh Vegetables	鲜 果 Fresh Fruits
平均指数	**Average Index**	**100.9**	**101.1**	**103.5**	**99.6**	**108.6**	**100.1**	**98.6**	**101.6**
北 京	Beijing	100.4	99.8	101.2	98.5	106.8	102.2	94.8	91.1
天 津	Tianjin	100.7	100.9	103.6	99.8	102.7	97.2	89.5	113.2
石家庄	Shijiazhuang	100.3	98.5	100.5	97.5	113.8	106.1	94.2	93.5
太 原	Taiyuan	99.9	99.3	103.7	97.8	111.1	104.2	90.2	99.5
呼和浩特	Hohhot	100.8	100.4	100.8	96.8	109.3	101.3	95.8	111.0
沈 阳	Shenyang	100.3	101.3	105.4	98.7	110.7	100.8	96.5	101.6
大 连	Dalian	101.2	100.9	106.5	99.6	107.5	94.1	97.8	102.3
长 春	Changchun	100.6	99.8	101.4	101.2	110.8	103.4	88.1	102.1
哈尔滨	Harbin	101.2	100.1	104.2	96.7	115.9	103.7	93.6	105.2
上 海	Shanghai	101.8	101.5	104.1	102.8	104.7	97.1	102.3	91.9
南 京	Nanjing	101.8	102.4	104.4	99.7	106.5	99.1	113.6	97.8
杭 州	Hangzhou	100.5	101.2	102.1	100.4	116.7	98.2	109.3	106.8
宁 波	Ningbo	100.3	101.6	102.1	99.3	115.0	101.1	101.8	99.9
合 肥	Hefei	100.7	99.8	104.4	96.8	109.2	97.7	101.6	100.9
福 州	Fuzhou	101.1	101.5	104.0	101.8	109.4	97.0	110.9	100.6
厦 门	Xiamen	101.0	100.5	105.4	99.7	109.1	92.9	103.4	118.0
南 昌	Nanchang	100.9	102.5	102.3	98.3	110.1	98.2	120.5	105.6
济 南	Jinan	101.2	98.6	105.6	96.1	112.6	102.7	96.4	83.4
青 岛	Tsingtao	101.6	101.4	104.8	98.4	107.6	102.7	96.9	95.7
郑 州	Zhengzhou	101.1	99.7	105.7	97.4	107.8	104.4	88.4	102.0
武 汉	Wuhan	100.9	100.2	102.0	98.8	109.0	100.1	99.8	108.9
长 沙	Changsha	100.4	101.5	103.0	100.8	110.0	99.0	95.4	103.4
广 州	Guangzhou	101.1	103.1	102.2	103.0	113.3	106.6	97.8	110.6
深 圳	Shenzhen	100.5	102.5	106.0	100.0	113.4	104.8	102.1	107.8
南 宁	Nanning	100.9	101.8	102.8	103.5	113.1	101.0	105.5	103.1
海 口	Haikou	100.8	103.2	101.9	104.3	105.5	108.6	95.6	112.8
重 庆	Chongqing	100.9	100.2	101.9	97.1	102.8	103.5	98.5	110.1
成 都	Chengdu	101.0	102.3	104.6	97.6	112.5	99.0	111.4	112.5
贵 阳	Guiyang	101.9	102.3	102.0	96.1	104.2	94.2	100.4	96.2
昆 明	Kunming	102.8	104.1	101.7	99.0	111.6	102.7	99.1	103.2
拉 萨	Lhasa	102.7	106.5	110.2	106.0	107.7	103.6	102.6	109.4
西 安	Xi'an	99.2	98.5	104.3	100.3	111.2	98.1	81.8	104.6
兰 州	Lanzhou	101.6	100.5	103.6	99.8	105.9	99.1	94.8	103.2
西 宁	Xining	102.2	102.2	104.9	99.3	101.3	103.9	97.4	127.9
银 川	Yinchuan	102.3	101.2	101.9	99.7	103.5	99.4	101.2	100.4
乌鲁木齐	Urumqi	100.1	98.1	102.0	94.7	107.1	96.5	84.9	98.4

3-69 续表 continued

(上年同月=100) (same month of preceding year=100)

地区	City	烟 酒 Tobacco and Liquor	衣 着 Clothing	家庭设备用品及维修服务 Household Facilities,Articles and Services	医疗保健和个人用品 Health Care and Personal Articles	交通和通信 Transportation and Communication	娱乐教育文化用品及服务 Recreation, Education and Culture Articles	居 住 Residence
平均指数	**Average Index**	**100.0**	**104.6**	**100.8**	**101.5**	**97.8**	**99.6**	**101.6**
北 京	Beijing	100.8	103.1	99.9	100.5	103.0	96.6	101.2
天 津	Tianjin	98.6	102.6	101.3	100.4	94.9	102.1	102.1
石家庄	Shijiazhuang	97.9	102.6	101.2	103.9	98.9	101.3	100.6
太 原	Taiyuan	99.5	101.8	99.5	100.4	98.5	100.4	100.5
呼和浩特	Hohhot	100.0	104.0	100.6	101.3	99.8	99.8	99.9
沈 阳	Shenyang	102.1	103.3	98.3	102.4	95.7	96.6	100.6
大 连	Dalian	101.3	103.8	101.4	101.9	96.7	102.0	102.9
长 春	Changchun	100.8	103.3	99.9	101.7	98.6	97.9	102.6
哈尔滨	Harbin	100.2	103.5	101.3	104.0	99.1	101.5	101.0
上 海	Shanghai	101.9	115.2	103.0	100.8	96.5	98.3	103.2
南 京	Nanjing	100.0	104.3	102.9	101.0	98.2	102.4	101.9
杭 州	Hangzhou	100.0	100.4	100.5	102.0	95.1	98.6	103.1
宁 波	Ningbo	98.9	101.6	100.6	103.3	94.0	99.8	100.9
合 肥	Hefei	100.7	100.1	100.3	101.9	95.7	105.5	101.5
福 州	Fuzhou	99.9	105.2	100.9	102.3	97.0	95.8	104.0
厦 门	Xiamen	99.2	106.6	103.2	102.1	97.9	101.3	100.2
南 昌	Nanchang	100.4	104.8	98.4	100.9	97.5	99.6	99.5
济 南	Jinan	100.2	105.0	100.9	102.8	98.6	102.4	103.3
青 岛	Tsingtao	100.8	105.8	100.2	102.6	97.1	101.2	101.8
郑 州	Zhengzhou	101.6	103.0	100.1	102.0	99.3	103.5	102.3
武 汉	Wuhan	101.2	103.1	99.6	100.5	99.0	102.2	101.3
长 沙	Changsha	100.5	102.8	102.0	101.3	96.9	100.4	98.0
广 州	Guangzhou	100.1	102.7	100.4	100.5	100.1	98.2	100.2
深 圳	Shenzhen	100.9	101.9	99.1	101.6	95.6	99.1	100.4
南 宁	Nanning	100.2	102.8	99.0	102.7	99.8	99.7	99.5
海 口	Haikou	99.5	108.1	100.3	100.5	94.6	100.2	98.7
重 庆	Chongqing	96.2	103.7	100.0	103.7	98.0	101.6	101.7
成 都	Chengdu	98.4	100.8	100.3	101.1	97.9	100.4	100.9
贵 阳	Guiyang	101.6	103.0	101.0	101.8	100.7	99.9	103.0
昆 明	Kunming	100.3	108.8	102.8	101.9	99.0	102.0	101.2
拉 萨	Lhasa	100.0	98.5	101.9	101.7	99.7	98.1	103.7
西 安	Xi'an	100.0	102.9	99.6	101.8	94.7	99.1	99.8
兰 州	Lanzhou	96.7	104.6	102.4	100.4	98.5	101.8	106.9
西 宁	Xining	99.2	108.0	98.9	100.8	100.6	104.9	100.6
银 川	Yinchuan	99.5	104.6	103.7	100.8	99.8	109.0	101.5
乌鲁木齐	Urumqi	99.7	101.9	101.4	101.9	98.2	98.3	105.3

3-70 36个大中城市居民消费价格分类指数(同比)
Consumer Price Indices by Category for 36 Major Large and Medium-sized Cities
(2015年2月)

(上年同月=100) (same month of preceding year=100)

地区	City	居民消费价格指数 Consumer Price Index	食品 Food	粮食 Grain	肉禽及其制品 Meat,Poultry and Processed Products	蛋 Eggs	水产品 Aquatic Products	鲜菜 Fresh Vegetables	鲜果 Fresh Fruits
平均指数	**Average Index**	**101.7**	**102.2**	**103.3**	**101.6**	**111.3**	**101.7**	**103.7**	**101.3**
北京	Beijing	101.7	101.1	100.5	99.7	110.0	103.0	101.1	93.9
天津	Tianjin	101.3	101.2	101.5	99.4	110.2	95.7	99.2	109.2
石家庄	Shijiazhuang	101.1	100.6	101.5	97.4	114.3	107.8	109.5	95.7
太原	Taiyuan	100.3	99.8	103.3	98.4	116.5	103.0	95.5	101.2
呼和浩特	Hohhot	100.4	98.4	100.9	97.0	114.8	102.5	87.5	103.9
沈阳	Shenyang	102.0	104.4	105.6	102.8	117.4	99.0	102.6	124.6
大连	Dalian	101.9	100.9	106.8	102.2	108.3	95.2	103.0	103.0
长春	Changchun	101.3	101.5	101.3	103.1	112.8	103.1	104.4	98.6
哈尔滨	Harbin	101.4	100.5	104.2	99.6	120.7	98.5	100.7	96.5
上海	Shanghai	102.6	102.8	103.1	103.3	104.3	101.7	111.3	91.2
南京	Nanjing	102.0	102.4	103.1	101.0	107.9	98.4	112.8	94.6
杭州	Hangzhou	100.9	101.9	101.7	102.3	121.5	99.9	111.8	103.6
宁波	Ningbo	101.3	104.2	104.8	103.5	119.3	107.8	109.3	93.9
合肥	Hefei	101.5	103.5	104.2	103.2	115.6	102.6	118.9	105.4
福州	Fuzhou	101.7	100.9	105.4	102.4	105.4	96.6	101.4	106.8
厦门	Xiamen	101.6	102.3	104.6	101.7	109.4	100.0	104.7	112.1
南昌	Nanchang	100.7	101.4	102.3	98.3	110.2	97.5	109.3	105.3
济南	Jinan	101.9	101.0	106.6	98.8	117.6	106.7	112.1	87.3
青岛	Tsingtao	103.2	104.5	104.1	100.4	115.8	108.8	113.8	98.4
郑州	Zhengzhou	101.6	101.5	105.3	97.8	114.0	104.8	102.5	100.8
武汉	Wuhan	101.3	100.6	101.4	100.9	108.3	99.3	102.2	104.7
长沙	Changsha	101.0	102.7	102.6	101.6	109.4	100.3	103.2	105.1
广州	Guangzhou	101.8	103.0	103.2	103.1	117.0	101.6	99.2	104.8
深圳	Shenzhen	101.5	104.1	105.5	102.9	114.0	104.6	99.7	109.5
南宁	Nanning	101.7	102.2	103.4	105.8	112.0	103.9	103.3	101.3
海口	Haikou	101.6	104.6	102.4	107.5	106.0	111.5	93.3	112.5
重庆	Chongqing	101.2	101.3	101.9	102.3	103.7	103.2	101.3	104.2
成都	Chengdu	101.7	103.7	104.7	101.5	116.6	103.6	112.9	111.2
贵阳	Guiyang	102.7	103.4	101.9	103.2	104.3	106.1	102.9	99.5
昆明	Kunming	102.7	104.0	101.5	100.6	112.1	103.3	96.6	101.4
拉萨	Lhasa	102.2	105.3	110.2	104.6	109.4	101.8	98.6	109.3
西安	Xi'an	100.2	99.9	104.8	101.5	117.1	98.1	94.4	104.3
兰州	Lanzhou	101.8	101.2	102.9	98.7	105.5	97.1	103.6	102.3
西宁	Xining	102.9	104.6	104.8	100.4	103.9	104.7	112.1	135.0
银川	Yinchuan	102.1	100.4	101.9	97.9	101.9	98.3	99.4	98.5
乌鲁木齐	Urumqi	100.5	98.9	102.2	94.5	107.2	94.7	92.4	98.2

3-70 续表 continued

(上年同月=100) (same month of preceding year=100)

地 区	City	烟 酒 Tobacco and Liquor	衣 着 Clothing	家庭设备用品及维修服务 Household Facilities,Articles and Services	医疗保健和个人用品 Health Care and Personal Articles	交通和通信 Transportation and Communication	娱乐教育文化用品及服务 Recreation, Education and Culture Articles	居 住 Residence
平均指数	**Average Index**	**99.6**	**104.5**	**101.5**	**101.6**	**98.7**	**102.3**	**101.2**
北 京	Beijing	99.5	104.3	100.8	100.3	103.0	103.9	100.3
天 津	Tianjin	97.6	102.2	100.6	100.0	97.2	106.2	101.6
石家庄	Shijiazhuang	97.4	103.7	101.5	103.7	99.3	101.8	99.9
太 原	Taiyuan	99.0	102.3	99.7	100.4	100.1	100.8	100.2
呼和浩特	Hohhot	100.0	104.0	100.7	103.0	99.8	101.5	99.8
沈 阳	Shenyang	101.9	105.2	99.4	102.7	96.0	100.3	100.3
大 连	Dalian	100.7	103.7	102.6	101.6	99.8	104.6	102.6
长 春	Changchun	100.1	103.0	99.0	102.2	99.0	99.6	102.4
哈尔滨	Harbin	100.0	104.5	100.6	102.1	99.3	102.8	101.3
上 海	Shanghai	101.6	114.6	103.6	100.2	98.5	100.5	102.9
南 京	Nanjing	98.6	103.5	103.6	101.0	98.5	103.8	101.9
杭 州	Hangzhou	99.3	99.3	101.6	102.5	96.0	100.7	102.1
宁 波	Ningbo	99.3	99.1	100.7	105.5	94.6	101.2	100.5
合 肥	Hefei	99.5	99.1	101.5	102.5	96.5	102.8	100.7
福 州	Fuzhou	99.1	107.5	102.7	101.6	97.5	101.0	103.4
厦 门	Xiamen	99.4	108.7	104.7	103.3	97.8	102.7	98.4
南 昌	Nanchang	99.6	104.0	100.2	100.9	98.9	99.3	99.5
济 南	Jinan	100.8	102.9	101.3	102.4	101.7	102.5	102.8
青 岛	Tsingtao	100.7	107.5	100.8	103.1	96.7	103.8	102.2
郑 州	Zhengzhou	99.3	103.0	100.0	101.9	99.4	103.5	101.8
武 汉	Wuhan	101.3	103.6	100.8	100.3	100.9	102.5	101.3
长 沙	Changsha	100.8	102.9	103.0	101.2	96.9	102.2	97.4
广 州	Guangzhou	100.3	102.6	101.9	102.5	100.4	101.5	100.1
深 圳	Shenzhen	100.2	101.9	101.4	102.0	97.2	101.2	99.9
南 宁	Nanning	100.7	105.6	99.6	103.2	100.4	101.9	99.6
海 口	Haikou	99.9	103.8	102.3	100.8	94.4	103.1	98.8
重 庆	Chongqing	95.7	104.4	99.4	103.6	97.1	102.3	101.4
成 都	Chengdu	98.5	100.5	100.8	101.6	98.0	102.2	100.6
贵 阳	Guiyang	101.6	101.1	103.4	101.2	100.8	104.3	103.1
昆 明	Kunming	100.2	108.0	103.2	101.8	98.9	102.3	101.2
拉 萨	Lhasa	99.9	98.5	101.9	101.3	99.6	98.1	103.7
西 安	Xi'an	100.4	100.4	99.7	101.6	98.4	101.9	99.6
兰 州	Lanzhou	96.7	104.7	102.0	101.0	98.8	101.5	106.4
西 宁	Xining	98.8	105.0	99.7	101.0	102.3	105.7	99.6
银 川	Yinchuan	99.5	103.5	103.8	101.5	98.0	112.9	101.3
乌鲁木齐	Urumqi	98.2	102.0	101.3	101.8	99.7	98.3	105.3

3-71 36个大中城市居民消费价格分类指数(同比)

Consumer Price Indices by Category for 36 Major Large and Medium-sized Cities

(2015年3月)

(上年同月=100) (same month of preceding year=100)

地区	City	居民消费价格指数 Consumer Price Index	食品 Food	粮食 Grain	肉禽及其制品 Meat,Poultry and Processed Products	蛋 Eggs	水产品 Aquatic Products	鲜菜 Fresh Vegetables	鲜果 Fresh Fruits
平均指数	**Average Index**	**101.6**	**102.0**	**103.1**	**102.9**	**106.0**	**100.4**	**99.3**	**105.6**
北京	Beijing	101.6	101.0	101.6	100.3	104.4	102.1	96.1	99.3
天津	Tianjin	101.4	101.4	103.1	101.1	105.0	95.6	93.9	114.1
石家庄	Shijiazhuang	101.1	99.8	100.8	98.2	104.5	108.4	101.4	102.1
太原	Taiyuan	100.2	100.1	102.9	102.5	109.7	105.3	92.7	102.3
呼和浩特	Hohhot	101.9	101.5	102.3	99.4	109.3	107.7	99.6	108.1
沈阳	Shenyang	101.5	104.2	104.6	102.2	99.2	100.2	104.5	126.9
大连	Dalian	101.4	100.6	106.6	104.1	106.9	96.1	96.6	101.5
长春	Changchun	101.7	102.1	101.3	104.9	101.5	103.4	102.3	105.7
哈尔滨	Harbin	101.8	101.4	104.2	103.1	103.7	93.0	105.0	100.8
上海	Shanghai	102.5	102.7	102.2	103.9	102.4	99.5	105.9	102.3
南京	Nanjing	102.4	103.4	104.0	102.1	102.1	101.5	111.6	100.9
杭州	Hangzhou	101.3	102.6	101.6	104.0	118.4	101.4	109.6	107.5
宁波	Ningbo	101.4	103.6	103.9	104.3	117.2	104.1	105.4	98.1
合肥	Hefei	101.7	102.6	104.1	103.6	108.1	99.5	107.9	106.4
福州	Fuzhou	101.6	99.9	104.6	106.7	101.0	95.2	84.0	109.1
厦门	Xiamen	101.0	100.2	102.7	101.9	105.5	98.2	90.0	108.1
南昌	Nanchang	100.8	102.0	102.3	101.2	108.5	100.8	106.8	106.5
济南	Jinan	101.3	99.8	106.4	99.7	112.6	103.9	102.3	84.4
青岛	Tsingtao	101.4	101.7	103.7	102.5	102.2	102.2	95.3	100.5
郑州	Zhengzhou	101.3	100.9	104.1	99.3	99.4	106.8	97.6	102.5
武汉	Wuhan	101.7	101.8	101.3	103.3	108.8	100.7	105.5	108.5
长沙	Changsha	101.0	103.4	102.6	103.1	106.6	99.6	103.4	109.1
广州	Guangzhou	101.4	102.2	101.9	105.0	110.5	98.3	94.0	108.1
深圳	Shenzhen	102.1	103.2	105.9	103.0	115.0	102.9	102.5	108.0
南宁	Nanning	102.1	102.9	103.5	107.6	109.8	103.5	96.0	105.7
海口	Haikou	101.1	103.3	101.2	106.6	102.6	107.6	89.4	118.0
重庆	Chongqing	101.4	101.7	101.3	104.9	101.0	102.7	95.3	115.8
成都	Chengdu	101.3	102.2	104.4	102.7	109.0	102.7	99.3	113.7
贵阳	Guiyang	101.6	102.9	102.1	103.4	103.7	106.0	96.4	101.5
昆明	Kunming	102.2	103.2	101.3	101.4	109.9	104.4	92.1	105.5
拉萨	Lhasa	102.0	105.2	107.6	107.4	109.4	106.6	96.4	106.0
西安	Xi'an	100.2	99.7	106.2	102.8	113.1	99.2	89.8	99.5
兰州	Lanzhou	101.6	101.2	102.9	101.2	108.3	97.9	100.3	100.1
西宁	Xining	102.5	104.2	104.1	100.3	101.9	104.3	105.9	144.3
银川	Yinchuan	102.1	100.7	101.2	99.4	98.2	99.8	97.2	100.0
乌鲁木齐	Urumqi	100.1	97.7	102.2	94.7	102.8	97.6	83.3	97.9

3-71 续表 continued

(上年同月=100) (same month of preceding year=100)

地 区	City	烟 酒 Tobacco and Liquor	衣 着 Clothing	家庭设备用品及维修服务 Household Facilities,Articles and Services	医疗保健和个人用品 Health Care and Personal Articles	交通和通信 Transportation and Communication	娱乐教育文化用品及服务 Recreation, Education and Culture Articles	居 住 Residence
平均指数	**Average Index**	**99.6**	**104.7**	**101.4**	**101.2**	**98.7**	**102.0**	**101.6**
北 京	Beijing	99.5	104.3	100.2	100.0	103.2	101.4	101.5
天 津	Tianjin	99.2	103.1	100.2	99.4	96.6	105.5	102.4
石家庄	Shijiazhuang	96.9	106.9	102.1	102.8	99.4	101.9	99.6
太 原	Taiyuan	100.1	104.7	99.4	100.3	99.9	98.2	99.9
呼和浩特	Hohhot	100.0	104.4	101.3	103.5	100.1	103.8	100.0
沈 阳	Shenyang	101.1	103.1	99.0	101.7	96.4	99.5	99.9
大 连	Dalian	100.7	102.8	102.2	101.2	98.3	104.6	102.3
长 春	Changchun	100.8	102.9	100.4	102.0	99.2	99.6	102.9
哈尔滨	Harbin	99.8	104.9	101.4	101.7	99.5	102.5	101.2
上 海	Shanghai	101.6	113.7	103.6	99.6	97.6	100.8	103.1
南 京	Nanjing	98.9	105.2	103.8	100.6	98.7	104.2	101.6
杭 州	Hangzhou	99.9	101.6	101.4	101.8	96.4	100.3	102.5
宁 波	Ningbo	99.7	99.8	101.5	104.6	95.0	102.2	101.0
合 肥	Hefei	98.5	101.7	101.3	102.6	97.0	105.0	100.2
福 州	Fuzhou	98.5	109.8	102.3	100.6	98.1	100.9	104.3
厦 门	Xiamen	99.7	108.2	103.2	103.0	97.7	101.9	99.7
南 昌	Nanchang	99.8	102.2	102.3	100.4	98.9	99.5	99.7
济 南	Jinan	100.3	104.5	100.5	102.5	98.4	102.2	102.5
青 岛	Tsingtao	100.5	103.9	100.6	101.9	96.5	102.2	101.2
郑 州	Zhengzhou	99.1	103.1	99.9	102.0	99.6	103.4	101.4
武 汉	Wuhan	101.7	103.7	100.3	100.8	100.9	102.4	101.3
长 沙	Changsha	100.8	102.1	102.4	101.0	97.3	102.4	97.1
广 州	Guangzhou	99.1	101.4	99.6	100.7	100.8	103.2	100.3
深 圳	Shenzhen	99.8	105.0	103.3	102.0	96.9	102.3	102.5
南 宁	Nanning	100.1	106.5	100.0	104.3	100.4	101.2	99.7
海 口	Haikou	98.7	103.8	101.6	100.7	96.1	102.6	98.7
重 庆	Chongqing	96.2	103.9	100.0	103.3	98.2	101.5	101.6
成 都	Chengdu	98.9	99.8	100.8	101.4	99.2	102.8	100.7
贵 阳	Guiyang	101.2	99.4	102.7	100.5	101.5	100.8	101.1
昆 明	Kunming	100.1	107.3	103.1	101.7	99.2	102.3	100.3
拉 萨	Lhasa	99.9	98.7	101.2	100.5	99.9	97.9	102.9
西 安	Xi'an	100.0	103.8	98.8	101.3	98.4	101.3	99.4
兰 州	Lanzhou	96.8	103.1	101.8	100.9	98.6	101.2	105.6
西 宁	Xining	98.5	106.6	100.6	101.1	100.1	103.7	99.3
银 川	Yinchuan	99.5	104.3	103.4	100.9	98.8	109.8	101.6
乌鲁木齐	Urumqi	97.6	102.7	101.0	101.9	99.7	99.1	104.7

3-72 36个大中城市居民消费价格分类指数(同比)
Consumer Price Indices by Category for 36 Major Large and Medium-sized Cities (2015年4月)

(上年同月=100) (same month of preceding year=100)

地区	City	居民消费价格指数 Consumer Price Index	食品 Food	粮食 Grain	肉禽及其制品 Meat,Poultry and Processed Products	蛋 Eggs	水产品 Aquatic Products	鲜菜 Fresh Vegetables	鲜果 Fresh Fruits
平均指数	**Average Index**	**101.8**	**102.4**	**103.2**	**104.7**	**97.4**	**99.9**	**106.1**	**100.6**
北京	Beijing	102.0	101.9	101.2	102.4	95.6	101.8	107.8	95.5
天津	Tianjin	102.0	102.5	103.0	103.6	92.0	96.8	108.2	108.4
石家庄	Shijiazhuang	101.1	100.0	101.9	101.6	89.8	109.4	107.9	95.8
太原	Taiyuan	100.2	100.6	101.0	107.3	95.0	105.0	104.8	95.1
呼和浩特	Hohhot	102.5	103.1	103.6	101.7	100.8	108.1	108.0	108.6
沈阳	Shenyang	100.8	103.5	103.8	102.3	86.0	101.8	115.8	114.5
大连	Dalian	101.7	100.9	106.2	106.4	99.0	95.7	106.2	94.4
长春	Changchun	101.4	102.0	102.2	106.2	89.2	104.2	111.6	102.2
哈尔滨	Harbin	101.5	101.8	103.5	104.7	89.5	93.5	109.4	101.3
上海	Shanghai	102.6	103.3	102.7	105.2	99.8	99.1	111.0	100.9
南京	Nanjing	102.0	102.7	103.1	103.9	95.3	101.4	113.4	97.8
杭州	Hangzhou	101.6	103.1	101.2	105.8	112.2	102.6	112.1	106.0
宁波	Ningbo	101.5	103.6	104.3	105.6	113.1	101.6	105.5	95.0
合肥	Hefei	102.1	103.0	104.8	102.6	98.5	100.6	120.7	101.9
福州	Fuzhou	101.8	101.5	103.8	110.0	95.8	95.5	101.3	99.0
厦门	Xiamen	101.3	102.0	102.6	107.4	98.5	98.4	104.0	102.8
南昌	Nanchang	101.5	104.5	101.5	104.4	105.6	99.8	124.7	103.1
济南	Jinan	101.3	100.5	105.2	102.3	98.4	103.2	116.5	81.4
青岛	Tsingtao	101.1	101.6	102.6	104.2	88.5	97.5	109.1	96.4
郑州	Zhengzhou	101.5	101.7	103.7	101.1	85.1	107.2	105.6	99.4
武汉	Wuhan	101.8	102.5	101.3	105.6	105.9	101.6	108.4	106.5
长沙	Changsha	101.4	103.9	102.5	104.9	102.2	100.4	107.7	103.5
广州	Guangzhou	101.2	101.8	103.8	106.3	98.0	98.0	93.0	100.1
深圳	Shenzhen	101.8	101.9	105.5	103.9	109.2	100.2	100.6	97.9
南宁	Nanning	102.0	101.5	102.1	105.6	106.2	98.7	95.3	100.2
海口	Haikou	101.4	103.9	101.6	105.3	100.3	105.7	102.5	109.0
重庆	Chongqing	101.5	102.3	103.1	108.0	96.5	102.6	99.2	108.0
成都	Chengdu	101.7	103.3	104.0	105.4	99.2	101.3	112.5	105.4
贵阳	Guiyang	102.0	102.6	102.4	103.3	100.9	100.9	103.8	94.3
昆明	Kunming	103.0	104.8	101.3	102.1	103.5	103.5	106.8	103.4
拉萨	Lhasa	102.2	105.9	106.4	108.8	109.2	103.9	100.4	104.7
西安	Xi'an	100.5	100.3	107.3	105.5	97.5	99.1	98.3	93.4
兰州	Lanzhou	101.3	100.8	102.3	104.5	99.4	97.5	97.6	96.9
西宁	Xining	102.9	104.2	102.0	102.6	92.6	103.3	114.7	125.3
银川	Yinchuan	102.7	101.6	100.6	101.0	90.7	99.6	110.1	98.6
乌鲁木齐	Urumqi	101.0	100.1	102.5	95.7	95.9	98.5	99.9	98.7

3-72 续表 continued

(上年同月=100) (same month of preceding year=100)

地 区	City	烟 酒 Tobacco and Liquor	衣 着 Clothing	家庭设备用品及维修服务 Household Facilities,Articles and Services	医疗保健和个人用品 Health Care and Personal Articles	交通和通信 Transportation and Communication	娱乐教育文化用品及服务 Recreation, Education and Culture Articles	居 住 Residence
平均指数	**Average Index**	**99.8**	**104.1**	**101.3**	**101.3**	**98.6**	**102.1**	**101.7**
北 京	Beijing	100.2	104.3	100.4	100.0	103.0	102.0	101.8
天 津	Tianjin	99.6	103.5	100.0	99.8	96.9	106.8	102.3
石家庄	Shijiazhuang	96.1	107.0	102.0	102.5	99.3	101.3	100.1
太 原	Taiyuan	99.7	105.4	98.9	100.4	99.2	97.9	99.7
呼和浩特	Hohhot	100.0	104.3	101.9	103.6	99.9	104.0	100.2
沈 阳	Shenyang	100.7	100.0	99.5	101.3	96.5	98.5	99.8
大 连	Dalian	100.5	105.6	101.8	100.9	97.3	106.0	101.9
长 春	Changchun	101.4	102.7	99.3	102.2	99.0	98.6	102.6
哈尔滨	Harbin	99.8	99.8	102.8	102.1	99.4	102.1	102.3
上 海	Shanghai	101.4	111.0	104.0	99.2	97.4	100.9	103.8
南 京	Nanjing	98.9	103.8	103.8	100.8	98.7	103.9	101.3
杭 州	Hangzhou	100.4	100.5	101.1	104.1	96.5	100.7	102.5
宁 波	Ningbo	99.6	100.6	101.7	103.6	95.3	102.0	101.3
合 肥	Hefei	98.5	101.8	101.4	105.1	97.1	105.6	100.2
福 州	Fuzhou	99.2	108.7	101.0	101.0	97.4	100.0	104.0
厦 门	Xiamen	99.7	107.6	103.3	102.5	97.5	100.4	99.4
南 昌	Nanchang	99.4	103.4	101.2	100.3	99.5	100.1	98.2
济 南	Jinan	100.6	102.9	99.9	101.5	98.4	103.2	102.3
青 岛	Tsingtao	99.9	103.3	100.1	102.2	96.9	101.5	100.7
郑 州	Zhengzhou	98.3	103.0	99.8	102.0	99.8	102.9	101.3
武 汉	Wuhan	101.6	103.5	99.5	100.6	100.6	102.6	101.1
长 沙	Changsha	100.7	102.2	102.3	101.1	98.9	102.1	97.3
广 州	Guangzhou	99.3	99.9	98.6	101.0	100.6	103.5	100.6
深 圳	Shenzhen	99.8	105.7	103.4	102.4	96.9	101.8	102.7
南 宁	Nanning	99.8	108.8	100.6	104.5	101.1	101.6	99.9
海 口	Haikou	99.5	105.7	100.8	101.7	95.4	102.8	98.8
重 庆	Chongqing	97.2	103.3	100.2	103.6	98.0	101.0	101.5
成 都	Chengdu	99.7	99.4	100.6	101.6	98.8	103.4	100.7
贵 阳	Guiyang	101.4	99.7	102.8	100.6	100.8	105.7	101.1
昆 明	Kunming	99.9	106.9	103.0	103.8	99.2	102.4	100.3
拉 萨	Lhasa	99.9	99.5	101.2	100.4	99.8	99.2	100.6
西 安	Xi'an	99.9	104.2	100.2	101.6	99.5	100.4	99.1
兰 州	Lanzhou	96.8	102.5	101.2	101.0	99.3	101.3	105.1
西 宁	Xining	98.5	106.0	99.9	101.4	100.5	103.2	101.9
银 川	Yinchuan	99.2	107.2	104.7	100.6	99.4	109.0	101.5
乌鲁木齐	Urumqi	97.4	103.3	100.9	102.6	99.3	99.8	103.3

3-73　36个大中城市居民消费价格分类指数(同比)
Consumer Price Indices by Category for 36 Major Large and Medium-sized Cities
(2015年5月)

(上年同月=100)　(same month of preceding year=100)

地　区	City	居民消费价格指数 Consumer Price Index	食　品 Food	粮　食 Grain	肉禽及其制品 Meat,Poultry and Processed Products	蛋 Eggs	水产品 Aquatic Products	鲜　菜 Fresh Vegetables	鲜　果 Fresh Fruits
平均指数	**Average Index**	**101.6**	**101.4**	**103.0**	**102.9**	**88.2**	**99.5**	**105.9**	**96.1**
北　京	Beijing	101.8	100.9	100.7	99.9	87.6	100.0	105.5	91.2
天　津	Tianjin	101.8	100.8	103.0	103.1	84.2	93.8	105.0	100.2
石家庄	Shijiazhuang	100.3	98.2	101.8	99.5	76.2	107.5	108.7	87.7
太　原	Taiyuan	100.2	99.4	102.1	103.7	83.8	101.1	105.6	86.9
呼和浩特	Hohhot	101.9	100.9	103.5	98.7	93.0	100.3	106.6	99.6
沈　阳	Shenyang	100.5	101.2	104.3	100.5	73.2	102.0	116.1	99.8
大　连	Dalian	100.8	98.3	104.6	101.7	79.6	92.8	104.5	88.5
长　春	Changchun	100.6	99.3	102.2	102.1	75.5	101.9	108.8	99.7
哈尔滨	Harbin	101.3	100.9	103.2	103.4	76.8	94.9	107.5	102.9
上　海	Shanghai	102.3	101.8	103.1	104.5	97.1	98.8	106.4	89.9
南　京	Nanjing	101.6	101.4	104.1	103.2	88.4	101.4	102.3	92.0
杭　州	Hangzhou	101.5	102.5	100.9	104.6	101.0	103.1	106.9	109.5
宁　波	Ningbo	101.5	103.9	104.3	105.3	100.8	104.0	105.4	90.3
合　肥	Hefei	101.6	101.4	104.1	102.3	85.9	99.1	110.5	100.3
福　州	Fuzhou	101.2	98.9	102.4	103.4	89.0	93.1	98.3	92.5
厦　门	Xiamen	101.9	101.5	103.0	104.4	92.0	101.2	99.8	99.2
南　昌	Nanchang	101.2	103.2	101.4	106.4	94.2	99.2	116.6	96.4
济　南	Jinan	101.9	101.3	103.5	100.8	87.9	101.0	119.3	91.5
青　岛	Tsingtao	101.0	99.9	102.3	100.1	80.1	96.0	102.7	97.0
郑　州	Zhengzhou	101.0	100.1	102.5	99.2	74.8	106.9	102.9	94.8
武　汉	Wuhan	101.6	101.6	101.3	103.6	101.0	102.3	107.3	101.4
长　沙	Changsha	101.0	102.8	102.4	103.5	95.4	99.3	107.0	95.1
广　州	Guangzhou	101.3	102.1	102.5	102.4	83.2	99.3	107.2	99.0
深　圳	Shenzhen	102.1	102.1	104.8	103.4	100.4	98.6	105.7	98.5
南　宁	Nanning	101.7	100.1	101.8	104.2	101.2	97.4	99.5	90.6
海　口	Haikou	101.6	104.0	101.9	106.0	96.5	106.4	104.1	102.4
重　庆	Chongqing	101.4	102.0	103.8	106.4	93.1	102.4	101.1	105.1
成　都	Chengdu	101.2	101.8	102.5	102.4	83.0	101.0	116.0	98.8
贵　阳	Guiyang	102.2	101.7	102.7	102.4	96.8	102.2	100.2	92.4
昆　明	Kunming	102.9	104.6	100.6	101.7	97.3	103.2	117.0	97.2
拉　萨	Lhasa	102.6	104.7	106.4	105.7	107.0	102.0	100.5	99.1
西　安	Xi'an	100.2	99.8	105.9	104.1	86.7	100.6	96.8	86.0
兰　州	Lanzhou	101.2	100.4	101.2	102.0	88.0	97.1	101.9	93.2
西　宁	Xining	102.2	102.8	102.0	100.6	81.3	102.2	113.9	121.0
银　川	Yinchuan	102.5	100.8	101.0	99.1	83.7	97.9	108.3	94.7
乌鲁木齐	Urumqi	100.4	98.0	103.3	94.8	83.6	98.3	95.0	90.4

3-73 续表 continued

(上年同月=100) (same month of preceding year=100)

地 区	City	烟 酒 Tobacco and Liquor	衣 着 Clothing	家庭设备用品及维修服务 Household Facilities,Articles and Services	医疗保健和个人用品 Health Care and Personal Articles	交通和通信 Transportation and Communication	娱乐教育文化用品及服务 Recreation, Education and Culture Articles	居 住 Residence
平均指数	**Average Index**	**102.0**	**103.9**	**101.1**	**101.3**	**98.8**	**102.3**	**102.0**
北 京	Beijing	101.3	104.6	100.3	99.8	103.1	101.8	102.1
天 津	Tianjin	101.3	103.7	100.5	99.8	97.5	106.8	103.0
石家庄	Shijiazhuang	99.2	106.3	102.6	101.7	98.5	100.9	100.0
太 原	Taiyuan	103.4	104.3	99.5	100.5	98.7	100.0	99.8
呼和浩特	Hohhot	101.8	103.8	100.8	103.1	101.2	104.3	100.3
沈 阳	Shenyang	104.0	100.8	99.8	101.6	97.3	98.6	100.5
大 连	Dalian	102.5	105.8	101.6	101.3	97.0	105.9	102.2
长 春	Changchun	103.6	102.6	99.4	102.1	98.9	98.9	102.7
哈尔滨	Harbin	101.0	98.5	102.6	102.4	99.5	102.3	103.0
上 海	Shanghai	104.7	109.2	103.8	98.8	97.4	101.6	104.3
南 京	Nanjing	100.1	103.7	103.7	100.6	99.0	103.6	101.2
杭 州	Hangzhou	103.0	101.1	101.5	103.5	97.2	100.4	102.5
宁 波	Ningbo	103.4	99.8	100.9	103.0	96.0	102.2	101.0
合 肥	Hefei	102.6	100.6	100.8	105.1	97.7	104.9	100.3
福 州	Fuzhou	103.7	108.0	100.8	100.9	98.3	101.7	104.1
厦 门	Xiamen	101.7	108.9	102.4	102.8	98.7	104.0	100.1
南 昌	Nanchang	101.9	104.2	100.5	100.2	99.1	100.6	98.3
济 南	Jinan	100.2	102.8	101.5	101.4	98.1	102.2	104.5
青 岛	Tsingtao	103.0	103.0	100.1	105.0	97.8	102.1	100.4
郑 州	Zhengzhou	99.2	102.8	99.6	102.3	100.3	102.4	101.3
武 汉	Wuhan	103.4	103.3	99.1	101.7	100.6	102.4	101.2
长 沙	Changsha	101.0	102.1	101.2	101.1	99.1	102.3	97.3
广 州	Guangzhou	103.5	99.4	98.0	100.4	100.6	103.6	100.5
深 圳	Shenzhen	100.8	106.7	103.8	102.2	97.2	101.3	103.4
南 宁	Nanning	101.0	110.8	102.7	104.0	101.3	101.6	99.4
海 口	Haikou	100.2	106.0	101.8	101.8	95.7	103.6	98.2
重 庆	Chongqing	99.1	102.6	99.2	103.5	97.8	101.4	101.3
成 都	Chengdu	100.7	99.7	100.3	101.7	98.9	103.2	100.6
贵 阳	Guiyang	102.3	100.4	102.9	100.1	101.8	108.6	101.2
昆 明	Kunming	102.7	105.8	101.8	104.0	99.2	102.3	100.4
拉 萨	Lhasa	107.4	102.3	100.6	100.4	98.8	100.1	100.2
西 安	Xi'an	101.6	104.4	99.1	101.2	97.0	100.9	99.5
兰 州	Lanzhou	99.2	103.7	100.6	100.9	98.9	101.2	104.5
西 宁	Xining	100.3	103.4	100.1	101.5	100.0	103.5	101.8
银 川	Yinchuan	101.8	106.6	104.6	100.5	98.4	110.7	101.3
乌鲁木齐	Urumqi	102.9	102.6	100.5	102.6	99.7	101.1	102.8

3-74 36个大中城市居民消费价格分类指数(同比)

Consumer Price Indices by Category for 36 Major Large and Medium-sized Cities (2015年6月)

(上年同月=100) (same month of preceding year=100)

地区	City	居民消费价格指数 Consumer Price Index	食品 Food	粮食 Grain	肉禽及其制品 Meat,Poultry and Processed Products	蛋 Eggs	水产品 Aquatic Products	鲜菜 Fresh Vegetables	鲜果 Fresh Fruits
平均指数	**Average Index**	**101.7**	**101.7**	**102.4**	**103.4**	**90.3**	**101.3**	**111.2**	**90.4**
北京	Beijing	101.7	100.5	101.2	100.7	88.7	101.1	114.5	80.7
天津	Tianjin	101.9	101.1	102.3	103.5	86.3	96.1	109.1	95.8
石家庄	Shijiazhuang	100.1	97.1	102.8	100.0	78.6	106.3	113.5	73.6
太原	Taiyuan	100.1	99.3	100.9	104.4	84.4	100.3	107.8	81.7
呼和浩特	Hohhot	101.6	99.4	103.5	96.6	96.6	95.3	112.7	89.6
沈阳	Shenyang	100.5	101.6	103.5	102.3	79.7	104.3	124.7	91.9
大连	Dalian	101.4	99.8	103.2	103.3	78.4	96.9	114.3	88.0
长春	Changchun	101.0	99.6	102.1	103.2	80.6	101.1	113.9	92.7
哈尔滨	Harbin	101.7	101.4	102.8	103.6	89.0	95.8	111.1	99.1
上海	Shanghai	102.4	102.6	103.9	104.5	96.3	100.3	111.7	93.2
南京	Nanjing	101.9	102.5	104.7	103.6	88.5	103.2	110.4	90.8
杭州	Hangzhou	101.6	102.8	100.1	105.2	100.5	105.5	116.5	94.4
宁波	Ningbo	101.9	104.7	103.3	105.9	101.4	105.7	113.2	88.3
合肥	Hefei	101.6	101.7	104.1	104.3	87.3	97.7	121.6	88.8
福州	Fuzhou	101.3	99.2	101.2	101.5	90.8	96.2	113.8	81.1
厦门	Xiamen	102.0	101.6	102.7	106.4	92.9	101.7	102.3	91.0
南昌	Nanchang	102.6	105.4	101.4	109.0	95.9	100.0	131.3	98.3
济南	Jinan	101.7	100.7	100.8	102.7	88.5	101.5	124.0	81.0
青岛	Tsingtao	100.6	99.9	100.3	102.5	86.4	100.8	102.9	82.1
郑州	Zhengzhou	100.6	100.0	101.3	100.3	77.6	106.0	110.6	83.7
武汉	Wuhan	101.9	101.9	101.4	104.2	98.8	104.3	111.5	95.3
长沙	Changsha	100.9	102.4	101.8	103.5	94.3	99.2	111.2	89.3
广州	Guangzhou	102.0	103.5	102.8	101.8	84.6	103.7	117.3	93.2
深圳	Shenzhen	102.7	102.8	103.1	103.7	99.0	100.7	111.4	93.3
南宁	Nanning	101.9	100.7	101.6	103.6	98.6	100.7	106.1	87.4
海口	Haikou	101.7	104.7	102.1	107.7	94.4	107.4	108.0	100.3
重庆	Chongqing	101.3	102.0	101.8	107.2	95.1	101.9	102.9	102.7
成都	Chengdu	100.9	101.0	101.8	103.1	87.8	101.2	108.6	90.7
贵阳	Guiyang	102.2	100.8	102.8	102.2	94.2	104.3	95.7	87.6
昆明	Kunming	102.1	102.4	100.0	101.1	93.6	102.5	102.9	92.1
拉萨	Lhasa	102.1	103.3	106.4	103.2	107.5	101.4	98.4	92.7
西安	Xi'an	101.0	101.0	104.8	103.9	91.0	100.5	110.1	80.9
兰州	Lanzhou	100.9	100.6	101.3	102.7	87.2	97.4	105.5	88.2
西宁	Xining	102.4	102.9	99.7	101.1	86.2	103.5	121.3	114.4
银川	Yinchuan	102.4	100.7	101.6	99.6	82.1	99.0	121.6	85.4
乌鲁木齐	Urumqi	100.4	97.3	101.9	95.2	87.1	97.9	100.4	78.3

3-74 续表 continued

(上年同月=100) (same month of preceding year=100)

地 区	City	烟 酒 Tobacco and Liquor	衣 着 Clothing	家庭设备用品及维修服务 Household Facilities,Articles and Services	医疗保健和个人用品 Health Care and Personal Articles	交通和通信 Transportation and Communication	娱乐教育文化用品及服务 Recreation, Education and Culture Articles	居 住 Residence
平均指数	**Average Index**	**103.4**	**103.8**	**101.1**	**101.3**	**98.7**	**102.4**	**102.1**
北 京	Beijing	103.4	104.7	100.1	100.0	102.8	101.8	102.4
天 津	Tianjin	102.9	104.2	100.8	99.6	97.9	106.7	102.9
石家庄	Shijiazhuang	101.6	106.0	102.1	101.9	99.6	100.7	100.4
太 原	Taiyuan	103.7	100.7	100.2	100.3	98.7	101.9	99.9
呼和浩特	Hohhot	103.5	103.8	100.8	105.1	101.0	103.8	100.3
沈 阳	Shenyang	103.8	101.3	99.9	101.7	97.2	98.8	100.1
大 连	Dalian	104.9	106.4	102.1	101.2	97.4	105.8	101.7
长 春	Changchun	105.3	102.7	99.2	103.3	99.3	99.6	102.8
哈尔滨	Harbin	102.2	100.6	101.9	102.3	99.5	102.0	103.4
上 海	Shanghai	105.7	107.8	103.2	98.9	97.7	101.0	104.5
南 京	Nanjing	102.5	104.7	103.2	100.0	98.9	103.3	100.9
杭 州	Hangzhou	105.9	101.0	101.1	102.9	96.9	100.0	103.0
宁 波	Ningbo	106.2	99.6	100.5	103.5	95.6	102.5	101.1
合 肥	Hefei	101.9	100.9	100.3	105.5	97.8	104.9	99.9
福 州	Fuzhou	106.8	108.4	101.2	100.9	97.5	101.5	104.2
厦 门	Xiamen	102.7	107.0	101.3	103.2	98.5	104.7	101.1
南 昌	Nanchang	104.5	107.5	101.9	99.5	98.6	101.2	99.2
济 南	Jinan	101.1	103.4	101.8	101.9	97.7	102.3	104.1
青 岛	Tsingtao	103.5	101.2	99.9	104.6	97.0	103.1	99.4
郑 州	Zhengzhou	100.6	102.8	99.3	102.0	97.3	102.1	101.3
武 汉	Wuhan	105.1	103.0	98.7	103.5	100.8	102.5	101.1
长 沙	Changsha	102.8	102.2	100.8	101.1	98.4	102.5	97.4
广 州	Guangzhou	103.6	99.5	98.9	100.6	100.5	104.9	100.5
深 圳	Shenzhen	103.2	106.5	104.2	102.1	97.1	101.9	104.9
南 宁	Nanning	102.4	110.8	103.3	101.8	101.1	101.8	99.7
海 口	Haikou	100.5	105.3	100.9	102.3	96.0	103.7	97.5
重 庆	Chongqing	99.7	102.1	99.6	103.4	97.4	101.5	101.1
成 都	Chengdu	102.5	100.0	100.8	101.6	98.5	102.7	100.6
贵 阳	Guiyang	102.7	99.5	102.9	100.0	104.2	109.7	101.2
昆 明	Kunming	105.5	104.0	102.0	104.1	99.1	102.2	100.4
拉 萨	Lhasa	107.4	102.5	101.4	100.2	98.7	99.7	100.2
西 安	Xi'an	103.7	105.2	99.3	102.0	98.4	101.5	99.7
兰 州	Lanzhou	101.8	102.2	99.5	100.5	99.1	99.6	104.5
西 宁	Xining	102.4	104.8	99.8	101.1	99.7	103.8	101.8
银 川	Yinchuan	104.2	106.1	103.2	100.8	99.8	111.5	100.1
乌鲁木齐	Urumqi	103.3	103.8	100.9	103.1	99.8	102.0	102.8

3-75 36个大中城市居民消费价格分类指数(同比)

Consumer Price Indices by Category for 36 Major Large and Medium-sized Cities

(2015年7月)

(上年同月=100) (same month of preceding year=100)

地 区	City	居民消费价格指数 Consumer Price Index	食 品 Food	粮 食 Grain	肉禽及其制品 Meat,Poultry and Processed Products	蛋 Eggs	水产品 Aquatic Products	鲜 菜 Fresh Vegetables	鲜 果 Fresh Fruits
平均指数	**Average Index**	**101.9**	**102.4**	**102.4**	**107.0**	**86.9**	**101.8**	**109.7**	**91.1**
北 京	Beijing	102.3	102.0	101.9	105.6	87.2	101.7	116.9	82.4
天 津	Tianjin	102.4	102.2	102.6	108.6	83.1	95.5	113.7	96.0
石家庄	Shijiazhuang	100.8	99.6	100.1	104.0	74.1	105.6	112.6	86.5
太 原	Taiyuan	100.2	99.2	100.6	109.2	79.3	101.2	110.1	78.9
呼和浩特	Hohhot	101.8	100.3	103.2	100.4	93.9	97.2	112.4	87.1
沈 阳	Shenyang	101.1	102.7	103.5	107.4	73.4	103.2	128.0	93.7
大 连	Dalian	101.9	102.0	103.3	109.8	72.0	101.0	122.7	88.2
长 春	Changchun	101.3	100.8	102.1	108.9	73.8	100.8	126.1	90.3
哈尔滨	Harbin	101.3	100.9	102.6	108.2	74.7	95.8	105.2	94.4
上 海	Shanghai	102.6	103.5	104.1	107.3	95.3	100.7	112.9	93.3
南 京	Nanjing	101.9	103.3	104.0	105.8	86.5	102.9	118.5	91.6
杭 州	Hangzhou	102.1	104.6	99.9	109.5	98.9	107.1	119.6	93.7
宁 波	Ningbo	102.1	106.0	104.2	109.6	97.3	106.4	118.6	91.2
合 肥	Hefei	102.2	103.3	104.0	107.3	82.0	100.9	124.4	96.1
福 州	Fuzhou	101.6	99.7	101.6	105.3	89.8	96.7	105.9	84.6
厦 门	Xiamen	102.2	102.1	102.6	108.5	92.0	103.8	98.0	88.5
南 昌	Nanchang	103.0	107.0	101.5	111.3	95.0	101.2	135.0	103.0
济 南	Jinan	102.4	101.9	102.0	109.9	85.9	101.5	119.2	80.4
青 岛	Tsingtao	100.4	100.9	100.9	107.7	81.9	101.1	109.8	75.7
郑 州	Zhengzhou	101.1	101.6	101.5	104.0	75.3	105.6	116.7	86.1
武 汉	Wuhan	101.4	101.2	101.2	105.0	97.4	104.7	104.1	89.6
长 沙	Changsha	101.2	103.7	101.7	107.1	92.7	101.4	110.7	92.2
广 州	Guangzhou	102.0	102.5	101.0	103.2	83.0	101.5	110.9	90.2
深 圳	Shenzhen	102.7	103.4	104.9	105.8	96.8	102.2	110.6	94.7
南 宁	Nanning	102.1	101.2	101.5	106.1	97.8	102.9	101.9	87.0
海 口	Haikou	101.1	103.0	102.5	106.0	94.0	105.8	97.0	101.3
重 庆	Chongqing	101.6	103.0	101.7	112.9	91.9	103.5	96.5	110.0
成 都	Chengdu	101.0	101.3	101.2	108.7	83.4	100.5	100.7	89.3
贵 阳	Guiyang	102.6	101.8	102.8	106.8	95.5	102.8	93.4	90.0
昆 明	Kunming	101.6	101.6	99.8	102.3	92.6	101.7	94.9	93.3
拉 萨	Lhasa	101.7	102.5	103.2	101.9	108.4	102.5	98.0	95.2
西 安	Xi'an	101.0	100.4	104.6	107.8	86.9	100.5	95.7	79.6
兰 州	Lanzhou	100.8	100.6	100.4	105.3	86.3	98.8	104.5	86.2
西 宁	Xining	102.8	103.3	98.9	104.5	82.5	106.7	119.5	120.0
银 川	Yinchuan	101.9	100.1	101.5	100.6	83.1	98.7	105.5	87.9
乌鲁木齐	Urumqi	100.8	98.6	102.0	97.0	87.4	99.5	103.3	82.6

3-75 续表 continued

(上年同月=100) (same month of preceding year=100)

地　区	City	烟　酒 Tobacco and Liquor	衣　着 Clothing	家庭设备用品及维修服务 Household Facilities,Articles and Services	医疗保健和个人用品 Health Care and Personal Articles	交通和通信 Transportation and Communication	娱乐教育文化用品及服务 Recreation, Education and Culture Articles	居　住 Residence
平均指数	**Average Index**	**103.5**	**103.8**	**101.2**	**101.2**	**98.4**	**102.3**	**102.4**
北　京	Beijing	103.5	104.8	99.4	100.0	102.6	101.7	103.2
天　津	Tianjin	103.3	103.8	101.9	99.6	98.2	106.6	102.9
石家庄	Shijiazhuang	101.3	105.8	100.6	102.0	98.8	100.5	100.7
太　原	Taiyuan	103.8	100.9	100.6	100.2	98.1	103.3	99.9
呼和浩特	Hohhot	103.5	103.9	100.9	104.8	100.7	103.9	100.3
沈　阳	Shenyang	104.7	101.4	100.1	101.7	96.9	99.5	100.5
大　连	Dalian	104.9	107.0	101.9	101.0	96.5	103.9	101.7
长　春	Changchun	105.5	102.6	99.2	103.6	99.2	99.4	102.4
哈尔滨	Harbin	102.2	101.3	100.7	102.5	99.1	100.6	103.1
上　海	Shanghai	105.6	107.5	102.7	98.3	97.3	100.3	105.1
南　京	Nanjing	101.8	106.0	103.2	100.1	98.3	102.4	100.7
杭　州	Hangzhou	106.0	101.1	101.5	102.8	96.2	99.2	103.5
宁　波	Ningbo	104.5	99.3	101.0	103.5	94.9	102.8	100.5
合　肥	Hefei	102.1	101.3	100.6	105.5	97.3	105.6	99.9
福　州	Fuzhou	107.2	105.5	101.3	105.6	96.9	101.5	103.7
厦　门	Xiamen	103.5	105.7	102.3	103.0	96.9	103.6	102.5
南　昌	Nanchang	104.5	106.6	101.8	99.2	98.6	101.0	99.4
济　南	Jinan	101.2	104.0	102.4	102.0	98.0	103.4	104.3
青　岛	Tsingtao	103.6	102.0	99.7	104.3	96.8	99.4	99.0
郑　州	Zhengzhou	100.5	102.7	99.6	101.8	96.9	102.0	101.2
武　汉	Wuhan	104.5	102.6	98.6	103.2	100.6	102.3	100.6
长　沙	Changsha	102.4	102.2	100.5	100.5	98.3	102.7	97.5
广　州	Guangzhou	103.6	99.1	99.5	100.3	99.4	107.5	101.1
深　圳	Shenzhen	103.3	106.3	104.3	102.0	96.1	101.3	104.8
南　宁	Nanning	102.4	111.7	103.1	101.5	100.6	102.8	99.8
海　口	Haikou	102.9	105.2	100.7	102.4	95.8	103.3	97.8
重　庆	Chongqing	99.6	102.1	100.3	102.7	97.5	101.6	101.1
成　都	Chengdu	103.0	100.7	101.0	101.1	98.5	102.6	100.7
贵　阳	Guiyang	102.9	100.2	102.9	99.8	103.8	109.7	101.2
昆　明	Kunming	105.5	102.4	101.2	104.4	98.8	102.1	100.4
拉　萨	Lhasa	107.4	102.6	100.9	100.3	98.4	99.3	99.7
西　安	Xi'an	103.8	106.2	100.1	102.1	99.7	101.1	99.7
兰　州	Lanzhou	102.5	102.4	99.0	100.7	99.0	99.2	103.6
西　宁	Xining	102.5	106.7	99.6	100.9	101.6	103.9	101.7
银　川	Yinchuan	104.4	105.1	102.4	100.0	101.7	110.1	99.6
乌鲁木齐	Urumqi	103.7	104.9	100.8	102.8	99.4	102.3	102.0

3-76 36个大中城市居民消费价格分类指数(同比)
Consumer Price Indices by Category for 36 Major Large and Medium-sized Cities
(2015年8月)

(上年同月=100) (same month of preceding year=100)

地 区	City	居民消费价格指数 Consumer Price Index	食 品 Food	粮 食 Grain	肉禽及其制品 Meat,Poultry and Processed Products	蛋 Eggs	水产品 Aquatic Products	鲜 菜 Fresh Vegetables	鲜 果 Fresh Fruits
平均指数	**Average Index**	**102.2**	**103.3**	**102.3**	**108.2**	**89.7**	**101.4**	**116.0**	**91.7**
北 京	Beijing	102.6	102.9	101.1	105.5	89.0	100.9	132.5	82.4
天 津	Tianjin	102.5	103.1	101.7	108.8	86.5	97.8	134.3	89.1
石 家 庄	Shijiazhuang	101.4	101.6	100.7	104.1	79.8	105.7	139.6	79.3
太 原	Taiyuan	101.5	102.7	100.7	110.8	83.7	101.9	130.3	86.0
呼和浩特	Hohhot	102.4	101.8	102.9	103.1	92.4	97.0	117.4	89.8
沈 阳	Shenyang	101.3	103.7	104.1	104.8	81.0	102.6	147.2	97.9
大 连	Dalian	102.3	104.0	102.9	107.2	78.9	107.5	142.2	90.6
长 春	Changchun	101.8	102.2	101.9	107.1	82.8	100.9	139.8	96.5
哈 尔 滨	Harbin	101.6	101.8	101.9	107.9	84.5	99.3	111.0	93.5
上 海	Shanghai	102.8	103.6	103.8	107.4	96.0	102.0	108.4	95.8
南 京	Nanjing	101.9	102.7	103.9	107.0	87.9	101.7	107.4	91.1
杭 州	Hangzhou	102.3	104.3	100.2	109.7	96.3	104.0	119.1	96.8
宁 波	Ningbo	102.0	106.0	104.7	110.6	95.6	102.9	123.1	95.8
合 肥	Hefei	102.2	103.2	103.7	107.8	84.0	98.5	122.1	96.4
福 州	Fuzhou	102.0	101.6	100.3	110.3	88.0	95.6	120.5	83.2
厦 门	Xiamen	102.6	103.6	102.5	110.7	92.9	102.8	107.8	88.8
南 昌	Nanchang	102.8	106.2	101.6	114.3	91.4	101.7	119.6	102.6
济 南	Jinan	102.9	103.8	102.0	110.8	84.7	100.2	132.0	87.3
青 岛	Tsingtao	101.3	102.7	101.3	108.1	83.0	97.0	128.1	85.6
郑 州	Zhengzhou	101.4	102.0	101.5	104.5	81.1	104.1	122.8	83.7
武 汉	Wuhan	101.6	102.2	101.5	107.8	97.7	104.7	106.4	89.9
长 沙	Changsha	101.7	104.8	102.2	111.6	92.1	100.1	110.6	90.3
广 州	Guangzhou	102.1	103.1	102.7	105.5	84.5	100.8	114.7	91.2
深 圳	Shenzhen	103.0	104.3	103.9	109.3	97.1	99.4	117.5	94.0
南 宁	Nanning	102.8	102.8	100.8	109.6	97.8	101.7	106.6	86.8
海 口	Haikou	101.1	102.6	101.1	105.8	96.5	104.2	97.6	96.6
重 庆	Chongqing	101.8	103.5	102.2	113.3	94.0	102.9	103.4	101.9
成 都	Chengdu	101.4	102.4	101.1	110.5	91.4	99.9	107.6	89.3
贵 阳	Guiyang	103.5	104.4	102.8	114.7	97.0	102.5	98.8	89.4
昆 明	Kunming	102.7	104.7	99.6	109.8	95.4	102.7	108.8	95.3
拉 萨	Lhasa	101.7	102.6	101.5	103.3	104.0	98.1	102.2	96.5
西 安	Xi'an	101.7	102.1	103.2	108.8	94.0	102.6	109.4	86.3
兰 州	Lanzhou	101.6	102.0	100.7	106.2	90.1	99.3	114.6	83.2
西 宁	Xining	102.9	104.3	100.0	104.6	87.1	105.3	123.1	125.6
银 川	Yinchuan	101.9	101.1	101.8	101.4	90.0	97.6	114.3	91.7
乌鲁木齐	Urumqi	101.6	101.7	101.5	96.8	91.2	100.7	136.0	83.0

3-76 续表 continued

(上年同月=100) (same month of preceding year=100)

地 区	City	烟 酒 Tobacco and Liquor	衣 着 Clothing	家庭设备用品及维修服务 Household Facilities,Articles and Services	医疗保健和个人用品 Health Care and Personal Articles	交通和通信 Transportation and Communication	娱乐教育文化用品及服务 Recreation, Education and Culture Articles	居 住 Residence
平均指数	**Average Index**	**103.7**	**103.6**	**101.2**	**101.2**	**98.1**	**102.6**	**102.5**
北 京	Beijing	103.7	103.0	99.8	100.1	102.2	102.5	103.7
天 津	Tianjin	104.5	103.3	101.3	99.6	97.9	106.8	102.7
石家庄	Shijiazhuang	103.1	104.9	100.7	101.8	98.6	100.5	100.5
太 原	Taiyuan	104.0	102.7	100.6	100.2	98.4	102.8	99.8
呼和浩特	Hohhot	103.5	104.0	101.0	105.1	100.8	103.8	100.4
沈 阳	Shenyang	104.9	101.5	100.0	101.4	96.9	99.3	100.0
大 连	Dalian	105.2	102.6	101.8	100.9	97.3	104.7	101.6
长 春	Changchun	104.7	102.8	99.2	104.1	99.3	99.2	102.5
哈尔滨	Harbin	102.2	99.7	100.6	103.1	99.2	101.5	103.0
上 海	Shanghai	105.7	108.2	102.8	98.6	96.9	100.3	105.6
南 京	Nanjing	101.7	105.8	104.2	100.2	98.0	103.1	100.7
杭 州	Hangzhou	106.7	104.4	101.7	102.3	96.0	99.6	103.6
宁 波	Ningbo	104.4	98.1	100.6	103.4	94.5	103.3	100.6
合 肥	Hefei	102.4	102.1	100.7	105.4	97.2	105.3	99.8
福 州	Fuzhou	107.1	101.4	100.9	105.9	96.6	101.1	104.5
厦 门	Xiamen	103.4	105.0	101.6	103.7	96.9	102.5	103.0
南 昌	Nanchang	104.5	106.6	101.7	99.1	98.4	101.9	99.1
济 南	Jinan	101.4	104.0	101.9	102.5	96.2	104.5	103.7
青 岛	Tsingtao	103.3	101.6	99.9	104.8	97.3	102.1	98.5
郑 州	Zhengzhou	100.6	102.7	100.0	102.6	96.2	102.3	101.6
武 汉	Wuhan	105.0	103.0	98.9	102.6	100.5	102.1	99.7
长 沙	Changsha	102.2	102.2	100.2	100.6	98.1	103.0	97.7
广 州	Guangzhou	103.8	99.7	99.7	100.1	98.5	107.5	101.3
深 圳	Shenzhen	103.0	105.5	103.9	101.9	96.0	101.7	105.1
南 宁	Nanning	103.1	113.2	102.9	101.4	100.1	103.0	99.5
海 口	Haikou	103.3	108.4	99.9	103.0	95.3	104.0	97.7
重 庆	Chongqing	100.3	102.4	100.2	101.6	97.7	101.5	101.2
成 都	Chengdu	103.0	100.5	101.0	100.9	98.2	103.4	100.1
贵 阳	Guiyang	104.2	101.0	101.9	99.7	103.4	109.7	101.2
昆 明	Kunming	105.6	101.0	101.1	106.3	98.5	102.1	100.3
拉 萨	Lhasa	107.4	102.6	100.8	100.6	98.2	99.2	99.7
西 安	Xi'an	104.3	105.7	100.1	102.6	99.3	101.9	99.7
兰 州	Lanzhou	103.9	103.4	99.7	101.1	98.8	99.5	103.5
西 宁	Xining	102.7	104.9	99.5	100.6	101.3	102.5	101.6
银 川	Yinchuan	104.2	102.3	102.3	100.1	100.9	110.1	99.4
乌鲁木齐	Urumqi	103.4	103.2	100.8	102.1	99.0	100.5	102.0

3-77 36个大中城市居民消费价格分类指数(同比)

Consumer Price Indices by Category for 36 Major Large and Medium-sized Cities (2015年9月)

(上年同月=100) (same month of preceding year=100)

地区	City	居民消费价格指数 Consumer Price Index	食品 Food	粮食 Grain	肉禽及其制品 Meat,Poultry and Processed Products	蛋 Eggs	水产品 Aquatic Products	鲜菜 Fresh Vegetables	鲜果 Fresh Fruits
平均指数	**Average Index**	**101.8**	**102.4**	**102.0**	**107.3**	**90.3**	**101.3**	**110.8**	**88.5**
北京	Beijing	102.3	102.1	100.9	105.3	90.9	101.2	120.7	80.5
天津	Tianjin	101.6	102.3	101.0	109.1	88.6	101.0	121.5	83.2
石家庄	Shijiazhuang	101.1	100.7	100.3	104.0	82.2	102.1	125.1	74.1
太原	Taiyuan	101.0	102.1	101.4	111.1	84.4	100.5	125.2	79.5
呼和浩特	Hohhot	102.9	103.2	102.7	106.6	93.4	96.2	127.1	86.5
沈阳	Shenyang	101.6	104.3	102.9	103.7	83.4	105.5	134.9	115.6
大连	Dalian	101.8	103.3	101.6	106.6	81.6	113.9	124.0	90.4
长春	Changchun	101.5	101.5	102.0	106.0	83.8	100.3	129.4	94.1
哈尔滨	Harbin	101.8	101.8	101.4	107.4	83.9	98.3	115.9	93.0
上海	Shanghai	102.2	102.4	102.6	106.8	95.8	102.6	103.5	88.7
南京	Nanjing	101.6	100.6	103.9	106.8	90.4	100.3	92.6	87.3
杭州	Hangzhou	102.1	102.0	100.2	109.6	95.2	100.8	100.8	96.4
宁波	Ningbo	102.1	104.4	104.2	110.2	92.3	102.1	105.2	91.1
合肥	Hefei	101.2	100.8	103.1	106.9	86.3	95.1	99.2	91.7
福州	Fuzhou	101.8	101.2	100.3	109.4	88.2	94.6	117.7	84.7
厦门	Xiamen	102.5	103.4	101.8	110.5	92.7	102.4	112.0	84.1
南昌	Nanchang	101.6	103.9	101.6	112.4	89.2	101.3	109.6	93.9
济南	Jinan	102.6	102.7	101.2	108.6	88.7	101.2	120.6	83.8
青岛	Tsingtao	100.9	102.3	100.1	107.6	88.8	100.1	119.7	81.0
郑州	Zhengzhou	100.9	101.4	101.3	104.1	84.4	104.5	115.5	84.4
武汉	Wuhan	101.1	101.5	100.4	107.8	94.8	104.0	101.3	87.3
长沙	Changsha	101.1	103.6	102.4	110.1	92.4	99.5	107.2	86.4
广州	Guangzhou	101.6	102.3	103.8	104.3	85.5	98.7	112.3	85.9
深圳	Shenzhen	102.6	103.9	102.8	108.3	96.1	99.0	115.4	93.6
南宁	Nanning	102.3	101.8	101.0	107.2	98.9	101.6	111.6	77.4
海口	Haikou	100.6	102.2	101.5	104.0	97.7	105.6	97.3	94.8
重庆	Chongqing	101.3	102.0	102.8	109.7	93.2	102.0	106.0	88.8
成都	Chengdu	101.2	102.6	100.7	109.5	88.9	99.1	115.0	89.5
贵阳	Guiyang	103.2	105.3	102.8	113.8	96.2	101.8	108.3	93.5
昆明	Kunming	102.7	105.0	100.0	110.1	95.2	100.8	118.9	94.3
拉萨	Lhasa	102.1	103.0	101.6	104.7	103.7	99.5	101.0	101.2
西安	Xi'an	101.0	101.2	103.4	108.3	92.9	102.9	93.4	88.3
兰州	Lanzhou	101.3	101.8	100.6	105.4	92.4	99.2	114.2	78.4
西宁	Xining	102.6	104.2	100.6	105.0	87.9	104.9	120.4	119.6
银川	Yinchuan	101.1	100.9	101.7	101.0	89.0	96.8	117.6	92.0
乌鲁木齐	Urumqi	101.5	100.9	101.5	94.9	90.8	98.4	124.7	91.9

3-77 续表 continued

(上年同月=100) (same month of preceding year=100)

地区	City	烟酒 Tobacco and Liquor	衣着 Clothing	家庭设备用品及维修服务 Household Facilities,Articles and Services	医疗保健和个人用品 Health Care and Personal Articles	交通和通信 Transportation and Communication	娱乐教育文化用品及服务 Recreation, Education and Culture Articles	居住 Residence
平均指数	**Average Index**	**103.6**	**103.3**	**101.3**	**101.4**	**98.0**	**101.7**	**102.5**
北京	Beijing	102.7	103.6	99.8	100.4	102.1	100.8	104.1
天津	Tianjin	104.0	103.1	101.3	99.7	97.7	101.1	102.9
石家庄	Shijiazhuang	103.6	105.5	101.4	100.7	98.7	100.0	100.5
太原	Taiyuan	103.0	103.3	100.2	100.2	97.5	101.4	99.8
呼和浩特	Hohhot	103.5	104.3	100.8	105.4	100.9	104.3	100.0
沈阳	Shenyang	104.7	102.1	99.9	101.7	97.0	99.6	100.0
大连	Dalian	103.4	102.3	102.5	100.9	98.7	100.5	101.6
长春	Changchun	103.9	102.9	99.3	104.4	99.2	99.5	101.9
哈尔滨	Harbin	101.5	101.1	100.8	103.3	99.2	101.4	102.8
上海	Shanghai	105.8	105.5	102.4	99.2	97.3	100.0	105.3
南京	Nanjing	101.3	105.9	103.9	100.5	98.1	105.1	100.8
杭州	Hangzhou	106.3	102.4	101.5	102.2	96.0	102.9	104.9
宁波	Ningbo	104.6	102.0	100.4	103.3	94.4	105.0	101.1
合肥	Hefei	102.8	103.0	100.3	105.8	97.1	102.6	99.8
福州	Fuzhou	108.6	98.3	102.4	105.1	96.6	102.3	104.4
厦门	Xiamen	103.0	101.5	100.8	103.7	96.7	105.9	102.9
南昌	Nanchang	104.5	105.0	101.6	99.0	98.3	101.4	97.8
济南	Jinan	101.4	103.2	104.0	103.7	95.9	103.4	103.7
青岛	Tsingtao	103.2	101.0	100.8	104.7	97.2	99.1	99.2
郑州	Zhengzhou	101.1	102.5	100.1	102.8	95.6	100.6	101.8
武汉	Wuhan	104.7	103.1	99.4	102.9	100.4	99.9	99.9
长沙	Changsha	102.3	102.5	100.1	101.0	97.7	101.4	97.7
广州	Guangzhou	103.5	102.0	99.7	100.3	96.8	105.8	101.2
深圳	Shenzhen	102.2	104.4	103.6	101.9	95.8	100.9	104.7
南宁	Nanning	103.2	115.0	103.1	101.2	100.6	101.4	99.0
海口	Haikou	104.5	107.3	100.1	103.4	94.0	100.5	98.0
重庆	Chongqing	100.7	103.1	100.3	101.6	97.8	100.7	101.2
成都	Chengdu	103.2	100.5	101.4	100.9	97.8	101.9	99.9
贵阳	Guiyang	105.7	101.3	102.0	99.8	102.9	103.4	101.2
昆明	Kunming	105.6	100.3	101.8	105.0	99.7	100.9	100.1
拉萨	Lhasa	107.4	102.6	100.8	101.4	98.2	100.6	99.7
西安	Xi'an	104.5	101.7	99.9	103.1	99.2	102.0	99.4
兰州	Lanzhou	103.9	102.0	99.4	101.4	98.7	99.2	103.1
西宁	Xining	102.8	104.8	100.2	100.7	99.9	101.4	101.7
银川	Yinchuan	104.4	102.4	101.8	100.2	97.9	104.4	100.2
乌鲁木齐	Urumqi	103.6	103.8	100.9	101.3	100.7	101.4	102.1

3-78 36个大中城市居民消费价格分类指数(同比)
Consumer Price Indices by Category for 36 Major Large and Medium-sized Cities (2015年10月)

(上年同月=100) (same month of preceding year=100)

地区	City	居民消费价格指数 Consumer Price Index	食品 Food	粮食 Grain	肉禽及其制品 Meat,Poultry and Processed Products	蛋 Eggs	水产品 Aquatic Products	鲜菜 Fresh Vegetables	鲜果 Fresh Fruits
平均指数	**Average Index**	**101.6**	**101.9**	**101.8**	**106.4**	**87.2**	**102.2**	**105.2**	**91.1**
北京	Beijing	101.9	101.5	101.8	105.0	88.6	102.9	100.3	86.6
天津	Tianjin	101.3	101.1	100.9	107.7	85.6	102.9	103.8	85.2
石家庄	Shijiazhuang	100.8	99.4	100.6	103.3	79.3	102.7	101.3	89.4
太原	Taiyuan	100.3	99.9	101.5	108.7	75.7	102.8	104.8	74.3
呼和浩特	Hohhot	102.1	101.7	102.8	107.7	89.5	99.2	108.7	82.8
沈阳	Shenyang	101.1	102.5	102.5	103.4	75.3	108.9	106.5	112.6
大连	Dalian	101.4	102.6	100.6	106.1	75.4	116.7	109.1	92.9
长春	Changchun	100.7	99.4	102.0	105.2	77.4	100.6	92.8	97.3
哈尔滨	Harbin	100.9	99.4	102.0	107.0	73.2	93.9	101.4	93.6
上海	Shanghai	102.4	103.0	101.8	106.4	94.8	104.0	108.6	91.7
南京	Nanjing	101.8	100.8	104.2	105.5	88.1	101.6	93.0	90.2
杭州	Hangzhou	102.1	101.6	99.6	109.7	95.8	99.7	100.4	93.5
宁波	Ningbo	102.1	104.4	103.6	109.9	92.6	101.4	108.7	91.6
合肥	Hefei	101.1	100.6	103.2	105.2	84.9	98.1	98.2	92.3
福州	Fuzhou	101.4	100.4	100.4	108.5	82.2	97.4	110.3	81.2
厦门	Xiamen	102.0	102.4	101.6	110.2	91.3	103.8	104.8	81.9
南昌	Nanchang	101.0	103.4	101.7	111.9	90.5	100.4	108.9	91.0
济南	Jinan	102.0	101.7	98.9	107.4	88.0	102.7	107.4	84.8
青岛	Tsingtao	100.6	101.4	99.7	106.8	83.2	100.7	109.6	89.7
郑州	Zhengzhou	100.4	99.6	100.5	104.6	76.9	102.6	101.4	84.4
武汉	Wuhan	101.1	101.8	100.6	107.3	94.3	103.6	103.3	89.9
长沙	Changsha	100.9	102.6	102.2	108.8	93.2	99.8	101.8	88.5
广州	Guangzhou	101.9	102.8	102.5	103.1	85.2	100.5	116.9	90.7
深圳	Shenzhen	102.4	104.0	103.1	107.9	96.3	100.1	112.3	96.1
南宁	Nanning	101.9	100.5	100.8	105.0	96.6	101.2	107.3	80.8
海口	Haikou	100.9	102.9	101.5	103.5	97.9	105.1	106.1	99.2
重庆	Chongqing	101.0	101.4	102.1	107.5	93.2	100.9	100.8	95.8
成都	Chengdu	100.9	101.3	102.4	108.6	83.0	99.4	100.4	91.9
贵阳	Guiyang	102.6	104.8	102.5	113.1	94.2	101.8	102.7	94.4
昆明	Kunming	102.5	104.5	100.1	107.1	93.2	102.3	119.6	101.0
拉萨	Lhasa	101.8	102.6	103.0	104.9	104.2	99.5	96.3	101.3
西安	Xi'an	100.5	100.2	103.0	107.7	85.3	101.4	90.6	90.2
兰州	Lanzhou	101.3	101.7	101.3	105.7	84.2	99.3	119.5	72.5
西宁	Xining	101.8	100.8	101.0	102.8	84.9	104.7	106.3	92.9
银川	Yinchuan	100.2	99.6	101.8	101.4	84.4	97.7	105.5	84.5
乌鲁木齐	Urumqi	101.0	99.5	101.4	92.8	86.5	98.5	109.7	100.0

3-78 续表 continued

(上年同月=100) (same month of preceding year=100)

地 区	City	烟 酒 Tobacco and Liquor	衣 着 Clothing	家庭设备用品及维修服务 Household Facilities,Articles and Services	医疗保健和个人用品 Health Care and Personal Articles	交通和通信 Transportation and Communication	娱乐教育文化用品及服务 Recreation, Education and Culture Articles	居 住 Residence
平均指数	**Average Index**	**103.7**	**102.8**	**101.1**	**101.6**	**98.4**	**101.2**	**102.5**
北 京	Beijing	103.5	102.4	99.5	100.4	102.7	99.7	103.9
天 津	Tianjin	104.3	103.1	101.7	100.0	97.9	100.4	103.0
石家庄	Shijiazhuang	103.3	105.4	101.4	102.6	98.8	99.8	100.3
太 原	Taiyuan	103.5	104.9	100.3	100.4	98.2	99.5	99.8
呼和浩特	Hohhot	103.5	103.9	100.8	105.3	98.8	104.5	99.3
沈 阳	Shenyang	104.4	102.8	100.1	101.7	97.8	100.2	99.3
大 连	Dalian	103.6	101.6	102.8	100.9	98.4	100.8	101.1
长 春	Changchun	104.5	101.8	98.8	104.6	99.6	100.4	100.8
哈尔滨	Harbin	101.0	100.7	101.5	103.8	99.5	100.6	102.5
上 海	Shanghai	105.4	103.0	102.1	99.3	97.9	100.1	105.6
南 京	Nanjing	101.8	107.3	104.0	100.3	98.5	105.6	100.6
杭 州	Hangzhou	106.6	99.1	101.2	102.9	97.4	102.2	105.6
宁 波	Ningbo	104.7	101.5	100.2	102.8	95.3	104.4	101.2
合 肥	Hefei	103.7	102.1	100.5	106.0	97.4	102.5	99.8
福 州	Fuzhou	109.1	96.1	100.4	106.0	97.3	102.7	104.0
厦 门	Xiamen	101.3	98.8	99.2	104.4	97.9	106.0	102.7
南 昌	Nanchang	104.5	103.5	101.5	99.2	98.7	99.1	97.8
济 南	Jinan	101.2	103.9	101.4	103.7	95.7	102.5	103.4
青 岛	Tsingtao	103.2	101.4	100.7	104.6	97.5	98.0	99.4
郑 州	Zhengzhou	101.1	102.2	100.4	103.6	95.7	100.6	101.6
武 汉	Wuhan	104.5	102.9	99.0	103.1	100.6	99.4	99.8
长 沙	Changsha	102.4	102.5	100.0	101.2	98.5	101.2	98.1
广 州	Guangzhou	103.6	106.8	99.5	100.4	97.2	103.8	101.2
深 圳	Shenzhen	101.8	103.9	103.4	102.1	96.0	100.4	104.3
南 宁	Nanning	102.8	115.9	103.0	101.3	100.1	102.6	98.6
海 口	Haikou	104.8	102.0	100.2	103.9	95.0	101.6	98.3
重 庆	Chongqing	101.2	102.4	100.1	101.5	98.1	100.4	101.2
成 都	Chengdu	103.2	100.3	101.6	101.5	98.6	101.8	100.1
贵 阳	Guiyang	105.2	99.5	101.7	99.7	103.8	101.9	101.0
昆 明	Kunming	105.5	100.4	101.8	105.3	100.0	100.8	100.1
拉 萨	Lhasa	107.4	102.6	100.8	102.5	98.5	98.1	99.7
西 安	Xi'an	104.3	101.0	99.6	103.0	99.0	101.5	99.5
兰 州	Lanzhou	104.4	102.3	99.4	101.6	98.6	99.2	103.1
西 宁	Xining	102.8	104.0	100.5	101.5	100.3	101.0	104.2
银 川	Yinchuan	104.8	101.8	101.6	100.1	98.8	102.9	98.3
乌鲁木齐	Urumqi	103.7	103.2	101.5	101.7	100.2	102.7	101.3

3-79 36个大中城市居民消费价格分类指数(同比)
Consumer Price Indices by Category for 36 Major Large and Medium-sized Cities
(2015年11月)

(上年同月=100) (same month of preceding year=100)

地区	City	居民消费价格指数 Consumer Price Index	食品 Food	粮食 Grain	肉禽及其制品 Meat,Poultry and Processed Products	蛋 Eggs	水产品 Aquatic Products	鲜菜 Fresh Vegetables	鲜果 Fresh Fruits
平均指数	**Average Index**	**101.7**	**102.3**	**102.0**	**105.5**	**87.1**	**102.5**	**109.5**	**93.5**
北京	Beijing	101.9	102.4	103.7	104.5	88.6	102.8	115.3	90.8
天津	Tianjin	101.7	102.1	99.6	107.2	84.4	102.4	118.4	88.9
石家庄	Shijiazhuang	101.6	100.9	99.6	103.4	77.7	103.9	114.8	90.8
太原	Taiyuan	100.5	100.6	102.9	105.4	79.8	102.9	111.4	78.1
呼和浩特	Hohhot	102.2	102.0	102.8	106.0	88.5	102.8	112.7	84.7
沈阳	Shenyang	101.9	104.4	102.4	102.5	78.5	109.0	125.3	117.1
大连	Dalian	102.0	103.5	100.2	104.7	74.6	116.8	129.8	90.8
长春	Changchun	101.6	102.7	101.7	104.8	79.6	101.3	123.4	103.5
哈尔滨	Harbin	101.4	100.5	103.0	105.2	78.4	94.5	106.5	98.0
上海	Shanghai	102.4	103.6	102.3	106.0	94.8	105.4	110.3	94.9
南京	Nanjing	102.2	101.6	103.8	104.1	87.2	103.4	102.8	93.3
杭州	Hangzhou	102.5	102.9	99.4	110.0	93.4	100.2	115.6	91.2
宁波	Ningbo	102.4	105.2	104.2	107.4	94.0	102.1	118.8	94.1
合肥	Hefei	101.2	101.7	104.1	104.2	86.3	98.1	106.9	97.3
福州	Fuzhou	100.9	99.5	99.7	107.5	78.2	96.4	105.6	81.4
厦门	Xiamen	101.6	102.3	100.9	109.6	88.4	103.3	104.2	85.9
南昌	Nanchang	101.5	103.0	101.8	110.4	92.3	100.4	110.9	87.1
济南	Jinan	102.0	102.4	99.5	106.5	87.8	102.8	119.5	83.5
青岛	Tsingtao	101.4	102.0	99.7	106.0	84.5	102.7	115.8	93.4
郑州	Zhengzhou	100.8	101.0	101.9	105.3	78.6	102.8	110.0	87.4
武汉	Wuhan	100.9	101.3	100.9	105.1	94.3	102.9	102.7	88.7
长沙	Changsha	101.2	102.6	102.3	107.8	93.3	99.3	98.4	97.5
广州	Guangzhou	101.6	101.9	101.4	102.3	86.5	99.9	107.9	92.0
深圳	Shenzhen	102.3	103.2	102.8	107.6	93.7	99.8	106.9	95.8
南宁	Nanning	101.6	100.3	100.3	104.4	93.7	101.6	104.9	83.1
海口	Haikou	101.3	102.7	101.7	102.7	97.3	103.3	106.2	100.3
重庆	Chongqing	100.8	101.0	102.2	105.3	91.4	100.6	100.6	98.2
成都	Chengdu	100.8	101.3	103.9	107.1	83.6	101.1	98.9	95.2
贵阳	Guiyang	101.7	103.1	101.0	111.8	92.4	103.8	97.1	92.3
昆明	Kunming	102.1	103.7	99.8	104.7	90.6	101.5	119.0	101.8
拉萨	Lhasa	102.5	103.1	103.0	104.0	104.1	99.8	101.3	100.6
西安	Xi'an	101.4	101.5	102.8	106.1	82.6	101.7	103.4	95.2
兰州	Lanzhou	101.4	102.5	100.9	105.4	85.9	100.7	118.4	82.1
西宁	Xining	102.3	100.8	101.3	100.9	87.1	103.9	106.2	96.4
银川	Yinchuan	100.2	100.0	102.2	101.2	84.4	98.5	110.3	86.7
乌鲁木齐	Urumqi	100.6	99.5	101.9	93.5	86.8	97.8	115.3	91.7

3-79 续表 continued

(上年同月=100) (same month of preceding year=100)

地 区	City	烟 酒 Tobacco and Liquor	衣 着 Clothing	家庭设备用品及维修服务 Household Facilities,Articles and Services	医疗保健和个人用品 Health Care and Personal Articles	交通和通信 Transportation and Communication	娱乐教育文化用品及服务 Recreation, Education and Culture Articles	居 住 Residence
平均指数	**Average Index**	**103.7**	**102.4**	**100.9**	**101.7**	**98.9**	**101.0**	**102.4**
北 京	Beijing	103.5	102.4	99.7	100.2	102.9	98.1	103.8
天 津	Tianjin	104.2	102.6	101.2	100.3	98.2	100.8	103.2
石家庄	Shijiazhuang	103.4	106.9	101.1	103.0	99.3	99.9	100.6
太 原	Taiyuan	104.1	104.6	100.5	100.2	98.8	99.0	99.8
呼和浩特	Hohhot	103.5	103.6	100.6	105.1	99.1	104.7	99.3
沈 阳	Shenyang	104.3	102.7	100.2	101.9	98.3	100.9	99.1
大 连	Dalian	102.9	102.9	102.6	101.4	100.0	102.3	99.7
长 春	Changchun	105.1	100.7	100.4	104.4	99.6	99.8	100.8
哈尔滨	Harbin	101.0	101.0	101.6	103.5	99.7	101.4	102.4
上 海	Shanghai	105.1	100.9	101.9	99.3	98.3	99.9	105.6
南 京	Nanjing	102.6	106.7	103.4	104.9	98.8	103.9	100.7
杭 州	Hangzhou	106.0	100.7	101.2	100.8	98.3	102.9	104.9
宁 波	Ningbo	105.6	99.6	100.7	102.9	96.1	104.3	101.4
合 肥	Hefei	103.6	101.0	100.9	105.1	97.2	102.1	99.8
福 州	Fuzhou	108.8	95.0	100.7	106.3	97.8	102.3	103.2
厦 门	Xiamen	102.5	96.9	98.4	104.3	98.5	105.3	101.9
南 昌	Nanchang	104.5	102.1	102.6	99.4	99.6	102.5	98.8
济 南	Jinan	101.4	103.0	101.7	102.3	95.7	103.0	103.1
青 岛	Tsingtao	102.7	102.1	101.3	104.8	97.5	100.9	100.5
郑 州	Zhengzhou	101.1	101.5	100.4	103.5	95.8	100.8	101.6
武 汉	Wuhan	104.2	102.5	98.7	102.7	100.7	99.4	100.0
长 沙	Changsha	102.2	102.2	100.2	101.3	98.6	101.9	99.0
广 州	Guangzhou	104.1	107.2	98.3	100.7	97.8	102.1	101.9
深 圳	Shenzhen	101.8	104.5	103.2	101.8	97.0	100.5	104.0
南 宁	Nanning	102.4	112.7	103.2	101.3	100.3	102.4	98.4
海 口	Haikou	104.6	103.7	100.3	104.0	95.3	101.7	100.1
重 庆	Chongqing	101.3	101.7	100.4	101.6	98.7	100.5	100.7
成 都	Chengdu	103.8	99.5	101.4	101.3	99.2	101.7	100.1
贵 阳	Guiyang	103.1	99.0	101.3	99.7	104.3	101.3	99.9
昆 明	Kunming	105.6	100.5	101.4	105.4	99.9	99.5	99.9
拉 萨	Lhasa	107.4	103.9	101.6	102.7	98.9	100.0	99.8
西 安	Xi'an	104.5	102.8	100.0	102.9	100.8	101.6	99.8
兰 州	Lanzhou	104.9	103.1	99.4	101.5	98.8	99.2	100.4
西 宁	Xining	102.9	106.1	100.7	101.8	100.2	100.6	105.9
银 川	Yinchuan	104.4	101.1	101.2	100.1	99.7	102.3	97.7
乌鲁木齐	Urumqi	103.1	101.3	100.4	102.1	99.6	103.0	100.5

3-80 36个大中城市居民消费价格分类指数(同比)
Consumer Price Indices by Category for 36 Major Large and Medium-sized Cities
(2015年12月)

(上年同月=100) (same month of preceding year=100)

地 区	City	居民消费价格指数 Consumer Price Index	食 品 Food	粮 食 Grain	肉禽及其制品 Meat,Poultry and Processed Products	蛋 Eggs	水产品 Aquatic Products	鲜 菜 Fresh Vegetables	鲜 果 Fresh Fruits
平均指数	**Average Index**	**101.8**	**102.7**	**101.9**	**105.5**	**89.6**	**103.1**	**112.2**	**93.6**
北 京	Beijing	102.0	103.0	102.3	104.7	90.1	103.0	116.4	95.0
天 津	Tianjin	101.4	102.3	99.4	106.3	86.8	104.0	115.9	91.4
石家庄	Shijiazhuang	102.1	102.4	99.9	103.7	81.3	103.8	122.6	92.2
太 原	Taiyuan	100.4	101.0	103.4	107.5	87.1	103.8	110.8	77.3
呼和浩特	Hohhot	101.6	101.4	102.5	103.0	90.5	103.6	113.3	85.7
沈 阳	Shenyang	101.4	103.0	102.6	102.7	82.7	106.5	114.1	107.0
大 连	Dalian	101.6	102.5	99.8	104.4	81.6	111.6	121.3	86.1
长 春	Changchun	101.6	102.4	101.8	104.7	84.2	100.8	112.8	103.4
哈尔滨	Harbin	101.4	101.1	102.8	105.3	83.5	96.8	108.1	95.2
上 海	Shanghai	102.3	103.5	102.3	105.2	95.7	105.0	117.6	96.0
南 京	Nanjing	102.9	103.8	104.4	104.2	88.7	102.9	129.2	96.1
杭 州	Hangzhou	103.1	104.6	101.1	108.9	94.7	102.4	132.1	88.0
宁 波	Ningbo	102.9	106.2	103.0	105.7	95.6	101.6	132.3	97.1
合 肥	Hefei	101.9	103.3	103.5	105.3	89.1	99.4	111.0	100.8
福 州	Fuzhou	100.9	100.4	100.4	109.7	80.2	98.3	105.2	80.7
厦 门	Xiamen	101.2	102.9	101.6	109.2	89.6	104.4	112.1	81.3
南 昌	Nanchang	101.7	104.0	102.6	110.7	92.3	99.6	118.2	85.8
济 南	Jinan	101.8	102.8	99.1	108.0	88.8	104.8	114.4	86.1
青 岛	Tsingtao	101.5	101.9	99.4	106.5	88.7	102.0	113.6	93.3
郑 州	Zhengzhou	101.2	102.1	101.8	106.5	83.2	102.3	114.2	90.8
武 汉	Wuhan	100.9	101.2	100.9	104.5	94.0	101.5	103.9	89.3
长 沙	Changsha	101.2	102.7	101.9	107.6	93.2	99.3	99.0	99.9
广 州	Guangzhou	102.2	102.8	101.3	102.2	86.4	104.3	112.9	94.9
深 圳	Shenzhen	102.4	103.3	101.8	107.0	94.1	101.1	111.2	94.5
南 宁	Nanning	102.4	101.4	100.0	104.9	94.8	102.4	112.3	86.1
海 口	Haikou	101.3	102.4	103.0	103.0	97.5	102.6	103.1	96.3
重 庆	Chongqing	101.0	101.4	102.9	106.4	93.7	101.5	98.9	95.2
成 都	Chengdu	100.8	101.2	104.0	107.6	87.0	100.9	95.6	94.2
贵 阳	Guiyang	101.4	103.0	101.0	111.9	92.6	102.8	95.6	94.9
昆 明	Kunming	101.8	103.4	99.7	104.5	90.5	102.7	119.6	100.0
拉 萨	Lhasa	102.4	102.5	103.1	101.3	104.0	99.5	101.2	100.9
西 安	Xi'an	101.8	102.0	103.4	106.1	86.9	102.5	102.9	90.2
兰 州	Lanzhou	100.9	101.1	100.2	103.9	90.4	100.2	107.5	81.0
西 宁	Xining	102.2	101.0	102.0	99.8	91.3	103.9	105.2	99.0
银 川	Yinchuan	99.9	100.2	102.2	101.5	88.4	98.7	110.8	86.8
乌鲁木齐	Urumqi	100.8	100.2	103.2	95.1	91.8	98.0	113.9	88.7

3-80 续表 continued

(上年同月=100) (same month of preceding year=100)

地区	City	烟 酒 Tobacco and Liquor	衣 着 Clothing	家庭设备用品及维修服务 Household Facilities,Articles and Services	医疗保健和个人用品 Health Care and Personal Articles	交通和通信 Transportation and Communication	娱乐教育文化用品及服务 Recreation, Education and Culture Articles	居 住 Residence
平均指数	**Average Index**	**103.6**	**102.0**	**101.0**	**101.5**	**99.0**	**101.2**	**102.4**
北 京	Beijing	102.8	102.2	98.2	100.1	102.8	99.2	103.3
天 津	Tianjin	103.4	101.0	100.9	99.9	98.6	100.8	102.3
石家庄	Shijiazhuang	103.2	107.0	101.4	103.2	99.1	100.0	100.7
太 原	Taiyuan	103.9	104.4	100.6	100.4	97.9	100.0	98.4
呼和浩特	Hohhot	103.5	102.7	100.5	104.9	97.2	104.4	99.1
沈 阳	Shenyang	103.8	102.1	100.2	101.9	98.6	100.4	99.3
大 连	Dalian	102.9	101.7	102.4	101.4	100.6	101.9	99.6
长 春	Changchun	104.9	101.0	100.3	104.2	99.8	100.4	100.8
哈尔滨	Harbin	101.0	101.4	102.4	102.9	99.5	101.2	101.6
上 海	Shanghai	105.2	100.1	101.8	99.4	98.0	100.1	105.6
南 京	Nanjing	102.1	108.0	103.7	105.2	99.3	103.7	100.3
杭 州	Hangzhou	106.3	102.2	102.0	100.6	97.7	103.9	104.2
宁 波	Ningbo	106.1	100.3	100.3	102.0	97.3	104.7	101.8
合 肥	Hefei	102.2	101.8	100.9	104.6	97.6	102.8	99.8
福 州	Fuzhou	107.4	93.4	99.5	106.8	98.4	100.7	103.3
厦 门	Xiamen	102.7	92.1	98.2	103.9	98.2	103.6	102.0
南 昌	Nanchang	104.5	100.4	103.4	99.3	99.6	101.9	99.5
济 南	Jinan	100.9	100.4	101.3	101.7	96.8	103.6	102.7
青 岛	Tsingtao	103.3	101.1	103.0	103.4	98.4	101.8	100.8
郑 州	Zhengzhou	101.4	100.7	100.9	103.6	95.8	100.8	101.6
武 汉	Wuhan	104.2	102.0	98.7	102.3	100.9	99.7	100.3
长 沙	Changsha	102.4	102.0	100.3	101.8	98.6	100.2	99.7
广 州	Guangzhou	103.9	107.7	99.0	101.1	98.1	102.7	102.5
深 圳	Shenzhen	101.9	102.9	103.7	101.8	97.3	101.3	104.2
南 宁	Nanning	102.9	116.1	103.3	101.7	97.8	102.6	99.6
海 口	Haikou	104.4	100.4	99.6	103.6	95.9	101.7	101.4
重 庆	Chongqing	101.9	102.2	100.5	100.9	99.7	100.5	100.5
成 都	Chengdu	104.1	99.5	101.3	101.3	99.3	101.5	100.2
贵 阳	Guiyang	102.7	99.3	101.4	99.8	101.7	101.2	99.9
昆 明	Kunming	105.6	100.6	101.6	105.4	100.1	97.8	99.4
拉 萨	Lhasa	107.4	103.9	102.5	102.7	98.8	101.0	99.9
西 安	Xi'an	104.3	102.1	99.9	103.0	101.4	102.2	100.7
兰 州	Lanzhou	104.9	102.8	99.4	101.4	99.3	99.2	100.4
西 宁	Xining	103.3	104.1	101.7	102.0	99.2	100.5	106.1
银 川	Yinchuan	104.5	98.2	100.8	99.9	99.6	102.5	97.7
乌鲁木齐	Urumqi	104.2	100.1	100.2	102.0	100.3	103.2	100.0

3-81 36个大中城市居民消费价格分类指数(累计比)
Consumer Price Indices by Category for 36 Major Large and Medium-sized Cities
(2015年1月)

(上年同期=100) (same period of preceding year=100)

地 区	City	居民消费价格指数 Consumer Price Index	食 品 Food	粮 食 Grain	肉禽及其制品 Meat,Poultry and Processed Products	蛋 Eggs	水产品 Aquatic Products	鲜 菜 Fresh Vegetables	鲜 果 Fresh Fruits
平均指数	**Average Index**	**100.9**	**101.1**	**103.5**	**99.6**	**108.6**	**100.1**	**98.6**	**101.6**
北 京	Beijing	100.4	99.8	101.2	98.5	106.8	102.2	94.8	91.1
天 津	Tianjin	100.7	100.9	103.6	99.8	102.7	97.2	89.5	113.2
石家庄	Shijiazhuang	100.3	98.5	100.5	97.5	113.8	106.1	94.2	93.5
太 原	Taiyuan	99.9	99.3	103.7	97.8	111.1	104.2	90.2	99.5
呼和浩特	Hohhot	100.8	100.4	100.8	96.8	109.3	101.3	95.8	111.0
沈 阳	Shenyang	100.3	101.3	105.4	98.7	110.7	100.8	96.5	101.6
大 连	Dalian	101.2	100.9	106.5	99.6	107.5	94.1	97.8	102.3
长 春	Changchun	100.6	99.8	101.4	101.2	110.8	103.4	88.1	102.1
哈尔滨	Harbin	101.2	100.1	104.2	96.7	115.9	103.7	93.6	105.2
上 海	Shanghai	101.8	101.5	104.1	102.8	104.7	97.1	102.3	91.9
南 京	Nanjing	101.8	102.4	104.4	99.7	106.5	99.1	113.6	97.8
杭 州	Hangzhou	100.5	101.2	102.1	100.4	116.7	98.2	109.3	106.8
宁 波	Ningbo	100.3	101.6	102.1	99.3	115.0	101.1	101.8	99.9
合 肥	Hefei	100.7	99.8	104.4	96.8	109.2	97.7	101.6	100.9
福 州	Fuzhou	101.1	101.5	104.0	101.8	109.4	97.0	110.9	100.6
厦 门	Xiamen	101.0	100.5	105.4	99.7	109.1	92.9	103.4	118.0
南 昌	Nanchang	100.9	102.5	102.3	98.3	110.1	98.2	120.5	105.6
济 南	Jinan	101.2	98.6	105.6	96.1	112.6	102.7	96.4	83.4
青 岛	Tsingtao	101.6	101.4	104.8	98.4	107.6	102.7	96.9	95.7
郑 州	Zhengzhou	101.1	99.7	105.7	97.4	107.8	104.4	88.4	102.0
武 汉	Wuhan	100.9	100.2	102.0	98.8	109.0	100.1	99.8	108.9
长 沙	Changsha	100.4	101.5	103.0	100.8	110.0	99.0	95.4	103.4
广 州	Guangzhou	101.1	103.1	102.2	103.0	113.3	106.6	97.8	110.6
深 圳	Shenzhen	100.5	102.5	106.0	100.0	113.4	104.8	102.1	107.8
南 宁	Nanning	100.9	101.8	102.8	103.5	113.1	101.0	105.5	103.1
海 口	Haikou	100.8	103.2	101.9	104.3	105.5	108.6	95.6	112.8
重 庆	Chongqing	100.9	100.2	101.9	97.1	102.8	103.5	98.5	110.1
成 都	Chengdu	101.0	102.3	104.6	97.6	112.5	99.0	111.4	112.5
贵 阳	Guiyang	101.9	102.3	102.0	96.1	104.2	94.2	100.4	96.2
昆 明	Kunming	102.8	104.1	101.7	99.0	111.6	102.7	99.1	103.2
拉 萨	Lhasa	102.7	106.5	110.2	106.0	107.7	103.6	102.6	109.4
西 安	Xi'an	99.2	98.5	104.3	100.3	111.2	98.1	81.8	104.6
兰 州	Lanzhou	101.6	100.5	103.6	99.8	105.9	99.1	94.8	103.2
西 宁	Xining	102.2	102.2	104.9	99.3	101.3	103.9	97.4	127.9
银 川	Yinchuan	102.3	101.2	101.9	99.7	103.5	99.4	101.2	100.4
乌鲁木齐	Urumqi	100.1	98.1	102.0	94.7	107.1	96.5	84.9	98.4

3-81 续表 continued

(上年同期=100) (same period of preceding year=100)

地 区	City	烟 酒 Tobacco and Liquor	衣 着 Clothing	家庭设备用品及维修服务 Household Facilities,Articles and Services	医疗保健和个人用品 Health Care and Personal Articles	交通和通信 Transportation and Communication	娱乐教育文化用品及服务 Recreation, Education and Culture Articles	居 住 Residence
平均指数	**Average Index**	**100.0**	**104.6**	**100.8**	**101.5**	**97.8**	**99.6**	**101.6**
北 京	Beijing	100.8	103.1	99.9	100.5	103.0	96.6	101.2
天 津	Tianjin	98.6	102.6	101.3	100.4	94.9	102.1	102.1
石家庄	Shijiazhuang	97.9	102.6	101.2	103.9	98.9	101.3	100.6
太 原	Taiyuan	99.5	101.8	99.5	100.4	98.5	100.4	100.5
呼和浩特	Hohhot	100.0	104.0	100.6	101.3	99.8	99.8	99.9
沈 阳	Shenyang	102.1	103.3	98.3	102.4	95.7	96.6	100.6
大 连	Dalian	101.3	103.8	101.4	101.9	96.7	102.0	102.9
长 春	Changchun	100.8	103.3	99.9	101.7	98.6	97.9	102.6
哈尔滨	Harbin	100.2	103.5	101.3	104.0	99.1	101.5	101.0
上 海	Shanghai	101.9	115.2	103.0	100.8	96.5	98.3	103.2
南 京	Nanjing	100.0	104.3	102.9	101.0	98.2	102.4	101.9
杭 州	Hangzhou	100.0	100.4	100.5	102.0	95.1	98.6	103.1
宁 波	Ningbo	98.9	101.6	100.6	103.3	94.0	99.8	100.9
合 肥	Hefei	100.7	100.1	100.3	101.9	95.7	105.5	101.5
福 州	Fuzhou	99.9	105.2	100.9	102.3	97.0	95.8	104.0
厦 门	Xiamen	99.2	106.6	103.2	102.1	97.9	101.3	100.2
南 昌	Nanchang	100.4	104.8	98.4	100.9	97.5	99.6	99.5
济 南	Jinan	100.2	105.0	100.9	102.8	98.6	102.4	103.3
青 岛	Tsingtao	100.8	105.8	100.2	102.6	97.1	101.2	101.8
郑 州	Zhengzhou	101.6	103.0	100.1	102.0	99.3	103.5	102.3
武 汉	Wuhan	101.2	103.1	99.6	100.5	99.0	102.2	101.3
长 沙	Changsha	100.5	102.8	102.0	101.3	96.9	100.4	98.0
广 州	Guangzhou	100.1	102.7	100.4	100.5	100.1	98.2	100.2
深 圳	Shenzhen	100.9	101.9	99.1	101.6	95.6	99.1	100.4
南 宁	Nanning	100.2	102.8	99.0	102.7	99.8	99.7	99.5
海 口	Haikou	99.5	108.1	100.3	100.5	94.6	100.2	98.7
重 庆	Chongqing	96.2	103.7	100.0	103.7	98.0	101.6	101.7
成 都	Chengdu	98.4	100.8	100.3	101.1	97.9	100.4	100.9
贵 阳	Guiyang	101.6	103.0	101.0	101.8	100.7	99.9	103.0
昆 明	Kunming	100.3	108.8	102.8	101.9	99.0	102.0	101.2
拉 萨	Lhasa	100.0	98.5	101.9	101.7	99.7	98.1	103.7
西 安	Xi'an	100.0	102.9	99.6	101.8	94.7	99.1	99.8
兰 州	Lanzhou	96.7	104.6	102.4	100.4	98.5	101.8	106.9
西 宁	Xining	99.2	108.0	98.9	100.8	100.6	104.9	100.6
银 川	Yinchuan	99.5	104.6	103.7	100.8	99.8	109.0	101.5
乌鲁木齐	Urumqi	99.7	101.9	101.4	101.9	98.2	98.3	105.3

3-82 36个大中城市居民消费价格分类指数(累计比)
Consumer Price Indices by Category for 36 Major Large and Medium-sized Cities
(2015年1-2月)

(上年同期=100) (same period of preceding year=100)

地 区	City	居民消费价格指数 Consumer Price Index	食 品 Food	粮 食 Grain	肉禽及其制品 Meat,Poultry and Processed Products	蛋 Eggs	水产品 Aquatic Products	鲜 菜 Fresh Vegetables	鲜 果 Fresh Fruits
平均指数	**Average Index**	**101.3**	**101.6**	**103.4**	**100.6**	**109.9**	**100.9**	**101.3**	**101.5**
北 京	Beijing	101.0	100.5	100.8	99.1	108.4	102.6	98.2	92.5
天 津	Tianjin	101.0	101.1	102.6	99.6	106.4	96.4	94.8	111.1
石家庄	Shijiazhuang	100.7	99.6	101.0	97.4	114.1	107.0	102.5	94.7
太 原	Taiyuan	100.1	99.5	103.5	98.1	113.7	103.6	93.1	100.4
呼和浩特	Hohhot	100.6	99.4	100.9	96.9	112.0	101.9	91.1	107.2
沈 阳	Shenyang	101.2	102.9	105.5	100.8	113.9	99.9	99.7	113.5
大 连	Dalian	101.6	100.9	106.6	100.9	107.8	94.7	100.6	102.7
长 春	Changchun	101.0	100.7	101.3	102.1	111.8	103.3	96.6	100.2
哈尔滨	Harbin	101.3	100.3	104.2	98.2	118.2	101.0	97.3	100.6
上 海	Shanghai	102.2	102.1	103.6	103.1	104.5	99.4	106.9	91.5
南 京	Nanjing	101.9	102.4	103.7	100.4	107.2	98.8	113.2	96.1
杭 州	Hangzhou	100.7	101.6	101.9	101.3	119.1	99.1	110.6	105.2
宁 波	Ningbo	100.8	102.9	103.4	101.4	117.1	104.5	105.7	96.7
合 肥	Hefei	101.1	101.7	104.3	100.0	112.3	100.2	110.2	103.2
福 州	Fuzhou	101.4	101.2	104.7	102.1	107.4	96.8	106.1	103.7
厦 门	Xiamen	101.3	101.4	105.0	100.7	109.2	96.5	104.0	114.9
南 昌	Nanchang	100.8	101.9	102.3	98.3	110.2	97.9	114.6	105.5
济 南	Jinan	101.6	99.8	106.1	97.4	115.0	104.7	104.8	85.5
青 岛	Tsingtao	102.4	103.0	104.5	99.4	111.6	105.9	105.6	97.1
郑 州	Zhengzhou	101.4	100.6	105.5	97.6	110.8	104.6	95.8	101.4
武 汉	Wuhan	101.1	100.4	101.7	99.8	108.7	99.7	101.0	106.7
长 沙	Changsha	100.7	102.1	102.8	101.2	109.7	99.7	99.3	104.2
广 州	Guangzhou	101.5	103.0	102.7	103.0	115.1	104.0	98.6	107.5
深 圳	Shenzhen	101.0	103.3	105.7	101.4	113.7	104.7	100.9	108.6
南 宁	Nanning	101.3	102.0	103.1	104.6	112.6	102.5	104.3	102.1
海 口	Haikou	101.2	103.9	102.2	105.9	105.8	110.1	94.5	112.7
重 庆	Chongqing	101.1	100.8	101.9	99.7	103.3	103.4	100.0	107.0
成 都	Chengdu	101.3	103.0	104.7	99.6	114.5	101.3	112.2	111.8
贵 阳	Guiyang	102.3	102.8	101.9	99.6	104.3	100.2	101.7	97.9
昆 明	Kunming	102.8	104.0	101.6	99.8	111.8	103.0	97.8	102.2
拉 萨	Lhasa	102.4	105.9	110.2	105.3	108.5	102.7	100.5	109.3
西 安	Xi'an	99.7	99.2	104.6	100.9	114.1	98.1	88.4	104.4
兰 州	Lanzhou	101.7	100.9	103.2	99.2	105.7	98.1	99.4	102.7
西 宁	Xining	102.5	103.4	104.9	99.9	102.6	104.3	104.9	131.6
银 川	Yinchuan	102.2	100.8	101.9	98.8	102.7	98.8	100.3	99.4
乌鲁木齐	Urumqi	100.3	98.5	102.1	94.6	107.2	95.6	88.8	98.3

3-82 续表 continued

(上年同期=100) (same period of preceding year=100)

地 区	City	烟 酒 Tobacco and Liquor	衣 着 Clothing	家庭设备用品及维修服务 Household Facilities,Articles and Services	医疗保健和个人用品 Health Care and Personal Articles	交通和通信 Transportation and Communication	娱乐教育文化用品及服务 Recreation, Education and Culture Articles	居 住 Residence
平均指数	**Average Index**	**99.8**	**104.6**	**101.2**	**101.6**	**98.2**	**100.9**	**101.4**
北 京	Beijing	100.2	103.7	100.4	100.4	103.0	100.2	100.7
天 津	Tianjin	98.1	102.4	100.9	100.2	96.0	104.1	101.8
石家庄	Shijiazhuang	97.7	103.1	101.4	103.8	99.1	101.6	100.2
太 原	Taiyuan	99.2	102.0	99.6	100.4	99.3	100.6	100.4
呼和浩特	Hohhot	100.0	104.0	100.6	102.2	99.8	100.7	99.8
沈 阳	Shenyang	102.0	104.2	98.9	102.6	95.8	98.4	100.5
大 连	Dalian	101.0	103.7	102.0	101.8	98.2	103.3	102.8
长 春	Changchun	100.4	103.1	99.5	101.9	98.8	98.7	102.5
哈尔滨	Harbin	100.1	104.0	101.0	103.0	99.2	102.2	101.2
上 海	Shanghai	101.7	114.9	103.3	100.5	97.5	99.4	103.1
南 京	Nanjing	99.3	103.9	103.3	101.0	98.3	103.1	101.9
杭 州	Hangzhou	99.7	99.8	101.0	102.3	95.6	99.7	102.6
宁 波	Ningbo	99.1	100.3	100.6	104.4	94.3	100.5	100.7
合 肥	Hefei	100.1	99.6	100.9	102.2	96.1	104.1	101.1
福 州	Fuzhou	99.5	106.4	101.8	101.9	97.2	98.4	103.7
厦 门	Xiamen	99.3	107.6	103.9	102.7	97.8	102.0	99.3
南 昌	Nanchang	100.0	104.4	99.3	100.9	98.2	99.4	99.5
济 南	Jinan	100.5	104.0	101.1	102.6	100.1	102.5	103.1
青 岛	Tsingtao	100.8	106.7	100.5	102.8	96.9	102.5	102.0
郑 州	Zhengzhou	100.5	103.0	100.1	101.9	99.3	103.5	102.1
武 汉	Wuhan	101.3	103.4	100.2	100.4	100.0	102.4	101.3
长 沙	Changsha	100.7	102.9	102.5	101.2	96.9	101.3	97.7
广 州	Guangzhou	100.2	102.7	101.2	101.5	100.2	99.8	100.1
深 圳	Shenzhen	100.6	101.9	100.3	101.8	96.4	100.1	100.1
南 宁	Nanning	100.5	104.2	99.3	103.0	100.1	100.8	99.6
海 口	Haikou	99.7	106.0	101.3	100.6	94.5	101.6	98.8
重 庆	Chongqing	96.0	104.0	99.7	103.6	97.5	102.0	101.6
成 都	Chengdu	98.4	100.7	100.6	101.3	97.9	101.3	100.7
贵 阳	Guiyang	101.6	102.1	102.2	101.5	100.8	102.1	103.1
昆 明	Kunming	100.2	108.4	103.0	101.9	98.9	102.1	101.2
拉 萨	Lhasa	100.0	98.5	101.9	101.5	99.7	98.1	103.7
西 安	Xi'an	100.2	101.7	99.6	101.7	96.6	100.5	99.7
兰 州	Lanzhou	96.7	104.7	102.2	100.7	98.6	101.7	106.7
西 宁	Xining	99.0	106.5	99.3	100.9	101.5	105.3	100.1
银 川	Yinchuan	99.5	104.0	103.7	101.1	98.9	111.0	101.4
乌鲁木齐	Urumqi	99.0	102.0	101.3	101.9	98.9	98.3	105.3

3-83 36个大中城市居民消费价格分类指数(累计比)
Consumer Price Indices by Category for 36 Major Large and Medium-sized Cities (2015年1-3月)

(上年同期=100) (same period of preceding year=100)

地 区	City	居民消费价格指数 Consumer Price Index	食 品 Food	粮 食 Grain	肉禽及其制品 Meat,Poultry and Processed Products	蛋 Eggs	水产品 Aquatic Products	鲜 菜 Fresh Vegetables	鲜 果 Fresh Fruits
平均指数	**Average Index**	**101.4**	**101.8**	**103.3**	**101.4**	**108.6**	**100.7**	**100.6**	**102.9**
北 京	Beijing	101.2	100.7	101.1	99.5	107.1	102.4	97.5	94.8
天 津	Tianjin	101.2	101.2	102.8	100.1	105.9	96.2	94.5	112.1
石家庄	Shijiazhuang	100.8	99.6	100.9	97.7	110.9	107.4	102.1	97.1
太 原	Taiyuan	100.1	99.7	103.3	99.5	112.4	104.2	92.9	101.0
呼和浩特	Hohhot	101.0	100.1	101.3	97.7	111.1	103.8	93.8	107.5
沈 阳	Shenyang	101.3	103.3	105.2	101.2	108.9	100.0	101.2	117.9
大 连	Dalian	101.5	100.8	106.6	101.9	107.5	95.1	99.3	102.3
长 春	Changchun	101.2	101.2	101.3	103.0	108.3	103.3	98.4	102.1
哈尔滨	Harbin	101.5	100.7	104.2	99.7	113.2	98.2	99.8	100.7
上 海	Shanghai	102.3	102.3	103.1	103.3	103.8	99.5	106.6	95.0
南 京	Nanjing	102.1	102.8	103.8	101.0	105.5	99.7	112.7	97.8
杭 州	Hangzhou	100.9	101.9	101.8	102.2	118.8	99.9	110.3	106.0
宁 波	Ningbo	101.0	103.1	103.6	102.3	117.1	104.4	105.6	97.2
合 肥	Hefei	101.3	102.0	104.3	101.1	110.9	99.9	109.5	104.3
福 州	Fuzhou	101.5	100.8	104.7	103.6	105.3	96.3	98.2	105.5
厦 门	Xiamen	101.2	101.0	104.2	101.1	108.0	97.0	99.1	112.6
南 昌	Nanchang	100.8	101.9	102.3	99.3	109.6	98.8	111.9	105.8
济 南	Jinan	101.5	99.8	106.2	98.2	114.2	104.5	104.0	85.1
青 岛	Tsingtao	102.0	102.6	104.2	100.4	108.5	104.6	102.3	98.2
郑 州	Zhengzhou	101.4	100.7	105.1	98.2	107.0	105.3	96.4	101.8
武 汉	Wuhan	101.3	100.9	101.5	101.0	108.7	100.0	102.5	107.3
长 沙	Changsha	100.8	102.5	102.7	101.8	108.7	99.6	100.6	105.9
广 州	Guangzhou	101.4	102.7	102.4	103.7	113.6	102.0	96.9	107.7
深 圳	Shenzhen	101.4	103.3	105.8	101.9	114.1	104.1	101.4	108.4
南 宁	Nanning	101.6	102.3	103.2	105.6	111.7	102.8	101.4	103.4
海 口	Haikou	101.2	103.7	101.8	106.1	104.7	109.3	92.8	114.5
重 庆	Chongqing	101.2	101.1	101.7	101.3	102.5	103.1	98.4	110.0
成 都	Chengdu	101.3	102.8	104.6	100.6	112.7	101.8	107.9	112.5
贵 阳	Guiyang	102.1	102.8	102.0	100.8	104.1	102.1	99.9	99.1
昆 明	Kunming	102.6	103.7	101.5	100.3	111.2	103.5	95.9	103.3
拉 萨	Lhasa	102.3	105.7	109.4	106.0	108.8	103.9	99.1	108.2
西 安	Xi'an	99.9	99.4	105.1	101.5	113.8	98.5	88.8	102.7
兰 州	Lanzhou	101.7	101.0	103.1	99.9	106.5	98.0	99.7	101.8
西 宁	Xining	102.5	103.7	104.6	100.0	102.3	104.3	105.2	135.8
银 川	Yinchuan	102.2	100.8	101.6	99.0	101.2	99.2	99.3	99.6
乌鲁木齐	Urumqi	100.2	98.2	102.1	94.6	105.7	96.2	87.0	98.2

3-83 续表 continued

(上年同期=100) (same period of preceding year=100)

地区	City	烟酒 Tobacco and Liquor	衣着 Clothing	家庭设备用品及维修服务 Household Facilities,Articles and Services	医疗保健和个人用品 Health Care and Personal Articles	交通和通信 Transportation and Communication	娱乐教育文化用品及服务 Recreation, Education and Culture Articles	居住 Residence
平均指数	**Average Index**	**99.7**	**104.6**	**101.2**	**101.5**	**98.4**	**101.3**	**101.5**
北京	Beijing	99.9	103.9	100.3	100.3	103.1	100.6	101.0
天津	Tianjin	98.5	102.6	100.7	100.0	96.2	104.6	102.0
石家庄	Shijiazhuang	97.4	104.4	101.6	103.5	99.2	101.7	100.0
太原	Taiyuan	99.5	103.0	99.5	100.4	99.5	99.8	100.2
呼和浩特	Hohhot	100.0	104.1	100.9	102.6	99.9	101.7	99.9
沈阳	Shenyang	101.7	103.8	98.9	102.3	96.0	98.8	100.3
大连	Dalian	100.9	103.4	102.1	101.6	98.3	103.7	102.6
长春	Changchun	100.5	103.1	99.8	102.0	99.0	99.0	102.7
哈尔滨	Harbin	100.0	104.3	101.1	102.6	99.3	102.3	101.2
上海	Shanghai	101.7	114.5	103.4	100.2	97.5	99.9	103.1
南京	Nanjing	99.2	104.3	103.4	100.9	98.5	103.5	101.8
杭州	Hangzhou	99.7	100.4	101.2	102.1	95.8	99.9	102.5
宁波	Ningbo	99.3	100.2	100.9	104.5	94.5	101.1	100.8
合肥	Hefei	99.6	100.3	101.0	102.3	96.4	104.4	100.8
福州	Fuzhou	99.2	107.5	101.9	101.5	97.5	99.2	103.9
厦门	Xiamen	99.4	107.8	103.7	102.8	97.8	102.0	99.4
南昌	Nanchang	99.9	103.7	100.3	100.7	98.4	99.5	99.6
济南	Jinan	100.4	104.1	100.9	102.6	99.5	102.4	102.9
青岛	Tsingtao	100.7	105.7	100.5	102.5	96.8	102.4	101.8
郑州	Zhengzhou	100.0	103.0	100.0	102.0	99.4	103.5	101.8
武汉	Wuhan	101.4	103.5	100.2	100.5	100.3	102.4	101.3
长沙	Changsha	100.7	102.6	102.5	101.2	97.0	101.7	97.5
广州	Guangzhou	99.8	102.2	100.7	101.2	100.4	101.0	100.2
深圳	Shenzhen	100.3	102.9	101.3	101.9	96.5	100.8	100.9
南宁	Nanning	100.3	104.9	99.5	103.4	100.2	100.9	99.6
海口	Haikou	99.3	105.3	101.4	100.7	95.0	102.0	98.7
重庆	Chongqing	96.0	104.0	99.8	103.5	97.8	101.8	101.6
成都	Chengdu	98.6	100.4	100.6	101.4	98.4	101.8	100.7
贵阳	Guiyang	101.4	101.2	102.4	101.1	101.0	101.7	102.4
昆明	Kunming	100.2	108.0	103.1	101.8	99.0	102.2	100.9
拉萨	Lhasa	100.0	98.6	101.7	101.2	99.8	98.0	103.5
西安	Xi'an	100.1	102.4	99.4	101.6	97.2	100.8	99.6
兰州	Lanzhou	96.7	104.1	102.1	100.8	98.6	101.5	106.3
西宁	Xining	98.8	106.5	99.8	101.0	101.0	104.8	99.8
银川	Yinchuan	99.5	104.1	103.6	101.1	98.8	110.6	101.5
乌鲁木齐	Urumqi	98.5	102.2	101.2	101.9	99.2	98.6	105.1

3-84 36个大中城市居民消费价格分类指数(累计比)

Consumer Price Indices by Category for 36 Major Large and Medium-sized Cities

(2015年1-4月)

(上年同期=100) (same period of preceding year=100)

地区	City	居民消费价格指数 Consumer Price Index	食品 Food	粮食 Grain	肉禽及其制品 Meat,Poultry and Processed Products	蛋 Eggs	水产品 Aquatic Products	鲜菜 Fresh Vegetables	鲜果 Fresh Fruits
平均指数	**Average Index**	**101.5**	**101.9**	**103.3**	**102.2**	**105.8**	**100.5**	**101.9**	**102.3**
北京	Beijing	101.4	101.0	101.1	100.2	104.2	102.3	99.6	94.9
天津	Tianjin	101.4	101.5	102.8	101.0	102.3	96.3	97.3	111.2
石家庄	Shijiazhuang	100.9	99.7	101.2	98.6	105.5	107.9	103.4	96.8
太原	Taiyuan	100.2	99.9	102.7	101.4	107.9	104.4	95.3	99.5
呼和浩特	Hohhot	101.4	100.8	101.9	98.6	108.6	104.8	96.7	107.8
沈阳	Shenyang	101.2	103.4	104.9	101.5	102.8	100.5	104.2	117.1
大连	Dalian	101.5	100.8	106.5	103.0	105.4	95.3	100.8	100.2
长春	Changchun	101.3	101.4	101.6	103.8	103.3	103.5	101.2	102.1
哈尔滨	Harbin	101.5	100.9	104.0	100.9	106.9	97.0	101.8	100.8
上海	Shanghai	102.4	102.6	103.0	103.8	102.8	99.4	107.6	96.4
南京	Nanjing	102.1	102.8	103.6	101.7	103.0	100.1	112.8	97.8
杭州	Hangzhou	101.1	102.2	101.7	103.1	117.2	100.5	110.7	106.0
宁波	Ningbo	101.1	103.3	103.8	103.1	116.1	103.7	105.6	96.6
合肥	Hefei	101.5	102.2	104.4	101.5	107.7	100.1	112.0	103.7
福州	Fuzhou	101.6	101.0	104.4	105.1	103.0	96.1	99.0	103.9
厦门	Xiamen	101.2	101.2	103.8	102.6	105.6	97.4	100.3	109.9
南昌	Nanchang	101.0	102.6	102.1	100.5	108.6	99.1	115.0	105.1
济南	Jinan	101.4	100.0	106.0	99.2	110.1	104.2	106.6	84.1
青岛	Tsingtao	101.8	102.3	103.8	101.3	103.1	102.8	103.7	97.8
郑州	Zhengzhou	101.4	101.0	104.7	98.9	101.2	105.8	98.4	101.2
武汉	Wuhan	101.4	101.3	101.5	102.1	108.0	100.4	103.9	107.1
长沙	Changsha	100.9	102.9	102.7	102.5	107.0	99.8	102.2	105.3
广州	Guangzhou	101.4	102.5	102.8	104.3	109.7	101.0	96.0	105.8
深圳	Shenzhen	101.5	103.0	105.7	102.4	112.9	103.1	101.2	105.6
南宁	Nanning	101.7	102.1	103.0	105.6	110.3	101.8	99.8	102.5
海口	Haikou	101.2	103.8	101.8	105.9	103.6	108.4	95.0	113.1
重庆	Chongqing	101.3	101.4	102.1	102.9	101.0	103.0	98.6	109.5
成都	Chengdu	101.4	102.9	104.4	101.7	109.3	101.7	108.9	110.6
贵阳	Guiyang	102.1	102.8	102.1	101.4	103.3	101.8	100.9	97.8
昆明	Kunming	102.7	104.0	101.5	100.8	109.2	103.5	98.4	103.4
拉萨	Lhasa	102.3	105.7	108.6	106.7	108.9	103.9	99.4	107.3
西安	Xi'an	100.0	99.6	105.7	102.5	109.6	98.6	90.8	100.2
兰州	Lanzhou	101.6	100.9	102.9	101.0	104.7	97.9	99.2	100.4
西宁	Xining	102.6	103.8	104.0	100.7	99.9	104.0	107.3	132.8
银川	Yinchuan	102.3	101.0	101.4	99.5	98.6	99.3	101.6	99.4
乌鲁木齐	Urumqi	100.4	98.7	102.2	94.9	103.2	96.8	89.6	98.3

3-84 续表 continued

(上年同期=100) (same period of preceding year=100)

地 区	City	烟 酒 Tobacco and Liquor	衣 着 Clothing	家庭设备用品及维修服务 Household Facilities,Articles and Services	医疗保健和个人用品 Health Care and Personal Articles	交通和通信 Transportation and Communication	娱乐教育文化用品及服务 Recreation, Education and Culture Articles	居 住 Residence
平均指数	**Average Index**	**99.7**	**104.5**	**101.2**	**101.4**	**98.5**	**101.5**	**101.5**
北 京	Beijing	100.0	104.0	100.4	100.2	103.1	100.9	101.2
天 津	Tianjin	98.8	102.9	100.5	99.9	96.4	105.1	102.1
石家庄	Shijiazhuang	97.1	105.1	101.7	103.2	99.2	101.6	100.0
太 原	Taiyuan	99.6	103.6	99.3	100.4	99.4	99.3	100.1
呼和浩特	Hohhot	100.0	104.1	101.1	102.9	99.9	102.3	100.0
沈 阳	Shenyang	101.4	102.9	99.1	102.0	96.2	98.7	100.2
大 连	Dalian	100.8	104.0	102.0	101.4	98.0	104.3	102.4
长 春	Changchun	100.7	103.0	99.7	102.0	99.0	98.9	102.7
哈尔滨	Harbin	100.0	103.2	101.5	102.4	99.3	102.2	101.5
上 海	Shanghai	101.6	113.6	103.6	99.9	97.5	100.1	103.3
南 京	Nanjing	99.1	104.2	103.5	100.9	98.5	103.6	101.7
杭 州	Hangzhou	99.9	100.4	101.2	102.6	96.0	100.1	102.5
宁 波	Ningbo	99.4	100.3	101.1	104.3	94.7	101.3	100.9
合 肥	Hefei	99.3	100.7	101.1	103.0	96.6	104.7	100.6
福 州	Fuzhou	99.2	107.8	101.7	101.4	97.5	99.4	103.9
厦 门	Xiamen	99.5	107.8	103.6	102.7	97.7	101.6	99.4
南 昌	Nanchang	99.8	103.6	100.5	100.6	98.7	99.6	99.2
济 南	Jinan	100.5	103.8	100.7	102.3	99.2	102.6	102.7
青 岛	Tsingtao	100.5	105.1	100.4	102.4	96.8	102.2	101.5
郑 州	Zhengzhou	99.6	103.0	100.0	102.0	99.5	103.3	101.7
武 汉	Wuhan	101.5	103.5	100.1	100.5	100.4	102.4	101.2
长 沙	Changsha	100.7	102.5	102.4	101.1	97.5	101.8	97.4
广 州	Guangzhou	99.7	101.6	100.1	101.2	100.5	101.6	100.3
深 圳	Shenzhen	100.2	103.6	101.8	102.0	96.6	101.1	101.4
南 宁	Nanning	100.2	105.9	99.8	103.7	100.4	101.1	99.7
海 口	Haikou	99.4	105.4	101.2	100.9	95.1	102.2	98.7
重 庆	Chongqing	96.3	103.8	99.9	103.5	97.8	101.6	101.6
成 都	Chengdu	98.9	100.1	100.6	101.4	98.5	102.2	100.7
贵 阳	Guiyang	101.4	100.8	102.5	101.0	101.0	102.6	102.1
昆 明	Kunming	100.1	107.7	103.0	102.3	99.1	102.2	100.8
拉 萨	Lhasa	99.9	98.8	101.6	100.9	99.8	98.3	102.7
西 安	Xi'an	100.1	102.8	99.6	101.6	97.7	100.7	99.5
兰 州	Lanzhou	96.8	103.7	101.9	100.8	98.8	101.5	106.0
西 宁	Xining	98.7	106.4	99.8	101.1	100.9	104.4	100.3
银 川	Yinchuan	99.4	104.9	103.9	100.9	99.0	110.2	101.5
乌鲁木齐	Urumqi	98.2	102.5	101.1	102.1	99.2	98.9	104.6

3-85 36个大中城市居民消费价格分类指数(累计比)
Consumer Price Indices by Category for 36 Major Large and Medium-sized Cities
(2015年1-5月)

(上年同期=100) (same period of preceding year=100)

地区	City	居民消费价格指数 Consumer Price Index	食品 Food	粮食 Grain	肉禽及其制品 Meat,Poultry and Processed Products	蛋 Eggs	水产品 Aquatic Products	鲜菜 Fresh Vegetables	鲜果 Fresh Fruits
平均指数	**Average Index**	**101.5**	**101.8**	**103.2**	**102.3**	**101.9**	**100.3**	**102.6**	**101.0**
北京	Beijing	101.5	101.0	101.0	100.1	100.6	101.8	100.5	94.2
天津	Tianjin	101.4	101.4	102.8	101.4	98.4	95.8	98.4	108.9
石家庄	Shijiazhuang	100.8	99.4	101.3	98.8	98.7	107.8	104.2	94.9
太原	Taiyuan	100.2	99.8	102.6	101.8	102.4	103.7	96.8	96.8
呼和浩特	Hohhot	101.5	100.8	102.2	98.6	105.3	103.9	98.1	106.1
沈阳	Shenyang	101.0	102.9	104.7	101.3	95.8	100.8	106.0	113.3
大连	Dalian	101.4	100.3	106.1	102.7	99.3	94.8	101.3	97.7
长春	Changchun	101.1	101.0	101.7	103.4	96.8	103.2	102.3	101.6
哈尔滨	Harbin	101.4	100.9	103.9	101.4	99.8	96.6	102.7	101.2
上海	Shanghai	102.4	102.4	103.0	103.9	101.6	99.3	107.4	95.1
南京	Nanjing	102.0	102.5	103.7	102.0	99.9	100.4	110.7	96.6
杭州	Hangzhou	101.1	102.3	101.5	103.4	113.7	101.0	110.0	106.7
宁波	Ningbo	101.2	103.4	103.9	103.5	112.8	103.7	105.5	95.4
合肥	Hefei	101.5	102.1	104.3	101.7	102.8	99.9	111.7	102.9
福州	Fuzhou	101.5	100.5	104.0	104.8	100.1	95.5	98.8	101.5
厦门	Xiamen	101.4	101.3	103.7	103.0	102.8	98.1	100.2	107.6
南昌	Nanchang	101.0	102.7	102.0	101.6	105.6	99.1	115.3	103.1
济南	Jinan	101.5	100.2	105.5	99.5	105.0	103.5	108.5	85.4
青岛	Tsingtao	101.6	101.8	103.5	101.1	97.9	101.4	103.6	97.6
郑州	Zhengzhou	101.3	100.8	104.3	98.9	95.2	106.0	99.1	99.8
武汉	Wuhan	101.5	101.3	101.5	102.4	106.6	100.8	104.5	105.9
长沙	Changsha	100.9	102.9	102.6	102.7	104.6	99.7	103.1	103.1
广州	Guangzhou	101.4	102.4	102.7	103.9	103.7	100.7	98.0	104.4
深圳	Shenzhen	101.6	102.8	105.5	102.6	110.2	102.2	102.1	104.2
南宁	Nanning	101.7	101.7	102.7	105.3	108.5	100.9	99.8	100.1
海口	Haikou	101.3	103.8	101.8	105.9	102.2	108.0	96.6	110.8
重庆	Chongqing	101.3	101.5	102.4	103.6	99.4	102.9	99.0	108.5
成都	Chengdu	101.4	102.7	104.0	101.9	103.3	101.5	110.2	108.0
贵阳	Guiyang	102.1	102.5	102.2	101.6	101.9	101.9	100.7	96.7
昆明	Kunming	102.8	104.1	101.3	101.0	106.8	103.4	101.5	102.1
拉萨	Lhasa	102.3	105.5	108.2	106.5	108.5	103.5	99.6	105.5
西安	Xi'an	100.1	99.6	105.7	102.8	104.5	99.0	91.7	97.1
兰州	Lanzhou	101.5	100.8	102.6	101.2	101.0	97.7	99.7	98.7
西宁	Xining	102.5	103.6	103.6	100.6	95.8	103.7	108.4	130.2
银川	Yinchuan	102.3	100.9	101.3	99.4	95.4	99.0	102.7	98.5
乌鲁木齐	Urumqi	100.4	98.6	102.4	94.9	98.8	97.1	90.4	96.7

3-85 续表 continued

(上年同期=100) (same period of preceding year=100)

地区	City	烟酒 Tobacco and Liquor	衣着 Clothing	家庭设备用品及维修服务 Household Facilities,Articles and Services	医疗保健和个人用品 Health Care and Personal Articles	交通和通信 Transportation and Communication	娱乐教育文化用品及服务 Recreation, Education and Culture Articles	居住 Residence
平均指数	**Average Index**	**100.2**	**104.4**	**101.2**	**101.4**	**98.5**	**101.7**	**101.6**
北京	Beijing	100.3	104.1	100.3	100.1	103.1	101.1	101.4
天津	Tianjin	99.3	103.0	100.5	99.9	96.6	105.4	102.3
石家庄	Shijiazhuang	97.5	105.3	101.9	102.9	99.1	101.4	100.0
太原	Taiyuan	100.3	103.7	99.4	100.4	99.3	99.5	100.0
呼和浩特	Hohhot	100.4	104.1	101.1	102.9	100.2	102.7	100.0
沈阳	Shenyang	102.0	102.4	99.2	102.0	96.4	98.7	100.2
大连	Dalian	101.1	104.3	101.9	101.4	97.8	104.6	102.4
长春	Changchun	101.3	102.9	99.6	102.1	99.0	98.9	102.7
哈尔滨	Harbin	100.2	102.2	101.8	102.4	99.4	102.2	101.8
上海	Shanghai	102.2	112.7	103.6	99.7	97.5	100.4	103.5
南京	Nanjing	99.3	104.1	103.6	100.8	98.6	103.6	101.6
杭州	Hangzhou	100.5	100.6	101.2	102.8	96.2	100.2	102.5
宁波	Ningbo	100.2	100.2	101.1	104.0	95.0	101.5	100.9
合肥	Hefei	100.0	100.7	101.1	103.4	96.8	104.8	100.6
福州	Fuzhou	100.1	107.8	101.5	101.3	97.7	99.9	104.0
厦门	Xiamen	99.9	108.0	103.3	102.7	97.9	102.1	99.5
南昌	Nanchang	100.2	103.7	100.5	100.5	98.8	99.8	99.0
济南	Jinan	100.4	103.6	100.8	102.1	99.0	102.5	103.1
青岛	Tsingtao	101.0	104.7	100.4	102.9	97.0	102.2	101.3
郑州	Zhengzhou	99.5	103.0	99.9	102.0	99.7	103.1	101.6
武汉	Wuhan	101.8	103.4	99.9	100.8	100.4	102.4	101.2
长沙	Changsha	100.8	102.4	102.2	101.1	97.8	101.9	97.4
广州	Guangzhou	100.5	101.1	99.7	101.0	100.5	102.0	100.4
深圳	Shenzhen	100.3	104.3	102.2	102.1	96.7	101.1	101.8
南宁	Nanning	100.4	106.9	100.4	103.8	100.6	101.2	99.6
海口	Haikou	99.5	105.5	101.4	101.1	95.2	102.4	98.6
重庆	Chongqing	96.9	103.6	99.8	103.5	97.8	101.6	101.5
成都	Chengdu	99.2	100.1	100.6	101.5	98.6	102.4	100.7
贵阳	Guiyang	101.6	100.7	102.6	100.8	101.1	103.8	101.9
昆明	Kunming	100.6	107.4	102.8	102.7	99.1	102.3	100.7
拉萨	Lhasa	101.4	99.5	101.4	100.8	99.6	98.7	102.2
西安	Xi'an	100.4	103.2	99.5	101.5	97.6	100.7	99.5
兰州	Lanzhou	97.3	103.7	101.6	100.8	98.8	101.4	105.7
西宁	Xining	99.1	105.8	99.9	101.1	100.7	104.2	100.6
银川	Yinchuan	99.9	105.2	104.0	100.8	98.9	110.3	101.4
乌鲁木齐	Urumqi	99.2	102.5	101.0	102.2	99.3	99.3	104.3

3-86 36个大中城市居民消费价格分类指数(累计比)

Consumer Price Indices by Category for 36 Major Large and Medium-sized Cities (2015年1-6月)

(上年同期=100) (same period of preceding year=100)

地区	City	居民消费价格指数 Consumer Price Index	食品 Food	粮食 Grain	肉禽及其制品 Meat,Poultry and Processed Products	蛋 Eggs	水产品 Aquatic Products	鲜菜 Fresh Vegetables	鲜果 Fresh Fruits
平均指数	**Average Index**	**101.5**	**101.8**	**103.1**	**102.5**	**99.9**	**100.5**	**103.8**	**99.3**
北京	Beijing	101.5	100.9	101.1	100.2	98.5	101.7	102.2	92.2
天津	Tianjin	101.5	101.3	102.7	101.7	96.3	95.8	99.7	106.9
石家庄	Shijiazhuang	100.7	99.1	101.5	99.0	95.1	107.6	105.2	91.1
太原	Taiyuan	100.2	99.7	102.3	102.3	99.2	103.1	98.1	94.3
呼和浩特	Hohhot	101.5	100.6	102.4	98.3	103.8	102.4	99.7	103.2
沈阳	Shenyang	100.9	102.7	104.5	101.5	93.0	101.4	108.1	109.8
大连	Dalian	101.4	100.2	105.6	102.8	95.8	95.1	102.8	96.3
长春	Changchun	101.1	100.7	101.8	103.4	94.0	102.8	103.5	100.1
哈尔滨	Harbin	101.5	101.0	103.7	101.8	97.9	96.4	103.7	100.9
上海	Shanghai	102.4	102.5	103.2	104.0	100.7	99.4	108.0	94.8
南京	Nanjing	102.0	102.5	103.9	102.2	97.9	100.8	110.7	95.7
杭州	Hangzhou	101.2	102.3	101.3	103.7	111.3	101.7	110.9	104.6
宁波	Ningbo	101.3	103.6	103.8	103.9	110.8	104.1	106.7	94.3
合肥	Hefei	101.5	102.0	104.3	102.1	100.1	99.6	113.1	100.5
福州	Fuzhou	101.5	100.3	103.5	104.2	98.5	95.6	101.2	97.7
厦门	Xiamen	101.5	101.3	103.5	103.5	101.1	98.7	100.6	104.5
南昌	Nanchang	101.3	103.1	101.9	102.8	103.9	99.2	117.7	102.2
济南	Jinan	101.6	100.3	104.7	100.0	102.1	103.2	110.4	84.8
青岛	Tsingtao	101.5	101.5	102.9	101.3	95.9	101.3	103.5	95.2
郑州	Zhengzhou	101.2	100.7	103.8	99.2	92.1	106.0	100.6	96.9
武汉	Wuhan	101.5	101.4	101.4	102.7	105.3	101.4	105.5	104.0
长沙	Changsha	100.9	102.8	102.5	102.9	102.8	99.6	104.2	100.6
广州	Guangzhou	101.5	102.6	102.7	103.6	100.3	101.2	100.9	102.5
深圳	Shenzhen	101.8	102.8	105.1	102.8	108.3	102.0	103.6	102.3
南宁	Nanning	101.7	101.6	102.5	105.0	106.8	100.8	100.8	98.1
海口	Haikou	101.4	104.0	101.9	106.2	100.9	107.9	98.4	108.9
重庆	Chongqing	101.3	101.6	102.3	104.2	98.7	102.7	99.6	107.6
成都	Chengdu	101.3	102.4	103.7	102.1	100.5	101.5	109.9	104.7
贵阳	Guiyang	102.1	102.3	102.3	101.7	100.6	102.3	99.9	95.0
昆明	Kunming	102.6	103.8	101.1	101.0	104.4	103.3	101.7	100.4
拉萨	Lhasa	102.3	105.2	107.9	105.9	108.4	103.2	99.4	103.2
西安	Xi'an	100.2	99.8	105.5	103.0	102.1	99.3	94.1	94.5
兰州	Lanzhou	101.4	100.8	102.4	101.4	98.5	97.7	100.5	96.8
西宁	Xining	102.5	103.5	102.9	100.7	94.2	103.6	110.1	127.6
银川	Yinchuan	102.4	100.9	101.4	99.4	93.1	99.0	105.0	96.3
乌鲁木齐	Urumqi	100.4	98.4	102.3	94.9	96.7	97.2	91.6	93.4

3-86 续表 continued

(上年同期=100) (same period of preceding year=100)

地 区	City	烟 酒 Tobacco and Liquor	衣 着 Clothing	家庭设备用品及维修服务 Household Facilities,Articles and Services	医疗保健和个人用品 Health Care and Personal Articles	交通和通信 Transportation and Communication	娱乐教育文化用品及服务 Recreation, Education and Culture Articles	居 住 Residence
平均指数	**Average Index**	**100.7**	**104.3**	**101.2**	**101.4**	**98.6**	**101.8**	**101.7**
北 京	Beijing	100.8	104.2	100.3	100.1	103.0	101.2	101.5
天 津	Tianjin	99.9	103.2	100.6	99.8	96.8	105.6	102.4
石家庄	Shijiazhuang	98.2	105.4	101.9	102.7	99.2	101.3	100.1
太 原	Taiyuan	100.9	103.2	99.5	100.4	99.2	99.9	100.0
呼和浩特	Hohhot	100.9	104.0	101.0	103.3	100.3	102.9	100.1
沈 阳	Shenyang	102.3	102.2	99.3	101.9	96.5	98.7	100.2
大 连	Dalian	101.8	104.7	101.9	101.3	97.8	104.8	102.3
长 春	Changchun	102.0	102.9	99.5	102.3	99.0	99.0	102.7
哈尔滨	Harbin	100.5	101.9	101.8	102.4	99.4	102.2	102.0
上 海	Shanghai	102.8	111.8	103.5	99.6	97.5	100.5	103.6
南 京	Nanjing	99.8	104.2	103.5	100.7	98.6	103.5	101.5
杭 州	Hangzhou	101.4	100.6	101.2	102.8	96.3	100.1	102.6
宁 波	Ningbo	101.2	100.1	101.0	103.9	95.1	101.7	101.0
合 肥	Hefei	100.3	100.7	100.9	103.8	97.0	104.8	100.5
福 州	Fuzhou	101.2	107.9	101.5	101.2	97.6	100.1	104.0
厦 门	Xiamen	100.4	107.8	103.0	102.8	98.0	102.5	99.8
南 昌	Nanchang	100.9	104.3	100.8	100.4	98.7	100.0	99.1
济 南	Jinan	100.5	103.6	101.0	102.1	98.8	102.4	103.2
青 岛	Tsingtao	101.4	104.1	100.3	103.2	97.0	102.3	100.9
郑 州	Zhengzhou	99.7	103.0	99.8	102.0	99.3	103.0	101.6
武 汉	Wuhan	102.4	103.4	99.7	101.2	100.5	102.4	101.2
长 沙	Changsha	101.1	102.4	102.0	101.1	97.9	102.0	97.4
广 州	Guangzhou	101.0	100.9	99.6	101.0	100.5	102.5	100.4
深 圳	Shenzhen	100.8	104.6	102.5	102.1	96.8	101.3	102.3
南 宁	Nanning	100.7	107.5	100.9	103.4	100.7	101.3	99.6
海 口	Haikou	99.7	105.5	101.3	101.3	95.4	102.7	98.5
重 庆	Chongqing	97.3	103.3	99.7	103.5	97.8	101.6	101.5
成 都	Chengdu	99.8	100.0	100.6	101.5	98.6	102.4	100.7
贵 阳	Guiyang	101.8	100.5	102.6	100.7	101.6	104.7	101.8
昆 明	Kunming	101.5	106.8	102.7	102.9	99.1	102.3	100.6
拉 萨	Lhasa	102.4	100.0	101.4	100.7	99.4	98.8	101.9
西 安	Xi'an	100.9	103.5	99.4	101.6	97.7	100.8	99.5
兰 州	Lanzhou	98.0	103.5	101.3	100.8	98.9	101.1	105.5
西 宁	Xining	99.6	105.6	99.8	101.1	100.5	104.1	100.8
银 川	Yinchuan	100.6	105.4	103.9	100.8	99.0	110.5	101.2
乌鲁木齐	Urumqi	99.9	102.7	101.0	102.3	99.4	99.8	104.0

3-87 36个大中城市居民消费价格分类指数(累计比)
Consumer Price Indices by Category for 36 Major Large and Medium-sized Cities
(2015年1-7月)

(上年同期=100) (same period of preceding year=100)

地　区	City	居民消费价格指数 Consumer Price Index	食　品 Food	粮　食 Grain	肉禽及其制品 Meat,Poultry and Processed Products	蛋 Eggs	水产品 Aquatic Products	鲜　菜 Fresh Vegetables	鲜　果 Fresh Fruits
平均指数	**Average Index**	**101.6**	**101.9**	**103.0**	**103.2**	**97.9**	**100.7**	**104.6**	**98.2**
北　京	Beijing	101.6	101.0	101.2	101.0	96.8	101.7	103.8	91.1
天　津	Tianjin	101.6	101.4	102.7	102.7	94.3	95.8	101.1	105.5
石家庄	Shijiazhuang	100.7	99.1	101.3	99.7	91.7	107.3	106.0	90.6
太　原	Taiyuan	100.2	99.7	102.1	103.3	96.0	102.8	99.3	92.2
呼和浩特	Hohhot	101.6	100.6	102.6	98.6	102.4	101.6	100.9	100.9
沈　阳	Shenyang	101.0	102.7	104.4	102.3	89.9	101.6	110.0	107.8
大　连	Dalian	101.5	100.5	105.3	103.8	92.1	96.0	104.8	95.3
长　春	Changchun	101.1	100.7	101.8	104.2	90.7	102.5	105.4	98.7
哈尔滨	Harbin	101.5	101.0	103.5	102.7	94.1	96.3	103.8	100.0
上　海	Shanghai	102.4	102.6	103.3	104.5	99.9	99.6	108.7	94.6
南　京	Nanjing	102.0	102.6	103.9	102.7	96.2	101.1	111.8	95.2
杭　州	Hangzhou	101.3	102.7	101.1	104.5	109.4	102.4	112.2	103.1
宁　波	Ningbo	101.4	103.9	103.8	104.7	108.7	104.4	108.3	93.9
合　肥	Hefei	101.6	102.2	104.3	102.8	97.2	99.7	114.4	99.9
福　州	Fuzhou	101.5	100.2	103.3	104.3	97.2	95.7	101.9	95.7
厦　门	Xiamen	101.6	101.4	103.4	104.2	99.7	99.3	100.2	102.1
南　昌	Nanchang	101.5	103.7	101.8	104.0	102.6	99.5	119.9	102.4
济　南	Jinan	101.7	100.5	104.3	101.4	99.6	102.9	111.4	84.3
青　岛	Tsingtao	101.3	101.4	102.7	102.2	93.7	101.3	104.3	92.6
郑　州	Zhengzhou	101.2	100.8	103.4	99.9	89.4	105.9	102.5	95.3
武　汉	Wuhan	101.5	101.4	101.4	103.0	104.1	101.9	105.4	101.7
长　沙	Changsha	101.0	102.9	102.4	103.5	101.3	99.9	105.1	99.4
广　州	Guangzhou	101.5	102.6	102.5	103.5	97.6	101.2	102.2	100.7
深　圳	Shenzhen	101.9	102.9	105.1	103.2	106.5	102.0	104.6	101.2
南　宁	Nanning	101.8	101.5	102.4	105.2	105.4	101.1	100.9	96.6
海　口	Haikou	101.3	103.8	101.9	106.2	99.9	107.6	98.2	107.8
重　庆	Chongqing	101.3	101.8	102.2	105.4	97.7	102.8	99.2	107.9
成　都	Chengdu	101.2	102.2	103.3	103.0	97.9	101.3	108.6	102.3
贵　阳	Guiyang	102.2	102.2	102.4	102.5	99.8	102.3	99.0	94.3
昆　明	Kunming	102.5	103.5	100.9	101.2	102.7	103.1	100.7	99.3
拉　萨	Lhasa	102.2	104.8	107.2	105.3	108.4	103.1	99.3	102.0
西　安	Xi'an	100.3	99.9	105.4	103.7	99.8	99.4	94.3	92.5
兰　州	Lanzhou	101.3	100.7	102.1	102.0	96.6	97.8	101.0	95.3
西　宁	Xining	102.6	103.4	102.3	101.3	92.4	104.1	111.2	126.6
银　川	Yinchuan	102.3	100.8	101.4	99.6	91.6	99.0	105.0	95.2
乌鲁木齐	Urumqi	100.5	98.4	102.3	95.2	95.3	97.5	92.7	91.9

3-87 续表 continued

(上年同期=100) (same period of preceding year=100)

地 区	City	烟 酒 Tobacco and Liquor	衣 着 Clothing	家庭设备用品及维修服务 Household Facilities,Articles and Services	医疗保健和个人用品 Health Care and Personal Articles	交通和通信 Transportation and Communication	娱乐教育文化用品及服务 Recreation, Education and Culture Articles	居 住 Residence
平均指数	**Average Index**	**101.1**	**104.2**	**101.2**	**101.4**	**98.5**	**101.9**	**101.8**
北 京	Beijing	101.2	104.3	100.2	100.1	103.0	101.3	101.8
天 津	Tianjin	100.4	103.3	100.8	99.8	97.0	105.8	102.5
石家庄	Shijiazhuang	98.6	105.5	101.7	102.6	99.1	101.2	100.2
太 原	Taiyuan	101.3	102.9	99.7	100.4	99.0	100.3	100.0
呼和浩特	Hohhot	101.3	104.0	101.0	103.5	100.4	103.0	100.1
沈 阳	Shenyang	102.6	102.1	99.4	101.9	96.6	98.8	100.3
大 连	Dalian	102.2	105.0	101.9	101.3	97.6	104.7	102.2
长 春	Changchun	102.5	102.8	99.5	102.5	99.0	99.1	102.7
哈尔滨	Harbin	100.8	101.8	101.6	102.4	99.3	102.0	102.2
上 海	Shanghai	103.2	111.2	103.4	99.4	97.5	100.5	103.9
南 京	Nanjing	100.1	104.5	103.5	100.6	98.6	103.4	101.4
杭 州	Hangzhou	102.1	100.7	101.3	102.8	96.3	100.0	102.7
宁 波	Ningbo	101.7	100.0	101.0	103.9	95.0	101.8	100.9
合 肥	Hefei	100.5	100.8	100.9	104.0	97.0	104.9	100.4
福 州	Fuzhou	102.0	107.6	101.4	101.8	97.5	100.3	104.0
厦 门	Xiamen	100.8	107.5	102.9	102.8	97.9	102.7	100.2
南 昌	Nanchang	101.4	104.6	100.9	100.2	98.7	100.2	99.1
济 南	Jinan	100.6	103.6	101.2	102.1	98.7	102.6	103.4
青 岛	Tsingtao	101.7	103.8	100.2	103.4	97.0	101.9	100.7
郑 州	Zhengzhou	99.8	102.9	99.8	102.0	98.9	102.8	101.5
武 汉	Wuhan	102.7	103.3	99.5	101.5	100.5	102.4	101.1
长 沙	Changsha	101.3	102.4	101.7	101.0	98.0	102.1	97.4
广 州	Guangzhou	101.4	100.6	99.6	100.9	100.3	103.2	100.5
深 圳	Shenzhen	101.1	104.9	102.8	102.0	96.7	101.3	102.7
南 宁	Nanning	100.9	108.1	101.2	103.1	100.7	101.5	99.7
海 口	Haikou	100.1	105.4	101.2	101.5	95.4	102.7	98.4
重 庆	Chongqing	97.7	103.2	99.8	103.4	97.7	101.6	101.4
成 都	Chengdu	100.2	100.1	100.7	101.4	98.5	102.5	100.7
贵 阳	Guiyang	101.9	100.5	102.7	100.6	102.0	105.4	101.7
昆 明	Kunming	102.0	106.1	102.5	103.1	99.0	102.2	100.6
拉 萨	Lhasa	103.2	100.4	101.3	100.7	99.3	98.9	101.6
西 安	Xi'an	101.3	103.9	99.5	101.6	98.0	100.9	99.5
兰 州	Lanzhou	98.7	103.3	100.9	100.8	98.9	100.8	105.2
西 宁	Xining	100.0	105.8	99.8	101.1	100.7	104.1	100.9
银 川	Yinchuan	101.1	105.3	103.7	100.7	99.4	110.4	101.0
乌鲁木齐	Urumqi	100.4	103.0	101.0	102.4	99.4	100.1	103.8

3-88 36个大中城市居民消费价格分类指数(累计比)
Consumer Price Indices by Category for 36 Major Large and Medium-sized Cities
(2015年1-8月)

(上年同期=100) (same period of preceding year=100)

地区	City	居民消费价格指数 Consumer Price Index	食品 Food	粮食 Grain	肉禽及其制品 Meat,Poultry and Processed Products	蛋 Eggs	水产品 Aquatic Products	鲜菜 Fresh Vegetables	鲜果 Fresh Fruits
平均指数	**Average Index**	**101.7**	**102.1**	**102.9**	**103.8**	**96.8**	**100.8**	**105.9**	**97.4**
北京	Beijing	101.7	101.3	101.2	101.6	95.7	101.6	106.6	90.2
天津	Tianjin	101.8	101.6	102.6	103.5	93.2	96.0	104.3	103.5
石家庄	Shijiazhuang	100.8	99.4	101.3	100.3	89.9	107.1	109.1	89.5
太原	Taiyuan	100.3	100.0	101.9	104.2	94.1	102.7	102.2	91.5
呼和浩特	Hohhot	101.7	100.7	102.6	99.2	101.0	101.0	102.4	99.6
沈阳	Shenyang	101.0	102.8	104.3	102.7	88.5	101.8	113.3	106.8
大连	Dalian	101.6	100.9	105.0	104.3	90.1	97.4	108.3	94.8
长春	Changchun	101.2	100.9	101.8	104.6	89.6	102.3	107.9	98.5
哈尔滨	Harbin	101.5	101.1	103.3	103.4	92.7	96.7	104.4	99.3
上海	Shanghai	102.5	102.7	103.4	104.9	99.4	99.9	108.7	94.7
南京	Nanjing	102.0	102.6	103.9	103.3	95.1	101.2	111.2	94.7
杭州	Hangzhou	101.5	102.9	101.0	105.2	107.6	102.6	113.0	102.3
宁波	Ningbo	101.5	104.2	103.9	105.5	106.9	104.2	110.2	94.1
合肥	Hefei	101.7	102.3	104.2	103.5	95.3	99.6	115.3	99.5
福州	Fuzhou	101.5	100.4	102.9	105.1	95.9	95.7	104.3	94.1
厦门	Xiamen	101.7	101.7	103.3	105.1	98.8	99.7	101.2	100.4
南昌	Nanchang	101.7	104.0	101.8	105.3	101.1	99.8	119.9	102.4
济南	Jinan	101.8	100.9	104.0	102.6	97.5	102.6	113.6	84.6
青岛	Tsingtao	101.3	101.6	102.5	103.0	92.1	100.8	107.0	91.9
郑州	Zhengzhou	101.2	100.9	103.2	100.4	88.2	105.7	104.6	93.8
武汉	Wuhan	101.5	101.5	101.4	103.6	103.3	102.2	105.5	100.2
长沙	Changsha	101.1	103.2	102.3	104.5	100.1	99.9	105.7	98.3
广州	Guangzhou	101.6	102.7	102.5	103.8	95.7	101.1	103.7	99.5
深圳	Shenzhen	102.0	103.1	104.9	104.0	105.2	101.7	106.2	100.3
南宁	Nanning	101.9	101.7	102.2	105.8	104.4	101.2	101.7	95.5
海口	Haikou	101.3	103.7	101.8	106.1	99.4	107.2	98.1	106.4
重庆	Chongqing	101.4	102.0	102.2	106.5	97.2	102.8	99.7	107.2
成都	Chengdu	101.3	102.3	103.0	104.0	96.9	101.2	108.4	100.6
贵阳	Guiyang	102.3	102.5	102.4	104.0	99.5	102.4	98.9	93.7
昆明	Kunming	102.5	103.7	100.7	102.3	101.7	103.0	101.7	98.8
拉萨	Lhasa	102.1	104.5	106.4	105.0	107.8	102.4	99.6	101.3
西安	Xi'an	100.5	100.2	105.1	104.3	99.0	99.8	95.9	91.9
兰州	Lanzhou	101.4	100.9	101.9	102.5	95.7	98.0	102.4	93.9
西宁	Xining	102.6	103.6	102.0	101.7	91.6	104.2	112.5	126.5
银川	Yinchuan	102.2	100.8	101.4	99.8	91.4	98.8	106.0	94.8
乌鲁木齐	Urumqi	100.6	98.8	102.2	95.4	94.8	97.9	96.4	90.9

3-88 续表 continued

(上年同期=100) (same period of preceding year=100)

地区	City	烟酒 Tobacco and Liquor	衣着 Clothing	家庭设备用品及维修服务 Household Facilities,Articles and Services	医疗保健和个人用品 Health Care and Personal Articles	交通和通信 Transportation and Communication	娱乐教育文化用品及服务 Recreation, Education and Culture Articles	居住 Residence
平均指数	**Avcrage Index**	**101.4**	**104.1**	**101.2**	**101.3**	**98.5**	**102.0**	**101.9**
北京	Beijing	101.5	104.1	100.1	100.1	102.9	101.4	102.0
天津	Tianjin	100.9	103.3	100.8	99.8	97.1	105.9	102.5
石家庄	Shijiazhuang	99.2	105.4	101.6	102.5	99.0	101.1	100.2
太原	Taiyuan	101.7	102.9	99.8	100.3	98.9	100.6	100.0
呼和浩特	Hohhot	101.6	104.0	101.0	103.7	100.4	103.1	100.1
沈阳	Shenyang	102.9	102.0	99.5	101.8	96.6	98.9	100.2
大连	Dalian	102.6	104.7	101.9	101.2	97.5	104.7	102.1
长春	Changchun	102.8	102.8	99.5	102.7	99.1	99.1	102.6
哈尔滨	Harbin	100.9	101.6	101.5	102.5	99.3	101.9	102.3
上海	Shanghai	103.5	110.8	103.3	99.3	97.4	100.5	104.1
南京	Nanjing	100.3	104.6	103.6	100.5	98.5	103.3	101.3
杭州	Hangzhou	102.6	101.2	101.3	102.7	96.3	100.0	102.9
宁波	Ningbo	102.0	99.7	100.9	103.8	95.0	102.0	100.9
合肥	Hefei	100.8	101.0	100.9	104.2	97.0	105.0	100.3
福州	Fuzhou	102.7	106.8	101.4	102.3	97.4	100.4	104.0
厦门	Xiamen	101.2	107.2	102.7	103.0	97.7	102.6	100.5
南昌	Nanchang	101.8	104.9	101.0	100.1	98.7	100.4	99.1
济南	Jinan	100.7	103.7	101.3	102.1	98.4	102.8	103.4
青岛	Tsingtao	101.9	103.5	100.2	103.5	97.0	101.9	100.4
郑州	Zhengzhou	99.9	102.9	99.8	102.1	98.6	102.8	101.5
武汉	Wuhan	103.0	103.2	99.4	101.6	100.5	102.4	100.9
长沙	Changsha	101.4	102.3	101.5	101.0	98.0	102.2	97.5
广州	Guangzhou	101.7	100.5	99.6	100.8	100.1	103.7	100.6
深圳	Shenzhen	101.4	104.9	102.9	102.0	96.6	101.3	103.0
南宁	Nanning	101.2	108.7	101.4	102.9	100.6	101.7	99.6
海口	Haikou	100.5	105.8	101.0	101.7	95.4	102.9	98.3
重庆	Chongqing	98.0	103.1	99.9	103.2	97.7	101.6	101.4
成都	Chengdu	100.6	100.2	100.7	101.4	98.5	102.6	100.6
贵阳	Guiyang	102.2	100.6	102.6	100.4	102.1	105.9	101.6
昆明	Kunming	102.5	105.5	102.3	103.5	99.0	102.2	100.6
拉萨	Lhasa	103.7	100.6	101.2	100.7	99.1	98.9	101.3
西安	Xi'an	101.7	104.1	99.6	101.8	98.2	101.0	99.6
兰州	Lanzhou	99.3	103.3	100.8	100.8	98.9	100.7	105.0
西宁	Xining	100.4	105.6	99.8	101.0	100.8	103.9	101.0
银川	Yinchuan	101.5	105.0	103.5	100.6	99.6	110.4	100.8
乌鲁木齐	Urumqi	100.8	103.1	100.9	102.3	99.4	100.2	103.5

3-89 36个大中城市居民消费价格分类指数(累计比)

Consumer Price Indices by Category for 36 Major Large and Medium-sized Cities

(2015年1-9月)

(上年同期=100) (same period of preceding year=100)

地区	City	居民消费价格指数 Consumer Price Index	食品 Food	粮食 Grain	肉禽及其制品 Meat,Poultry and Processed Products	蛋 Eggs	水产品 Aquatic Products	鲜菜 Fresh Vegetables	鲜果 Fresh Fruits
平均指数	**Average Index**	**101.7**	**102.1**	**102.8**	**104.2**	**96.0**	**100.8**	**106.4**	**96.5**
北京	Beijing	101.8	101.4	101.1	102.0	95.1	101.6	108.0	89.3
天津	Tianjin	101.7	101.7	102.4	104.1	92.7	96.6	105.8	101.3
石家庄	Shijiazhuang	100.8	99.6	101.1	100.7	88.9	106.5	110.5	87.9
太原	Taiyuan	100.4	100.3	101.8	105.0	92.9	102.5	104.2	90.5
呼和浩特	Hohhot	101.8	101.0	102.6	100.0	100.0	100.4	104.5	98.2
沈阳	Shenyang	101.1	103.0	104.2	102.8	87.9	102.2	115.1	107.6
大连	Dalian	101.6	101.2	104.6	104.5	89.0	98.9	109.7	94.4
长春	Changchun	101.3	101.0	101.8	104.7	88.8	102.1	109.4	98.0
哈尔滨	Harbin	101.5	101.2	103.1	103.8	91.5	96.9	105.4	98.6
上海	Shanghai	102.4	102.7	103.3	105.1	99.0	100.2	108.1	94.1
南京	Nanjing	101.9	102.4	103.9	103.7	94.5	101.1	108.8	93.9
杭州	Hangzhou	101.5	102.8	100.9	105.7	106.0	102.4	111.5	101.7
宁波	Ningbo	101.6	104.2	104.0	106.0	105.1	104.0	109.6	93.8
合肥	Hefei	101.6	102.2	104.1	103.9	94.1	99.1	113.5	98.6
福州	Fuzhou	101.6	100.5	102.6	105.6	94.9	95.6	105.8	93.1
厦门	Xiamen	101.8	101.9	103.1	105.7	98.0	100.0	102.4	98.5
南昌	Nanchang	101.7	104.0	101.8	106.1	99.7	99.9	118.7	101.5
济南	Jinan	101.9	101.1	103.7	103.3	96.4	102.4	114.3	84.5
青岛	Tsingtao	101.3	101.7	102.2	103.5	91.7	100.7	108.2	90.8
郑州	Zhengzhou	101.2	101.0	103.0	100.9	87.7	105.6	105.7	92.7
武汉	Wuhan	101.5	101.5	101.3	104.1	102.3	102.4	105.0	98.7
长沙	Changsha	101.1	103.2	102.3	105.2	99.2	99.9	105.9	96.9
广州	Guangzhou	101.6	102.6	102.7	103.8	94.3	100.9	104.7	97.9
深圳	Shenzhen	102.1	103.1	104.7	104.5	104.1	101.4	107.2	99.5
南宁	Nanning	101.9	101.7	102.0	105.9	103.7	101.2	102.9	93.4
海口	Haikou	101.2	103.5	101.8	105.9	99.2	107.0	98.0	105.1
重庆	Chongqing	101.4	102.0	102.3	106.8	96.7	102.7	100.4	105.2
成都	Chengdu	101.3	102.3	102.7	104.6	95.9	100.9	109.2	99.3
贵阳	Guiyang	102.4	102.8	102.5	105.1	99.1	102.3	99.9	93.7
昆明	Kunming	102.5	103.8	100.6	103.1	101.0	102.8	103.6	98.3
拉萨	Lhasa	102.1	104.3	105.8	105.0	107.3	102.1	99.7	101.3
西安	Xi'an	100.6	100.3	104.9	104.8	98.2	100.2	95.6	91.5
兰州	Lanzhou	101.4	101.0	101.8	102.9	95.2	98.2	103.5	92.2
西宁	Xining	102.6	103.6	101.9	102.1	91.2	104.3	113.2	125.8
银川	Yinchuan	102.1	100.8	101.5	100.0	91.1	98.6	107.1	94.5
乌鲁木齐	Urumqi	100.7	99.0	102.1	95.4	94.3	98.0	98.8	91.0

3-89 续表 continued

(上年同期=100) (same period of preceding year=100)

地区	City	烟酒 Tobacco and Liquor	衣着 Clothing	家庭设备用品及维修服务 Household Facilities,Articles and Services	医疗保健和个人用品 Health Care and Personal Articles	交通和通信 Transportation and Communication	娱乐教育文化用品及服务 Recreation, Education and Culture Articles	居住 Residence
平均指数	**Average Index**	**101.7**	**104.0**	**101.2**	**101.3**	**98.4**	**101.9**	**102.0**
北京	Beijing	101.6	104.1	100.1	100.1	102.8	101.4	102.3
天津	Tianjin	101.2	103.3	100.9	99.8	97.2	105.4	102.5
石家庄	Shijiazhuang	99.7	105.4	101.6	102.3	99.0	101.0	100.2
太原	Taiyuan	101.8	102.9	99.8	100.3	98.8	100.7	99.9
呼和浩特	Hohhot	101.8	104.0	101.0	103.9	100.5	103.2	100.1
沈阳	Shenyang	103.1	102.0	99.5	101.8	96.7	99.0	100.2
大连	Dalian	102.7	104.4	102.0	101.2	97.7	104.2	102.1
长春	Changchun	102.9	102.8	99.4	102.9	99.1	99.1	102.6
哈尔滨	Harbin	101.0	101.5	101.4	102.6	99.3	101.9	102.3
上海	Shanghai	103.8	110.2	103.2	99.3	97.4	100.4	104.2
南京	Nanjing	100.4	104.8	103.6	100.5	98.5	103.5	101.2
杭州	Hangzhou	103.1	101.3	101.3	102.7	96.2	100.3	103.1
宁波	Ningbo	102.3	100.0	100.9	103.8	94.9	102.3	100.9
合肥	Hefei	101.0	101.2	100.8	104.4	97.0	104.7	100.3
福州	Fuzhou	103.3	105.9	101.5	102.7	97.3	100.6	104.1
厦门	Xiamen	101.4	106.6	102.5	103.0	97.6	103.0	100.8
南昌	Nanchang	102.1	104.9	101.1	99.9	98.6	100.5	99.0
济南	Jinan	100.8	103.6	101.6	102.3	98.1	102.9	103.5
青岛	Tsingtao	102.1	103.2	100.2	103.7	97.0	101.6	100.3
郑州	Zhengzhou	100.0	102.8	99.8	102.2	98.3	102.5	101.6
武汉	Wuhan	103.2	103.2	99.4	101.8	100.5	102.1	100.8
长沙	Changsha	101.5	102.4	101.4	101.0	97.9	102.1	97.5
广州	Guangzhou	101.9	100.7	99.6	100.7	99.7	104.0	100.7
深圳	Shenzhen	101.5	104.9	103.0	102.0	96.5	101.3	103.2
南宁	Nanning	101.4	109.4	101.6	102.7	100.6	101.7	99.6
海口	Haikou	101.0	106.0	100.9	101.9	95.2	102.6	98.2
重庆	Chongqing	98.3	103.1	99.9	103.0	97.7	101.5	101.4
成都	Chengdu	100.9	100.2	100.8	101.3	98.4	102.5	100.5
贵阳	Guiyang	102.6	100.6	102.5	100.4	102.2	105.6	101.6
昆明	Kunming	102.8	104.9	102.2	103.7	99.1	102.1	100.5
拉萨	Lhasa	104.1	100.9	101.2	100.8	99.0	99.1	101.2
西安	Xi'an	102.0	103.8	99.6	101.9	98.3	101.1	99.5
兰州	Lanzhou	99.8	103.2	100.6	100.9	98.8	100.5	104.8
西宁	Xining	100.6	105.6	99.8	101.0	100.7	103.6	101.1
银川	Yinchuan	101.8	104.7	103.3	100.6	99.4	109.7	100.7
乌鲁木齐	Urumqi	101.1	103.1	100.9	102.2	99.5	100.3	103.4

3-90 36个大中城市居民消费价格分类指数(累计比)
Consumer Price Indices by Category for 36 Major Large and Medium-sized Cities
(2015年1-10月)

(上年同期=100) (same period of preceding year=100)

地区	City	居民消费价格指数 Consumer Price Index	食品 Food	粮食 Grain	肉禽及其制品 Meat,Poultry and Processed Products	蛋 Eggs	水产品 Aquatic Products	鲜菜 Fresh Vegetables	鲜果 Fresh Fruits
平均指数	**Average Index**	**101.7**	**102.1**	**102.7**	**104.4**	**95.0**	**100.9**	**106.3**	**96.0**
北京	Beijing	101.8	101.4	101.2	102.3	94.5	101.7	107.3	89.0
天津	Tianjin	101.7	101.7	102.3	104.5	91.9	97.2	105.7	99.7
石家庄	Shijiazhuang	100.8	99.6	101.1	100.9	87.9	106.1	109.7	88.0
太原	Taiyuan	100.4	100.2	101.8	105.4	90.9	102.5	104.2	89.1
呼和浩特	Hohhot	101.8	101.0	102.6	100.8	98.9	100.3	104.8	96.7
沈阳	Shenyang	101.1	103.0	104.0	102.8	86.5	102.8	114.4	108.0
大连	Dalian	101.6	101.3	104.2	104.7	87.5	100.4	109.7	94.2
长春	Changchun	101.2	100.8	101.9	104.8	87.5	101.9	108.0	97.9
哈尔滨	Harbin	101.5	101.0	103.0	104.2	89.4	96.6	105.1	98.1
上海	Shanghai	102.4	102.7	103.1	105.2	98.6	100.5	108.1	93.9
南京	Nanjing	101.9	102.2	103.9	103.9	93.8	101.1	107.2	93.6
杭州	Hangzhou	101.6	102.7	100.7	106.1	104.9	102.2	110.4	100.9
宁波	Ningbo	101.6	104.2	103.9	106.4	103.7	103.7	109.5	93.6
合肥	Hefei	101.6	102.0	104.0	104.0	93.2	99.0	112.0	98.0
福州	Fuzhou	101.6	100.5	102.4	105.9	93.5	95.8	106.3	92.0
厦门	Xiamen	101.8	102.0	102.9	106.1	97.3	100.4	102.6	96.8
南昌	Nanchang	101.6	103.9	101.8	106.7	98.7	100.0	117.6	100.4
济南	Jinan	101.9	101.2	103.2	103.7	95.5	102.5	113.6	84.5
青岛	Tsingtao	101.2	101.6	101.9	103.8	90.8	100.7	108.3	90.7
郑州	Zhengzhou	101.1	100.9	102.7	101.2	86.5	105.3	105.3	91.9
武汉	Wuhan	101.4	101.5	101.2	104.4	101.4	102.5	104.9	97.8
长沙	Changsha	101.0	103.1	102.3	105.5	98.5	99.9	105.5	96.1
广州	Guangzhou	101.6	102.6	102.6	103.8	93.3	100.9	105.9	97.2
深圳	Shenzhen	102.1	103.2	104.5	104.8	103.3	101.3	107.7	99.2
南宁	Nanning	101.9	101.6	101.9	105.8	103.0	101.2	103.3	92.1
海口	Haikou	101.2	103.4	101.8	105.6	99.1	106.8	98.9	104.6
重庆	Chongqing	101.3	101.9	102.3	106.9	96.4	102.5	100.4	104.2
成都	Chengdu	101.2	102.2	102.7	105.0	94.4	100.8	108.2	98.5
贵阳	Guiyang	102.5	103.0	102.5	105.9	98.6	102.2	100.2	93.7
昆明	Kunming	102.5	103.9	100.6	103.5	100.1	102.7	105.3	98.6
拉萨	Lhasa	102.1	104.2	105.5	105.0	107.0	101.8	99.4	101.3
西安	Xi'an	100.6	100.3	104.7	105.1	96.7	100.3	95.2	91.4
兰州	Lanzhou	101.3	101.1	101.7	103.2	94.0	98.3	104.9	90.2
西宁	Xining	102.5	103.3	101.8	102.1	90.5	104.3	112.6	122.3
银川	Yinchuan	101.9	100.7	101.5	100.1	90.4	98.5	106.9	93.5
乌鲁木齐	Urumqi	100.7	99.1	102.0	95.1	93.4	98.0	99.7	91.8

3-90 续表 continued

(上年同期=100) (same period of preceding year=100)

地区	City	烟酒 Tobacco and Liquor	衣着 Clothing	家庭设备用品及维修服务 Household Facilities,Articles and Services	医疗保健和个人用品 Health Care and Personal Articles	交通和通信 Transportation and Communication	娱乐教育文化用品及服务 Recreation, Education and Culture Articles	居住 Residence
平均指数	**Average Index**	**101.9**	**103.9**	**101.2**	**101.4**	**98.4**	**101.9**	**102.0**
北京	Beijing	101.8	103.9	100.0	100.2	102.8	101.2	102.4
天津	Tianjin	101.5	103.3	101.0	99.8	97.3	104.8	102.6
石家庄	Shijiazhuang	100.0	105.4	101.5	102.4	99.0	100.9	100.3
太原	Taiyuan	102.0	103.1	99.9	100.3	98.7	100.6	99.9
呼和浩特	Hohhot	101.9	104.0	101.0	104.0	100.3	103.4	100.0
沈阳	Shenyang	103.2	102.1	99.6	101.8	96.8	99.1	100.1
大连	Dalian	102.8	104.1	102.1	101.2	97.7	103.8	102.0
长春	Changchun	103.1	102.7	99.4	103.0	99.1	99.2	102.4
哈尔滨	Harbin	101.0	101.4	101.4	102.7	99.3	101.7	102.4
上海	Shanghai	104.0	109.4	103.1	99.3	97.5	100.4	104.4
南京	Nanjing	100.5	105.0	103.6	100.5	98.5	103.7	101.2
杭州	Hangzhou	103.4	101.1	101.3	102.7	96.4	100.5	103.3
宁波	Ningbo	102.5	100.1	100.8	103.7	95.0	102.5	100.9
合肥	Hefei	101.3	101.3	100.8	104.5	97.1	104.5	100.2
福州	Fuzhou	103.9	104.9	101.4	103.0	97.3	100.8	104.1
厦门	Xiamen	101.4	105.8	102.2	103.2	97.6	103.3	101.0
南昌	Nanchang	102.3	104.8	101.1	99.9	98.7	100.4	98.8
济南	Jinan	100.8	103.7	101.6	102.4	97.9	102.9	103.5
青岛	Tsingtao	102.2	103.0	100.3	103.8	97.1	101.2	100.2
郑州	Zhengzhou	100.2	102.8	99.9	102.3	98.0	102.3	101.6
武汉	Wuhan	103.3	103.2	99.4	101.9	100.5	101.8	100.7
长沙	Changsha	101.6	102.4	101.3	101.0	98.0	102.0	97.6
广州	Guangzhou	102.0	101.3	99.6	100.7	99.5	103.9	100.7
深圳	Shenzhen	101.5	104.8	103.0	102.0	96.5	101.2	103.3
南宁	Nanning	101.6	110.0	101.7	102.6	100.5	101.8	99.5
海口	Haikou	101.3	105.5	100.9	102.1	95.2	102.5	98.3
重庆	Chongqing	98.6	103.0	99.9	102.8	97.8	101.3	101.3
成都	Chengdu	101.1	100.2	100.9	101.3	98.4	102.4	100.5
贵阳	Guiyang	102.9	100.5	102.4	100.3	102.4	105.3	101.5
昆明	Kunming	103.1	104.4	102.2	103.8	99.2	101.9	100.5
拉萨	Lhasa	104.4	101.0	101.1	100.9	99.0	99.0	101.0
西安	Xi'an	102.2	103.5	99.6	102.0	98.4	101.2	99.5
兰州	Lanzhou	100.2	103.1	100.5	100.9	98.8	100.4	104.6
西宁	Xining	100.8	105.4	99.9	101.0	100.6	103.3	101.4
银川	Yinchuan	102.1	104.4	103.1	100.5	99.3	108.9	100.5
乌鲁木齐	Urumqi	101.4	103.1	101.0	102.2	99.6	100.6	103.2

3-91 36个大中城市居民消费价格分类指数(累计比)

Consumer Price Indices by Category for 36 Major Large and Medium-sized Cities (2015年1-11月)

(上年同期=100) (same period of preceding year=100)

地 区	City	居民消费价格指数 Consumer Price Index	食 品 Food	粮 食 Grain	肉禽及其制品 Meat,Poultry and Processed Products	蛋 Eggs	水产品 Aquatic Products	鲜 菜 Fresh Vegetables	鲜 果 Fresh Fruits
平均指数	**Average Index**	**101.7**	**102.1**	**102.6**	**104.5**	**94.2**	**101.1**	**106.5**	**95.8**
北 京	Beijing	101.8	101.5	101.4	102.5	93.9	101.8	108.0	89.2
天 津	Tianjin	101.7	101.7	102.0	104.7	91.2	97.6	106.8	98.7
石家庄	Shijiazhuang	100.9	99.7	101.0	101.2	86.9	105.9	110.2	88.2
太 原	Taiyuan	100.4	100.3	101.9	105.4	89.8	102.5	104.8	88.2
呼和浩特	Hohhot	101.9	101.1	102.6	101.3	97.9	100.5	105.5	95.7
沈 阳	Shenyang	101.1	103.1	103.9	102.8	85.7	103.3	115.3	108.7
大 连	Dalian	101.6	101.5	103.8	104.7	86.2	101.6	111.4	93.9
长 春	Changchun	101.2	101.0	101.8	104.8	86.8	101.9	109.4	98.4
哈尔滨	Harbin	101.5	100.9	103.0	104.3	88.3	96.4	105.2	98.1
上 海	Shanghai	102.4	102.8	103.1	105.3	98.2	100.9	108.3	94.0
南 京	Nanjing	101.9	102.2	103.9	103.9	93.2	101.3	106.9	93.5
杭 州	Hangzhou	101.7	102.7	100.6	106.4	103.7	102.0	110.8	100.0
宁 波	Ningbo	101.7	104.3	104.0	106.5	102.7	103.6	110.3	93.6
合 肥	Hefei	101.6	102.0	104.0	104.0	92.5	98.9	111.6	98.0
福 州	Fuzhou	101.5	100.4	102.1	106.1	92.0	95.8	106.2	91.1
厦 门	Xiamen	101.8	102.0	102.8	106.5	96.4	100.6	102.8	95.9
南 昌	Nanchang	101.6	103.8	101.8	107.0	98.1	100.0	117.0	99.3
济 南	Jinan	101.9	101.3	102.8	104.0	94.7	102.5	114.1	84.5
青 岛	Tsingtao	101.2	101.7	101.7	104.0	90.2	100.9	109.0	90.9
郑 州	Zhengzhou	101.1	100.9	102.7	101.6	85.8	105.1	105.7	91.5
武 汉	Wuhan	101.4	101.5	101.2	104.5	100.7	102.6	104.7	97.0
长 沙	Changsha	101.1	103.1	102.3	105.7	98.0	99.8	104.8	96.2
广 州	Guangzhou	101.6	102.6	102.5	103.6	92.7	100.8	106.1	96.7
深 圳	Shenzhen	102.1	103.2	104.4	105.1	102.4	101.1	107.7	98.9
南 宁	Nanning	101.9	101.4	101.8	105.7	102.0	101.3	103.5	91.3
海 口	Haikou	101.2	103.4	101.8	105.4	98.9	106.5	99.5	104.2
重 庆	Chongqing	101.3	101.9	102.3	106.7	95.9	102.4	100.4	103.7
成 都	Chengdu	101.2	102.1	102.8	105.2	93.3	100.8	107.4	98.2
贵 阳	Guiyang	102.4	103.0	102.4	106.4	98.0	102.4	99.9	93.6
昆 明	Kunming	102.5	103.9	100.5	103.6	99.2	102.6	106.5	98.9
拉 萨	Lhasa	102.1	104.1	105.3	104.9	106.7	101.7	99.6	101.2
西 安	Xi'an	100.6	100.4	104.6	105.2	95.3	100.4	95.8	91.7
兰 州	Lanzhou	101.3	101.2	101.6	103.4	93.2	98.5	106.1	89.5
西 宁	Xining	102.5	103.1	101.7	102.0	90.2	104.3	112.0	119.9
银 川	Yinchuan	101.8	100.7	101.6	100.2	89.8	98.5	107.2	92.9
乌鲁木齐	Urumqi	100.7	99.1	102.0	95.0	92.8	98.0	101.0	91.8

3-91 续表 continued

(上年同期=100) (same period of preceding year=100)

地 区	City	烟 酒 Tobacco and Liquor	衣 着 Clothing	家庭设备用品及维修服务 Household Facilities,Articles and Services	医疗保健和个人用品 Health Care and Personal Articles	交通和通信 Transportation and Communication	娱乐教育文化用品及服务 Recreation, Education and Culture Articles	居 住 Residence
平均指数	**Average Index**	**102.0**	**103.8**	**101.2**	**101.4**	**98.5**	**101.8**	**102.0**
北 京	Beijing	102.0	103.8	100.0	100.2	102.8	100.9	102.5
天 津	Tianjin	101.8	103.2	101.0	99.8	97.3	104.5	102.6
石家庄	Shijiazhuang	100.3	105.6	101.5	102.4	99.0	100.8	100.3
太 原	Taiyuan	102.2	103.3	99.9	100.3	98.7	100.4	99.9
呼和浩特	Hohhot	102.1	104.0	100.9	104.1	100.2	103.5	100.0
沈 阳	Shenyang	103.3	102.2	99.7	101.8	96.9	99.3	100.0
大 连	Dalian	102.8	104.0	102.1	101.2	97.9	103.7	101.8
长 春	Changchun	103.2	102.5	99.5	103.2	99.2	99.3	102.2
哈尔滨	Harbin	101.0	101.4	101.4	102.8	99.4	101.7	102.4
上 海	Shanghai	104.1	108.6	103.0	99.3	97.5	100.3	104.5
南 京	Nanjing	100.7	105.2	103.6	100.9	98.5	103.8	101.1
杭 州	Hangzhou	103.6	101.0	101.3	102.5	96.5	100.7	103.5
宁 波	Ningbo	102.8	100.1	100.8	103.6	95.1	102.7	101.0
合 肥	Hefei	101.5	101.2	100.8	104.6	97.1	104.2	100.2
福 州	Fuzhou	104.4	103.9	101.3	103.3	97.4	101.0	104.0
厦 门	Xiamen	101.5	104.9	101.8	103.3	97.7	103.5	101.1
南 昌	Nanchang	102.5	104.5	101.3	99.8	98.7	100.6	98.8
济 南	Jinan	100.9	103.6	101.6	102.4	97.7	102.9	103.4
青 岛	Tsingtao	102.2	102.9	100.4	103.9	97.1	101.2	100.2
郑 州	Zhengzhou	100.2	102.7	99.9	102.4	97.8	102.2	101.6
武 汉	Wuhan	103.4	103.1	99.3	102.0	100.5	101.6	100.7
长 沙	Changsha	101.7	102.4	101.2	101.0	98.1	102.0	97.7
广 州	Guangzhou	102.2	101.8	99.5	100.7	99.3	103.8	100.8
深 圳	Shenzhen	101.5	104.8	103.0	102.0	96.5	101.1	103.3
南 宁	Nanning	101.6	110.2	101.9	102.5	100.5	101.8	99.4
海 口	Haikou	101.6	105.4	100.8	102.2	95.2	102.4	98.4
重 庆	Chongqing	98.8	102.9	100.0	102.7	97.9	101.3	101.3
成 都	Chengdu	101.3	100.2	100.9	101.3	98.5	102.4	100.5
贵 阳	Guiyang	102.9	100.4	102.3	100.2	102.6	104.9	101.4
昆 明	Kunming	103.3	104.0	102.1	104.0	99.2	101.7	100.4
拉 萨	Lhasa	104.7	101.3	101.2	101.1	99.0	99.1	100.9
西 安	Xi'an	102.4	103.5	99.7	102.1	98.6	101.2	99.6
兰 州	Lanzhou	100.7	103.1	100.4	101.0	98.8	100.3	104.2
西 宁	Xining	101.0	105.5	100.0	101.1	100.6	103.1	101.8
银 川	Yinchuan	102.3	104.0	103.0	100.5	99.4	108.3	100.2
乌鲁木齐	Urumqi	101.5	103.0	100.9	102.2	99.6	100.8	102.9

3-92 36个大中城市居民消费价格分类指数(累计比)

Consumer Price Indices by Category for 36 Major Large and Medium-sized Cities (2015年1-12月)

(上年同期=100) (same period of preceding year=100)

地区	City	居民消费价格指数 Consumer Price Index	食品 Food	粮食 Grain	肉禽及其制品 Meat,Poultry and Processed Products	蛋 Eggs	水产品 Aquatic Products	鲜菜 Fresh Vegetables	鲜果 Fresh Fruits
平均指数	**Average Index**	**101.7**	**102.2**	**102.6**	**104.6**	**93.8**	**101.2**	**107.0**	**95.6**
北京	Beijing	101.8	101.6	101.5	102.7	93.6	101.9	108.8	89.7
天津	Tianjin	101.7	101.7	101.8	104.8	90.8	98.1	107.6	98.1
石家庄	Shijiazhuang	101.0	99.9	100.9	101.4	86.4	105.7	111.3	88.6
太原	Taiyuan	100.4	100.3	102.0	105.6	89.6	102.6	105.4	87.4
呼和浩特	Hohhot	101.8	101.2	102.6	101.4	97.2	100.8	106.2	94.8
沈阳	Shenyang	101.2	103.1	103.7	102.8	85.4	103.6	115.2	108.6
大连	Dalian	101.6	101.6	103.5	104.7	85.8	102.4	112.3	93.3
长春	Changchun	101.3	101.1	101.8	104.8	86.5	101.8	109.8	98.8
哈尔滨	Harbin	101.4	101.0	103.0	104.4	87.9	96.4	105.5	97.8
上海	Shanghai	102.4	102.9	103.0	105.3	98.0	101.3	109.1	94.1
南京	Nanjing	102.0	102.3	104.0	103.9	92.8	101.5	108.6	93.7
杭州	Hangzhou	101.8	102.8	100.7	106.7	102.9	102.0	112.5	99.0
宁波	Ningbo	101.8	104.5	103.9	106.4	102.1	103.4	112.0	93.9
合肥	Hefei	101.6	102.1	104.0	104.1	92.2	99.0	111.5	98.2
福州	Fuzhou	101.4	100.4	102.0	106.4	91.0	96.0	106.1	90.2
厦门	Xiamen	101.7	102.1	102.7	106.7	95.8	100.9	103.6	94.7
南昌	Nanchang	101.6	103.8	101.8	107.3	97.6	100.0	117.1	98.2
济南	Jinan	101.9	101.4	102.5	104.3	94.2	102.7	114.1	84.6
青岛	Tsingtao	101.2	101.7	101.5	104.3	90.1	101.0	109.4	91.1
郑州	Zhengzhou	101.1	101.0	102.6	102.0	85.6	104.8	106.4	91.4
武汉	Wuhan	101.4	101.5	101.2	104.5	100.1	102.5	104.6	96.4
长沙	Changsha	101.1	103.1	102.3	105.9	97.6	99.8	104.3	96.5
广州	Guangzhou	101.7	102.6	102.4	103.5	92.1	101.1	106.7	96.6
深圳	Shenzhen	102.2	103.2	104.2	105.2	101.6	101.1	108.0	98.5
南宁	Nanning	101.9	101.4	101.6	105.6	101.4	101.4	104.2	90.9
海口	Haikou	101.2	103.3	101.9	105.2	98.8	106.2	99.8	103.6
重庆	Chongqing	101.3	101.8	102.3	106.7	95.7	102.3	100.3	103.0
成都	Chengdu	101.1	102.0	102.9	105.4	92.8	100.8	106.3	97.9
贵阳	Guiyang	102.3	103.0	102.2	106.9	97.5	102.4	99.5	93.7
昆明	Kunming	102.4	103.8	100.4	103.7	98.4	102.6	107.6	99.0
拉萨	Lhasa	102.2	103.9	105.1	104.6	106.5	101.5	99.7	101.2
西安	Xi'an	100.7	100.5	104.5	105.3	94.6	100.6	96.4	91.6
兰州	Lanzhou	101.3	101.2	101.5	103.4	93.0	98.6	106.2	88.9
西宁	Xining	102.5	102.9	101.7	101.8	90.3	104.3	111.4	118.1
银川	Yinchuan	101.6	100.6	101.6	100.3	89.7	98.5	107.6	92.4
乌鲁木齐	Urumqi	100.7	99.2	102.1	95.0	92.7	98.0	102.2	91.5

3-92 续表 continued

(上年同期=100) (same period of preceding year=100)

地区	City	烟酒 Tobacco and Liquor	衣着 Clothing	家庭设备用品及维修服务 Household Facilities,Articles and Services	医疗保健和个人用品 Health Care and Personal Articles	交通和通信 Transportation and Communication	娱乐教育文化用品及服务 Recreation, Education and Culture Articles	居住 Residence
平均指数	**Average Index**	**102.2**	**103.6**	**101.2**	**101.4**	**98.5**	**101.7**	**102.1**
北京	Beijing	102.0	103.6	99.9	100.2	102.8	100.8	102.6
天津	Tianjin	101.9	103.0	101.0	99.8	97.4	104.2	102.6
石家庄	Shijiazhuang	100.6	105.7	101.5	102.5	99.0	100.7	100.3
太原	Taiyuan	102.3	103.4	100.0	100.3	98.7	100.4	99.8
呼和浩特	Hohhot	102.2	103.9	100.9	104.2	99.9	103.6	99.9
沈阳	Shenyang	103.4	102.2	99.7	101.8	97.0	99.3	99.9
大连	Dalian	102.8	103.8	102.1	101.2	98.2	103.5	101.6
长春	Changchun	103.4	102.4	99.5	103.3	99.2	99.4	102.1
哈尔滨	Harbin	101.0	101.4	101.5	102.8	99.4	101.7	102.3
上海	Shanghai	104.2	107.8	102.9	99.3	97.6	100.3	104.6
南京	Nanjing	100.8	105.4	103.6	101.3	98.6	103.7	101.1
杭州	Hangzhou	103.9	101.1	101.4	102.4	96.6	101.0	103.5
宁波	Ningbo	103.1	100.1	100.8	103.4	95.2	102.9	101.0
合肥	Hefei	101.5	101.3	100.8	104.6	97.1	104.1	100.1
福州	Fuzhou	104.6	103.0	101.2	103.6	97.4	100.9	103.9
厦门	Xiamen	101.6	103.8	101.5	103.3	97.8	103.5	101.1
南昌	Nanchang	102.7	104.2	101.4	99.8	98.8	100.7	98.9
济南	Jinan	100.9	103.3	101.5	102.4	97.6	102.9	103.4
青岛	Tsingtao	102.3	102.8	100.6	103.8	97.2	101.2	100.3
郑州	Zhengzhou	100.3	102.5	100.0	102.5	97.6	102.1	101.6
武汉	Wuhan	103.5	103.0	99.3	102.0	100.5	101.4	100.6
长沙	Changsha	101.7	102.3	101.1	101.1	98.1	101.9	97.9
广州	Guangzhou	102.4	102.3	99.4	100.7	99.2	103.7	101.0
深圳	Shenzhen	101.6	104.6	103.1	102.0	96.6	101.1	103.4
南宁	Nanning	101.8	110.8	102.0	102.4	100.3	101.9	99.4
海口	Haikou	101.9	104.9	100.7	102.3	95.3	102.4	98.7
重庆	Chongqing	99.1	102.8	100.0	102.6	98.0	101.2	101.2
成都	Chengdu	101.6	100.1	100.9	101.3	98.6	102.3	100.4
贵阳	Guiyang	102.9	100.3	102.2	100.2	102.5	104.6	101.2
昆明	Kunming	103.5	103.7	102.1	104.1	99.3	101.4	100.3
拉萨	Lhasa	104.9	101.5	101.3	101.2	99.0	99.3	100.8
西安	Xi'an	102.6	103.3	99.7	102.2	98.8	101.3	99.7
兰州	Lanzhou	101.0	103.1	100.3	101.0	98.9	100.2	103.9
西宁	Xining	101.2	105.3	100.1	101.2	100.5	102.9	102.2
银川	Yinchuan	102.5	103.5	102.8	100.5	99.4	107.8	100.0
乌鲁木齐	Urumqi	101.7	102.7	100.9	102.2	99.6	101.0	102.7

主要统计指标解释

城市居民消费价格指数 是反映城市居民购买的消费品及服务价格水平的变动趋势和变动程度的相对数。它是宏观经济分析和决策、价格总水平监测和调控以及国民经济核算的重要指标。其按年度计算的变动率通常被用来作为反映通货膨胀（或紧缩）程度的指标。

城市居民消费价格的调查范围包括城市居民购买并用于日常生活消费的商品和服务项目价格。按用途划分为8 个大类，包括食品、烟酒及用品、衣着、家庭设备用品及维修服务费、医疗保健及个人用品、交通和通信、娱乐教育文化用品及服务、居住等。

城市商品零售价格指数 是工业、商业、餐饮业和其他零售企业向城市居民、机关团体出售生活消费品和办公用品的价格水平变动趋势和变动程序的相对数。其目的在于掌握零售商品价格的变动趋势，为国家宏观调控和国民经济核算提供参考依据。

商品零售价格的调查范围涉及到各种类型的工业、商业、餐饮业和其他行业的零售商品以及农民对非农业居民出售商品的价格。包括食品、饮料烟酒、服装鞋帽、纺织品、家用电器及音像器材、文化办公用品、日用品、体育娱乐用品、交通通信用品、家具、化妆品、金银珠宝、中西药品及医疗保健用品、书报杂志及电子出版物、燃料、建筑材料及五金电料等16 个大类。

固定资产投资价格指数 是反映一定时期内固定资产投资额价格变动趋势和程度的相对数。固定资产投资额是由建筑安装工程投资完成额、设备、工器具购置投资完成额和其他费用投资完成额三部分组成的。编制固定资产投资价格指数首先编制上述三部分投资的价格指数，然后采用加权算术平均法求出固定资产投资价格总指数。该指数可以准确地反映固定资产投资中涉及的各类商品和取费项目价格变动趋势和变动幅度，消除按现价计算的固定资产投资指标中的价格变动因素，真实地反映固定资产投资的规模、速度、结构和效益，为国家科学地制定、检查固定资产投资计划并提高宏观调控水平，为完善国民经济核算体系提供科学的、可靠的依据。

工业生产者出厂价格指数 是反映一定时期内全部工业产品出厂价格总水平的变动趋势和程度的相对数，包括工业企业售给本企业以外所有单位的各种产品和直接售给居民用于生活消费的产品。通过工业生产者出厂价格指数能观察出厂价格变动对工业总产值的影响。

工业生产者购进价格指数 是反映一定时期内全部工业企业作为生产投入，从物资交易市场和能源、原材料生产企业购买原材料、燃料和动力产品时，所支付的价格水平变动趋势和程度的相对数，是扣除工业企业物质消耗成本中的价格变动影响的重要依据。

住宅销售价格 指房产所有权转移时买卖双方实际成交的价格（合同价格）。房产买卖时，买房人购买的是房产的所有权，卖房人将房产所有权出让，同时要获得房产所有权出让的价值补偿。它主要包括新建住宅销售和二手住宅销售两部分。

新建商品住宅销售价格 指新建的、用于居住的进入房地产市场进行交易的房屋，第一次进行产权登记时的实际交易价格（合同价格）。其价格由成本、税金、利润、代收费用等组成，它受地段、层次、朝向、质量、材料差价等因素的影响。

二手住宅销售价格 指用于居住的进入房地产市场进行交易的房屋，再次进行产权登记时的实际交易价格。该指标取自《存量房屋买卖合同》。若合同中含有相关税费，则应将其扣除。

Explanatory Notes on Main Statistical Indicators

Urban Consumer Price Index reflects the trend and degree of changes in prices of consumer goods and services purchased by urban households. It is a indicator used for government decision making, price monitoring &controlling and improving the current national accounting system. The annual price index is used to reflect the degree of inflation and deflation.

Its survey field covers the prices of goods and services purchased by urban households and used for living. It is classified into 8 categories by food, tobacco and use articles, clothing, household facilities and articles, repair services, medicine and medical articles, means of transportation and communication, recreation, education and culture articles, residence, services.

Urban Retail Price Index reflects the trend and degree of changes in retail prices of living consumer goods and office equipment which are sold to residents and organizations by retail enterprises. It can be used to know about the change tendency of the price of retailed goods, provides reliable data for government decision making and further improving the current national accounting system.

Its survey field covers the retail price of industry, commerce, catering trade and other sectors and prices of goods sold to non-agricultural population by farmers. Now it is classified into 16 categories by food, beverages, tobacco and liquor, garments, shoes and hats, textiles, household appliances, stereo sets & camera facilities, cultural and office goods, articles for daily use, sports and recreational goods, transport and communications goods, furniture, cosmetics, jewelry, traditional Chinese and western medicines, newspapers, magazines and electronics publications, fuels, building decoration materials, hardware materials.

Price Index of Investment in Fixed Assets reflects the trend and degree of changes in prices of investment in fixed assets during a given period. The investment in fixed assets consists of three components, namely the investment in construction and installation, the investment in purchases of equipment and instrument, and the investment in other items. Price index of investment in fixed assets is calculated as the weighted arithmetic mean of the price indices of the three components of investment in fixed assets. Removing the factor of price change in the aggregates of investment at current prices, this indicator shows the changes in the prices of commodities and fees involved in the investment of fixed assets, and can be used to observe the actual size, growth, structure, and efficiency of investment in fixed assets and provides reliable and scientific date for government planning, management, decision making, and further improving the current national accounting system.

Industrial Producer Ex-factory Price Indices reflects the trend and degree of changes in general ex-factory prices of all industrial products during a given period, including sales of industrial products by an industrial enterprise to all units outside the enterprise, as well as sales of consumer goods to residents. It can be used to analyze the impact of ex-factory prices on gross industrial output value.

Industrial Producer Purchasing Price Indices reflects the trend and degree of changes in purchasing price of raw material, fuel and power paid by industrial enterprises when they purchase production as input from the market or other energy and raw material producers during a given period, and provide basis for measuring the material consumption of industrial enterprises after removing influence of price fromcost.

Residential Houses Selling Price Index refers to the transfers the ownership of the property buyers and sellers of the actual clinch a deal price (the contract price). Estate sale, is the ownership of the property buyers to purchase, sellers will property ownership transfer, at the same time to obtain the value of the property ownership transfer compensation. It mainly includes two parts of the new housing sales and second-hand housing sales.

New Commodity Residential Houses Selling Price Index refers to the newly built into the real estate market, used to live in trading houses, undertake property right registration for the first time the actual transaction price of (the contract price). Its price by cost, taxes and profits, collecting fees, etc, it is location, level, orientation, quality, the factors of material price difference.

Second-hand Housing Sales price refers to enter the real estate market for residential houses, which trade, undertake property right registration of actual transaction prices again. The index from the stock of the sale and purchase contract. If contract is contained in the relevant taxes, it should be deducted.

四、农　业

Chapter 4

AGRICULTURAL

4-1 农村平均每天创造的价值
Average Daily Value Created by Rural (2011-2015)

指 标	Item	单位	Unit	2011	2012	2013	2014	2015
粮食总产量	Yield of Grain	吨	ton	4434	4432	4787	4821	4979
#小 麦	Wheat	吨	ton	1485	1528	1569	1606	1639
玉 米	Corn	吨	ton	2586	2533	2798	2778	2941
水 稻	Rice	吨	ton	294	306	354	333	311
棉花总产量	Yield of Cotton	吨	ton	198	158	133	105	70
油料总产量	Yield of Oil-bearing Crops	吨	ton	18	15	16	14	12
蔬菜总产量	Yield of Vegetables	吨	ton	11816	12266	12467	12608	12097
水果总产量	Yield of Fruits	吨	ton	873	839	756	858	896
生猪出栏	Slaughtered Hogs	头	head	9663	10252	10457	10589	10356
牛出栏	Slaughtered Cattle and Buffaloes	头	head	493	521	522	532	538
羊出栏	Slaughtered Sheep and Goats	只	head	1807	1781	1779	1839	1879
家禽出栏	Slaughtered Poultry	只	head	197690	219437	219656	222907	219707
肉类总产量	Output of Meat	吨	ton	1176	1255	1273	1272	1253
#猪 肉	Pork	吨	ton	757	800	817	818	800
牛 肉	Beef	吨	ton	85	89	90	92	93
羊 肉	Mutton	吨	ton	42	40	41	43	44
禽蛋产量	Output of Poultry Eggs	吨	ton	528	522	518	532	553
奶类产量	Output of Milk	吨	ton	1901	1868	1878	1888	1863
水产品产量	Output of Aquatic Products	吨	ton	965	1000	1092	1118	1099
#海水产品	Seawater Aquatic Products	吨	ton	105	114	216	211	207
淡水产品	Freshwater Aquatic Products	吨	ton	860	886	876	907	891
农林牧渔业产值	Output Value of Farming, Forestry, Animal Husbandry and Fishery	万元	10000 yuan	9575	10291	11298	12102	12806
农林牧渔业增加值	Added Value of Farming, Forestry, Animal Husbandry and Fishery	万元	10000 yuan	4376	4701	5165	5521	5767

4-2 农村社会经济主要指标
Major Indicators of Agricultural Society and Economy (2011-2015)

指　　标	Item	单位	Unit	2011	2012	2013	2014	2015
乡(镇)个数	Number of Town (township)	个	unit	134	134	134	127	127
#建制镇	Organizational System Town	个	unit	123	123	123	121	121
村民委员会个数	Number of Village Committees	个	unit	3750	3738	3724	3698	3656
乡村总人口	Rural Population	万人	10000 persons	404.28	402.83	407.24	406.40	400.83
乡村总户数	Rural Households	万户	10000 households	129.07	129.03	131.09	129.93	129.72
乡村从业人员	Rural Laborers	万人	10000 persons	193.45	195.95	196.08	202.64	201.17
#第一产业	Primary Industry	万人	10000 persons	73.18	72.32	71.10	69.65	68.23
第二产业	Secondary Industry	万人	10000 persons	78.10	80.28	80.35	82.93	82.03
第三产业	Tertiary Industry	万人	10000 persons	42.17	43.35	44.63	50.06	50.91
年末实有林地面积	Forest Area(year-end)	万亩	10000 mu	317.91	321.96	332.53	339.10	388.60
年末实有果园面积	Area of Orchards (year-end)	万亩	10000 mu	48.82	50.56	51.23	49.44	50.02
农业机械总动力	Total Agricultural Machinery Power	万千瓦	10000 kw	583.87	568.13	554.18	552.41	546.92
农村用电量	Electricity Consumed	万千瓦时	10000 kwh	512968	516155	692249	1090388	1024361
水产养殖面积	Bred Area of Aquatic Products	万亩	10000 mu	60.65	62.03	61.78	60.84	59.78
农作物总播种面积	Total Sown Area	万亩	10000 mu	701.97	718.46	710.27	718.53	703.54
#粮　食	Grain	万亩	10000 mu	466.19	484.38	499.19	518.73	525.06
棉　花	Cotton	万亩	10000 mu	90.03	83.12	58.79	45.24	28.26
油　料	Oil-bearing Crops	万亩	10000 mu	3.36	2.82	2.68	2.52	1.97
蔬　菜	Vegetables	万亩	10000 mu	130.66	133.37	134.81	135.21	129.13
粮食总产量	Yield of Grain	万吨	10000 tons	161.83	161.76	174.71	175.95	181.75
棉花总产量	Yield of Cotton	万吨	10000 tons	7.23	5.76	4.85	3.82	2.56
油料总产量	Yield of Oil-bearing Crops	万吨	10000 tons	0.66	0.56	0.58	0.52	0.42
蔬菜总产量	Output of Vegetables	万吨	10000 tons	431.30	447.70	455.06	460.20	441.54
园林水果总产量	Output of Fruits	万吨	10000 tons	31.88	30.62	27.58	31.32	32.71
生猪出栏	Slaughtered Hogs	万头	10000 heads	352.70	374.21	381.68	386.50	378.00
牛出栏	Slaughtered Cattle and Buffaloes	万头	10000 heads	18.00	19.02	19.05	19.43	19.62
羊出栏	Slaughtered Sheep and Goats	万只	10000 heads	65.97	65.01	64.92	67.12	68.58
家禽出栏	Slaughtered Poultry	万只	10000 heads	7215.72	8009.45	8017.46	8136.12	8019.32
肉类总产量	Output of Meat	万吨	10000 tons	42.92	45.80	46.48	46.40	45.75
禽蛋产量	Output of Eggs	万吨	10000 tons	19.26	19.05	18.89	19.42	20.20
奶类产量	Output of Milk	万吨	10000 tons	69.39	68.17	68.53	68.91	68.00
水产品产量	Output of Aquatic Products	万吨	10000 tons	35.21	36.50	39.86	40.80	40.12
农林牧渔业总产值	Gross output Value of Farming, Forestry, Animal Husbanday and Fishery	亿元	100 million yuan	349.48	375.62	412.36	441.71	467.44
农林牧渔业增加值	Added Value of Farming, Forestry, Animal Husbandry and Fishery	亿元	100 million yuan	159.73	171.59	188.54	201.53	210.51

4-3 农林牧渔业总产值和增加值发展速度及构成

Growth Rate and Composition of Gross Output Value & Added Value of Farming, Forestry, Animal Husbandry and Fishery (2014-2015)

指 标	Item	按生产价格计算 Calculated on Productive Price 2014	2015	按可比口径计算的发展速度(%) Growth Rate Calculated on Comparable Coverage
农林牧渔业总产值(万元)	**Gross Output Value of Farming, Forestry, Animal Husbandry and Fishery (10000 yuan)**	**4417130**	**4674369**	**2.6**
#1.农 业	Farming	2307427	**2380168**	4.2
2.林 业	Forestry	32204	77410	8.7
3.畜 牧 业	Animal Husbandry	1175906	1302257	0.5
4.渔 业	Fishery	794681	803746	1.2
农林牧渔业增加值(万元)	**Added Value of Farming, Forestry, Animal Husbandry and Fishery (10000 yuan)**	**2015314**	**2105091**	**2.5**
#1.农 业	Farming	1114097	1160964	3.8
2.林 业	Forestry	18736	46122	8.8
3.畜 牧 业	Animal Husbandry	489371	499569	0.4
4.渔 业	Fishery	376803	381487	1.3
农林牧渔业总产值(%)	**Gross Output Value of Farming, Forestry, Animal Husbandry and Fishery (%)**	**100.0**	**100.0**	
#1.农 业	Farming	52.2	50.9	
2.林 业	Forestry	0.7	1.7	
3.畜 牧 业	Animal Husbandry	26.6	27.9	
4.渔 业	Fishery	18.0	17.2	
农林牧渔业增加值(%)	**Added Value of Farming, Forestry, Animal Husbandry and Fishery (%)**	**100.0**	**100.0**	
#1.农 业	Farming	55.3	55.2	
2.林 业	Forestry	0.9	2.2	
3.畜 牧 业	Animal Husbandry	24.3	23.7	
4.渔 业	Fishery	18.7	18.1	

4-4 当年价格农林牧渔业总产值

Gross Output Value of Farming, Forestry, Animal Husbandry and Fishery Calculated on Productive Price (2011-2015)

单位：万元 (10000 yuan)

指 标	Item	2011	2012	2013	2014	2015
农林牧渔业总产值	**Gross Output Value of Farming, Forestry, Animal Husbandry and Fishery**	**3494849**	**3756238**	**4123644**	**4417130**	**4674369**
#一、农业产值	**Output Value of Farming**	**1798692**	**1959911**	**2171561**	**2307427**	**2380168**
(一)谷物及其他作物	Cereal and Other Crops	699079	682063	747167	724664	495133
1.谷　物	Cereal	459475	478038	558558	427281	418688
#小　麦	Wheat	130080	161704	179819	140102	150772
稻　谷	Rice	32160	41701	55050	49519	49712
玉　米	Corn	230287	273652	318699	224094	210386
2.薯　类	Tubers	2688	3570	2286	4001	901
3.油　料	Oil-bearing Crops	6366	5635	5821	4370	3537
4.豆　类	Beans	12837	13321	12882	4834	5664
#大　豆	Soybean	12540	11693	12482	4336	5216
5.棉　花	Cotton	209887	171319	154395	267476	41957
6.其他农作物	Others	7828	10180	13225	16702	24386
(二)蔬菜园艺作物	Vegetables and Gardening Crops	890170	1069488	1203031	1209926	1509074
1.蔬　菜	Vegetables	819277	937158	1021928	1058372	1334744
2.花　卉	Flower	49867	50200	69084	55666	52554
3.其他园艺作物	Other Gardening Crops					
(三)水果(含果用瓜)、坚果	Fruits (including Melon-Fruit)	209325	208247	221363	372747	375760
#苹　果	Apple	27672	24373	26490	31077	20883
梨	Pear	9701	8692	19827	15891	11010
葡　萄	Grape					
西　瓜	Watermelon			39319	49423	43501
核　桃	Walnut	769	594	2460	3291	3699
(四)中药材	Chinese Medicine Materials	118	113		91	200
二、林业产值	**Output Value of Forestry**	**24596**	**27894**	**30912**	**32204**	**77410**
(一)林木培育和种植	Cultivating and Planting Trees	21076	23967	26384	27443	64510
1.育种育苗	Cultivating	1633	4007	4411	5762	304
2.造　林	Planting	10103	9276	10211	8717	1328
3.抚育管理	Management	9270	10508	11568	12717	3311

4-4 续表 continued

单位：万元 (10000 yuan)

指　标	Item	2011	2012	2013	2014	2015
(二)竹木采运	Collecting and Transporting of Bamboo, wood	3520	3927	4528	4761	12899
(三)林产品	Forest Products					
三、牧业产值	**Output Value of Animal Husbandry**	**985187**	**1050068**	**1086285**	**1175906**	**1302257**
(一)牲畜饲养	Raising of Livestock	308131	341510	374354	449352	443772
1.牛的饲养	Cattle and Buffaloes	73800	79884	89535	136399	148408
2.羊的饲养	Sheep and Goats	21110	27304	36355	47991	54864
3.其他牲畜饲养	Other Livestock	850		740	757	1040
4.奶产品	Milk Products	205120	233729	247030	263198	238680
5.毛绒产品	Feather Products	624	593	694	1007	780
6.其它牲畜产品	Other Livestock Products	6627				
(二)猪的饲养	Raising of Hogs	408385	408984	454454	440224	563972
(三)家禽饲养	Raising of Poultry	266963	298318	254101	282207	290390
1.肉　禽	Poultry for Meat	131615	158587	120738	102027	90378
2.禽　蛋	Eggs	135348	139731	133363	180180	200012
(四)其他畜牧业	Others	1708	1256	3376	4124	4124
四、渔业产值	**Output Value of Fishery**	**586093**	**616575**	**732014**	**794681**	**803746**
(一)海水产品	Seawater Aquatic Products	111093	118989	318516	295744	299971
#养　殖	Culturing	38891	47595	107689	47493	43066
1.鱼　类	Fish	55167	69247	185364	189859	232610
2.甲 壳 类	Crust	38605	47551	127287	100624	60771
3.贝　类	Shell-fish	2439	2101	5624	5152	6450
4.其　他	Others	8	90	241	109	139
(二)淡水产品	Freshwater Aquatic Products	475000	497586	413498	498937	503775
#养　殖	Culturing	369378	479945	398838	535327	436566
1.鱼　类	Fish	325232	333830	277415	310429	312302
2.甲 壳 类	Crust	139481	160739	133575	151045	151090
3.贝　类	Shell-fish	1126	1003	834	846	614
4.其　他	Other	1100	2015	1674	36616	39769

4-5 当年价格农林牧渔业中间消耗
Middle Expend of Farming, Forestry, Animal Husbandry and Fishery (2011-2015)

单位：万元 (10000 yuan)

指　标	Item	2011	2012	2013	2014	2015
农林牧渔业中间消耗总计	**Total Middle Expend**	**1897561**	**2040355**	**2238282**	**2401816**	**2569278**
#一、农业中间消耗合计	**Middle Expend of Farming**	**924476**	**1009391**	**1120963**	**1193330**	**1219204**
(一)物质消耗	Expend of Matter	773146	825048	910167	970415	982333
1.用种量	Seed	106894	119221	133577	150654	160902
2.役畜用饲料、饲草	Forage Grass	37851	52871	57985	60415	61817
3.肥料	Fertilizer	286015	297768	328920	394195	367112
4.燃料	Fuel	157108	164056	174463	168423	154631
5.农药	Pesticide	29361	30941	35015	39363	39877
6.农用塑料薄膜	Agricultural film	52987	53722	56527	47667	53063
7.用电量	Electricity	56136	56146	55684	54118	62428
8.小农具购置	Purchasing Small Farm Machinery	11792	11823	13987	14587	15022
9.办公用品购置	Purchasing of Office Articles	4818	4707	6543	5449	5527
10.其他	Others	30184	33793	47466	35544	61954
(二)生产服务支出	Expenditure of Productive Service	151330	184343	210796	222915	236871
二、林业中间消耗合计	**Middle Expend of Forestry**	**10091**	**11490**	**12815**	**13468**	**31288**
(一)物质消耗	Expend of Matter	8922	9776	10645	10574	23832
1.用种量	Seed	4970	5820	6234	6150	13311
2.肥料	Fertilizer	1284	934	1069	890	1655
3.燃料	Fuel	1472	1557	1660	1238	2832
4.农药	Pesticide	632	713	727	523	947
5.用电量	Electricity	297	237	241	159	307
6.小农机具购置	Pruchasing Small Farm Machinery	126	136	213	618	1924
7.办公用品购置	Purchasing of Office Articles	46	74	96	71	194
8.其他	Others	95	305	405	925	2663
(二)生产服务支出	Expenditure of Productive Service	1169	1714	2170	2894	7456
三、牧业中间消耗合计	**Middle Expend of Animal Husbandry**	**571537**	**610452**	**633073**	**686535**	**802688**
(一)物质消耗	Expend of Matter	528695	564335	581830	625044	724173
1.用种量	Seed	31143	33410	32647	34081	386533
2.饲料、饲草	Forage Grass	399510	433689	447522	478718	558892
3.燃料	Fuel	36366	33975	35237	33896	39092
4.用电量	Electricity	11849	11832	10922	110108	11952
5.畜牧用药品	Medical	41913	44094	46976	55956	62687
6.其他	Others	7914	7335	8526	11375	12697
(二)生产服务支出	Expenditure of Productive Service	42842	46117	51243	61491	78516
四、渔业中间消耗合计	**Middle Expend of Fishery**	**306583**	**322856**	**384296**	**417878**	**422259**
(一)物质消耗	Expend of Matter	293501	310754	370994	402377	407388
1.饲料	Forage Grass	185403	206185	246443	272130	274651
2.燃料	Fuel	24847	29815	32451	31406	30846
3.用电量	Electricity	16956	17198	17025	20134	19076
4.办公用品购置	Purchasing of Office Articles	181	244	245	214	215
5.其他	Others	66114	57312	74830	78493	82599
(二)生产服务支出	Expenditure of Productive Service	13082	12102	13301	15501	14871

4-6 农作物播种面积
Sown Area of Farm Crops
(2011-2015)

单位：万亩 (10000mu)

指 标	Item	2011	2012	2013	2014	2015
农作物总播种面积	**Total Sown Area**	**701.97**	**718.46**	**710.27**	**718.53**	**703.54**
一、粮食作物	**Grain Crops**	**466.19**	**484.38**	**499.19**	**518.73**	**525.06**
#夏收粮食	Grain Harvested in Summer	168.41	169.69	165.57	165.99	163.78
(一)谷 物	Cereal	445.20	464.43	486.92	505.20	514.17
#1.稻 谷	Rice	21.36	21.90	25.22	24.56	23.07
2.小 麦	Wheat	168.41	169.69	165.57	165.99	163.78
3.玉 米	Corn	253.51	268.99	287.51	304.20	322.12
(二)豆类合计	Beans	19.25	18.36	11.30	12.26	9.39
#大 豆	Soybean	18.56	17.76	10.97	11.84	9.03
绿 豆	Green Gram	0.42	0.45	0.12	0.21	0.17
红 小 豆	Ormosia	0.16	0.12	0.21	0.21	0.19
(三)薯类(折粮)	Tubers (converted into grain)	1.74	1.59	0.98	1.28	1.51
二.油料作物	**Oil-bearing Crops**	**3.36**	**2.82**	**2.68**	**2.52**	**1.97**
#花 生	Peanuts	2.19	2.10	2.10	1.73	1.49
芝 麻	Sesame	0.19	0.20	0.15	0.10	0.09
葵 花 籽	Sunflower Seeds	0.72	0.51	0.44	0.69	0.35
三、棉 花	**Cotton**	**90.03**	**83.12**	**58.79**	**45.24**	**28.26**
四、麻类合计	**Fiber Crops**					
五、蔬 菜(含菜用瓜)	**Vegetables (including melon-vegetable)**	**130.66**	**133.37**	**134.81**	**135.21**	**129.13**
六、瓜 类	**Melon**	**8.39**	**8.25**	**7.65**	**9.25**	**9.21**
#西 瓜	Watermelon	6.27	6.27	5.42	6.91	7.08
七、其他农作物	**Other Crops**	**3.34**	**6.52**	**7.15**	**7.58**	**9.91**

4-7 农作物种植结构
Planting Structure of Farm Crops
(2011-2015)

单位：% (%)

指 标	Item	2011	2012	2013	2014	2015
农作物总播种面积	**Total Sown Area**	**100.0**	**100.0**	**100.0**	**100.0**	**100.0**
一、粮食作物	**Grain Crops**	**66.4**	**67.4**	**70.3**	**72.2**	**74.6**
#夏收粮食	Grain Harvested in Summer	24.0	23.6	23.3	23.1	23.3
(一)谷 物	Cereal	63.4	64.6	68.6	70.3	73.1
#1.稻 谷	Rice	3.0	3.0	3.6	3.4	3.3
2.小 麦	Wheat	24.0	23.6	23.3	23.1	23.3
3.玉 米	Corn	36.1	37.4	40.5	42.4	45.8
(二)豆类合计	Beans	2.7	2.6	1.6	1.7	1.3
#大 豆	Soybean	2.6	2.5	1.5	1.6	1.3
绿 豆	Green Gram	0.1	0.1	…	…	…
红 小 豆	Ormosia	…	…	…	…	…
(三)薯类(折粮)	Tubers (converted into grain)	0.2	0.2	0.1	0.2	0.2
二.油料作物	**Oil-bearing Crops**	**0.5**	**0.4**	**0.4**	**0.4**	**0.3**
#花 生	Peanuts	0.3	0.3	0.3	0.2	0.2
芝 麻	Sesame	…	…	…	…	…
葵 花 籽	Sunflower Seeds	0.1	0.1	0.1	0.1	0.1
三、棉 花	**Cotton**	**12.8**	**11.6**	**8.2**	**6.3**	**4.0**
四、麻类合计	**Fiber Crops**					
五、蔬 菜(含菜用瓜)	**Vegetables (including melon-vegetable)**	**18.6**	**18.6**	**19.0**	**18.8**	**18.4**
六、瓜 类	**Melon**	**1.2**	**1.1**	**1.1**	**1.3**	**1.3**
#西 瓜	Watermelon	0.9	0.9	0.8	1.0	1.0
七、其他农作物	**Other Crops**	**0.5**	**0.9**	**1.0**	**1.0**	**1.4**

4-8 农作物总产量
Yield of Farm Crops
(2011-2015)

单位：万吨 (10000tons)

指　　标	Item	2011	2012	2013	2014	2015
一、粮食作物	**Grain Crops**	**161.83**	**161.76**	**174.71**	**175.95**	**181.75**
#夏收粮食	Grain Harvested in Summer	54.20	55.76	57.28	58.62	59.83
(一) 谷　　物	Cereal	159.54	159.76	173.48	174.35	179.78
#1.稻　　谷	Rice	10.72	11.18	12.92	12.14	11.35
2.小　　麦	Wheat	54.20	55.76	57.28	58.62	59.83
3.玉　　米	Corn	94.38	92.45	102.14	101.40	107.34
(二)豆类合计	Beans	1.73	1.49	0.93	1.08	1.25
#大　　豆	Soybean	1.69	1.44	0.90	1.03	1.21
绿　　豆	Green Gram	0.03	0.03	0.01	0.02	0.02
红 小 豆	Ormosia	0.01	0.01	0.02	0.02	0.02
(三)薯类(折粮)	Tubers (converted into grain)	0.56	0.51	0.30	0.53	0.71
二.油料作物	**Oil-bearing Crops**	**0.66**	**0.56**	**0.58**	**0.52**	**0.42**
#花　　生	Peanuts	0.52	0.46	0.49	0.39	0.35
芝　　麻	Sesame	0.02	0.02	0.01	0.01	0.01
葵 花 籽	Sunflower Seeds	0.11	0.07	0.07	0.13	0.06
三、棉　　花	**Cotton**	**7.23**	**5.76**	**4.85**	**3.82**	**2.56**
四、蔬　　菜(含菜用瓜)	**Vegetables (including melon-vegetable)**	**431.30**	**447.70**	**455.06**	**460.20**	**441.54**
五、瓜　　类	**Melon**	**29.69**	**27.57**	**26.59**	**31.38**	**29.98**
#西　　瓜	Watermelon	24.40	22.78	20.48	26.01	24.58

4-9 林业和果品生产情况
Forestry and Fruits Production
(2011-2015)

指 标	Item	单位	Unit	2011	2012	2013	2014	2015
一、营 林	**Afforestation**							
(一)年末实有林地面积	Area of Afforested Land	亩	mu	3179108	3219648	3325300	3391000	3886000
#人造林地	Man-made Forest	亩	mu	3067165	3107705	3213357	3279057	3774057
(二)当年造林面积	Area of Afforestation in this year	亩	mu	128421	86130	110850	105915	120480
1.按造林方式分	By Approach							
#人造林地	Man-made Forest	亩	mu	128421	86130	110850	105915	120480
2.按林种用途分	By Function of Forest							
#用材林	Timber Forest	亩	mu	34200	17445	8865	19800	44850
经济林	By-product Forest	亩	mu	17985	17055	24570	5325	27585
防护林	Protection Forest	亩	mu	76236	51630	77415	80790	48045
(三)封山育林面积	Afforested Area on Sealed Mountain	亩	mu	390210	390210	390210	390210	390210
(四)年末实有育苗面积	Areas Used for Cultivating sapling (year-end)	亩	mu	124328	108761	115830	156135	186525
#当年新育	In this year	亩	mu	35247	34695	42240	64755	63596
(五)幼林抚育作业面积	Area of Young Trees	亩	mu	1330890	1242255	1091220	1263120	1057050
二、主要林产品产量								
#板 栗	Chinese Chestnut	吨	ton	757	927	1047	1189	1429
核 桃	Walnuts	吨	ton	905	1012	1102	1271	1365
三、村及村以下林木采伐量	**Forest Cut by Village and blow**	立方米	**cu.m**	**67000**	**107000**	**113200**	**144021**	**169659**
四、年末实有果园面积	**Area of Orchards (year-end)**	亩	**mu**	**488194**	**505550**	**512300**	**494419**	**500203**
五、水果产量	**Output of Fruits**	吨	**ton**	**318816**	**306225**	**275807**	**313224**	**327123**
#苹 果	Apple	吨	ton	55234	49639	47644	50368	42792
葡 萄	Grape	吨	ton	113241	106929	92851	103784	110976
柿 子	Persimmon	吨	ton	7712	8662	8307	9398	9111
鲜 枣	Jujube	吨	ton	33837	34754	22828	38154	34812
梨	Pear	吨	ton	39276	36218	36911	40028	46069

资料来源：天津市林业局
Sourse:Tianjin Forestry Administration

4-10 畜牧业生产情况
Production of Animal Husbandry
(2011-2015)

指 标	Item	单位	Unit	2011	2012	2013	2014	2015
一、大牲畜年末存栏	**Number of Large Animals (year-end)**	**万头**	**10000 heads**	**30.00**	**29.65**	**28.76**	**30.38**	**29.99**
(一)牛	Cattle and Buffaloes	万头	10000 heads	29.36	29.14	28.32	29.96	29.28
#乳牛	Cow	万头	10000 heads	15.79	15.58	15.11	15.71	14.91
(二)马	Horses	万头	10000 heads	0.09	0.07	0.06	0.06	0.06
(三)驴	Donkeys	万头	10000 heads	0.40	0.31	0.27	0.26	0.56
(四)骡	Mules	万头	10000 heads	0.15	0.13	0.11	0.10	0.09
二、大牲畜当年出栏	**Number of Slaughtered Large Animals in this year**	**万头**	**10000 heads**	**18.15**	**19.20**	**19.19**	**19.62**	**19.87**
(一)牛	Cattle and Buffaloes	万头	10000 heads	18.00	19.02	19.05	19.43	19.62
(二)马	Horses	万头	10000 heads	0.02	0.02	0.01	0.02	0.02
(三)驴	Donkeys	万头	10000 heads	0.11	0.14	0.12	0.15	0.21
(四)骡	Mules	万头	10000 heads	0.02	0.02	0.01	0.02	0.02
三、猪年末存栏	**Number of Hogs (year-end)**	**万头**	**10000 heads**	**191.26**	**193.75**	**200.99**	**199.78**	**196.94**
猪当年出栏	Number of Slaughtered Hogs in this year	万头	10000 heads	352.70	374.21	381.68	386.50	378.00
四、羊年末存栏	**Number of sheep and Goats (year-end)**	**万只**	**10000 heads**	**36.06**	**41.39**	**45.43**	**46.76**	**47.96**
羊当年出栏	Number of Slaughtered sheep and Goats in this year	万只	10000 heads	65.97	65.01	64.92	67.12	68.58
五、家禽年末存栏	**Number of Poultry (year-end)**	**万只**	**10000 heads**	**2315.50**	**2542.42**	**2747.97**	**2887.51**	**2793.15**
#鸡	Cocks and Hens	万只	10000 heads	2205.40	2417.13	2624.03	2790.66	2694.4
#产蛋鸡	Hens	万只	10000 heads	1307.56	1129.89	1196.14	1290.62	1330.29
六、家禽当年出栏	**Number of slaughtered Poultry in this year**	**万只**	**10000 heads**	**7215.72**	**8009.45**	**8017.46**	**8136.12**	**8019.32**
#鸡	Cocks and Hens	万只	10000 heads	6959.28	7739.77	7560.60	7772.50	7674.06
七、兔年末存栏	**Number of Rabbit (year-end)**	**万只**	**10000 heads**	**9.72**	**8.29**	**8.84**	**9.05**	**9.97**
兔当年出栏	Number of Slaughtered Rabbit in this year	万只	10000 heads	17.23	11.99	11.52	10.30	11.50
八、畜产品产量	**Output of Animal Products**							
(一)肉类总产量	Meat	吨	ton	429200	458000	464800	464400	457068
#猪 肉	Pork	吨	ton	276000	292000	298200	298700	292100
牛 肉	Beef	吨	ton	30800	32600	32800	33600	33900
羊 肉	Mutton	吨	ton	14900	14700	14900	15700	16100
禽 肉	Poultry	吨	ton	101100	113100	113300	115900	114900
(二)奶类产量	Milk	吨	ton	693910	681680	685300	689050	680000
#牛 奶	Cow Milk	吨	ton	690900	678700	682400	689000	680000
(三)禽蛋产量	Poultry Eggs	吨	ton	192800	190490	188900	194200	202000
#鸡 蛋	Eggs	吨	ton	186700	186600	128100	182400	184000

4-11 渔业生产情况
Production of Fishery
(2011-2015)

指 标	Item	单 位	Unit	2011	2012	2013	2014	2015
一、水产品总产量	**Output of Aquatic Products**	**吨**	**ton**	**352148**	**365042**	**398562**	**407959**	**401191**
(一)海水产品	Seawater Aquatic Products	吨	ton	38342	41594	78733	76936	75863
1.海洋捕捞	Sea Catching	吨	ton	25037	27309	66464	65309	65320
(1)鱼 类	Fish	吨	ton	19743	21716	62557	62304	61504
(2)甲壳类	Crust	吨	ton	2218	3045	1756	1186	1286
(3)贝 类	Shell-fish	吨	ton	3066	2415	2090	1797	2500
(4)其 它	Others	吨	ton	10	133	61	22	30
2.海水养殖	Seawater Cultured	吨	ton	13305	14285	12269	11627	10543
(1)鱼 类	Fish	吨	ton	3454	3666	3521	3657	3110
(2)甲壳类	Crust	吨	ton	9846	10619	8748	7970	7433
(3)其 他	Others	吨	ton	5				
(二)淡水产品	Freshwater Aquatic Products	吨	ton	313806	323448	319829	331023	325328
1.淡水捕捞	Freshwater Catching	吨	ton	11037	11467	12333	11712	12316
(1)鱼 类	Fish	吨	ton	7071	6906	8531	8776	10001
(2)甲壳类	Crust	吨	ton	2276	2094	1920	806	787
(3)贝 类	Shell-fish	吨	ton	1093	976	982	979	558
(4)其 它	Others	吨	ton	597	1491	900	1151	970
2.淡水养殖	Freshwater Cultured	吨	ton	302769	311981	307496	319311	313012
(1)鱼 类	Fish	吨	ton	249219	253289	256009	275240	269667
(2)甲壳类	Crust	吨	ton	52855	57816	50828	43398	42868
(3)其 他	Others	吨	ton	695	876	659	673	477
二、水产养殖面积	**Area of Aquatic Products Cultured**	**千公顷**	**1000 hectares**	**40.43**	**41.35**	**41.19**	**40.56**	**39.85**
(一)海水养殖	Seawater Cultured	千公顷	1000 hectares	4.11	3.99	3.17	3.18	3.16
(二)淡水养殖	Freshwater Cultured	千公顷	1000 hectares	36.32	37.36	38.02	37.38	36.69
1.池塘养殖	Pool	千公顷	1000 hectares	30.30	31.73	32.55	31.99	31.85
2.湖泊养殖	Lake	千公顷	1000 hectares	0.52				
3.河沟养殖	River	千公顷	1000 hectares	0.47	0.47	0.47	0.46	0.47
4.水库养殖	Reservoir	千公顷	1000 hectares	4.64	3.56	4.04	4.03	3.51
5.其他养殖	Others	千公顷	1000 hectares	0.39	1.60	0.96	0.90	0.86

资料来源：天津市水产行业协会。
Tianjin Fisheries Trade Assiciation.

4-12 大型水库基本情况(2015年)

Large Reservoirs of Tianjin, 2015

水库名称 Name of Reservoir	所在河系 Location River	总库容 (万立方米) Total Capacity (10000 cu.m)	灌溉面积(万公顷) Irrigated Areas (10000 hectares)	
			设 计 Designed	有 效 Effective
于桥水库	蓟县蓟运河			
Yuqiao Reservoir	Jiyun River	155900	6.70	3.00
北大港水库	大港区大清河			
Beidagang Reservoir	Daqing River	50000	1.39	0.67
团泊洼水库	静海县独流减河			
Tuanbowa Reservoir	Duliujian River	18000	3.00	2.60

资料来源：天津市水务局。
Source:Tianjin Municipal Water Conservancy Bureau.

4-13 中型水库基本情况(2015年)

Medium Reservoirs of Tianjin, 2015

水库名称 Name of Reservoir	所在河系 Location River	总库容 (万立方米) Total Capacity (10000 cu.m)	灌溉面积(万公顷) Irrigated Areas (10000 hectares)	
			设 计 Designed	有 效 Effective
七里海水库	宁河县潮白新河			
Qilihai Reservoir	Chaobaixin River	2400		
新地河水库	东丽区金钟河			
Xindihe Reservoir	Jinzhong River	1799		
鸭淀水库	西青区津港运河			
Yadian Reservoir	Jingang Canal	3360	0.53	0.53
黄港一库	塘沽区黑猪河			
Huanggang Ⅰ Reservoir	Heizhu River	1792		
黄港二库	塘沽区黑猪河			
Huanggang Ⅱ Reservoir	Heizhu River	6904		
北塘水库	塘沽区永定新河			
Beitang Reservoir	Yongdingxin River	3977		
营城水库	汉沽区蓟运河			
Yingcheng Reservoir	Jixian Canal	3043		
上马台水库	武清区北运河			
Shangmatai Reservoir	North Canal	2730	0.87	0.87
津南水库	津南区海河			
Jinnan Reservoir	Haihe River	2019		
尔王庄水库	宝坻区潮白新河			
Erwangzhuang Reservoir	Chaobaixin River	4530		
杨庄水库	蓟县泃河			
Yangzhuang Reservoir	Ju River	2700		

4-14 水资源情况
Water Resources
(2002-2015年)

年 份 Year	水资源总量 (亿立方米) Total Amount of Water Resources (100 million cu. m.)	地表水 Surface Water	地下水 Underground Water	地表水与地下水资源重复量 Duplicated Measurement of Surface and Underground	人均水资源量 (立方米/人) Per Capita Water Resources (cu. m./person)
2002	3.67	1.85	2.09	0.27	36.49
2003	10.60	6.15	4.82	0.37	105.03
2004	14.31	9.79	5.16	0.64	140.64
2005	10.63	7.13	4.44	0.94	102.87
2006	10.11	6.62	4.46	0.97	95.47
2007	11.31	7.50	4.76	0.95	103.29
2008	18.30	13.61	5.91	1.22	159.76
2009	15.24	10.59	5.60	0.95	126.80
2010	9.20	5.58	4.45	0.83	70.81
2011	15.38	10.89	5.22	0.73	113.54
2012	32.92	26.54	7.62	1.24	232.95
2013	14.64	10.80	5.01	1.17	145.82
2014	11.37	8.33	3.67	0.63	111.84
2015	12.82	8.70	4.87	0.75	82.87

4-15 用水情况(2015年)
Water Used, 2015

单位：万立方米 (10000 cu.m)

地 区	Region	小 计 Total	地表水 Surface Water	地下水 Underground Water
全市总计	**Total**	**256750**	**178580**	**49235**
#滨海新区	Binhai New Area	9897	7496	1328
东丽区	Dongli District	14299	5645	1825
西青区	Xiqing District	4937	3435	1102
津南区	Jinnan District	8824	5547	1077
北辰区	Beichen District	36995	26490	9270
武清区	Wuqing District	41146	33285	6861
宝坻区	Baodi District	46653	29797	5994
宁河县	Ninghe County	25146	19608	4061
静海县	Jinghai County	10485	4787	3498
蓟 县	Jixian County	16482	2345	13457

4-16 农垦集团主要经济指标
Major Economic Indicators of Farms Agribusiness Group (2011-2015)

指 标	Item	单位	Unit	2011	2012	2013	2014	2015
一、直属企事业单位	**Enterprises and Institutions**	**个**	**unit**	**43**	**46**	**50**	**46**	**46**
#农场个数	Number of Farms	个	unit	15	15	15	15	15
工业企业个数	Number of Industrial Enterprises	个	unit	14	14	14	11	11
商业企业个数	Number of Commercial Enterprises	个	unit	2	2	3	3	3
二、土地面积	**Area of Land**	**公顷**	**hectare**	**7472**	**7382**	**7141**	**7149**	**7149**
#耕地面积	Area of Cultivated Land	公顷	hectare	2949	2760	2687	2612	2612
三、工农业总产值	**Gross Output Value of Industry and Agriculture**	**万元**	**10000 yuan**	**276742**	**257998**	**250885**	**230667**	**230667**
#农业总产值	Gross Output Value of Agriculture	万元	10000 yuan	59122	68010	84310	99408	99408
四、增加值	**Added Value**	**万元**	**10000 yuan**	**131680**	**143021**	**147592**	**166631**	**166631**
(一)第一产业	Primary Industry	万元	10000 yuan	15405	16993	21748	27977	27977
(二)第二产业	Secondary Industry	万元	10000 yuan	44223	38612	28696	25864	25864
(三)第三产业	Tertiary Industry	万元	10000 yuan	72052	87416	97148	112790	112790
五、种植业生产情况	**Production of Planting**							
(一)农作物播种面积	Sown Area	亩	mu	48099	43365	42381	41141	41141
#粮食作物	Grain	亩	mu	36241	38051	37543	28864	28864
商品蔬菜	Vegetables for Selling	亩	mu	226	116	60	96	96
(二)农作物总产量	Yield of Farm Grops							
#粮 食	Grain	吨	ton	16859	16771	17882	14230	14230
商 品 菜	Vegetables for Selling	吨	ton	566	275	140	52	52
六、水果生产情况	**Production of Fruits**							
(一)果园面积	Area of Orchards	亩	mu	3854	3890	4602	4690	4690
(二)水果总产量	Output of Fruits	吨	ton	1340	682	2499	3520	3520
七、畜牧水产生产情况	**Production of Animal Husbandry and Aquatic Products**							
(一)奶牛年末存栏	Cows in Hand (year-end)	头	head	19393	20812	21366	24320	24320
#成母牛	Adult Cows	头	head	11199	11524	11536	12986	12986
(二)牛奶总产量	Output of Milk	吨	ton	100020	115125	111459	125579	125579
(三)鸡年末存栏	Chicken in Hand (year-end)	万只	10000 heads	4.5	5.1	5.2	6.5	6.5
#产蛋鸡	Hens	万只	10000 heads	4.5	5.1	5.2	6.5	6.5
(四)鸡蛋总产量	Output of Eggs	吨	ton	650	425	383	902	902
(五)肉类总产量	Output of Meat	吨	ton	952	1185	1840	1971	1971
(六)养殖水面	Water Area for Breeding Aquatics	亩	mu	10024	9224	9055	9610	9610
(七)水产品产量	Output of Aquatic Products	吨	ton	7390	7365	7609	8671	8671
八、农业机械总动力	**Total Agricultural Machinery Power**	**万千瓦**	**10000 kw**	**1.76**	**1.69**	**2.16**	**2.2**	**2.2**
#大中型拖拉机	Large and Medium Tractors	台	unit	68	57	54	68	68
小型拖拉机	Small Tractors	台	unit		2	5	8	8
汽车拥有量	Motor Vehicles	辆	unit	326	356	371	354	354
#载重汽车	Camions	辆	unit	47	36	43	36	36
九、用电量	**Electricity Consumed**	**万千瓦时**	**10000 kwh**	**10984**	**10724**	**10892**	**10282**	**10282**
十、化肥施用量(折纯)	**Chemical Fertilizer Consumption (convert to pure amount)**	**吨**	**ton**	**908**	**814**	**789**	**649**	**649**
十一、主要工业产品产量	**Output of Industrial Products**							
(一)葡萄酒	Wine	吨	ton	38565	26033	21085	20563	20563
(二)消毒牛奶	Sterilized Milk	吨	ton	63416	78851	78296	72199	72199
(三)饲料添加剂	Fodder Added Products	吨	ton	55	67	62	61	61
十二、固定资产投资总额	**Investment in Fixed Assets**	**万元**	**10000 yuan**	**30969**	**31712**	**57484**	**45339**	**45339**
十三、外贸出口产品总值	**Value of Foreign Exports**	**万元**	**10000 yuan**	**4966**	**5174**	**4272**	**4593**	**4593**
十四、利润总额	**Total Profits**	**万元**	**10000 yuan**	**50113**	**48911**	**56282**	**59469**	**59469**
十五、年末职工人数	**Number of Staff and Workers**	**人**	**person**	**5582**	**5214**	**7557**	**5469**	**5469**
十六、工资总额	**Total Wages**	**万元**	**10000 yuan**	**33282**	**32115**	**48029**	**41658**	**41658**
#职工年平均工资	Annual Average Wage	元	yuan	59623	61617	64219	76339	76339
十七、年末固定资产原值	**Original Value of Fixed Assets at year-end**	**万元**	**10000 yuan**	**272247**	**339128**	**278730**	**251418**	**251418**
十八、年末固定资产净值	**Net Value of Fixed Assets at Year-end**	**万元**	**10000 yuan**	**180763**	**230692**	**197380**	**162319**	**162319**

主要统计指标解释

观光休闲旅游农业园 是指在充分利用现有农村空间、农业自然资源和农村人文资源的基础上，通过以旅游内涵为主题的规划、设计与施工，把农业建设、科学管理、农艺展示、农产品加工、农村空间出让及旅游者的广泛参与融为一体，使旅游者充分领略现代新型农业艺术及生态农业的大自然情趣的新型旅游业的农业园区。

绿色农业 指以生产绿色食品为轴心的农业生产经营方式。绿色食品是指遵循可持续发展的原则，按照特定方式进行生产，经专门机构认定的，允许使用绿色标志的无公害的安全、优质、营养类农产品。

农业经纪人 指以获取佣金为目的，与农业相关人员及组织签订委托合同，充当委托人与第三人间有关农产品生产、农产品流通的订约媒介，或为委托人提供通过农业获益机会的自然人、法人或其他经纪组织中的工作人员。

农作物总播种面积 指应该在本日历年度内收获农产品的作物播种面积之和。其计算公式为：农作物总播种面积=上年秋冬播作物面积+本年春播作物面积+本年夏播作物面积=本年夏收作物播种面积+本年秋收作物播种面积

粮食总产量 指全社会的产量。包括国有经济经营的、集体统一经营的和农民家庭经营的粮食产量，还包括工矿企业家属办的农场和其他生产单位的产量。包括稻谷、小麦、玉米、高粱、谷子、其他杂粮、薯类、大豆。其计算方法，豆类按去豆荚后的干豆计算；薯类按5公斤鲜薯折1公斤粮食计算。其他粮食一律按脱粒后的原粮计算。

农林牧渔业总产值 指以货币表现的农林牧渔业全部产品总量。它用价值量形成综合说明了一定时期（通常指一年）农林牧渔业生产的总成果和总规模，是观察农林牧渔业生产水平和发展速度；研究农林牧渔业内部比例关系和农林牧渔业在国民经济中的产业布局的一个重要指标。同时，也是计算农林牧渔业劳动生产率和农林牧渔业增加值的基础资料。

农林牧渔业中间消耗 指农业生产过程中所投入和消耗的各种物质产品和劳务价值总和。分为中间物质消耗和中间劳务消耗。

农林牧渔业增加值 指各种经济类型的农业生产单位和农户从事农业生产经营活动所提供的社会最终产品的货币表现。其计算方法有两种，一是生产法：农林牧渔业增加值=农林牧渔业总产值-农林牧渔业中间消耗；二是分配法：农林牧渔业增加值=固定资产折旧+劳动者报酬+生产税净额（生产税-生产补贴）+营业赢余。

造林面积 指报告期内在荒地、荒山、沙丘等一切可造林土地上，采用人工播种、植苗、飞机播种等方法种植成片的乔木林和灌木林，经过检查验收符合技术规程要求，并按《中华人民共和国森林法实施细则》规定，成活率达85%以上的造林面积。包括四旁植树如一侧在四行以上，连续面积0.066公顷以上的面积，造林面积不包括补植面积和治沙及沿河种草面积。

当年出栏头数 指农林牧渔企业生产单位饲养的，供屠宰并已出栏的全部牲畜头数。包括交售给国家，集市上出售的部分。

肉类总产量 指单位出栏并已屠宰的猪、牛、羊、马、骡、驴、家禽、兔等肉产量。即屠宰后除去头、蹄、下水后带骨的重量，也叫胴体重。

水产品产量 指本年度内捕捞的水产品（包括人工养殖并捕捞的水产品和捕捞天然生长的水产品）产量。不论自食或出售的，都应计算在内。用作继续扩大再生产的水产品（如鱼苗、鱼种、鱼饵及转塘鱼、存塘鱼等）不作水产品产量统计。在淡水生长的各种水生植物，如莲藕、菱角等，因属农作物范畴，均不包括在水产品产量之内。

Explanatory Notes on Main Statistical Indicators

Agricultural Sightseeing Park refer to a kind of new tourism agricultural park. It fully utilizes current rural space, natural resources and human resources, merges agricultural construction, scientific management, agronomy display, agricultural products processing, rural space rent and tourism together. Tourists can enjoy modern agricultural art and ecological agriculture at here.

Green Agriculture refer to the agricultural production way which mainly produce green foods. Green foods refer to pollution-free, high-quality agricultural products, which produce according to special way and are permitted to use green mark.

Agriculture Agent refer to persons working for earning commission. They sign trust contract with agricultural people and organization, help commission person sign contract with other people about production and circulation of agricultural products, as well as provide chance for commission person to gain agricultural profits.

Sown areas of Farm Crops refer to area of land sown in current year. The formula is:

Sown areas of Farm crops=area of land sown in previous autumn and winter+area of land sown in current spring+area of land sown in current summer=sown area of current summer crops+sown area of current autumn crops.

Grain Output refer to the total output in the whole region including grain produced by state farms, collective units, rural households, as well as by farms affiliated to industrial and mining enterprises and other production units. Grain includes rice, wheat.

Gross Output Value of Farming, Forestry, Animal Husbandry and Fishery refers to the total volume of products of farming, forestry, animal husbandry and fishery in value terms, which reflects the total scale and total result of agricultural production during a given period of time, which observe development level and speed of farming, forestry, animal husbandry and fishery, study proportional relation of farming, forestry, animal husbandry and fishery and proportional relations in national economic, which is also calculated labor productivity of farming, forestry, animal husbandry and fishery and value-added of farming, forestry, animal husbandry and fishery.

Intermediate Consumption of Farming, Forestry, Animal Husbandry and Fishery refers to total value input and consumption in the process of agriculture production and various physical products. It is classified into intermediate material consumption and intermediate service consumption..

Value-added of Farming, Forestry, Animal Husbandry and Fishery refers to the final results of various agricultural production and trade units in money terms. It is calculated with two approaches. First, production approach, value-added of farming, forestry, animal husbandry and fishery=gross output value of farming, forestry, animal husbandry and fishery. Second, distribution approach, value-added of farming, forestry, animal husbandry and fishery=depreciation of fixed assets+laborers remuneration+net taxes on production (taxes on production subsidies production)+ operating surplus.

Afforested Area refers to the area of forest land where tree and bush by artificially see, young plant, plane seed on the waste land, barren mountain, dune. during the reference period. Live rate of forest area coverage above 85%in accordance with the Regulation of the People's Republic of China on the Management of Forest Law, including the area of forest land inside farm land and the area of tree planted by the side of farm houses and a long the roads, continuing area coverage above 0.066 hectare, excluding the area of sand and planted grass lands along the river.

Nomber of Livestock Slaughtered refers to the total number of animals for butchering by farming, forestry, animal husbandry and fishery, including parts of selling to country and markets.

Output of Meal refers to output of having butchered of pork, beef, mutton, horse, mule, donkey, fowls, rabbit in the current year, namely the heaviness minus head, hoof, offal.

Total Output of Aquatic Products Amount of fishery (including artificially cultured, naturally grown), in respective consumption by peasants themselves or sold. It excludes aquatic (i.e.fish fry, fish grows, fish bait and transferred fish from piscine, leave fish) for continuing expanded reproduction aquatic. Various fresh water plants (i.e.lotus roots, water chestnut) are not included.